Paul ROUELLE

COURT-CIRCUIT

suivi de

CONFÉRENCES

ODS

Collection Serpent Rouge n°19

Le Code de la propriété intellectuelle n'autorisant, aux termes de l'article L. 122-5, 2° et 3°a), d'une part, que les « copies de reproductions strictement réservées à l'usage privé du copiste et non destinées à une utilisation collective » et, d'autre part, que les analyses et les courtes citations, dans un but d'exemple ou d'illustration, « toute représentation ou reproduction intégrale ou partielle faite sans le consentement de l'auteur ou de ses ayants droit ou ayants cause, est illicite » (art. L. 122-4). Toute représentation ou reproduction, par quelque procédé que ce soit, contribuerait donc à une contrefaçon sanctionnée par les articles L. 355-2 et suivants du Code de la propriété intellectuelle.

© Paul Rouelle. *Court-Circuit, avec un feu d'artifices de Philippe de Chérisey* pour l'édition originale, Liège, 1983. Cote de l'ouvrage : V 4.866 B (Magasin - Bibliographie de Belgique, Dépôt légal).
© 2010 LES ÉDITIONS DE L'ŒIL DU SPHINX
ISBN : 2-914405-64-2
EAN : 9782914405645
ISSN de la collection : 1768-5648
Dépôt Légal : mai 2010
L'illustration de couverture est droits réservés ©
Les photos © proviennent du fonds de Paul Rouelle.

PRÉFACE

Paul and I — (and only he can guess why I begin thus) — have for many years ploughed the same field. But though our friendship is of shorter date than our labours, he has become the dearest of my friends.

And so I offer him, by way of Préface to his book this tiny *jeu d'esprit* :

palé d'or & d'azur de six pieces
au chef de gueules,
chargé de 3, hidres d'or

Or perhaps :

d'azur à 3, Etoiles d'or,
un Croiffant d'argent,
mis en coeur, ou abîme.

And should he therein find an error,

'tis a small thing
but his own.

With the admiration and affection of his friend,
Henry Lincoln 17:viii:2009

PRÉFACE

Paul and I — (et ce n'est que lui qui peut comprendre pourquoi je commence ainsi) — avons sillonné le même champ maintes années durant. Notre amitié date d'un temps plus récent, mais néanmoins il est aujourd'hui un de mes plus chers amis. Ainsi je l'offre en Préface de son livre, ce minuscule *jeu d'esprit* :

*palé d'or & d'azur de six pieces
au chef de gueules,
chargé de 3, hidres d'or*

Ou peut-être :

*d'azur à 3, Etoiles d'or,
un Croiffant d'argent,
mis en coeur, ou abîme,*

Et s'il trouve là-dedans une erreur,

*'tis a small thing
but his own.*

Avec l'admiration et l'affection de son ami,
Henry Lincoln 17:viii:2009

QUELQUES MOTS D'AVERTISSEMENT

Avant d'entreprendre la lecture des pages qui vont suivre, il convient que vous sachiez deux ou trois choses concernant le texte de « Court-Circuit ».

Le titre est évidemment un clin d'œil au célèbre mais trop rare « Circuit » de Philippe de Chérisey, qui — quoi qu'en disent certains — m'avait accordé son amitié et qui m'a rédigé, avec le même clin d'œil, un joli « Feu d'artifices ». Et qui — quoi qu'en prétendent d'autres — n'est ni l'auteur ni le co-auteur du texte, ni le Marquis de B., dont Gérard de Sède m'avait offert la descendance.

Le texte, et c'est important, date de 1983 ainsi qu'en témoigne son dépôt à la bibliothèque Albertine en Belgique, et à la Nationale en France. En fait, il s'agit d'une sorte d'aide-mémoire personnel que j'avais rédigé afin de fixer ce que je savais ou avais découvert à l'époque. Ce sont Philippe et Gérard qui m'ont suggéré de l'écrire sous forme de dialogue afin de plus facilement envisager toutes les hypothèses à ma disposition à l'époque. Ils avaient raison : ce fut nettement plus facile.

Il est donc évident que mes idées ont évolué depuis et que je ne rédigerais plus certains passages de la même manière aujourd'hui. C'est pourquoi le texte est suivi de certaines des conférences que j'ai prononcées depuis lors, qui développent, expliquent et affinent les idées en question. Il y aura donc nécessairement des redites, car j'ai tenu à vous les livrer telles quelles, sans retouches ni modifications. Je vous en demande pardon.

Sachez aussi que ces conférences ont été tenues presque chaque fois devant des clubs rotariens, ce qui en explique la forme parfois intrigante.

Quant à la première de celles-ci, « Jeanne d'Arc, cessez le feu ! », je crois qu'il faut préciser qu'elle date de 1991 et a été publiée sur le net à cette date avant de l'être à nouveau dans le magazine « Top Secret ». Bien que n'ayant pas de rapport direct avec Rennes-le-Château (quoique…), sa présence dans ce livre répond à de nombreuses demandes.

Un tout grand merci à l'Œil du Sphinx ainsi qu'à Céline, Nicolas et Philippe Marlin pour leur travail et leur amitié.

Bonne lecture — ou bon courage — à vous tous.

Paul Rouelle.
Juin 2009.

VI

Mes remerciements vont à tous ceux qui m'ont aidé à rédiger ce texte, fruit d'une aventure de treize années, à ce jour, et notamment à :

Monsieur le Marquis Jacques de B.,
pour toutes les raisons que vous pourrez trouver au cours de la lecture,

Au Docteur Georges Hérion,
avec qui j'ai fait mes premiers pas dans la région et dans cette aventure,

A Monsieur le Marquis Philippe de Chérisey †,
pour son incroyable érudition, et pour l'amitié dont il a bien voulu m'honorer,

A Monsieur Remy Hanquet,
pour ses talents cartographiques, entre autres,

A Monsieur Lionel Vroman,
pour l'immense travail de documentation, de compilation et d'interprétation accompli au cours de ses recherches, et où il a bien voulu m'autoriser à puiser,

A Madame Viviane Hennau,
pour son assistance,

A Monsieur Gérard de Sède †,
pour avoir mis cette histoire à jour, pour y avoir levé mes hésitations, et pour avoir toujours renvoyé l'ascenseur,

A Marcelle, mon Épouse,
à Serge, Marc et Marie-Claire, mes Enfants, et à Olivier,
parfois pour leur enthousiasme, mais toujours pour leur patience.

P. ROUELLE.

VII

Aux gens de bonne foi.

P.R.

Paul ROUELLE

COURT-CIRCUIT

AVEC UN FEU D'ARTIFICES DE
PHILIPPE DE CHÉRISEY

****

MCMLXXXIII

AVANT-PROPOS

> Quand on fait la fête, on la fait jusqu'au bout, y compris le port et l'emballage.
> Comme ce principe a pris naissance sur la même planète que vous – où, disons-le tout de suite, vous passez votre temps à vous prélasser sur un lit de roses, quand ce n'est pas à danser le foxtrot – je ne me reconnais pas le droit de vous cacher les données que je possède à ce sujet, et qui vous feront comprendre certains détails de son apparition.
>
> *Georges Ivanovitch Gurdjieff,*
> *in « Récits de Belzébuth à son petit-fils ».*

****

Pauvre cher lecteur ! Dans quel guêpier viens-tu de te fourrer ?
Car ce livre, que tu viens d'acheter, il te va bien falloir le lire, maintenant. Ne fût-ce que pour le rentabiliser. Et tu n'y comprendras rien. Rien de rien. Que dalle ! Probablement même le trouveras-tu chiant : c'est l'avis de personnes qualifiées.
Mais il se trouve que ces personnes n'avaient pas lu, elles, certains livres qui ont précédé celui-ci, lequel n'en est jamais que la continuation logique.
Et puis, elles ne connaissaient pas « l'affaire de Rennes ».
Ni le Marquis de B.
Alors, il y a trois possibilités, accompagnées d'autant de solutions.
Premièrement, tu connais parfaitement l'affaire de Rennes. Sur le bout des doigts. D'abord, il va falloir que je te vouvoie respectueusement, car pour ma part, je ne suis qu'un ignorant qui ose tenter d'apprendre. Et puis, il faudra que je te vous envoie directement à la page 8, la lecture de ce qui suit n'ayant vraiment aucune raison de se poursuivre.
Deuxièmement, tu connais mal, seulement par ouï-dire. Tu as lu un article quelque part, ou entendu vaguement quelque chose à la radio. Peut-être as-tu vu l'émission *Les dossiers secrets des Trésors*, à la télévision, ou même un feuilleton à succès sur les *Tentations de l'abbé Saunière* ?
Bref, tu sais un peu de quoi il s'agit.
Allons, tout n'est pas perdu.
En fait, tu as le choix entre deux possibilités et des tas de variantes, comme – par exemple – de te contenter, dans ta soif ardente de savoir, de lire ces pages sans autre précaution, au risque de perdre beaucoup de ce précieux sel qui garnit la suite de ces lignes. Ou alors, tu refermes soigneusement ce livre et tu te procures rapidement *Le trésor maudit de Rennes-le-Château* et *La Race*

fabuleuse, de Gérard de Sède ; puis *L'Énigme sacrée*, de Henry Lincoln and Co[1]. Ensuite, tu les dévores, et tu reviens au présent ouvrage à sa page 8. Ca prend du temps, mais c'est souverain.

Troisièmement, tu n'y connais rien et tu t'en fous passionnément. A la limite, tu as pris ceci pour un bouquin littéraire ou un traité de physique électrique élémentaire. Bref, tu as perdu ton temps. Alors, ne perds pas ton argent et offre ce livre à quelqu'un que tu n'aimes pas, quelqu'un qui soit tout à fait différent de toi. Lui, il aimera.

Ceci dit, il faut bien reconnaître que le texte qui va suivre peut surprendre, et même choquer. Pour qui n'a pas une réelle approche de cette aventure, certains passages paraîtront passablement obscurs, d'autant plus que le style n'est pas exactement celui qui fait les Goncourt. Encore que...

Il eut été malaisé de faire autrement dès le moment où je tenais à respecter le plus scrupuleusement possible la pensée de mon ami Jacques de B. Autant le dire franchement, quitte à le vexer s'il lit ceci, je ne suis pas certain d'avoir toujours extrait la substantifique moelle de sa pensée. Je ne pouvais donc faire mieux que de respecter ses paroles mot à mot chaque fois que je m'en souvenais clairement – ou d'après mes notes –, et de les retranscrire au mieux dans tous les autres cas.

C'est pourquoi ce livre, essentiellement constitué de quelques-unes des conversations que j'eus avec Jacques de B. pendant près de deux ans, ce livre souffrira du défaut, précisément, des conversations. Qu'elles soient enthousiastes, passionnées, ou seulement à bâtons rompus, les redites, doublets, redondances et autres gaffes seront fréquents, qui m'eussent valu les sévères remontrances de mes chers professeurs.

Tant pis. Je ne pouvais pas courir le risque d'empêcher certains de comprendre ce que moi-même je n'ai pas su saisir.

Ainsi donc, il était une fois un pauvre petit village perdu dans un coin des Pyrénées appelé Razès. Un coin sauvage fait de caillasse usée par le temps et d'une végétation souvent rabougrie, rongée par le Cerç. Rennes-le-Château.

En 1885, la paroisse de Rennes se vit attribuer un nouveau curé, l'abbé Bérenger Saunière. Elle n'allait pas tarder à plonger dans l'étrange.

En effet, en 1888, l'abbé résolut de restaurer, selon ses maigres moyens, son église qui menaçait ruine. De misère en charité, il poursuivit pauvrement ses travaux jusqu'en 1891, année où il décida de déplacer le maître-autel. Je ne sais pas s'il fut vraiment surpris de trouver, dans un des deux piliers d'origine wisigothique qui soutenaient la table, une série de parchemins scellés dans des tubes de bois. L'aventure commençait. Officiellement.

On ne connaîtra probablement jamais avec certitude le texte des parchemins en question, et ceux qui ont été publiés ont fait l'objet de trop de controverses, de trop d'affirmations définitives immédiatement démenties, pour être encore totalement crédibles. Ce qui n'empêche pas un large coup de chapeau à leur auteur, qu'ils soient authentiques ou issus d'un canular.

En fait, il semblerait que l'abbé Saunière, après en voir référé à son évêque, ait porté sa trouvaille – ou seulement sa copie – à Saint-Sulpice, où il devait trouver un connaisseur susceptible, non seulement de la déchiffrer, mais aussi de l'apprécier. Ce connaisseur fut probablement l'abbé Emile Hoffet, qui introduisit notre curé dans les cercles intellectuels de la capitale. Saunière y fit la connaissance du beau monde de l'époque au sein de cénacles plus ou moins occultes, épris d'art et de symbolisme : Emma Calvé, dont les mauvaises langues diront qu'elle devint sa maîtresse,

---

[1]. Avec une pub pareille, la moindre des choses serait que les auteurs en question me ristournent 15% de leurs prochaines ventes...

AVANT-PROPOS

Debussy, Stephan George, Eric Satie, et j'en passe, tous de la même qualité.

Quel pouvait bien être l'intérêt que portaient des gens de cette envergure à ce pauvre petit curé de campagne, somme toute assez minable ?

Aucun document, aucun témoignage précis ne nous permet de l'imaginer, mais toujours est-il qu'une fois revenu dans sa paroisse, Saunière commença la grande vie : constructions, dotations, achats somptuaires et réceptions se suivirent de plus en plus fréquemment. Et puis surtout, il transforma son église. Dès lors, plus question d'une quelconque restauration, mais bien d'une modification importante, tant dans la disposition même de certaines parties du bâtiment que dans sa décoration.

Il faut avoir visité l'église de Rennes-le-Château, ou plutôt ce que les vandales en ont laissé. Là, on peut vraiment dire que l'on côtoie l'étrange.

On vit donc du monde à Rennes, et du meilleur : gens du spectacle et de l'art, de la politique, de la finance, et jusqu'à un Archiduc de Habsbourg tout à fait authentique, Jean-Salvator, peut-être.

Puis, subitement, ce fut le revers de fortune, au point que l'abbé se mit à chercher acquéreur pour le somptueux mobilier qu'il avait fait exécuter sur mesure pour la villa « Béthania », et qu'il envisagea de se défaire des livres de sa luxueuse bibliothèque, qu'un relieur était venu – sur place – recouvrir des cuirs les plus fins et dorer des ors les plus purs.

Mais tout ne devait pas être perdu car, bientôt, l'abbé se remit aux dépenses et reprit son train de vie fastueux. Avant cela, il y avait eu la visite de quelques financiers belges, comme l'attestaient encore naguère plusieurs cartes-vues envoyées par eux et reprises dans la collection de plus de trois mille cartes constituée par l'abbé. Etaient-ils passés en faisant le bien ? Leur appartenance à une obédience bien précise ne permet pas de le nier à priori. Et quant à dire que cette visite ait eu un rapport à la fois avec la nouvelle fortune de Saunière et avec la fondation d'une société financière que ses statuts autorisent au commerce d'objets d'art et de bien précieux divers, alors que ce n'est là nullement sa raison sociale, il faudrait vraiment beaucoup d'assurance pour oser l'affirmer.

Mais tout a une fin. Saunière subit une attaque d'apoplexie et mourut peu de temps après avoir signé un devis de huit millions et demi de francs-or de l'époque pour une nouvelle construction. Y a-t-il une relation entre ses nouvelles entreprises et son décès ? Le médecin qui assista le curé dans ses derniers instants aurait probablement été un des seuls à pouvoir répondre. Le fait que l'attaque survint précisément le 17 janvier 1917 introduit au moins un doute épais...

Ainsi donc, Saunière avait trouvé un trésor.

C'est en effet la réponse la plus plausible qui vient à l'esprit quand on s'interroge sur l'origine de sa fortune. Et pourtant, si cette hypothèse ne peut être niée, elle n'est certainement pas la seule valable.

Que l'abbé ait trouvé de l'or, des joyaux, des objets précieux, c'est un fait indubitable, et la manœuvre qui tend aujourd'hui à réduire cette trouvaille à quelques pièces mérovingiennes ou wisigothiques, ainsi qu'à quelque dépôt de la famille noble du coin fuyant la tourmente révolutionnaire, cette manœuvre est plutôt curieuse, ne fût-ce que face au bon sens. En réalité, on peut même envisager très sérieusement que Rennes ait abrité – entre autres – une bonne part du butin que Titus enleva au Temple de Salomon en 70.

Or l'hypothèse du trésor **ne peut nécessairement pas être la seule**, et ce, pour une raison très simple. S'il se fût agi d'un trésor, de deux choses l'une : ou bien le magot était épuisé quand Saunière connut sa période creuse, et il ne pouvait évidemment pas refaire surface, ou bien le pactole continuait à couler, et l'on ne voit pas bien pourquoi il s'est retrouvé dans la dèche...

Autrement dit, **les huit millions et demi de francs-or**, dont Bérenger Saunière savait pouvoir disposer, **ne provenaient pas du trésor**.

Alors quoi ?

Il est un fait quasiment certain aujourd'hui, c'est que Saunière n'a pas été seul dans cette aventure, et son confrère l'abbé Boudet, curé de la paroisse voisine de Rennes-les-Bains, y est intervenu à maintes reprises. Bien qu'il vécût beaucoup plus chichement, lui aussi semblait disposer de ressources intéressantes : ses dotations en témoignent. Certains avancent même avec de beaux arguments que Boudet aurait été le cerveau de cette histoire, Saunière n'en étant que l'élément apparent et actif.

La réalité est probablement plus complexe, et s'il est exact que les deux compères s'en donnèrent longtemps à cœur joie, je suis persuadé que Saunière se mit un beau jour à jouer cavalier seul.

De plus, il est fort vraisemblable que plusieurs des prêtres qui ont précédé ceux-ci, aient également profité de « l'aubaine ». Aujourd'hui encore, il n'est pas impossible que... Allez savoir !

Les prêtres, d'ailleurs, n'étaient pas seuls en cause : il y eut même un laïc qui réussit à contraindre le Vatican à subvenir à certains besoins de sa famille, après une intervention de Monseigneur Roncalli, alors Nonce Apostolique en France.

« Contraindre »... Le mot est lâché.

Il y a effectivement une telle distorsion entre l'attitude fastueuse de Saunière et la simplicité relative de ses collègues, une différence telle que la seule solution qui se présente à l'esprit est : « le chantage ».

Certains prêtres de la région ont profité d'un magot, plus ou moins raisonnablement. Le curé de Rennes-le-Château, lui, exagéra tant qu'il put, et il semble bien qu'on ne réussit pas vraiment à l'en empêcher. Il y a donc autre chose : il n'est pas vraisemblable de proposer un schéma selon lequel il aurait découvert un trésor, l'aurait épuisé, puis en aurait redécouvert un autre. Cela tient du conte de fée.

Par contre, le creux de la vague qu'il connut durant quelques temps ressemble étonnamment à une sorte de passe d'armes entre le maître chanteur et sa – ou ses – victime(s), celle(s)-ci renâclant énergiquement jusqu'au moment de la victoire de leur adversaire, fort d'un argument nécessairement extraordinaire.

Dès lors, bien sûr, la grosse question : quel argument ?

C'est là toute l'énigme. Ceux qui ont su n'en ont rien dit, et ceux qui savent se taisent.

En tout cas, il doit s'agir d'une pièce – d'un document – détenu par une Société pour le moins discrète, ayant trait aux origines d'une famille, et tel qu'il ait permis de tenir le Vatican en échec, voire de le faire plier[2] ; tel qu'il ait amené une des plus nobles familles d'Europe à débourser une véritable fortune afin de l'obtenir.

Un document tel que plusieurs faits politiques récents – actuels – y sont directement liés.

Un document intimement soudé à l'histoire, cette histoire que personne ne nous raconte ni ne nous enseigne, et qui est cependant la seule qui puisse s'écrire avec une « H » majuscule. Celle qui a un sens.

Document politique, religieux, philosophique ? Vraisemblablement les trois à la fois.

---

2. Le Vatican dans ce qu'il a de société humaine structurée, dans ce qu'il a de politique, car si ce document est bien ce que je pense, il ne met nullement en cause la foi chrétienne.

AVANT-PROPOS

De toute façon un document fabuleux, qui fit dire à Marie Denarnaud, la fidèle servante de Saunière, veillée par Noël Corbu alors qu'elle était à l'article de la mort, non pas « Je ferai de vous un homme riche », mais bien « Je ferai de vous un homme puissant ».

A moins que ce ne soit un canular ?

***

De bonnes relations ne pouvant se concevoir sans présentation, laissons donc les personnages se présenter eux-mêmes.

LEVER DE RIDEAU

« Connaissez-vous Molière ? »
Valère.

****

Oreste redouble d'intensité. Ses genoux tremblent, son œil étincelle, sa bouche écume. Il tend vers le salon d'attente un index bronzé par le Bronzor et la nicotine. Il prend le temps pour mettre en valeur cet alexandrin de Racine que l'univers entier nous envie. Il presse le déclic de son magnétophone et voilà :
« Fourbissons des Persans s'ils rifflent au mot maîtres. »
Quand les Femmes Prévoyantes, mais socialistes, organisant une « première communion laïque » à Montigny le Tilleul, prennent sur elles d'y produire « Andromaque », quel acteur résisterait, même si le rôle n'est pas dans ses cordes, au désir de jouer Oreste ? Rien que pour prononcer l'alexandrin qui figure dans tous les manuels scolaires :
« Hardis sont les présents qui piffent à nos quettes. »
Or voilà que le héros qui s'était bronzé pour la cire constance, à la veille de se produire devant un public d'élite, a subi l'avarie de son râtelier qui l'amène inopinément dans le salon d'attente du Docteur Paul Rouelle, Dentiste à Liège, à côté du Conservatoire et de l'ascenseur. Minicassette en batterie, il va le lui dire encore une fois, son alexandrin :
« Saucisson de serpent qui pisse, ô thermomètre »,
qui s'écrit cependant :
« Pour qui sont ces serpents qui sifflent sur vos têtes ? »
— Qu'en pen*f*ez-vous, Denti*f*te ?
La littérature du salon d'attente comprend « ZOOM », numéro 17, décembre 1982, d'une revue spécialisée où rien, semble-t-il, sur les râteliers, sinon peut-être cette phrase qui, pour être sibylline n'en est pas plus rassurante :

La solution était évidente : une association avec un kératolytique. Ce fut le peroxyde de benzoyle (POB), une substance anti-acné connue, qui a une activité kératolytique, comédolytique et en même temps, légèrement antibactérienne.
...
Pour Toutânkhamon, hélas, *** est venu trop tard.

Un Monsieur vient d'entrer, bien bronzé comme il sied à cette saison. Le temps de ranger mon magnétophone dans mon attaché-case qui lui-même est un magnétophone-espion, puis de m'emparer de l'almanach Vermot 1983 qui figure dans la littérature du salon, puis de céder une place à ce Monsieur pour lui épargner de s'asseoir sur mes genoux, et nous voici casés. Cependant que nos fesses extérieures surplombent la moquette, nos fesses intérieures sont isolées par la tangente commune de la revue spécialisée qui nous a transformés en serre-livres.

— La fumée ne vous dérange pas ? demande ce Monsieur.
— Non.
— Moi si. Je ne fume pas.

Son regard sur mes doigts tachés de nicotine qui ne s'accorde pas avec le Bronzor d'Oreste, est chargé d'impertinence. Ouvrant l'almanach je tombe par hasard – mais y a-t-il un hasard ? – sur cet aphorisme :

> « Le regard porcin d'un Japonais sur le théâtre N'O répond à notre regard porno sur les seins. »

Voilà qui augmentera ma collection de contrepèteries, et que je note aussitôt sur le cahier que j'ai extrait de mon attaché-case.

— Vous êtes écrivain ? demande le Monsieur.
— *Feriez-vous difpofé à vouer Orefte* ? lui ripostais-je.

Loin de se formaliser le Monsieur admire cette manière qu'ont les anciens ouvrages d'imprimer les « s » comme des « *f* ». Cela se voit en particulier dans l'Andromaque de Racine qu'il a dans sa bibliothèque. Il attire mon attention sur la pendulette du salon d'attente ; une femme à qui l'on veut ravir son enfant et de la bouche de laquelle sort une bulle de cristal où s'inscrit le cri « Αστυαναξ », en latin « Astyanax », c'est-à-dire « Roi du Monde ».

— Qu'en pensez-vous ? dit-il.
— C'est en bronze.
— Non, c'est en dromaque. Et je ne sais pourquoi me revient en mémoire cet aphorisme de Roger Peyrefitte :

> « Délicieux entremets à la crème renversée, le diplomate, s'il est trop cuit, devient attaché d'ambassade ».

Un écho de glouglou nous parvient du cabinet dentaire. Deux personnes semblent se gargariser ensemble, l'une en la aigu, l'autre en si bémol grave. Nous nous plaisons à penser que le Docteur Rouelle et sa cliente, après extraction, se plaisent à se rincer la dalle ensemble avec du bourbon « Condé ». Ce n'est pas le genre de la maison, mais je note sur un autre cahier, celui des « Possibles interdits ».

Cependant que les glouglous se taisent, naît le ronflement de la pendulette qui égrène un à un les 17 coups de 5 heures de l'après-midi. Du coin de l'œil, j'ai vu ce Monsieur compter les coups sur ses doigts et sur l'emplacement de ses orteils, puis faire à son mouchoir un nœud supplémentaire pour lui donner les apparences d'un chapelet.

— Le Docteur et moi-même, dit-il, collectionnons les 17. Vous faites du théâtre ?

Je lui réponds que quelquefois, le théâtre fait de moi. Pour l'heure, j'ai en chantier un ouvrage sur Fernandel et le rôle du râtelier de cheval dans le cinéma depuis la première guerre mondiale jusqu'à nos jours. Cela devrait paraître dans le numéro spécial de janvier de « ZOOM ».

— Le 17 janvier ?
— Non, le 22.
— Ce n'est pas mal non plus, mais je m'en tamponne.

Joignant le geste à la parole, il exécute un bras d'honneur si appuyé que son poing frappe la commissure labiale d'où s'échappe une prémolaire qui va rouler sous la banquette en skaï.

— « Skaï », à en croire l'abbé Boudet, dit-il, est un mot de la vraie langue celtique et vient de l'anglais « sky » signifiant le ciel. Allons-y.

La silhouette rassurante du Docteur Rouelle se dessine sur la porte du cabinet, cependant que nous deux, à quatre pattes sous l'envers du ciel, nous recherchons la prémolaire. Son chat de garde l'accompagne, qui promptement s'empare de la dent du Monsieur et va la ranger dans son bol de sciure.

— A qui le tour ? demande le Docteur.

S'il est vrai que je suis arrivé le premier, ce Monsieur avait rendez-vous. Force est au Docteur de nous présenter l'un à l'autre, dos, face et profil, par le truchement d'un de ces rétroviseurs à manche métallique comme on en trouve dans les raviers de tous les Dentistes. Le hasard veut que nous soyons tous trois plus ou moins marquis dans le maquis, que nos Q.I. soient égaux et nos niveaux culturels à peu près équivalents à celui de mes deux magnétophones d'où va venir la solution.

— Imaginez, me disent en chœur les deux autres marquis, que nous avons l'intention de laisser des traces. Notre désir est de relever nos interlocutions afin d'en tirer la matière de l'ouvrage dont vous êtes en train de composer le lever de rideau. Êtes-vous libre ?

— Vous m'engagez ?

— Oui.

— Sur le champ ?

— Illico.

— Puis-je téléphoner ?

— Faites.

Cependant que le Monsieur prend place sur le fauteuil d'aussi bonne humeur que si le Docteur allait lui faire un shampooing, je fais savoir aux Femmes socialistes, mais prévoyantes, qu'elles aient à me prévoir un remplaçant.

— Ouvrez grand, dit le Docteur, non pas vous la fenêtre. Vous la bouche.

Par la fenêtre fermée, je regarde le paysage, une prairie goudronnée où paissent quelques moutons, dix-sept en l'occurrence. Une brise légère frémit le lierre des buildings circonvoisins, et de son feuillage s'élève un gazouillis de rossignols et de morpions, tous élèves d'Henri Pousseur qui les harmonise à l'ombre du buste d'Eugène Ysaÿe situé devant le Conservatoire. La bergère, Marie-Claire, fille du Docteur, de son index parfaitement bronzé, m'adresse un amical salut et désigne le ciel où passe un ange. Puis elle va traire les brebis. Détournant pudiquement le regard, j'en reste sur l'ange qui se retourne ventre en l'air et s'en va par dessus le tout, rejoindre les goujons de la Vesdre qu'un déjeuner de cyanure vient de faire remonter en surface. Mais revenons au fait.

— Ca va durer combien de pages ?

— 187 exactement ; 186 pour être précis. La page 17 qui restera blanche va faire l'objet d'une attention particulière. Êtes-vous cardiaque ?

— Non.

— La blancheur de cette page vide incitera, certes, le lecteur à une lecture plus rapide. Nous autres, cependant, aurons à retenir notre souffle tout le temps qu'elle aurait dû durer. Celui qu'un goujon de la Vesdre aurait dû respecter pour éviter de se retrouver le ventre en l'air. Allons prendre quelque chose tous les cinq, nous trois et les deux magnétophones.

— Et Marie-Claire ?

— Elle nous rejoindra par ses propres moyens, à l'improviste. Je la connais, ma fille, et que son improviste est bien ce qu'elle a de meilleur, de plus héréditaire.

Par cette fenêtre que nous ne lui ouvrirons pas, nous voyons Marie-Claire. Elle dévisse une borne de la prairie et s'insinue dans la banque du rez-de-chaussée par le plafond que le système radar épargne. Elle erre parmi les coffres béants faiblement éclairés par leur contenu d'or et de pierreries. Nous la retrouverons sur le trottoir, ou devant le buste d'Eugène Ysaÿe, qui n'arrête jamais de fermer les yeux. Vite un mot d'esprit avant de finir et le temps de le noter :

« Oh reste, Oreste, Hermione a l'air mignonne. »

Et nous voilà partis.

— Je me demande, dit le Docteur, si Otto Rahn aurait pu être oto-rhino en Italie.

Philippe de Chérisey.

HISTOIRE DU FILS PRODIG(U)E

Le Marquis de B. n'existe pas.
Tous ceux qui l'ont connu pourront vous le confirmer.
Sagesse Populaire.

****

Il n'y a guère de « locomotives », à Liège ; je veux dire : de ces individus qui « font » une ambiance, un style, une mode. Au fait, je ne vois pas bien où l'on pourrait ranger une locomotive à Liège. Même celles de la Gare du Palais sont haut-le-pied.

Liège n'est pas une ville à locomotives. Elle est merveilleuse, souvent dingue, toujours tolérante, et, chaque fois qu'il le faut, ardente ; mais, quoique moins provinciale que Bruxelles, qui n'est plus que l'eurofaubourg des autres capitales, Liège n'a pas le ton.

Il y a bien les inévitables fils à papa, qui traînent dans leur sillage toute une clientèle de gens plus ou moins « dans le coup », plus ou moins désireux de se montrer ; mais il n'y a pas de « coup », et il ne reste à montrer que son envie d'être vu avec un riche, puisqu'on ne l'est pas.

Et ces gens-là ne connaissent pas leur ville. Pire : ils ne l'aiment pas.

Pourtant, il y avait ici naguère un curieux personnage, séduisant autant qu'inabordable, chaleureux autant que distant ; peu connu, car on n'envisageait même pas qu'il eût un nom, et cependant faisant intimement partie de la Cité. Bien plus un « jeune loup » qu'une locomotive.

Il connaissait la ville et l'aimait, comme d'une sorte de longue amitié réciproque avec une personne infiniment respectable. Il était étranger.

Je savais l'homme remarquable : on le disait très érudit, ayant beaucoup voyagé ; on le disait fastueux, sachant inviter et recevoir avec le meilleur goût dans un luxe discret et raffiné, mais on ne lui connaissait pas de proches. On le disait riche, mais il empruntait les transports en commun. On le disait excentrique, peut-être parce que simplement classique et de bon ton.

Bref, comme il était secret et s'entourait, volontairement ou non, d'un certain voile de mystère, les légendes, les ragots et tout le folklore traditionnel du commérage allaient bon train, ce qui n'avait même pas le don de sembler l'émouvoir.

Il était grand et bien bâti, manifestement sportif et en pleine forme, les traits fermes et le regard vif, souvent rieur, doué d'une grande prestance et de cette sorte de magnétisme qui fascine tant les femmes quand l'homme se dérobe.

On le disait français, et ça n'arrangeait rien.

Je l'avais rencontré à diverses reprises, par hasard, comme tout le monde, aperçu dînant quelque part, vu à la table d'un bistro du « Carré », mais je n'y avais jamais attaché d'importance, la fréquentation assidue de la société ne comptant pas parmi mes sports habituels.

Je fis cependant bientôt sa connaissance, et sans l'avoir cherché. Ce fut même plutôt lui qui me chercha, âprement, douloureusement, quoique avec beaucoup de sang-froid et d'allure.

Il faut dire que je suis dentiste et que j'assurais mon tour de garde le week-end où il se cassa une molaire sur un noyau de cerise lâchement abandonné, seul de son espèce, au sein d'une pâtisserie. Il parut très content de me voir, et même intensément satisfait lorsque la dent douloureuse eut été insensibilisée.

Les cas urgents ne se bousculant pas à ma porte, nous bavardâmes un peu en remplissant les formalités paperassières que l'INAMI[3] nous impose, et il m'affirma courtoisement s'appeler Jacques B., m'apprit qu'il était né en France dans un patelin perdu que je ne saurais connaître, bien qu'il fût charmant, et qu'il était à Liège pour approfondir une thèse de langues orientales.

— Et vous éprouvez le besoin de venir ici pour parfaire vos connaissances, dis-je ? Une grande métropole m'aurait paru bien plus indiquée, et Paris, sûrement plus que Liège, doit être à même de vous fournir des ouvrages de valeur.

— Détrompez-vous, me répondit-il en souriant. La majorité des grands ouvrages, ou même seulement des ouvrages curieux, quand ils existent seulement en tirages limités, sont introuvables dans les grands centres. On se procure bien plus facilement qu'ailleurs, à Liège et dans certaines villes belges, des tas de bouquins que vous ne trouverez jamais à Paris. Il y aura toujours quelqu'un qui l'aura emprunté avant vous, ou bien il sera en réfection. J'en ai même vus que l'on refusait de communiquer « par acte de gouvernement »... C'est énorme ! Tandis qu'ici, vous obtenez pratiquement tout ce que vous voulez dans les bibliothèques publiques et universitaires, quand ce n'est pas tout simplement sur les rayons de l'une ou l'autre librairie d'antiquariat. Et ne me dites pas que les préposés aux prêts ou les libraires ne connaissent pas la valeur de ce qu'ils vous confient. Il y a parmi eux plus d'un érudit.

Pour la troisième fois, je venais de ressentir le clignotement intérieur d'une petite lampe qui m'avertit d'avoir à être aux aguets, d'être attentif à tout. Cette petite lampe – ou bien simplement mon ange gardien ? – a la particularité de frétiller quand passent à ma portée le nombre 17, le mois de janvier, ainsi que deux ou trois expressions bien précises qui se retrouvent curieusement dans des circonstances bien déterminées.

Cette fois, ce n'était pas exactement le cas, mais plutôt ma mémoire qui venait de faire le rapprochement entre une phrase de mon interlocuteur et un souvenir : acte de gouvernement... J'avais déjà entendu cela quelque part, et la petite fleur de lys bleue délicatement brodée sur sa chemise n'était pas là pour me détromper.

De plus, et cela m'avait fortement surpris chez un individu manifestement en bonne santé, l'anesthésie à l'épine de Spix que je venais de lui faire, avait nécessité l'emploi de plusieurs carpules et une très longue latence pour arriver à une insensibilisation suffisante pour la pulpectomie. Ce genre de résistance s'observe souvent chez ceux qui ont usé des opiacés. Au départ, cela ne cadrait pas avec le personnage et j'avais mis le fait sur le compte d'une maladresse de ma part ; mais maintenant, une tout autre idée, que je n'osais pas encore vraiment formuler tant elle était idiote, une autre idée se faisait jour.

— Puis-je connaître votre adresse ?

— Certainement, me dit-il : Avenue de la Prévoyance Sociale, numéro 125, appartement 17.

---

3. INAMI : Institut National d'Assurance Maladie Invalidité, et non pas Inquisition Nationale contre les Arts Médicaux Indépendants. Ne pas confondre.

Là, je sentis nettement ma petite lampe afficher une surtension.

— ... Je ne suis pas venu à Liège uniquement pour les langues orientales, reprit-il. Elles me passionnent et j'en entends plusieurs pour avoir séjourné quelques années dans les parages du Népal...

Tiens tiens ! Cela n'expliquerait que les difficultés pour l'anesthésier au Spix...

— ... Mais en fait, elles ne me prennent guère tout mon temps, et si j'ai choisi votre ville, c'est autant pour la faculté d'y trouver aisément des ouvrages de linguistique orientale que d'autres ouvrages curieux et moins connus au niveau du grand public, et qui ne courent pas les rues. A Liège en particulier, mais aussi dans d'autres villes belges qui ne sont pas nécessairement les plus grandes, cela se trouve... à condition d'avoir le nez creux, de fouiner, de rencontrer qui il faut. Il y a chez vous des hommes et des œuvres extraordinaires, quand on sait les trouver. Bien sûr, on rencontrera trop souvent les farfelus, les vantards et les charlatans : ils sont partout. Mais on trouvera aussi l'homme de science, celui qui est humble et discret, qui sait la valeur des choses.

— Au fait, quelles choses ? Il ne me paraît pas y avoir tellement d'orientalistes en renom dans la région.

— Je ne vous parle plus d'orientalisme ou de linguistique, dit-il aimablement. Je me suis un peu laissé emporter par mon sujet, parce que j'aime votre ville et qu'elle a une âme, dans un certain sens du terme. Mais ces choses risquent de vous importuner.

— Certainement pas, dis-je vivement, craignant d'avoir rompu le charme. J'apprécie beaucoup votre conversation et je suis toujours curieux à propos de ma région.

— Je m'intéresse à tout ce qui est étrange, à l'Histoire telle qu'on ne la raconte pas, à tout ce que l'on affirme être une « énigme » parce que cela évite d'aller plus loin. Et je dois dire que Liège apporte de bien belles réponses à certaines de mes questions. De nombreux jalons de ma quête sont posés ici, et je dois les trouver. Liège est une étape obligée... Votre ville est passionnante.

Il s'était levé et j'allais l'aider à remettre son veston, en pestant de ne rien trouver qui permît de poursuivre l'entretien, lorsque Sainte Apolline, la patronne des dentistes, me vint en aide : en lui passant son vêtement, je remarquai distinctement que sa chevelure se prolongeait sous le col de sa chemise jusqu'en une sorte de toison de poils rudes qui garnissait le milieu de son dos. J'en eus un frémissement. J'osai.

— Vous m'avez dit, tout à l'heure, que je ne pouvais pas connaître le lieu de votre naissance.

— Oui ?

— Et si je vous disais que je m'y rends en moyenne trois fois par an ?

— Allons donc !

Je le voyais intrigué.

— Vous êtes né à Rennes-le-Château, dans l'Aude.

Son regard changea brusquement, il devint dur.

— Comment avez-vous su ?

— Et je sais encore que vous êtes Jacques *de* B., le fils du Marquis.

— Vous en savez, des choses ! Et qui vous a raconté tout cela, s'il vous plaît ?

— Mais... Vous-même, durant la conversation que nous venons d'avoir ! Vous ne m'avez rien caché. Bien sûr, il convient d'avoir le nez creux, de fouiner, de rencontrer...

Son visage se détendit et un éclair de malice brilla dans ses yeux.

— Fort bien, dit-il. Mais si vous m'expliquiez ?

DIS-MOI QUI TU HANTES...

>   Et priez Dieu que tous nous vueille absoudre.
>   *François Villon.*

****

Jacques de B. me reçut simplement, sans aucune ostentation, dans un univers merveilleux. Il brûlait d'envie de faire plus ample connaissance après notre première entrevue qui, bien que fortuite, avait immédiatement donné lieu à une sympathie réciproque.

Je ne me sentais guère intimidé par l'envergure du personnage. Pourtant, cela faisait presque treize ans que je me passionnais pour sa légende, ignorant toutefois que l'être quasi mythique, objet de mes recherches, et cet homme encore jeune, n'étaient qu'un seul et même individu.

Par contre, je fus impressionné par le raffinement de l'appartement qu'il occupait au huitième étage d'un luxueux building.

— Entrez, me dit-il. Je suis heureux de vous revoir.

— Le plaisir est partagé, croyez-le. Peut-être plus que la première fois ?

— Tout autant, mais pour d'autres raisons. Ma dent ne me fait plus souffrir et je vous en remercie. Mais laissez-moi vous débarrasser, nous allons passer au salon.

Je fus introduit dans une pièce immense, abondamment illuminée par une fenêtre couvrant tout l'accès à la façade et qui découvrait une vue remarquable sur les jardins fleuris garnissant le centre de l'avenue. A gauche, le parc d'Avroy et le Monument National à la Résistance ; à droite, la Meuse. Un îlot de paix dans l'agitation de la ville malgré la circulation dense des sorties de bureaux.

La pièce était constituée de zones caractérisées par leur mobilier, mélange d'un goût très sûr de rustique sobre et de moderne discret, que des tentures amovibles pouvaient séparer complètement. La partie dévolue à la fonction salle à manger était garnie de mobilier mosan en chêne ouvragé, qui me paraissait dater du dix-septième. Splendide.

La « zone-living », proche de la fenêtre, accueillait un salon en cuir de grand faiseur autour d'une table basse portant un assortiment de fruits et de bonbons secs, ainsi qu'un coffret en acajou, écrin pour cigares de grand prix, avec le nécessaire du fumeur distingué.

La partie de la pièce comprise entre ces deux zones était plus curieuse, meublée à la manière d'un club chic londonien. Un des murs était couvert de gravures de chasse et de marine, tandis que l'autre se dissimulait entièrement derrière un meuble dont la partie haute était complètement occupée par des livres de forme, de taille et de reliure parfaitement identiques. M'approchant, je fus passablement surpris de voir se côtoyer, entre autres, *La Chartreuse de Parme*, *Pas de Whisky pour Callaghan*, *Le Règne des Bourbons*, *La Route du Rhum* et *Les Abbayes Bénédictines*.

— Asseyez-vous, prenez place. Puis-je vous offrir un doigt de whisky ?

J'acquiesçai et compris lorsqu'il retira de la « bibliothèque » le roman policier que je venais de voir, pour l'ouvrir et en retirer deux verres et un flacon de cristal plein de liquide ambré.

— Mes lectures vous surprennent, n'est-ce pas ?

— Plutôt. C'est original.

— Rassurez-vous, ce ne sont pas là mes livres de chevet. Ma véritable bibliothèque est derrière vous.

J'eus ma deuxième surprise en me retournant. Vers l'arrière de l'appartement, le plafond s'élevait pour faire place à une galerie lambrissée de bois clair disposée en « U » sur le fond de la pièce. Elle surplombait la partie de l'étage réservée au service, tandis qu'elle donnait accès aux chambres. Derrière un somptueux bureau, ce que je voyais des parois était entièrement tapissé de livres. Des vrais.

— C'est là-haut mon vrai domaine, dit-il. J'ai eu la chance d'acquérir cet appartement peu après le décès de son propriétaire précédent, un médecin généraliste de grand renom.

Il versa une honnête rasade d'alcool dans nos verres et, après que j'eusse refusé la glace, s'assit à l'autre bout du divan.

— Ainsi donc, vous connaissez Rennes-le-Château...

— Qui ne connaît Rennes, de près ou de loin ?

— Mais vous, vous avez pu m'identifier. Comment en êtes-vous arrivé là ?

— C'est une bien longue histoire, dis-je en refusant du geste le cigare qu'il m'offrait. Une histoire commencée par le plus pur des hasards sur une plage des Saintes Marie de la Mer.

D'un regard, il se fit autoriser à fumer et entreprit d'allumer un Monte-Cristo n°3.

— Mon seul vice, dit-il en attisant la flamme. Tout au moins le seul connu... Mais poursuivez, je vous prie. Vous étiez aux Saintes Marie par hasard.

— Absolument. Sans la moindre arrière-pensée concernant Rennes, que j'ignorais encore totalement au début de mon voyage. Nous y étions donc en vacances, ma Femme et moi ; nous avions acheté sur place quelques livres afin d'agrémenter notre dolce farniente. C'était en septembre 67 et la plage s'était vidée des vacanciers d'août. C'est là que je lus pour la première fois *Le Trésor Maudit*, de Gérard de Sède. Je n'avais pas de connaissance très étendue sur ce genre d'affaire, étant simplement curieux, et, comme tout le monde, plus ou moins attiré par l'étrange. Mais le côté « roman policier » me plut. Et puis cette sensation de percevoir par endroit comme une « fine allusion », comme une clin d'œil que je ne comprenais pas, mais dont j'avais l'assurance... Bref, je fus séduit. D'autant plus que ma Femme, ayant également lu le livre, se montra aussi sensible à ces étrangetés que nous n'arrivions pas à analyser. Il n'en fallut pas plus pour décider sur le champ de modifier notre itinéraire de retour, et d'abandonner le Massif Central pour la Carcassès.

Il leva son verre.

— A votre santé, et à votre enthousiasme !

— A vous, et à Sainte Apolline.

— Pardon ?

— Oui, Apolline est la sainte patronne des Dentistes et des Mutuelles. Je lui dois la chance de vous avoir rencontré.

— Je connais mal cette sainte à qui je dois mon soulagement.

— Elle est devenue la patronne des Dentistes parce qu'on lui a arraché toutes ses dents.
— Ah ! Et pourquoi des Mutuelles ?
— Parce qu'on ne lui a pas demandé son avis.

Il me considéra un instant d'un œil rond, puis éclata de rire.
— Bravo, dit-il. J'aime l'humour rosse.

Il me fallut des superlatifs pour le complimenter sur la qualité de son whisky, qui devait être à peu près aussi vieux que moi. Jacques de B. me remercia modestement et me pria de reprendre mes explications.

— Pour notre première visite au pays du mystère, nous fûmes servis. Nous n'avions pas assez d'yeux pour absorber toutes les images insolites qui se présentaient... Le chemin de croix, les statues, la fresque au-dessus du confessionnal, Asmodée et le bénitier... Et puis, hors de l'église, le cimetière, la villa Béthania, la tour Magdala... Le paysage... Les impressions étaient confuses et se bousculaient en nous, mais nous avions immédiatement acquis la certitude de toucher à quelque chose d'extraordinaire. Sans savoir quoi ni comment, sans même savoir exprimer ni analyser correctement nos sensations, nous avions tous deux cette conviction : Rennes cachait quelque chose hors du commun. A peine remontés en Belgique, j'en parlai à un ami de très longue date, qui s'enthousiasma immédiatement, et nous décidâmes de « nous y mettre sérieusement ». Dès lors, Georges et moi commençâmes à courir les bibliothèques et les librairies, piochant et potassant à qui mieux mieux tout ce que nous trouvions sur la Maçonnerie, la Rose-Croix et l'histoire du Languedoc. Et un beau jour de mars, aux congés de Mardi-Gras, nous nous sommes sentis prêts et nous sommes descendus à Rennes. Ce fut une équipée fantastique, vous pouvez m'en croire ! Pour notre première traversée des Corbières, nous avons essuyé une tempête dont on se souvient encore dans la région ! Ensuite, impossible de loger, et pour cause : le vent avait arraché tous les fils électriques et rien ne fonctionnait à Rennes... Je vous en passe, et des meilleures ; toujours est-il que nous nous sommes retrouvés à Rennes-les-Bains, transis, dans une chambre suintante d'humidité. Dieu ! Si nous avions su, à l'époque, dans quel hôtel nous avions échoué, et ce que son grenier recelait... Mais le plus fantastique fut notre journée du lendemain. Nous étions venus avec la ferme intention de photographier un maximum de choses afin d'étudier sur documents, une fois rentrés chez nous. Nous ne pouvions évidemment pas nous permettre trop fréquemment un trajet de trois mille kilomètres aller retour. Et nous avons photographié. En une matinée, nous avions accumulé plus de huit cents clichés concernant l'intérieur de l'église. Le moindre détail y était passé. Puis, tant qu'à faire, nous avons décidé de prendre notre repas au restaurant aménagé dans les bâtiments de l'abbé Saunière, et de tenter d'en apprendre un peu plus par l'hôtelier. Un peu plus ?... Nous sommes restés plus de cinq heures à discuter avec Henri Buthion. Nous étions venus pour quatre jours, mais le soir même, nous bouclions nos valises et nous rentrions à Liège.

— Fichtre ! Et qu'aviez-vous appris ?

— A la fois trop et trop peu. Nous avions appris en quelques heures la plupart des dessous de cette histoire, du moins ce que l'on en connaissait à cette époque. La lignée ardente du rameau fleuri, le rejeton mérovingien et le Roi perdu, l'existence d'un vaste réseau de souterrains et peut-être même d'une nécropole, les allusions de Nostradamus au Razès, la venue de Richard Wagner ; bref, pêle-mêle, tout un ensemble de faits et de données dont nous soupçonnions l'ampleur sans encore l'apprécier parfaitement. Et surtout, nous avons flairé la faune étrange qui gravitait autour de Rennes, et qui nous inquiétait un peu. Mystiques hallucinés, ésotéristes inspirés, chercheurs de trésors aux allures de fauves cauteleux, tout un monde grenouillant et plus ou moins frelaté où chacun était le dépositaire privilégié du secret, alors qu'aucun n'était seulement capable de le définir, ce secret.

— J'apprécie énormément votre description, qui est très juste. Mais vous disiez « Trop peu » ?

— Oui, car à aucun moment, il ne fut question de ce que l'on peut vraiment trouver dans le chemin de croix autrement que par les solutions effleurées par Gérard de Sède dans son livre.

— Et qu'y aviez-vous discerné ?

— Tout d'abord le fait que si l'on reporte correctement sur le terrain les détails du paysage des différentes stations, et si l'on pose en principe que la croix portée par le Christ représente bien le schéma du chemin à parcourir, tracé en fonction de ces points de repère, il suffit d'analyser les directions des regards des personnages et de tenir compte des bras de cette croix qui sont barrés par l'un ou l'autre détail – bras, lance, vêtement, etc. –, pour obtenir un fort bel itinéraire, confirmé par l'abbé Boudet dans sa *Vraie Langue Celtique*. C'est bien un... chemin de croix, n'est-ce pas ?

— Bravo ! Et vous l'avez parcouru ?

— Oui, lors de notre voyage suivant. C'est amusant.

— Je n'en doute pas. Et qu'y avez-vous encore vu ?

— Des tas de choses que vous connaissez certainement mieux que moi, et notamment la signature d'une certaine société discrète, par cette station qui montre une femme vêtue de noir baisant le genou du Seigneur, tandis qu'une autre tient un enfant nu, entouré seulement d'une écharpe à carreaux colorés.

— Et vous en déduisez ?

— Qu'au moins un Fils de la Veuve selon le Rite Écossais n'est pas étranger à cette histoire.

Jacques de B. laissa échapper un long sifflement qu'il voulait admiratif – ce qui me combla d'aise – avant de déguster longuement une gorgée de whisky.

— Et vous n'y avez rien remarqué d'autre ?

— Si. Il existe une station où tous les bras de la croix sont barrés.

Son regard s'alluma pour m'inviter à poursuivre.

— C'est la station qui voit le Christ tomber sous le poids de son fardeau, le regard dirigé vers le coin inférieur gauche, alors qu'un soldat tente de le relever et qu'un autre soutient la croix. Mais c'est surtout le centurion romain qui a éveillé ma curiosité.

— Ah oui ? Et pourquoi ?

— Parce qu'il est à cheval. Un cheval blanc. Et que les centurions sont des fantassins.

— Bien, très bien. Qu'en concluez-vous ?

— Que lorsque toutes les issues sont bouchées, il convient d'interroger celui qui domine la cavale. Ou cabale, au choix. C'est seulement une question de phonétique.

— Décidément, vous êtes très fort. J'attire seulement votre attention sur le fait que, comme vous le disiez il y a un instant, le Christ regarde – vraisemblablement, puisque le visage a été détruit par des vandales –, le Christ regarde le coin inférieur gauche.

— C'est exact, et sous certain angle, on peut y distinguer comme une sorte de roue brisée. Ou de croix potencée à huit rayons... Le Temple détruit, ou Michel de Nostredame. Mais c'est bien là que s'appuie le pied du pèlerin qui interroge celui qui domine la Cabale.

Il posa son verre et applaudit.

— Vous me voyez enchanté. Sincèrement. Et où cela vous a-t-il mené ?

— Premièrement à connaître beaucoup de monde. Gérard de Sède, Philippe de Chérisey, et bien d'autres, de vive voix ou par courrier. Et même Pierre Plantard, que j'eus l'occasion de rencontrer trop brièvement. Un monde bien plus passionnant que celui des farfelus dont je vous parlais tout à l'heure. Et puis vous, et j'étais à cent lieues d'imaginer, il y a encore quinze jours encore, qu'un autre rameau fleurissait ici, si je puis m'exprimer ainsi. Deuxièmement, cela m'a conduit à m'intéresser, et même à visiter, pas mal de lieux insolites, étranges, souvent féconds, qui paraissaient devoir détenir une parcelle de l'énigme. De son énoncé, à défaut de sa solution. Le Sud-Ouest, bien sûr, cathare, wisigoth ou juif; mais aussi Paris, Sion, Sion-Vaudémont, Saint-Malo, Gisors et les Andelys, Stenay... Mais encore Bruxelles et Liège, qui me réservèrent d'assez extraordinaires surprises. Et Orval, évidemment, où il est fort probable que se rencontrèrent Nostradamus et Rabelais. Et enfin, cela m'a amené à me méfier beaucoup. Car il n'y a pas que des gens bien et des farfelus, dans cette histoire, il y a aussi des imbéciles meurtriers.

— Holà, comme vous y allez !
— On vous a déjà tiré dessus ?
— A boulets rouges, parfois. Mais je ne crois pas que cela rejoigne votre propos.
— Eh bien, pour ma part, on l'a fait au moins deux fois, nettement en rapport avec cette histoire. La première, nous descendions un jour matin, ma Femme et moi, de Rennes vers le ruisseau de Couleurs, pour y prendre quelques photos : l'habitude est une seconde nature. Un coup de feu a fait éclater une pierre à deux mètres devant nous.
— Un chasseur, non ?
— Ouais. Le genre de chasseur qui provoque des élections anticipées à Rennes-les-Bains ! Mais effectivement, le dos collé à la paroi rocheuse et l'œil aux aguets, nous avons finalement vu monter vers nous, posément, pesamment, un individu portant un fusil et une gibecière, accompagné d'un chien de chasse.
— Vous voyez bien !
— J'ai surtout vu que le fusil était porté à la hanche, non cassé comme il est de rigueur quand le chasseur est prudent.
— Il y a des chasseurs inconscients.
— Ah oui ? Au point de nous saluer avec cet accent rocailleux qui est un des charmes de la région, en nous demandant : « Alors, je vous ai ratés ? »
— Evidemment...
— Et au point de chasser le perdreau avec des balles de calibre douze ?
— D'accord, c'est un peu gros. Et la seconde fois ?
— Il y a trois ans, avec deux amis. En redescendant du Casteillas, nous nous sommes fait « encadrer » à la chevrotine.
— Et pourquoi n'avez-vous pas déposé plainte ?
— Vous l'auriez fait, vous ?
Il se contenta de sourire en remplissant les verres.
— Mais au fait, qu'est-ce qui vous a permis de me reconnaître ?
— *La Race Fabuleuse,* de Gérard de Sède également. Quand ce livre est paru, nous avions amplement fait connaissance, tant à Paris qu'à Rennes et même chez moi. D'ailleurs, la photo de couverture du bouquin est de moi.
— Et que pense-t-il de tout ceci ?
— Je ne sais pas. Nos relations se sont malheureusement ternies le jour où j'ai cru comprendre que j'avais un effet laxatif sur son épouse de l'époque. Je ne dois pas être le seul, mais pour ma part, je le regrette.

Il me regarda en contenant avec peine le fou rire qui l'envahissait, puis me désigna le plateau posé sur la table.

— Tenez, dit-il, prenez donc quelques fruits secs. Dans certains cas, c'est souverain.

Il me retint à dîner, et ce fut un régal, tant par la chère – le repas était succulent – que par l'esprit. Je fus emporté dans un véritable tourbillon d'érudition et de culture, émaillé d'aphorismes ou de déclarations péremptoires, mais à double sens, ramenant chaque fois l'intérêt au centre de « l'affaire de Rennes », ou désignant discrètement tel ou tel aspect curieux de l'histoire. Il ne reculait pas non plus devant le calembour lamentable, celui qui vous laisse pantois, doutant de la réalité d'un monde capable d'accueillir de telles choses. Jusqu'au moment où je me rendis compte que j'étais en train de passer une sorte d'examen par lequel il me testait discrètement, mais avec une habileté consommée, au travers de sa verve et de son humour. Je décidai donc de réagir et me mis en devoir de lui rendre la pareille, dans la mesure de mes moyens. Je ne crois pas l'avoir déçu, car cette soirée fut la première d'une longue série de rencontres qui vit naître entre nous une amitié sincère et partagée. Ce livre est constitué de certaines de ces conversations, que nous eûmes le plus souvent au détour d'un repas fin, mais aussi au cours de l'une ou l'autre visite rendue à un lieu intéressant.

En m'apprêtant à prendre congé, mon attention fut attirée par un tableau que je n'avais pas encore vu jusque là. C'était un dessin au crayon et à la plume, entièrement en noir et blanc, à une exception près. Il était accroché au pied de l'escalier menant à la galerie de sa bibliothèque, et un spot lumineux, disposé avec intelligence, le mettait en valeur. Le fond de la partie supérieure était occupé par une représentation fortement agrandie de la Lune, débordant même de près d'une moitié en dehors de la surface de la composition, et dont les cratères avaient été dessinés avec un soin remarquable. Le ciel, noir, était constellé d'une multitude d'étoiles minuscules et parsemé de quelques planètes imaginaires. En bas et à droite de la Lune, une petite sphère me parut d'abord représenter Saturne et ses anneaux, mais je me rendis compte que ceux-ci étaient en fait remplacés par un cercle zodiacal auquel manquait un signe. La demi-lune était éclairée par en dessous, la lumière émanant d'une mer ou d'un océan couvrant le fond du tiers moyen de l'œuvre, le tiers inférieur étant constitué de deux plans. Le plan profond représentait une plage se continuant par une sorte de vallée industrielle garnie d'usines et de pylônes, de buildings et de chantiers, épars parmi des objets typiques de notre civilisation. Cette vallée se prolongeait entre deux hautes collines, celle de gauche supportant la silhouette de Rennes-le-Château, celle de droite couronnée par une vue de l'Abbaye d'Orval. Le plan antérieur formait un plateau rocheux sur lequel était disposé un livre fermé, un mince vase à parfum garni de deux anses, et un linge chiffonné ainsi qu'un crâne au sommet fendu, placé dans un ciboire. Disposée en avant et sur les deux tiers de la hauteur du dessin, une croix latine était plantée dans le plateau rocheux, et un serpent s'enroulait à son pied. Sur cette croix, dans une attitude non pas de souffrance ni d'abandon, mais plutôt d'attente sereine et rêveuse, d'une beauté presque irréelle, une fille aux longs cheveux était clouée, nue, par quatre roses, les quatre seules taches de couleur de l'ensemble.

— C'est extraordinaire, dis-je. Ce dessin m'impressionne beaucoup.

— N'est-ce pas ? J'y tiens d'ailleurs énormément.

Quelle ne fut donc pas ma surprise, le surlendemain, quand un messager déposa avec précaution cette œuvre merveilleuse à mon domicile, avec seulement ces quelques mots :

« Avec la complicité de Sainte Apolline, et mes amitiés. »

J. de B.

HISTOIRE DU MASQUE DE FER

... Et ce n'était pas Ferrand l'Enferré.
Jean Ferrat.

****

— Connaissez-vous cette histoire idiote de Louis XIV partant à la chasse ?
Le repas se terminait et le temps des friandises s'annonçait par le fumet d'un excellent moka. Le temps des interminables conversations aussi, au coin d'un feu de bois, un verre d'alcool fin à la main. Après la bonne chère, l'esprit. Le romantisme de ces heures où la gourmandise intellectuelle succède au plaisir du gourmet, Dieu merci, n'est pas mort.
— Vous rêvez ?
— Non, pas vraiment, dis-je. En fait, je ne connais pas cette histoire.
— Eh bien, par un beau matin, le Roi Soleil se mit en chasse, accompagné du gratin de sa cour et de son équipage. Tout le monde s'enfonce dans les bois, et jugez de la surprise du Roi quand au détour d'un chemin, près d'une masure misérable, il se trouve face à face avec un jeune bûcheron qui lui ressemble d'une manière hallucinante. Même taille, mêmes traits, même prestance, même allure. L'homme a quelque chose de noble dans les yeux... Son regard ne cille pas et sa fierté naturelle en impose. Cependant, les esprits les plus mal tournés de l'assistance, le premier moment de stupeur passé, entrevoient le parti de commérage qu'ils vont pouvoir tirer de la situation, et le Roi ne peut couper court qu'en surenchérissant. « Alors, mon brave, lance-t-il au paysan, je vois que votre mère était lingère au palais !... ». « Que non pas, Sire ! répond l'homme. Mais mon père y était palefrenier... ».
— C'est excellent, dis-je, et je ne la connaissais pas. Mais l'histoire ne dit pas ce qu'il advint du bûcheron face à l'ire du souverain.
— Probablement ne lui advint-il rien du tout, car en fait, on peut raisonnablement supposer, en première analyse, qu'il fut supprimé dès sa naissance. Il n'a donc pu rencontrer le Roi.
J'avais beau être habitué à ses ambiguïtés, là, je ne suivais plus.
— D'accord, mais ceci n'est jamais qu'une finesse d'esprit qui ne suppose nullement la matérialité des faits ?
Il poursuivit comme si de rien n'était.
— ... Par contre, son père eut quelques ennuis, si l'on peut considérer l'incarcération dans une cage luxueuse comme un ennui à une époque où la vie n'était pas franchement rose.
— Bon ! Vous savez pertinemment que vous m'intriguez, et donc que votre but est atteint. Alors ne me faites pas languir et racontez-moi tout.

— Vous devriez réfléchir un peu. Vous avez suffisamment de culture historique pour trouver la solution ; par contre, vous n'en avez pas l'audace. Le père de ce jeune homme hypothétique n'était autre que le Masque de Fer.

— Ben voyons !

— Oui, voyons. Vous savez certainement que Louis XIII était fondamentalement incapable d'engendrer, et vous avez sûrement entendu parler de cette fameuse nuit qui vit la France en prière pour que le Roi, censé être à l'ouvrage, conçût un héritier, mâle de préférence ?

— Bien sûr. Pas mal d'historiens racontent en souriant cette anecdote du bon peuple de France à genoux sous la fenêtre éclairée de la chambre royale, priant pour la réussite de l'acte...

— Voilà. Mais qui vous a dit qu'il s'agissait bien du Roi, dans cette histoire ? D'accord, le rôle de la Reine est incontestable : c'est bien elle la mère de Louis XIV. Mais le Roi ? Imaginez-vous vraiment cet homme qui peut peu, comme dit Pierre Perret, en train de besogner son épouse au rythme des patenôtres de ses sujets ? A mon avis, cela aurait plutôt dû lui couper ses effets !

— Mais alors, à quoi rime cette mise en scène ?

— Il fallait un miracle. Le peuple, qui parfois sait tout, savait parfaitement que son Roi avait l'aiguillette nouée, et qu'il aurait fallu un miracle pour que la Reine donnât un Dauphin à la France.

— Le genre de miracle qui s'obtient par un autre père...

— Bien sûr. En réalité, la Reine se trouvait enceinte et elle n'avait que deux solutions : ou bien se débarrasser discrètement de l'enfant, ou bien le faire endosser à Louis XIII. Or le Cardinal veillait, ayant compris qu'il pourrait régner par cet enfant illégitime dont personne ne voudrait avoir affaire. Il suffisait alors de procéder à un des premiers grands conditionnements de masse – et qui était mieux placé qu'un curé pour y arriver ? – et la France allait se mettre à prier, non pas pour se sauver du ridicule, mais pour l'asseoir sur le trône !

— Mais le Roi, Louis XIII, devait quand même se rendre compte de ce qu'il n'était pour rien dans la naissance de Louis XIV. Pourquoi se serait-il tu ?

— Et pourquoi aurait-il parlé, je vous le demande ? Etait-il seulement en position de le faire ? Mais qu'à cela ne tienne ! Si la présence du Roi dans la chambre de la Reine cette nuit-là peut satisfaire vos fantasmes, je veux bien. Après tout, je n'y tenais pas la chandelle et ce n'est qu'une hypothèse compatible.

— Et le Masque de Fer ?

— Mais le père de l'enfant, bien sûr ! L'amant de la Reine... Ce ne devait pas être quelqu'un de bien grande condition, sinon on se serait aperçu de sa disparition, et nous n'avons guère de précisions sur son identité. Mais il est très vraisemblable qu'il fut en service à la Cour.

— Pourquoi se serait-on embarrassé de garder ne vie une personne aussi compromettante à une époque où les morts subites étaient particulièrement courantes ? A fortiori s'il s'agissait d'un homme d'humble condition ?

— Vous ne comprenez vraiment rien à rien ! Vous pensez que celui qui a manigancé cette histoire afin de s'assurer la pouvoir allait se priver de son meilleur moyen de pression ? Premièrement à l'encontre de la Reine : qui mieux que son amant pouvait faire pression sur elle ? Ensuite vis-à-vis de Louis XIV, que l'on pouvait aisément discréditer en exhibant son vrai père...

— Faisons abstraction du Roi Soleil, dont on pourrait imaginer qu'il eût pu avoir quelque scrupule à se débarrasser de son papa. Encore que... Mais qu'est-ce qui empêchait la Reine de se débarrasser de son ancien amant ? Elle en avait les moyens.

— Procédons par ordre. Le terme « ancien » dans le sens où vous venez de l'employer ne se justifie peut-être pas. Le Masque de Fer pouvait fort bien être encore l'amant de la Reine. D'autre part, je me suis laissé dire que l'homme contraint à porter ainsi le masque de fer, avait lui aussi femme et enfants... Et que ceux-ci, avertis en temps utile par quelqu'un qui leur voulait du bien, de ce qui arrivait au père de famille, se sont éclipsés et réfugiés dans la nature, où ils ont caché leur secret.

— Ainsi, quelqu'un de l'entourage du Roi aurait eu vent de la machination du Cardinal, et...

— ... et plutôt que de la déjouer, ce qui n'eût profité à personne, la prolongea à son avantage en mettant à l'abri le Masque de Fer, ce qui lui donnait barre sur le Cardinal. Le pouvoir par la bande, en quelque sorte.

— Vous devenez graveleux. Et qui aurait été ce personnage ?

— Fouquet.

Un long moment se passa en silence, agrémenté de la fumée de son cigare et d'un Calvados hors d'âge. Pourtant, je croyais avoir trouvé la faille.

— Et cette hypothèse de deux Masques de Fer ?

— Enfin ! dit-il. Je me doutais bien que vous ne la rateriez pas. Résumons donc et commençons par faire un sort à cette légende qui veut que le Masque de fer ait été un frère jumeau du Roi Soleil, que l'on aurait dissimulé lors de la naissance afin d'assurer une royauté sans partage au survivant. Cela ne tient pas debout, car autant il peut être utile de garder un moyen de pression sur le pouvoir sans être dangereux pour le manipulateur, autant il est inconcevable que celui-ci conserve le moyen de renverser ce pouvoir, précipitant ainsi sa propre chute. Cela relève de l'évidence. Quant à prétendre que le Cardinal conservait le jumeau du Roi pour l'utiliser en cas de faillite de Louis XIV, c'est une ineptie sans nom car il eût fallu que ce jumeau se prêtât à cette mascarade et consentît à ne pas révéler son identité. Alors que le vrai père du Roi, lui, avait intérêt à se taire s'il voulait conserver la Reine, ou tout au moins éviter des tas d'ennuis à sa famille.

— Dieu, quel sac de nœuds !

— Mais non, c'est très simple, à condition d'y aller calmement. Premièrement, la Reine se retrouve enceinte sans intervention efficace de Louis XIII. Deuxièmement, on amène Louis XIII à endosser la paternité. Qu'il fût ou non conscient de la fraude ne présente qu'un intérêt anecdotique et je ne crois pas qu'il fut tellement difficile de lui faire comprendre où était son devoir, ne fût-ce que par crainte du scandale et du ridicule si son infortune venait à être connue. En fait, seule comptait l'illusion qu'une habile campagne de conditionnement allait imposer à tout un peuple. Troisièmement, on dissimule le vrai père sous le Masque de Fer, le gardant soigneusement en vie comme garantie sur l'avenir, et le chantage au pouvoir commence. Quant au prisonnier, quel que soit celui qui tire vraiment les ficelles, on s'assure de son silence en menaçant sa famille, ou même en le comblant via la Reine, dont il serait bien étonnant qu'elle ait été totalement innocente dans cette sombre histoire. Quatrièmement, un étranger à cette aventure, Fouquet en l'occurrence, se rend compte de ce qui se passe et décide d'en profiter. Il met la famille en lieu sûr et, via celle-ci, peut « piloter » – si j'ose dire – le Masque de Fer et entamer son chantage sur le Cardinal, qui assure son ascension. Cinquièmement, le Masque de Fer meurt.

— Et Fouquet dégringole.

— Exact, mais laissez-moi poursuivre : il nous faut un second Masque de Fer. Or, il n'y a pas de fumée sans feu, et cette histoire de bûcheron ressemblant pourrait bien nous mener à la vérité. En effet, le sens profond de cette plaisanterie est celui-ci : Louis XIV ressemblait non pas à sa mère, mais à son père. Le vrai ! Et c'est d'ailleurs la raison du masque : la ressemblance !... Il devait en être de même de son demi-frère, de sorte que celui-ci et Louis XIV pouvaient fort bien se ressembler comme deux gouttes d'eau au point de menacer la stabilité de la monarchie sans qu'il fût nécessaire de postuler une quelconque gémellité, avec tout ce que cela implique d'absurde. De cette manière, la « légende du jumeau » s'explique, et bien plus, conforte la thèse d'un chantage au départ de la famille du Masque de Fer. Le premier Masque de Fer mort et Fouquet déchu, Louis XIV crut en avoir fini avec cette histoire idiote. Manque de pot, on lui découvre un demi-frère encombrant qui avait pris la précaution, pour se prémunir contre toute attaque, de consigner par devant notaire tout ce qui précède.

— Mais pourquoi Fouquet ne s'est-il pas servi de ce... faux frère pour continuer son chantage ? Pourquoi sa chute ?

— Figurez-vous que j'imagine fort bien son Éminence reprenant les choses en mains, persuadant le demi-frère – car il l'avait retrouvé – de lâcher Fouquet et de jouer « cavalier seul ».

— L'expression est amusante dans le cadre de cette affaire.

— Je ne vous le fais pas dire. Bref, on se trouve alors en présence de deux adversaires : un Roi tout puissant, mais incapable d'éliminer son demi-frère, et un demi-frère manquant de ces quelques appuis et du rien d'envergure qui lui auraient permis de dominer la situation, défendu seulement par quelques papiers et par un Cardinal suffisamment habile pour ne pas le pousser ni le laisser aller trop loin.

— D'où le second Masque de Fer.

— Parfaitement.

— Et Rennes-le-Château, dans tout cela ?

— Et où pensez-vous que Fouquet expédia la famille du demi-frère du Roi ?

— Allons bon ! Et vous avez l'ombre d'une preuve ?

— Mieux que cela, des faits.

— Alors racontez !

— Vous me prenez pour une andouille ? Que faites-vous de mon ambition personnelle ? Sachez seulement que si Colbert a entrepris des fouilles à Blanchefort, alors qu'il savait pertinemment qu'il n'y avait plus assez d'or, c'est qu'il ne cherchait pas de l'or. Il devait avoir une autrement bonne raison.

— J'ai comme l'impression qu'il y a des failles dans votre raisonnement.

— J'irai jusqu'à des crevasses.

— Et si le Cardinal était le père de Louis XIV ?

— Ce serait trop beau...

— Non, mais vous croyez réellement à l'histoire que vous venez de me raconter ?

— A la limite, prouvez-moi qu'elle est fausse.

— Je n'ai ni les connaissances, ni – soyons franc – le goût de vous démentir, mais je suis bien persuadé qu'il doit se trouver des historiens suffisamment érudits pour vous montrer vos erreurs.

— Il n'existe pas de vérité historique concernant le Masque de Fer, et l'histoire que je viens de vous conter, malgré les imperfections du raisonnement dues au style de notre conversation, cette histoire en vaut bien une autre. Que vous faut-il de plus, puisque la vérité est hors de portée ?

— Je la vois quand même mal dans les manuels scolaires.

— Et c'est profondément regrettable, car si l'Histoire est bien définitivement figée dans le passé, elle ne nous est profitable que par ce que nous en connaissons. Si donc nous ne la connaissons pas, ou même seulement la connaissons mal, pourquoi une fiction cohérente ne serait-elle pas infiniment plus profitable à l'étudiant qu'un fatras de niaiseries qui n'ont en général rien à voir avec la réalité des faits rapportés, et qui n'ont de cohérent que la rigueur du système institutionnel qui les sous-tend. D'ailleurs, notre civilisation, toutes les civilisations sont basées sur des fictions cohérentes : la Bible, les Vêdas, le Coran, la vie du Bouddha... Appréciez donc ce qu'en disait Dumas : « Ce n'est pas bien grave de violer l'Histoire. Le tout, c'est de lui faire un beau gosse ! ».

— Eh bien, vous venez d'en perpétrer un splendide !

Et je levais mon verre à ce remarquable viol, accompagné par son rire malicieux.

LE VILLAGE AUX DEUX ÉGLISES

> Se jamai
> Torne mai,
> A Moustié, dins ma patria.
> *Blacas, in « Lis Isclo d'Or ».*

****

Partis en fin de matinée de Liège, nous étions en vue du bourg alors que l'après-midi était largement entamée. Il faut dire que, pour respecter ce qui était déjà une tradition de nos rencontres, nous nous étions agréablement restaurés en cours de route, Jacques prétendant que l'esprit ne peut fonctionner de façon créative que s'il n'est soumis à aucune contrainte. Et quoi de mieux pour créer les conditions propices qu'un excellent repas, même léger ?

Pourtant, le ciel gris et lourd de ce onzième jour de novembre n'engageait guère à l'aventure et, pour une fois, je serais volontiers resté au fond d'un fauteuil confortable, en compagnie d'un bon bouquin, d'un cognac et de mon chat ; mais il avait tant insisté pour visiter les lieux ce jour-là que je n'avais décemment pu le lui refuser.

— Tournez directement à droite au prochain carrefour, me dit Jacques. J'ai déjà quelque chose à vous montrer...

La voiture obéit docilement et s'engagea dans la voie désignée.

— ... Et vous vous arrêtez sur le petit pont. Regardez la plaque indicatrice, à votre gauche...

C'était bien amorcé, je n'étais pas déçu.

— Mon cher, vous êtes en train de traverser le Rhosne !

Sans bac, ni de Barcarin, ni même du Sauvage, mais tout simplement par un petit pont presque en dos d'âne.

— Je dois reconnaître que vous avez une sorte de talent pour soigner vos entrées en matière.

— Et ce n'est pas la seule allusion toponymique à la région qui nous intéresse dans le Sud, il suffit de consulter une carte au 200.000^e pour vous en convaincre. Voyez, dit-il en dépliant la Michelin qu'il venait de sortir de la boîte à gants.

Et il énuméra :

— Si nous prenons seulement les homonymies, nous trouvons Saint-Sauveur, Arc, La Bourgogne, Vezon, Cordes,...

Je l'interrompis.

— C'est seulement un jeu d'esprit, ou bien vous vous prenez au sérieux ?

— Je ne vous ai pas inventé le Rhosne... De plus, nous ne sommes pas bien loin de Roeselaere, qui naguère s'appelait encore Roulers... Je ne vous ai pas inventé non plus le nom du patelin où

1. Entrée de Moustiers Sainte-Marie (Belgique)

2. Le Petit Rhosnes à Moustiers Sainte-Marie (Belgique)

LE VILLAGE AUX DEUX ÉGLISES

nous nous rendons.

— Je dois admettre que vous avez éveillé ma curiosité en me parlant de ces deux Moustiers Sainte-Marie, celui du Verdon et celui que nous avons près de Frasnes. Je suis impatient d'en savoir plus.

— Eh bien roulez donc !

Je garai bientôt la voiture sur une curieuse – et très jolie – petite place de village, qui avait la particularité de compter deux églises bâties côte à côte. Et rien à voir avec Colombey ! Au fond d'une courette protégée par des grilles, à quelques mètres de la plus grande des deux églises, le presbytère arborait un drapeau belge en berne... Cela me parut d'autant plus étrange que beaucoup de bâtiments officiels ne le mettent même plus à leur façade lors de la fête nationale.

— Ne vous frappez pas, me dit mon compagnon, ce n'est guère votre dernière surprise ! Nous allons commencer notre visite par l'église proprement dite. L'autre édifice est la chapelle noble du coin ; nous la visiterons plus tard.

De prime abord, l'église paroissiale ne présentait rien d'extraordinaire, ressemblant simplement à toutes les petites églises de village, dont on devinait qu'elle devait être parfaitement entretenue par des personnes dévouées. Mais je me dis aussitôt que si cet endroit « avait un sens », les personnes en question ne devaient pas être exactement de la même espèce que celles que Jacques Brel avait gaillardement brocardées dans une chanson célèbre. Deux rangées de colonnes en simili marbre délimitant les nefs, une chaire de vérité sans grand apprêt, quelques statues polychromes et quelques autres blanches. Deux confessionnaux monumentaux, contrastant quelque peu avec la simplicité de la chaire de vérité, et masquant curieusement en partie deux des vitraux. J'en fis la remarque à Jacques.

— Vous voyez bien qu'il y a quelque chose de caché...

— Vous ne poussez pas un peu, là ?

— Si, bien sûr, mais vous allez constater sous peu que si c'est une coïncidence, elle est curieuse.

— Donc il faut chercher quelque chose au départ des vitraux ?

— Je n'ai pas dit cela. Je dis que ces vitraux, parce qu'ils sont masqués, sont probablement une indication s'il y a quelque chose à trouver. Il y a en effet une curieuse démarche dans le fait de construire des confessionnaux si grands qu'ils dissimulent les vitraux alors que le reste de l'église est relativement simple. Mais ce n'est pas là le point de départ évident.

Machinalement, je me détournai pour prendre de l'eau bénite. Il faut toujours respecter les rites quand on veut progresser... C'est ainsi que j'entrevis, tout aussi machinalement, le chemin de croix, composé de gravures en noir et blanc disposées dans des cadres en bois. J'avais bien l'impression d'avoir déjà vu cela quelque part, mais toutes les églises, en fin de compte, se ressemblent plus ou moins. Je n'eus guère l'occasion d'en faire part à mon guide, qui m'entraînait vers le chœur.

— Vous voyez que le drapeau du presbytère ne faisait... qu'annoncer la couleur. Ceci dit, vous aviez raison tout à l'heure, et ce n'est guère fréquent, ni chez vous ni chez moi, de trouver une église dont le tabernacle est barré du drapeau national en berne, le jour de l'Armistice... Mais levez plutôt les yeux. Que dites-vous de ce plafond ?

— Que je n'en ai jamais vu de pareil ! S'il n'est pas rare de trouver un plafond ouvragé dans une église, dans la majorité des cas, la décoration de celui-ci a un sens immédiatement accessible, soit qu'elle représente une scène à caractère religieux, soit que les motifs symboliques soient directement évocateurs. A la limite, on trouvera des végétaux ou des cieux étoilés, mais je dois dire que je ne vois pas clairement la signification de celui-ci.

Comme il gardait obstinément son regard à la verticale, je crus comprendre que je devais continuer.

— Un plafond en demi dôme, garni de quatre demi-cercles de médaillons hexagonaux disposés de manière à constituer en même temps une symétrie radiaire... Chaque médaillon porte sur un fond rouge une figure qui va de la marguerite au chrysanthème en passant par de curieuses fleurs aux pétales dextro- ou lévogyres... Les points d'intersection entre les arcs de cercle et les rayons sont marqués par des étoiles dorées... Rien à faire, je ne saisis pas. Et vous ?

Il condescendit à ramener son regard au niveau des humains, l'air pétri d'importance.

— Eh bien, mon cher, ...

Il releva les yeux en lâchant, d'une voix amusée :

— Moi non plus ! Je suis, tout autant que vous, intrigué par cette décoration, dont tout me porte à admettre la possibilité qu'elle ait une signification ; mais j'admets aussi que le déclic n'a jamais joué, et j'avoue mon ignorance. Bah ! Il se trouvera bien un jour ou l'autre un érudit pour délivrer du bout d'une plume transcendante le message que porte ce plafond.

— Votre ironie me surprend. Vous m'amenez ici pour me faire humer le parfum du mystère, voire de la révélation, et vous minimisez d'emblée la première chose intrigante que nous rencontrons. Ce plafond a-t-il réellement une valeur, oui ou non ?

— Vu l'entretien qu'il nécessite, le tarif horaire des gens de maison, les lois sociales, le double pécule de vacances et la forte augmentation de la T.V.A. sur les détergents spécifiques des dorures sur plâtre, s'il n'a pas de valeur, il est certainement coûteux !

— Vous vous fichez de moi ?

Il sourit amicalement.

— Vous savez bien que non. Mais comme vous, quand je ne connais pas la signification de quelque chose alors que j'imagine qu'il puisse y en avoir une, je range le fait quelque part dans ma mémoire en attendant mieux. Et je viens de ranger ceci sous une mince couche d'humour qui me rappellera en temps utile que j'ai eu le plaisir de voir ceci en votre compagnie.

— Je suppose que je dois rougir ?

— Tout dépend de la valeur que vous accordez à cette manifestation cutanée.

— Décidément, vous êtes en verve !

Insensiblement, il m'avait entraîné à l'écart du chœur, et nous descendions entre les chaises disposées dans la nef gauche. C'est alors que les gravures constituant le chemin de croix me frappèrent à nouveau. Je m'en approchai.

— Dites donc ! dis-je, passablement surpris. Vous n'avez jamais vu cela nulle part ?

— Ah ! Un bon point, fit-il. Et vous, où avez-vous déjà rencontré un tel chemin de croix ?

— Il ressemble étrangement à celui d'une petite église bien sympathique, dans les Corbières.

— Regardez donc les deux statues blanches qui entourent le chœur.

— Saint Pierre et Saint Paul ! Comme à Saint-Paul de Fenouillet... La similitude est amusante.

— Exact, à ceci près qu'il y a plus qu'une similitude. Si vous examinez attentivement les gravures du chemin de croix, vous vous rendrez compte qu'elles sont rigoureusement identiques à celles de Saint-Paul. Les maisons d'édition et les dates d'impression sont les mêmes.

— Il y aurait un lien entre les deux églises ?

— Vous allez juger par vous-même. Le chemin de croix ne comporte rien de bien étrange, pour autant que je sache, à part quelques attitudes maniérées du Christ que je crois plus dans le goût du temps que dans le sens ésotérique. Quant aux vitraux, ce sont des dons faits par des paroissiens ou par des familles aisées de la région. Mais nous y reviendrons. On trouvera bien entendu une statue de Saint Antoine. Il ne s'agit cependant pas ici de l'ermite, mais du saint de Padoue, celui que l'on invoque pour retrouver les objets perdus, et qui, pour sa science des Écritures, fut surnommé l'Arche du Testament par Grégoire IX.

3. Chemin de croix. Eglise de Moustiers Sainte-Marie (Belgique).

— Voulez-vous faire entendre que ce que l'on doit retrouver passe par l'étude, et qu'il faut donc invoquer tout autant Saint Antoine Ermite que Saint Antoine de Padoue ?
— Cela me paraît effectivement très sensé.
— Bien, mais étudier quoi ?
— Nous ne sommes qu'au début de la visite...
— D'accord, je vous suis.
Il m'emmena vers la chapelle qui occupait le bas de la nef gauche.
— Voyez ce tableau du Christ Mort. Qu'en pensez-vous ?
— Le tableau en lui-même ne me paraît pas devoir exciter sauvagement l'imagination... Sans être un chef-d'œuvre, il est de très bonne facture et le corps du Christ gisant sur une série de blocs de pierre recouverts d'un linceul, accompagné de la couronne d'épines, des clous et du sceptre dérisoire, tout cela est honnêtement rendu. On s'étonnera peut-être du décor choisi pour le fond de l'œuvre : cette espèce de mosaïque d'or n'est pas courante.
— Moi, je me pencherai plutôt sur l'inscription du bord inférieur du cadre...
— *Ego vici mundum.* Hé ! En effet, on voit rarement ce genre de texte. Ordinairement, une

36 COURT-CIRCUIT

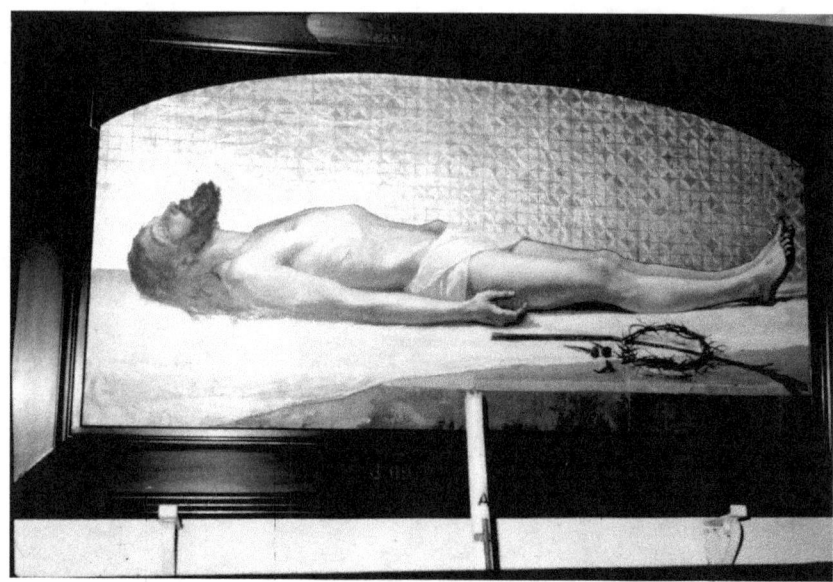

4. Gisant de l'église de Moustiers Sainte-Marie (Belgique).

inscription qualifiant une représentation du Christ est, ou bien une de ses paroles attestées par l'évangile, auquel cas elle est effectivement énoncée à la première personne du singulier ; ou bien elle est descriptive, et transcrite à la troisième personne. J'aurais donc mieux vu ici quelque chose comme Voici le Sauveur du Monde, *Ecce Salvator Mundi*, par exemple.

— Votre raisonnement est digne de l'Académie des Inscriptions et Belles Lettres. Mais ce n'est pas là l'essentiel, encore que vous l'ayez effleuré instinctivement dans votre discours.

— C'est ça, le talent !

Il me lança un regard qui valait une réplique.

— Quel exemple latin avez-vous donné, il y a quelques instants ?

— *Ecce Salvator Mundi*.

— Et pourquoi pas *Victor Mundi*, qui eût été la traduction exacte de la thèse que vous souteniez, en accord avec les termes du tableau.

— Peut-être simplement parce que l'on n'a pas l'habitude de qualifier le Christ de Vainqueur du Monde, mais qu'il est parfaitement normal de l'appeler Sauveur ?

— Exactement ! On ne peut concevoir le sens de cette inscription que dans l'idée que l'on se ferait d'un monde malsain, mauvais, ennemi du Christ, que celui-ci devait vaincre et non pas racheter. Or le monde, c'est nous... Cela ne vous dit rien ?

— *Rex Mundi* ?

— C'est aussi mon avis. Le « Roi du Monde » des Cathares, le créateur mauvais d'un monde mauvais... « Satan l'a créé. Moi j'ai vaincu le monde »... C'est ainsi que cette inscription doit être comprise, à mon sens.

— C'est astucieux. Jésus Sauveur du Monde pour les uns, Vainqueur du Monde pour les autres... L'allusion au manichéisme me semble claire aussi, maintenant.

— Vous pouvez franchement parler de Catharisme. Vous verrez que cette église évoque suffisamment la terre cathare pour nous le permettre.

— Alors continuons, je suis impatient.

Il me prit par l'épaule et me poussa vers le haut de la nef droite.

— Venez voir l'autel de Saint Martin.

— Parce que Saint Martin est ici aussi ?

— Bien sûr !

— Tant que nous y sommes, vous n'auriez pas un peu de Marie-Madeleine ?

— Je suis persuadé de l'avoir vue ici naguère, mais elle n'y est plus. Remarquez, je peux me tromper.

— La similitude avec Saint-Paul de Fenouillet n'en deviendrait que plus frappante !

Il m'interrompit :

— A propos, savez-vous pourquoi Saint Martin n'a donné au pauvre que la moitié de son manteau ?

— Oui ! Vous ne me collerez pas avec cette question. Officiellement, du fait de son rang dans l'armée romaine, il devait payer de ses deniers la moitié de son équipement, l'état n'intervenant que pour le reste. Il n'était dès lors propriétaire que d'une part de ses effets militaires et ne pouvait honnêtement donner que cette moitié.

— Bravo. Et officieusement ?

— Je me suis laissé dire que ce coup d'épée coupant le manteau en deux pouvait très bien évoquer le méridien de Paris, qui partage le territoire français en deux parties parfaitement égales, et qui passe – tiens, comme c'est curieux ! – par le tombeau des Pontils, près d'Arques.

— Bien. Et ceci, qu'en pensez-vous ?

Nous étions arrivés devant l'autel en question. La face antérieure du support de table devait nécessairement surprendre : elle portait une étrange gravure représentant la forme traditionnelle des Tables de la Loi, mais au lieu des commandements que l'on s'attendait à y trouver, on y voyait sur chacune cinq séries de sept ou huit caractères apparemment incohérents, mêlant les lettres latines aux caractères grecs, avec même ce qui pouvait sembler du cyrillique.

— Là, nous nageons dans le bizarre ! Et qu'est-ce que cela veut dire ? demandais-je.

38   *COURT-CIRCUIT*

5. Tombeau des Pontils.

— Figurez-vous que je n'en sais strictement rien ! Et ne me regardez pas avec cet œil narquois. Je ne vous cache rien. Je n'ai aucune idée du sens de cette inscription, et je ne vois pas quelqu'un qui en connaîtrait plus que moi, bien que j'en sache plus d'un qui s'est attelé au décryptage. Tout ce que je peux vous dire, c'est que les vitraux masqués par les confessionnaux représentent, eux aussi, des Tables de la Loi ; mais celles-là ne portent que des chiffres romains. Et pourtant, c'est bien dans les confessionnaux que l'on se confie, afin de pouvoir suivre la loi...

Il devint rêveur. J'en profitai pour examiner les deux lourdes confiseries de bois sombre qui cachaient partiellement les vitraux. Effectivement, les Tables dessinées dans le verre ne portaient que des chiffres sous forme de lettre. Des chiffres et des lettres... Ben voyons !

6. Les Tables de la Loi, sous l'autel. (Moustiers Sainte-Marie, Belgique)

— Que penseriez-vous de cette idée ? La Table de la Loi gravée sous l'autel comporte des lettres. Celles des vitraux portent des lettres romaines à valeur numérique. Cela ressemble quand même beaucoup à un procédé de chiffrement, peut-être via la Kabbale, qui allie le nombre à la lettre ? Et peut-être aussi faudrait-il entrer dans le lieu de la confidence secrète, dans le confessionnal, pour découvrir la clef ?

— Vous et moi ne sommes pas les premiers à y avoir pensé... Sans succès, pour autant que je sache. Mais il y a d'autres pistes. J'ai entendu dire, il y a deux ou trois ans, qu'il conviendrait de s'interroger sur les églises des patelins avoisinants. A priori, ce serait logique, d'autant plus qu'il en existe une, pas bien loin d'ici, dont un des autels est garni de l'effigie de Notre-Dame du Perpétuel Secours... Mais il y a une seconde série de Tables. Venez !

Nous traversâmes le transept pour nous rendre en face de l'autre autel latéral. Il y avait bien de nouveau deux Tables gravées de signes étranges, analogues, mais différents de ceux que nous venions de voir.

7. Autre Table gravée. (Moustiers Sainte-Marie, Belgique).

— Votre père ne vous en avait jamais rien dit ?

— Je sais qu'il y a environ quinze ans, il avait reçu des photos de ces Tables, qu'un correspondant belge lui avait envoyées ; mais je n'ai jamais retrouvé le courrier ni l'expéditeur. C'était, si je me souviens bien, un peu avant que Saint-Hilaire n'effleure le sujet dans son *Guide de la Belgique Mystérieuse*. En tout cas, il ne m'a jamais parlé de rien. Et puis, tant de ses papiers ont disparu au lendemain de son accident de chasse...

— Dites, au fait, il y a bien eu deux versions des Tables de la Loi, n'est-ce pas ?

— Oui, la première avait été rédigée de la main même de Yahweh, et Moïse la détruisit lorsqu'il constata que les Hébreux adoraient le Veau d'Or ; la seconde fut rédigée un peu plus tard par Moïse sous la dictée de Dieu.

— Et cela ne vous dit rien ?

— Ma foi, je ne vois pas en quoi nous pourrions trouver un rapport avec ce qui nous occupe ici.

— Alors, c'est le moment d'invoquer Saint Antoine de Padoue, car il est bien capable de nous faire trouver la solution par les Écritures. Pour autant que j'en me souvienne correctement, la Bible parle de deux séries de Tables fort différentes... Attendez, ce n'est pas compliqué : il y a précisément une Bible sur le côté de l'autel, près du missel. Je suppose que l'on ne m'en voudra pas de l'emprunter, c'est pour la bonne cause.

Déjà, je feuilletais un très bel exemplaire de la Bible dite d'Osty, et que je n'étais pas peu surpris de trouver là, connaissant la valeur – ne fût-ce que purement marchande – de ce livre. Allons, il ne fallait pas désespérer de l'honnêteté des gens. J'avais trouvé.

— J'y suis. Exode, 31,18 : « Lorsqu'il eut achevé de parler avec Moïse sur le mont Sinaï, [Yahweh] lui donna les deux tables du Témoignage, tables de pierre écrites du doigt de Dieu... » Et, mieux. Exode, 31, 95 : « Moïse se tourna et descendit de la montagne, les deux tables du Témoignage dans sa main, tables écrites sur leurs deux côtés, écrites de part et d'autre. Les tables étaient l'œuvre de Dieu, etc. »... Par contre, Exode, 34, 28 : « [Moïse] fut là avec Yahweh quarante jours et quarante nuits ; il ne mangea pas de pain et ne but pas d'eau. Et il écrivit sur les tables les paroles de l'Alliance, les dix Paroles »... Nous constatons donc un certain nombre de choses, dis-je en refermant le livre et en le replaçant sur l'autel. Un : la première version est de la main même de Dieu, elle est écrite recto verso, et elle est dite « du Témoignage ». Deux : la seconde version est de la main de Moïse, elle est dite « de l'Alliance », ce qui n'est plus du tout la même chose, et elle ne contient plus que dix Paroles, et c'est bien peu par rapport au texte de Dieu, qui couvrait les deux faces. On suppose donc que l'écriture ne couvrait plus que le recto...

Je repris mon souffle. On aurait dit que Jacques écoutait avec les yeux tant il fixait intensément un point hypothétique situé aux confins du mystère.

— Trois : que voyons-nous aux pieds des autels ? Deux paires de Tables de la Loi comportant toutes des textes différents ; soit au total une paire de Tables écrites recto verso. Quatre : ce que l'on voit des vitraux cachés par les confessionnaux laisse apparaître deux paires de Tables identiques, comportant des chiffres romains de I à X... Soit en fait, une paire de Tables écrite uniquement sur le recto... Je ne sais pas si cela peut aider au décodage, mais cela colle parfaitement avec le récit biblique. Or « Témoignage » et « Testament » sont finalement la même chose, puisque ce qui témoigne atteste. Saint Antoine de Padoue devrait-il nous faire retrouver l'Arche du Témoignage, qui ne serait pas celle de l'Alliance ?

Il me regarda enfin.

— Vous savez que ce n'est pas idiot du tout, votre histoire ?

— Taisez-vous, vous faites souffrir ma modestie...

— Délicieux tourment !... Le plus bête de cette histoire, c'est que nous ne sommes pas venus ici pour décrypter ces textes...

— Merci bien, autant pour moi. La prochaine fois que je ne vous serai pas utile, comptez sur moi !

— Rangez donc votre susceptibilité et accompagnez-moi, je vous réserve encore bien d'autres surprises.

Et nous sortîmes en riant de notre chamaillerie amicale.

La chapelle – autant dire la seconde église, vu sa taille – présentait un état de délabrement pas tellement loin de l'abandon et contrastant singulièrement avec le très bon état de l'église. Plusieurs pierres tombales occupaient les murs, en mémoire de divers membres des familles titrées de Moustier, Princes de Croy, comte du Bus, Barons du Sart et de Stappens... Pierres parfois rigoureuses comme un avis administratif, mais aussi pierres curieuses surmontées de pyramides brisées entre des outils divers, à la graphie surprenante nonobstant la langue de l'époque. Je m'avançai vers le maître-autel tandis que mon compagnon restait à m'observer depuis le fond de la nef. Dans une nuée de stuc rayonnant d'or, le Saint-Esprit survolait un autel sur lequel régnait la Vierge couronnée portant l'Enfant Jésus, également couronné, entre deux colonnes enjolivées de plantes grimpantes en plâtre... A gauche, une statue d'un prince de Croy en armure et couvert d'un manteau d'hermine. Rien que de bien normal dans une chapelle de famille noble. Je me tournai pour interroger Jacques, mais je fus surpris par l'expression de colère de son regard dirigé sur le mur de droite.

— Le tableau n'y est plus ! dit-il brusquement.

Je m'approchai et vis deux petits cadres accrochés au mur. Le premier montrait une gravure de Rubens représentant la mise au tombeau du Christ. Je n'ai jamais été particulièrement amateur du style ampoulé, et même pour tout dire enflé du Maître flamand. Non pas que je ne lui reconnaisse aucun mérite, tant s'en faut ! Je sais ce que la peinture doit à son génie, mais en dehors de tout sujet religieux, personne ne peut m'empêcher, tout en admirant Sophia Loren ou Claudia Cardinale, de leur préférer Mireille Darc ou Marlène Jobert. N'est-ce pas ?

Question de goût, purement personnelle.

Je ne m'attardai donc pas. Mais je dus m'approcher plus encore pour distinguer le contenu du second cadre, sa petitesse et l'épaisse couche de poussière ne favorisant pas l'examen. Je m'avançai suffisamment pour sentir un petit frisson dans le dos.

— Vous reconnaissez cette œuvre ?
— Bien sûr, dis-je. A quelques détails près, c'est le « Christ au Lièvre » de Rennes-les-Bains !
— Ouais, à un gros détail près...
— A Rennes, le sujet est retourné. Le Christ regarde vers la gauche, tandis qu'ici, comme dans la gravure de Rubens qui est à côté, Il regarde vers la droite...
— Autant dire que le rite de Rennes a été rectifié. Avez-vous vu de qui est cette seconde gravure ?
— Attendez, je me penche... Antoine Van Dijck.
— Exact. Et savez-vous ce que faisait le papa de Van Dijck ?
— Vous allez me le dire.
— Il était président de la Compagnie du Saint-Sacrement à Anvers. Et je pense que vous n'ignorez pas où peut nous mener cette sacrée Compagnie. Olier de Pibrac, Nicolas Pavillon, Saint Vincent de Paul...
— Molière...
— Entre autres.
— Et vous croyez que cela a un rapport avec l'œuvre de Van Dijck ?
— Je ne sais pas. Je n'ai pas étudié l'histoire de cet artiste, bien que je compte m'y atteler prochainement. En tout cas, il y a des recoupements bien curieux. Mais cela ne me dit pas ce qu'est devenu l'autre tableau. Car si vous avez bien vu la gravure faite d'après l'original dû à Van Dijck, et correctement effectué le rapport avec le tableau de Rennes-les-Bains, il faut savoir qu'il existait naguère ici un second « Christ au Lièvre », différent par quelques détails de celui de Rennes, mais comme lui comportant une tête de lièvre parfaitement visible dans le genou ! Croyez-moi, je suis excessivement déçu de cette disparition. Il était accroché sur ce même mur, et il est bien évident que celui qui l'y avait mis en compagnie des deux autres versions qui subsistent, ne pouvait pas

ignorer ce qu'il faisait... Dieu merci, j'en ai les photos... Mais il n'empêche que c'est lamentable de voir disparaître systématiquement les pièces intéressantes de cette affaire.

— Et si vous demandiez au Curé ?

— Évidemment, ce serait une solution. A ceci près que l'expérience m'a appris à douter du Père Noël !

— Homme de peu de foi !

Mais visiblement, il n'avait pas le cœur à plaisanter. Nous reprîmes le chemin de l'église paroissiale tandis que le soleil couchant couvrait de feu l'horizon plat. Je repris.

— Ainsi donc, il y aurait une liaison précise entre le Sud-Ouest et Moustiers ?

Il s'arrêta pour contempler les rougeoiements du ciel.

— Un faisceau de présomptions aussi concordantes ferait condamner plus d'un innocent. Et je suis persuadé que nous n'avons pas tout vu.

Comme il ne semblait pas devoir bouger, je poursuivis.

— Mais comment et pourquoi ?

— Je vais vous surprendre, mais je n'en sais trop rien. Moustiers est encore trop neuf dans mes recherches et je ne saurais vous dire grand chose. Mais ce que je sais, c'est que l'industrie des engrais chimiques qui a fait la prospérité de la région, et qui est restée célèbre par la teinte délicate de ses produits, cette industrie est le fait d'une famille dont on retrouve le nom dans le Languedoc. Le nom se trouve sur les vitraux. D'autre part, la famille du Sart de Bouland est liée par alliance aux Capendu de Boursonne, et s'il est bien certain que cette famille se retrouve en Artois, Picardie et Ile-de-France, il n'en reste pas moins que Capendu est un chef-lieu de canton proche de Carcassonne... dont l'église est dédiée à Saint Martin. Mais ce ne sont certainement là que coïncidences.

— Si vous le dites...

— De même que le fait que le dernier patelin avant Capendu, en venant de Carcassonne, s'appelle Barbaira...

Il guetta ma réaction du coin de l'œil. Il en fut pour ses frais, car je ne voyais pas où il voulait en venir. Et pour cause !

— Vous faites allusion à Chabert de Barbera et à Montségur ?

— Je ne crois pas l'allusion possible, car les orthographes sont trop différentes ; encore que, après ce que nous venons de dire du « Christ Mort », il faille s'attendre à tout ! Non, je pense surtout à ce fameux château de Barbarie, que tant de monde place dans la région de Nevers, mais que certains contestataires affirment être dans la région du Carcassès. Il figurerait même sur la fresque du fond de l'église de Rennes-le-Château.

— Je vois : Barbarie-Barbaira. C'est plausible.

— C'est surtout étrange quand on sait que l'inscription passablement effacée qui se trouvait sous le tableau disparu pouvait se lire « Barbe Ricard possède cette image », ou quelque chose d'approchant, car je n'ai jamais réussi à déchiffrer les trois ou quatre premières lettres. Mais « Barbe Ricard » est certain.

— Je serais curieux de connaître le reste de l'inscription pour voir si l'indication ne se prolonge pas.

Nous nous retournâmes en entendant du bruit dans notre dos. Saint Martin, dont c'était la fête, devait être en grande forme car l'arrivant n'était autre que le Curé. Le coup de chance ! Jacques ne le laissa évidemment pas échapper.

LE VILLAGE AUX DEUX ÉGLISES

— Bonjour, Monsieur le Curé.
— Ou plutôt bonsoir, ajoutai-je.
— Bonsoir Messieurs, répondit le prêtre. Je vois que vous vous intéressez à ma chapelle ?
— Beaucoup, Monsieur le Curé, nous nous y intéressons beaucoup. Quel dommage que ces délabrements...
— Ne m'en parlez pas ! Si vous saviez ! On n'a plus aucun respect d'autrui, de nos jours. Vous imaginez-vous que les garnements du quartier passent leur temps à tenter de détruire les vitraux de la chapelle à coups de ballon de football ? Je veux bien que la place du village est un lieu de jeu idéal, d'autant plus que la circulation automobile est faible, et j'admets qu'un shoot maladroit peut faire beaucoup de dégâts ; mais ce n'est pas de la maladresse, il y a de la malveillance ! Figurez-vous que j'ai fait placer des grillages extérieurs pour protéger les vitraux. Eh bien, je ne sais pas qui cela a pu vexer, mais toujours est-il que l'on est venu jeter des cailloux suffisamment petits pour passer au travers des mailles du grillage ! Je suppose que vous avez vu les dégâts ?
— Oui, nous sortons de la chapelle à l'instant. Mais il n'y a pas que cela. Certaines pièces disparaissent.
— Vous dites ? Mais c'est grave ! Vous avez constaté un vol ?
— Un vol, je ne sais pas, dit Jacques, mais le grand tableau de la mise au tombeau a disparu.
Le prêtre parut se rasséréner.
— Non, le tableau n'a pas disparu. C'est moi qui l'ai retiré pour le faire restaurer.

8. Tableau provenant de la Chapelle de Saint-Salvayre.

Nous savions pertinemment, Jacques et moi, ce que peut signifier le terme « restauration » dans des cas bien trop fréquents, notamment dans le Sud-Ouest. Ne fût-ce que ce tableau représentant un prêtre donnant les derniers sacrements à une mourante – en fait une remarquable carte de la région du Cardou au Bugarach – qui se trouvait dans la chapelle de Saint-Salvayre, et que Monsieur le Curé d'Alet restaure depuis plus de six ans déjà. Depuis que j'avais eu la langue trop longue et que j'en avais parlé à un ami relieur...

9. Chapelle de Saint-Salvayre.

Mais baste ! Saluons l'admirable patience, quasiment bénédictine, de ce saint homme, penché avec amour sur son ouvrage depuis six longues années, et apprenons désormais à fermer notre grande gueule...

Perdu dans mes pensées amères, je n'avais pas remarqué la disparition du Curé.

— Il est parti chercher le tableau au presbytère, me dit Jacques, du coup tout souriant.

— Que Diable lui avez-vous dit pour le convaincre ?

— Mais rien ! Monsieur le Curé est tout disposé à montrer ses trésors. De mon côté, il est bien évident que je n'oublierai pas les œuvres paroissiales. Vous savez, nous sommes entre gens du monde... Je serais vous, j'irais rapidement à la voiture chercher l'appareil photo et un flash.

— Excellente idée, j'y cours sur le champ.

Je revins avant le prêtre ; l'appareil était déjà prêt et j'en profitai pour prendre une photo d'une croix en fer forgé posée sur un socle de pierre, à droite de l'entrée de l'église.

— Vous avez trouvé quelque chose d'intéressant ?

— Venez voir.

— Joli ! La croix de l'église d'Arques.

De fait, nous nous trouvions en face d'une croix ouvragée présentant une étrange ressemblance avec une croix se trouvant dans le fond de l'église d'Arques, à droite... Mais ce n'était certainement là qu'une ressemblance : il y a tellement de coïncidences, n'est-ce pas ?

Le Curé revenait, portant la toile en question.

Je ne fus pas déçu. Si l'ensemble de l'œuvre représente bien une piéta, en ce sens que la Vierge soutient et pleure son Fils mort, il ne s'agit plus ici d'une mise au tombeau, mais d'une descente de croix. De plus, une femme – vraisemblablement Marie-Madeleine – et un homme – probablement Saint Jean – se trouvent sur cette version alors qu'ils ne figurent pas sur celle de Rennes-les-Bains. Enfin, un glaive dirigé sur la poitrine de Marie figure les douleurs de la Vierge et ne se trouve pas non plus sur les deux autres tableaux.

10. Descente de croix dans l'église de Moustiers Sainte-Marie (D'après Van Dijck).

Ceci dit, les similitudes ne permettaient pas le moindre doute.

L'attitude de la Vierge, la position du corps du Christ, jusqu'à l'arrangement des vêtements et des linges, le bras pendant de l'Homme désignant le plateau avec l'éponge, la pancarte I.N.R.I., la couronne-araigne, les clous de la crucifixion... Et surtout le lièvre, parfaitement visible dans le genou gauche du Christ.

Jacques examinait attentivement la toile que le prêtre lui présentait avec fierté.

— Elle est bien restaurée, n'est-ce pas ? Vous la connaissiez avant ?

— La restauration me semble correcte, propre. En tout cas, on n'a pas tenté de masquer quoi que ce soit.

— Que voulez-vous dire ?

— On distingue toujours, mais pas mieux, l'inscription au bas de l'œuvre.

Du coup, le Curé empoigna le tableau et pénétra dans l'église, les sourcils froncés, pour y chercher une lumière plus nette.

— Vous ne connaissiez pas cette inscription ? demanda Jacques, avec juste ce qu'il fallait d'ironie pour laisser entendre qu'il n'en pensait pas moins.

Les lunettes enfoncée sur le nez, le Curé examinait le bas de la toile avec une attention soutenue.

— J'avais bien remarqué des traces colorées dans le bas, répondit-il, mais vous savez, dans la pénombre de la chapelle... Vous savez lire ce texte ?

— Pas mieux que vous, mentit Jacques effrontément. Mais vous, vous ne vous êtes jamais posé de questions ? D'où vient cette toile ? A-t-elle fait l'objet d'une donation, et de la part de qui, et qui en est l'auteur ?

— Pour tout dire, j'ai toujours connu cette toile dans la chapelle et je n'y ai jamais fait particulièrement attention. Mais si cela vous intéresse, donnez-moi un peu de temps et je ferai quelques recherches. Au fait, pourquoi ce tableau vous intéresse-t-il ?

— Je suis d'origine française, et j'avais, dans les années 1825, un ancêtre peintre de quelque talent, qui avait émigré dans la région. Je sais qu'il avait fait quelque piétas auxquelles les critiques de l'époque avaient accordé une importance locale. Alors, vous comprenez...

Évidemment, la réponse de Jacques était imparable et le Curé parut satisfait. Mais un prêtre qui côtoie quotidiennement trois interprétations quasiment identiques du même sujet évangélique, dont l'une est issue de l'autre, disposées sur le même mur de telle manière que la corrélation soit évidente, un prêtre qui se plaint du délabrement de l'édifice qui lui est confié, et qui, au lieu de parer au plus pressé, fait restaurer une toile pour laquelle il prétend n'avoir aucun intérêt et dont il dit tout ignorer, dans un environnement qui sent l'énigme à vingt pas, un tel prêtre ne devait pas être vraiment dupe... De toute façon, s'il était au courant de l'origine de l'œuvre, la fable de mon compagnon devait constituer une très habile amorce. Comment repousser à priori l'éventuel descendant d'un des auteurs de l'énigme, et de surcroît paraissant à la recherche de la solution ?

Entre-temps, j'avais réarmé mon appareil et je mitraillais consciencieusement le tableau que le Curé me présentait complaisamment. J'allais même jusqu'à lui promettre un double des photos pour le remercier.

— Avez-vous déjà visité la sacristie ? demanda-t-il après avoir reposé le tableau dans un coin sûr.

Sans plus attendre notre réponse, il se dirigea vers une petite porte dissimulée dans les lambris couvrant le mur droit du chœur.

— Si vous êtes amateurs de gravures, vous allez être satisfaits.

Face à l'invraisemblable, nous le fûmes. Si le moindre doute pouvait encore subsister quant à une liaison évidente, claire, nette, élective, privilégiée, entre l'affaire de Rennes-le-Château et Moustiers Sainte-Marie, nous avions sous les yeux la preuve irréfutable qui devait nous convaincre. La preuve irréfutable, également, que Monsieur le Curé en savait un tantinet plus qu'il ne voulait bien le dire, et qu'il nous avait parfaitement situés... Jacques lui-même semblait sidéré. Instinctivement, je déclenchai mon appareil photo.
Devant nous, sur le mur est de la sacristie, à l'abri des regards par trop indiscrets, mais bien en évidence pour l'officiant, juste assez caché pour se trouver à l'abri du *vulgum pecus*, mais juste assez accessible pour pouvoir être montré sans paraître attirer l'attention, un cadre en bois protégeait une gravure de Pierre-Paul Rubens représentant le Christ, entouré des deux Marie, lors de la visite à Béthanie, face au rocher entr'ouvert d'où sortait un homme couvert d'un linceul et de bandelettes...

Cet épisode de la vie du Christ repris par les parchemins truqués « découverts » par l'abbé Saunière dans un des piliers de l'autel de son église, qu'il faisait remettre en état...

La coïncidence était extraordinaire, si tant est que c'en fût une ; elle devenait fabuleuse par le titre donné à l'œuvre, et qui ne pouvait faire aucun doute car il était inscrit en toutes lettres au bas de la gravure...

Lazare, veni foras !

Nous en avions littéralement le souffle coupé. La référence à *l'autre livre de l'abbé Boudet* ! Une véritable tornade de questions m'envahissait et je me tournai vers le Curé pour l'interroger. Peine perdue : comme dans un mauvais conte de fées, le *deus ex machina* avait disparu... J'eus un mouvement d'humeur que Jacques devina.

— Ne regrettez rien, me dit-il. Monsieur le Curé ne nous aurait probablement pas appris grand chose, car je suis persuadé que son intention, en nous montrant ceci, n'était pas tant de nous révéler quoi que ce soit que de nous tester, de savoir si nous connaissions aussi l'autre face de la médaille, en quelque sorte.

— Peut-être, dis-je, mais avouez que la présence du *Lazare veni foras* ici est fantastique ! Vous vous rendez quand même bien compte de ce que cela signifie !

11. Lazare Veni Foras, *de Rubens, Chapelle de Moustiers Sainte-Marie.*

12. La même scène inversée, gravure de la Sacristie.

— Précisément. C'est bien trop fantastique pour être envisagé dans la précipitation. Qui vous prouve que votre Curé est bien au courant du fin fond de la question, alors que tant de gens qui s'imaginent détenir la vérité n'en savent même pas le dixième ? N'est-ce pas votre ami alchimiste qui reprenait les termes de Pierre Plantard dans *Charivari* pour vous faire remarquer à quel point tout le monde est manipulé dans cette histoire ? A la limite, je serais même enclin à admettre que le prêtre ne connaît que la partie locale de cette aventure et qu'il ignore sincèrement la portée exacte de ce qu'il vient de nous montrer. Il suffit qu'il ait entendu dire vaguement quelque chose au sujet du « Lazare », et qu'il ait tenté d'appâter pour voir où cela allait le mener...

— Mais enfin ! Tout ce que vous venez de me montrer aujourd'hui ne peut pas être le fruit du hasard ! Il a bien fallu que quelqu'un ait disposé ici ce *Lazare veni foras*, puisque nous le voyons. Et ce ne pouvait pas être innocemment dans un tel contexte...

— Innocemment, certainement pas, mais pas nécessairement sciemment. Je veux dire que celui qui l'a fait a certainement disposé le tableau ici parce qu'il en soupçonnait la valeur et que le lieu s'y prêtait parfaitement. Mais il ne l'a pas obligatoirement placé là pour lui faire dire quelque chose. Il y a une différence entre placer quelque chose de valeur dans un dépôt où se trouvent déjà des choses importantes, et l'y mettre afin de le rendre signifiant. Il suffit en fait d'un point de départ, même réduit, pour que se constitue un lieu comme Moustiers, ou comme Rennes, car je suis persuadé que le phénomène y fut le même. Ce point de départ, ce substrat qui servit de noyau de cristallisation, en quelque sorte, nous échappe aujourd'hui, mais il fut un temps où il devait être évident pour ceux qui l'approchaient. Son caractère étrange – ou peut-être sacré, pourquoi pas ? – a fait que l'on y a joint d'autres choses, parfois sans grand rapport, mais qui paraissaient également étranges et sacrées. Et ainsi de suite, de fil en aiguille, il s'est constitué des espèces de « dépôts du mystère ». Or, nous savons parfaitement l'un et l'autre que tout ensemble de mystères finit toujours par se résoudre en une question de base, qui forme une sorte de dorsale sur laquelle se greffent les autres énigmes. Une espèce d'archétype, finalement. C'est pourquoi on peut imaginer divers schémas pour ceci : une énigme apparaît à Rennes, une autre, probablement différente, ici. Sur ces deux-là s'en greffent progressivement de nouvelles, jusqu'à faire oublier le point de départ. Et puis un jour, ces deux « amas d'énigmes » se trouvent avoir entre eux un point commun ; dès lors, il ne faut pas bien longtemps pour que ce point commun supplante le reste et devienne le fait principal, la dorsale commune dont je viens de vous parler.

— « Genèse d'une énigme », par Jacques de B. ! Vous avez probablement raison, mais si je suis convaincu, je n'en suis pas moins déçu. J'ai tellement eu l'impression de toucher enfin à quelque chose d'essentiel...

— Mais c'est essentiel ! Comme vous le disiez tout à l'heure, c'est même fantastique ! J'ai seulement voulu vous montrer comment et pourquoi il n'est pas évident que ceux qui gravitent autour de cette histoire, et qui croient de bonne foi en connaître le fin fond, sachent réellement quelque chose. Ils manquent le plus souvent de recul parce qu'ils ne se rendent pas compte qu'à partir d'un certain degré d'évolution, toutes les histoires se recoupent, se tiennent, et finalement n'en font plus qu'une. Et que les énigmes locales ne sont en fin de compte que des épiphénomènes d'une chose bien plus vaste, bien plus profonde et plus grave. Trop de gens s'attachent à l'énigme de leur clocher. Comment voulez-vous alors qu'ils distinguent la « substantifique moëlle » ?

— Et vous, vous la distinguez ?

Il se détourna vers la gravure et resta un long moment sans rien dire.

— Merveilleux abbé Boudet ! dit-il enfin, avant de me pousser hors de la sacristie.

Il se ravisa soudain, la moue intriguée, en descendant les quelques marches qui joignaient le chœur à la nef.

— N'avez-vous pas l'impression que cette église, vue de l'extérieur, est parfaitement symétrique ?

— Si, pourquoi ?

— Parce qu'alors, il doit nécessairement y avoir une pièce qui fasse pendant à la sacristie.

Il ne fallut pas bien longtemps pour trouver, derrière un ornement religieux, la clenche de la porte dissimulée dans les lambris en face de celle que nous venions de franchir. Il poussa résolument et fit de la lumière. On se serait cru dans un armorial à trois dimensions. Les murs étaient tapissés de blasons et d'écus, seuls ou associés, portant des dates diverses. Un texte revenait régulièrement : « *Diex lo volt* ».

— Décidément, les clins d'œil s'amoncellent, dis-je. Vous connaissez l'origine de ce cri ?

Il ne pouvait pas ne pas connaître. Il répondit avec un sourire malicieux.

— C'est le cri que le cardinal Jacques de Vitry imposa aux nobles du Nord qui entendirent sa prédication et acceptèrent de se croiser pour aller casser de l'Albigeois.

— Et vous avez ainsi fermé la boucle que nous avons entamée avec le Christ Mort, tout à l'heure, à l'entrée.

— Eh oui, de fait... Et pourtant, c'est curieux... Je ne sais si votre déception est contagieuse, mais c'est moi, à présent, qui ai l'impression de passer à côté de quelque chose sans parvenir à déterminer quoi. C'est étrange.

Il ne rouvrit la bouche que bien plus tard, alors que la voiture filait sur l'autoroute en direction de Liège.

— Avez-vous remarqué la couleur de l'éponge, dans le bassin que désigne le bras pendant du Christ, sur la piéta ?

— Rouge ?

— Oui, dit-il. Et vous souvenez-vous de la couleur de celle de Rennes-les-Bains ?

— Noire.

— Et vous en déduisez ?

— Que nous avons vu l'œuvre au noir, puis celle au rouge. Qu'il faut donc trouver l'œuvre au blanc pour comprendre l'ensemble. Il y aurait donc une troisième piéta ?

— Cela me paraît raisonnable comme hypothèse.

Je commençais à m'amuser sérieusement de son air un peu trop sûr de lui. Je repris, comme si de rien n'était.

— Et vous savez certainement où elle se trouve ?

— Non, mais cela me semble suffisamment séduisant pour que je m'y attaque sans tarder.

C'était un peu puéril de ma part, mais je ne pus m'empêcher de prendre le ton vaguement amusé de celui qui révèle une évidence à l'enfant qui a cherché sans succès.

— Bon, ne vous donnez pas cette peine, je vais vous le dire.

Il se redressa sur son siège comme s'il venait d'être piqué par un scorpion.

— Mais alors, dès le départ, vous saviez...

— Rien du tout. J'ignorais tout de Moustiers, à l'exception de ce que Saint-Hilaire en dit dans ses Guides Mystérieux. Cela n'empêche qu'il y a bien une troisième piéta, et qu'elle comporte suffisamment de similitudes avec les deux autres pour pouvoir y être rattachée. Même attitude du Fils, même attitude de la Mère, même vêtements, même décor significatif... Il y a l'image d'une tête de lièvre dans le genou du Christ, et son bras désigne bien un plateau dans lequel se trouve une éponge. Une éponge blanche... Je crois cependant que l'ensemble fait plus penser à Van Dijck que celle de Moustiers.

— Me direz-vous où elle est ?

— Si j'étais rosse, je vous dirais que votre érudition devrait vous permettre de trouver par votre seul raisonnement. Et en plus, c'est parfaitement faisable !

— Ca va, d'accord, vous n'êtes pas rosse, donc vous allez me le dire. Vous me faites languir !

Je laissai s'écouler un temps convenable. Juste de quoi le mettre à vif. Pour être franc, je m'amusais comme un gosse qui rend la pièce à l'instituteur.

— Les éléments que nous avons rencontrés aujourd'hui auraient dû vous y faire penser. Elle est à la basilique Saint-Martin, à Liège... Et ce n'est d'ailleurs pas la seule curiosité de cet édifice.

— Mince alors ! Quand je pense que d'aucuns prétendent que cette histoire de lièvre dans le genou n'est qu'un canular lancé un beau jour par de Sède, Plantard et Chérisey, qui examinaient le tableau ensemble et « s'amusèrent » à y voir une vague ressemblance !

— ... Et quand je pense, moi, que le lièvre existe réellement et qu'il est bien là où le tableau dit qu'il se trouve !

Il devait y avoir un nid de scorpions en pleine forme sur son siège car il sauta de nouveau, l'œil inquiet.

— Pardon ?

— Le lièvre est effectivement dans le genou de l'Homme. Mais on ne peut le voir que d'un endroit bien précis, et si vous vous trouvez à deux mètres à droite ou à gauche, ou encore tout simplement dans le petit chemin qui mène au Pla de las Brugos, à quelques dizaines de mètres des Roulers, vous ne verrez jamais rien. Mais il existe. Je l'ai examiné à deux reprises avec des amis que j'avais emmenés là-bas, et nous en avons pris des photos. Ceci dit, si la piéta de Rennes a une solution topographique, je ne vois pas où peuvent nous mener les lièvres que nous venons de lever.

Il se recala confortablement sur son siège.

— A moi de vous étonner. Figure-vous qu'il existe encore une autre version de ce lièvre, bien plus curieuse et presque invraisemblable. En tout cas, si c'est une coïncidence, elle tient du miracle. Je flânais un jour dans les rues commerçantes du centre de Liège, et j'entrai dans une papeterie très connue. Au hasard des rayons, j'en vins à consulter les fardes de posters artistiques, et quelle ne fut pas ma surprise de tomber sur une représentation remarquable et parfaitement identifiable du lièvre des piétas, dissimulé dans l'aile gauche d'un ibis. C'était une série de posters sur les signes du zodiaque, admirablement réalisée, d'ailleurs, par une firme néerlandaise, la *Art Poster Verkerke Reprodukties B.V.*, et signés par un certain Johfra. Celui dont je vous parle, en tout point splendide, montrait le signe de la Vierge.

— Le signe de la Vierge ? Alors ce n'était certainement ni une coïncidence ni un miracle.

Il me regarda, intrigué.

— Pour une fois, c'est moi qui vous expliquerai, et je le ferai sur pièces. Bientôt.

IL ÉTAIT UNE BERGÈRE,
ET ROND, ET ROND, PETIT PATAPON...

> A force d'aboyer, ils finiront bien par voir la caravane passer.
> *Taahti el Per Iqqî.*

****

— Avez-vous remarqué, demandai-je, combien il est difficile de citer des noms, dans cette affaire ?

— Je suppose que vous voulez parler de noms connus et actuels ?

— Oui.

— Vous vous doutez que dès le moment où vous risquez un procès, il est nettement plus facile de parler de Jeanne d'Arc, Maurice Barrès, Botticelli, Emma Calvé et tutti quanti, que de Roger Peyrefitte, Eugène Ionesco ou même Michel Sardou...

— Comme vous y allez ! coupai-je en souriant. Et pourquoi un procès ? Je ne vois pas ce qu'il y aurait de diffamatoire à dire : « Un tel fait la même démarche que nous, et il en parle à mots plus ou moins couverts dans ses œuvres » ? De même que je ne vois pas quelle honte il pourrait y avoir à l'admettre.

— Bien sûr, vous, vous ne le voyez pas ; mais celui qui est en cause le verra, lui, et ne manquera pas de vous demander des comptes. Vous pensez bien que peu d'artistes ou de gens connus vont avouer s'être fourrés dans une histoire aussi idiote et aussi douteuse. Vous imaginez les réactions de leur public à une telle publicité ?

— Et alors, pourquoi les livres qui parlent de cette affaire ont-ils tant de succès ?

— Ne mélangeons pas les torchons et les serviettes.

— Certes, mais ce n'est pas une raison pour négliger un marché potentiel. C'est probablement vrai que, pour beaucoup, il vaut mieux ne pas se mouiller ; mais pour les autres, pourquoi ne pas risquer de temps à autre la fine allusion qui va éveiller l'auditeur ou le lecteur, et « lui faire signe ». Il n'est pas de meilleur fan que celui qui se sent complice, celui qui sent qu'il partage quelque chose du secret avec son idole ; c'est l'établissement à peu de frais d'une relation privilégiée, sûre, et... rentable.

Il dut bien admettre :

— C'est peut-être possible, après tout. Encore que j'imagine mal la proportion de « ceux qui savent » parmi la population des auditeurs des grande idoles...

— Il y a peut-être aussi, de leur part, la tentation de montrer qu'ils « savent », même s'il y a peu de gens pour comprendre. Il doit y avoir une certaine griserie à dire bien haut, sous le couvert d'une chanson anodine, que l'on est « au courant », que l'on fait partie des « *happy few* ». La tentation d'accéder à l'élite secrète, c'est finalement le point de départ de la plupart des mouvements initiatiques. Par ailleurs, il n'est pas besoin de faire réellement partie d'un mouvement ou d'être effectivement affilié à une association quelconque, mais de préférence secrète, pour ressentir le besoin de montrer que l'on a ses petites connaissances.

— Vu comme cela, vous devez avoir raison.

Il y eut un temps de rêverie dont les marins du *Hollandais Volant* profitèrent pour passer solennellement d'un baffle à l'autre dans la chaîne hi-fi.

— Votre idée est séduisante, tout compte fait. En y réfléchissant, on s'aperçoit que, de fait, pas mal de chanteurs, de comédiens et d'écrivains ont laissé transparaître leur goût pour ces choses qui nous passionnent, tout en ayant bien soin de ne pas l'affirmer... Vous pensez à quelqu'un en particulier ?

— Je me disais que Gérard Lenorman, avec *L'enfant des Cathédrales*, n'est pas loin de justifier cette théorie, tout au moins dans ce qu'elle a de général.

— On trouve même des éléments dans le cadre précis de cette affaire. Que pensez-vous de Gilbert Bécaud ?

— Que je l'aime beaucoup, et que des chansons comme *La Corrida* et *Mes mains* ont marqué ma prime jeunesse, et que je vais devenir romantique et bêtement sentimental si je me laisse aller à ces souvenirs...

— Croyez-vous que Gilbert Bécaud et Pierre Delanoë m'intenteraient un procès pour avoir soigneusement écouté l'importance qu'ils donnent à la rose ?

> *Toi pour qui, donnant, donnant,*
> *J'ai chanté ces quelques lignes,*
> *Comme pour te faire un signe,*
> *En passant...*

— ... Avouez qu'il y a de quoi gloser !

Je fredonnai, poursuivant sur sa lancée :

> *L'important, c'est la rose,*
> *Crois-moi !*

— Je sais, dit-il, vous n'êtes pas le premier à avoir imaginé ce qu'aurait donné l'interversion de la seconde virgule et du trait d'union...

— Mais il n'y a pas que cela dans la chanson, écoutez-la bien !

— Ne vous inquiétez pas, je la connais par cœur. Et je dois dire, c'est vrai, qu'elle est surprenante à plus d'un titre. D'ailleurs, ce n'est pas la seule chanson de Bécaud dont l'inspiration soit... curieuse.

Il diminua le volume sonore occupé par Wagner et se remit à chantonner en tapotant le rythme du bout des doigts :

> *Un grand soleil,*
> *Des anges tout plein le ciel :*
> *Le jour J., Monsieur le Curé,*
> *Le jour du jugement dernier.*

J'enchaînai à mon tour :

> *On va savoir*
> *Enfin, la fin de l'histoire,*
> *Tant et tant de fois racontée*
> *Le dimanche sous le clocher...*

— ... Cela dénote au moins des préoccupations qui ne sont pas loin de celles que nous rencontrons tout au long de cette histoire

— Il y a nettement mieux dans le répertoire de cet artiste, et plus précis en tant qu'allusion, d'ailleurs. Vous savez comme moi ce qu'est la « Roseline ».

— Une ligne imaginaire, parallèle au méridien de Paris, située dans la région d'Arques et passant par un sommet bien précis. C'est à elle que ferait référence le culte de Sainte Roseline, à Rennes-le-Château.

— Parfait. Et tout ceci, dans un contexte de trésor maladroitement révélé à tous, alors qu'il devait rester le fait d'un cercle restreint et discret. Exact ?

— Tout à fait.

Il jubila, manifestement séduit par une idée qu'il avait d'abord failli rejeter.

— Eh bien regardez donc quelle est la chanson qui se trouve au verso de *Marie, Marie*. Vous avez le 45 tours, je l'ai vu dans votre discothèque.

J'arrêtai complètement l'Orchester der Bayreuther Festspiele et fouillai parmi mes disques. Il ne fallut pas longtemps pour que la voix de Gilbert Bécaud s'élève :

> *La chanson pour Roseline*
> *Fut commencée sur piano...*

La fin était moins anodine :

> *Tu m'en voudras, ma Roseline,*
> *Si tu t'imagines que je l'ai donnée*
> *Aux grands orchestres des vitrines...*
> *Sache Roseline qu'ils me l'ont volée.*
>
> *...*
>
> *Ces orchestres, de lustrine*
> *Jouent notre chanson trop fort ;*
> *Ils ignorent, Roseline,*
> *Qu'elle est écrite en notes d'or...*
>
> *...*
>
> *Tu m'en voudras, ma Roseline,*
> *Quand sur ta colline, elle passera...*

Il se tourna vers moi.

— Alors, qu'en pensez-vous ?

— Ce n'est pas mal du tout.

— Bien sûr, toutes les chansons, tous les textes que nous pouvons imaginer « concernés » ne sont pas aussi directement allusifs, mais vous avez parfaitement raison : il est exact que de plus en plus de gens connus font référence au mystère, à la connaissance parallèle.

— Ce doit être dans l'air du temps.

Il releva le calembour d'un coup d'œil en coin, puis continua en souriant malicieusement :

> *Qu'aimerait bien avoir l'air*

Mais qu'a pas l'air du tout
Faut pas jouer les riches
Quand on n'a pas le sou !

— Oh ! Eh ! Vous n'allez quand même pas tenter de me faire avaler cette couleuvre-là ? Soyons sérieux, pas Brel !

Il se croisa les bras.

— Et pourquoi pas ? Vous êtes incroyable ! Il n'y a pas dix minutes, vous dépensiez votre talent à me convaincre de ce qu'il est parfaitement normal et sain de jouer au jeu de l'initié, et quand je vous parle de votre idole, vous vous récriez. Ce qui est bon pour Bécaud ne le serait-il pas pour Brel ?

— Minute ! Vous vous emballez, mais vous n'y êtes pas. J'ai tout juste voulu vous dire que je ne voyais pas bien dans quel texte Brel s'était occupé de Rennes-le-Château.

— D'accord, d'accord. Mais il faudrait savoir si nous parlons de Rennes-le-Château ou d'un phénomène général ?

— Je vous laisse le soin de définir votre démarche, puisque Rennes est en fait l'argument de l'ensemble.

— Eh bien justement, dit-il, la voix radoucie, repartons de Brel. S'il est évident qu'il ne se trouve dans ses œuvres aucune allusion à Rennes-le-Château en tant que phénomène local, anecdotique, il est tout aussi évident que vous y trouverez, éclatante et merveilleuse, la recherche spirituelle dont Rennes est l'expression très générale. Entendons-nous bien : je n'ai jamais dit que les chansons de Brel sont farcies de préoccupations mystiques, ésotériques ou philosophiques. Encore que je mette au défi quiconque de nier que ses chansons aient « un sens ». Écoutez donc *La Quête* et *L'Homme de la Mancha* ! Savez-vous que cette chanson m'arrache chaque fois une larme ? Quelle fantastique leçon d'amour, d'amour fou, d'amour éperdu, d'amour total ! Je n'ai jamais encore vu un tel dépassement de soi-même pour se fondre totalement dans l'infinie illusion de l'amour... Alors, parlez-moi d'inspiration exceptionnelle, de phénomène, de société, de mal de vivre, ou de n'importe quelle ânerie à prétention exégétique, je vous répondrai que, plus et mieux que quiconque, Jacques Brel a exprimé l'immense besoin d'absolu qui est, en fin de compte, le seul et unique moteur de toute aventure sincèrement et personnellement vécue. Et vous savez... Vous savez bien, n'est-ce pas, qu'au-delà de toute l'exploitation strictement commerciale que l'on en a faite, combien Rennes peut être le point de départ, l'argument d'une quête extraordinaire...

— Vous êtes beau, quand vous plaidez !

Il me jeta un regard noir qui s'apaisa aussitôt.

— Je me suis laissé emporter par l'enthousiasme. Mais avouez qu'il y a de quoi !

Il farfouilla quelques instants dans le classeur à disques.

— Quoi qu'il en soit, l'exemple de Brel est précieux pour notre raisonnement. Ce besoin d'absolu, qui n'est pas directement lié au cadre particulier de notre affaire, mais auquel notre affaire est nécessairement liée, ce besoin apparaît clairement dans son œuvre. Et il apparaît dans l'œuvre de bon nombre d'autres artistes, qui l'on ressenti et exprimé. Il est normal qu'au stade suivant, quelques uns, percevant comme nous la relation entre le fait général – le besoin d'absolu – et le cas particulier de Rennes, ou seulement son contexte, que ceux-là s'en soient plus ou moins approchés dans leurs textes.

— Je sens que vous allez me parler de Sardou...

— Mais c'est évident. Même si c'est inconscient, et j'en doute, qui, mieux que lui, peut démon-

trer ce que je viens de dire ?
   Je l'approuvai en fredonnant, du mieux que mes maigres talents me le permettaient :
   Que dans une autre vie
   Tu étais Roi barbare...
... Êtes-vous Roi barbare ?
   — Je vous signale, à toutes fins utiles, que je ne suis pas dans une autre vie.
   — Vous avez honte des chambellans bizarres ?
   — Cessez de dire des stupidités et analysez-moi cette chanson, puisque vous la connaissez.
   — L'ensemble me fait penser au mythe des grands ancêtres, si l'on s'en tient à un plan très général, ce qui ne justifie absolument pas le terme « barbare », sauf si on le rapproche d'un certain château de Barbarie...
   — Bravo, vous m'éblouissez.
   Histoire d'en rajouter sur son ironie, je me concentrai théâtralement en portant d'un geste large la main à mon front.
   — Alors, fermez les yeux, car ce n'est qu'un début... Relevons simplement les mots susceptibles d'une interprétation dont tous les gens raisonnables nous diront qu'elle n'est pas celle de l'auteur. En premier lieu, « un maçon et un charpentier ». Pourquoi pas un charron et un cuisinier ? Ca rime aussi, non ? Vous pourriez me dire : « Parce qu'il s'agit de termes qui font immédiatement penser au compagnonnage et à l'initiation. » Mais vous êtes sensé, et vous ne me direz rien. En second lieu : « Rénovant un château bulgare » Alors là !... Pourquoi « rénover » et non pas « restaurer » ? Peut-être simplement parce que si l'on restaure, on rétablit l'objet de cette restauration dans le goût de son époque; tandis que si l'on rénove, on établit cet objet dans le goût du jour. Viollet-le-Duc a rénové Carcassonne, il ne l'a pas restaurée, c'est bien connu. Quant au « château bulgare », surtout ne venez pas prétendre que cela pourrait avoir un rapport, fût-il quelconque, avec les Bogomiles ou autres Cathares. Allons ! Vous voyez, vous, des ouvriers initiés remettre au goût du jour un édifice gnostique ? Quelle hérésie, bougre de bougre ! Et enfin, « Depuis mille ans désenchanté ».... Cela vaut-il vraiment la peine de s'attarder ?...
   — Je ne pense pas, répondit Jacques. Le reste est de la même eau, et cette « horloge du temps » est une belle image... En fait, vous avez avec Michel Sardou le type même de l'artiste manifestement préoccupé de questions plutôt métaphysiques, n'ayons pas peur des mots. Regardons son répertoire... *Le fils de Ferdinand, Qui est Dieu, J'y crois, À des années d'ici...*
   — *J'ai deux mille ans ?*
   — Peut-être... En tous cas, ajouta-t-il avec un sourire malicieux, c'est ce que pourrait être tenté d'affirmer un descendant direct des Rois Barbares... Mais c'est également le type de chanteur qu'il ne faut pas secouer beaucoup pour qu'il nous évoque la région qui nous intéresse, *Je viens du Sud*, et même mieux, *Carcassonne*.
   — Vous saviez qu'il se fait construire une bicoque dans les Corbières où il compte bien se retirer un jour, même seul, selon ses propres termes ?
   — J'ignorais, mais cela ne fait que conforter mon impression : le hasard n'est pour rien dans cette histoire. Je souhaite quand même qu'il ne s'y retire pas trop tôt : j'aime beaucoup Sardou...
   Il avait continué son examen de mes disques et il brandit soudain un trente-trois tours avec un air de triomphe :
   — Et Marie Laforêt ! Que pensez-vous de Marie Laforêt ?
   — Maïtena Douménach ? J'adore.

— Voilà une charmante personne qui nous ramène, elle aussi, à notre histoire de fort curieuse manière. Peut-être n'y a-t-il d'elle qu'une chanson à clef, mais c'en est une superbe. Vous connaissez *La Cavale* ?

— Oui, mais je suis totalement incapable de vous la fredonner, et même seulement de la muser. Il faut un sacré talent vocal pour y arriver !

— Vous savez comment on prononce le « b », en occitan ?

— Oui, je crois. C'est une forme intermédiaire entre le « b » et le « v », très comparable au ב en hébreux.

— Votre comparaison est d'autant plus jolie que Marie Laforêt, qui n'a jamais renié son terroir, prononce de telle manière qu'il est rigoureusement impossible de faire le départ entre « La Cavale » et « La Cabale ».

Et que raconte la chanson ? Rien d'autre que l'histoire d'un cheval merveilleux que le Roi de France, ne pouvant se l'approprier, décida un jour de faire tuer...

— Le genre de truc qui se termine lamentablement par un petit matin d'octobre 1307.

— Exactement

Il lut :

Mais la nuit devint si noire
La cavale était si blanche
Qu'elle disparut dans un rayon de lune...

Je poursuivis de mémoire :

Et la cavale courra
La cavale sautera
Et la cavale bondira
De siècle en siècle elle fuira
De vous à moi elle passera.

— Eh oui, dit Jacques en examinant avec attention le contenu de son étui à cigares. Indépendamment de toute cette histoire, il faut bien reconnaître que c'est joli. C'est à peu près lors de la sortie de cette chanson que j'appris une chose curieuse. Figurez-vous que la « résurrection » des « parchemins de l'abbé Saunière » est due, au moins en partie, à un journaliste de *La Dépêche du Midi* avec qui Gérard de Sède était en excellents termes. Or ce journaliste a un frère, antiquaire si je ne me trompe, qui était très proche de Marie Laforêt, dont on connaît le goût pour les choses belles et anciennes. Mais où irions-nous si nous commencions à nous fier aux coïncidences ?

— Ah mon bon Monsieur, mais c'est impensable !

Il goûta voluptueusement les premières bouffées d'un havane que n'eût pas renié Davidoff, et dont l'arôme délicat envahit progressivement la pièce. Son regard disait clairement qu'il attendait avec sérénité le moment où je compléterais son bonheur en servant un alcool fin, histoire de converser confortablement.

— C'est à peu près aussi impensable que d'imaginer Richard Wagner mêlé à ceci, reprit-il, tandis qu'un Armagnac digne du cigare garnissait nos verres.

— Bien sûr, approuvais-je.

— Imaginez-vous que l'on est allé jusqu'à prétendre qu'il s'était rendu à Montségur, avant d'écrire son *Parzifal* ?

— Les gens sont tellement médisants !

Il faillit éclater de rire.

— Il n'y a pas que les gens, qui soient de mauvaise foi. Il en est de même des photos.
— Là, je ne vous suis pas bien.
— Eh bien, depuis quelques temps, il circule dans certains milieux que nous pourrions qualifier de généralement bien informés, s'il ne suffisait de les considérer comme autorisés, il circule donc une photo en noir et blanc d'une tombe du cimetière de Rennes-le-Château, celle de la fille adultérine qu'aurait eue Wagner suite à son séjour dans la région.
— Comment peut-on dire des horreurs pareilles ?
— Je vous le demande !
— Ca n'a pas empêché les Allemands de s'intéresser de très, très près au site de Montségur avant, et durant, la dernière guerre...

Un long moment s'écoula tandis qu'il considérait pensivement le bout incandescent de son cigare. Il reprit enfin :
— Oui, cette histoire d'Otto Rahn est vraiment curieuse.
— Vous avez lu ce qu'en dit Christian Bernadac ?
— Comme vous, je suppose.
— Non, je l'ai seulement effleuré, je n'avais besoin que de la documentation sur Lombrives, mais vous, qu'en pensez-vous ?

Il se renversa dans son fauteuil en dégustant une larme d'alcool.
— J'en pense des choses qui vont vous paraître fort étranges... Vous connaissez donc la thèse de Bernadac, selon laquelle Otto Rahn aurait en fait survécu aux diverses rumeurs faisant état de sa mort, plus ou moins violente selon les versions. Je pense pouvoir aller plus loin que Bernadac, car j'ai l'intime conviction, non seulement que Rahn n'est pas mort en 1939 ; non seulement je suis persuadé que les « services discrets » rendus aux Alliés après, pendant, et même probablement avant la dernière guerre, lui ont valu d'échapper à Nürnberg ; mais surtout, je suis de plus en plus certain que ses relations privilégiées avec certain groupe d'ésotéristes anglais lui ont apporté le succès dans plusieurs de ses opérations, notamment en Egypte. Vous me direz que cela nous éloigne de Rennes ? Oui et non. Avez-vous lu *Un Diplomate dans la tourmente*, que mentionne et cite Bernadac sous le titre de *Vie sans repos* ?

J'avais le livre mais ne l'avais pas encore lu. Il ne me laissa pas le temps de répondre.
— Ce sont donc les mémoires d'un certain Rudolf Rahn, qui fut le dernier ambassadeur du IIIe Reich à Rome. Je ne vais pas vous refaire ni le raisonnement, ni la démonstration – magistrale – de Bernadac ; je reprendrai seulement un passage commun aux Mémoires de Rudolf Rahn et au *Lucifers Hofgezind* d'Otto Rahn.

Mais plutôt que de citer de mémoire au risque de vous induire en erreur, passez-moi le bouquin de Bernadac, je vous prie.

Je me levai pour pêcher le livre sur un rayon de ma bibliothèque. Il trouva presque immédiatement la référence voulue.
— Voilà, dit-il : pages 416 et 417, Rudolf pour commencer :
Détention cellulaire
Sept pas devant soi,
et deux pas vers la droite,
sans porte sur l'extérieur :
Je n'avais pourtant rien fait de mal,
sept pas d'un côté

> *et sept de l'autre*
> *ne sachant bientôt plus qui j'étais*
> *d'où je venais et vers où j'allais.*
> *- Sept pas et deux,*
> *comme l'oscillation irrégulière d'un balancier*
> *avec une monotonie entière*
> *de jour et de nuit.*
> *La pendule sonne deux coups d'abord,*
> *sept ensuite.*
> *Si seulement j'avais pu dormir dans le sein de ma mère.*

Il reprit la page précédente.

— Et maintenant, Otto :

> *Maintenant le soleil a enfin percé les nuages. Ses rayons obliques font briller et étinceler toutes choses. La forêt exhale ses vapeurs. Bientôt, ma petite pendule « Empire » va sonner sept fois. Dans deux heures, ce sera la nuit et je sortirai de la maison. Je connais tout près d'ici, un chemin forestier bordé de sapins majestueux, qui part d'un lieu prédestiné qui s'appelle l'Homme libre, et se dirige, en passant par le Dornberg (le chemin des Ronces), vers Ransberg. Et là, il y a une prairie, le Jardin des Roses. Le chemin s'appelle le chemin du Voleur.*
> *J'emporte avec moi la clé (le Dietrich...). Je suivrai cet antique chemin « du voleur », les yeux fixés sur la Grande Ourse que j'aurai en face de moi. Dans le ciel nordique, cette constellation portait autrefois le nom d'Arktos ou d'Artus, ou d'Arthur, ou de Thor, le régisseur de la puissance des Dieux aimait, comme les ours, le doux miel recueilli avec tant de peine par les abeilles laborieuses du printemps et de l'été.*
> *Nos lointains aïeux le buvaient dans les « jardins de roses » sous les espèces du Met en souvenir (Minne) de Thor et des morts...*
> *Peut-être passera-t-elle la nuit dans une rose sauvage. Et demain se lèvera un autre jour !*

Il referma le livre.

— Comme le dit Bernadac avec beaucoup d'à-propos, c'est du Trobar Clus pour débutants.

— C'est assez extraordinaire !

— D'autant plus que dans un cas comme dans l'autre, l'itinéraire décrit s'interprète parfaitement grâce à la carte de Boudet, dans *La Vraie langue celtique*, ainsi que par le chemin de croix de l'église de Rennes-le-Château. Chacune des stations y est entourée d'une sorte de cadre comportant un certain nombre de « trous ». Or, ces « trous » sont en nombres variables, déterminés par les « débordements » des personnages sur le cadre. Et ces nombres sont en rapport précis avec le chiffrage de Rahn. Quant au « chemin du Voleur », on ne pouvait mieux le représenter que sur cette fameuse toile de Saint-Salvayre, indépendamment des deux autres significations qu'elle présente.[4] Bénissons le saint homme qui la restaure... A moins qu'il ne la rénove ! dit-il en levant son verre pour lui porter un toast.

— Donc, vous voulez dire que Rahn...

---

[4]. Cf. photo 8, page 43 de cet ouvrage.

— Dissimulait parfaitement, sous ses recherches dans la région de Montségur, son véritable objectif, qui était Rennes. On ne lit pas assez attentivement ses œuvres.

— Bon, j'admets facilement que Rennes puisse être le point de départ, la source ou le substrat – comme vous voudrez – d'une quête spirituelle ou mystique. Mais en quoi cela pouvait-il bien intéresser la pensée nazie ? Vous n'allez quand même pas me dire que les Mérovingiens étaient convoités par le Reich !

— De Gaulle a bien failli récupérer les Orléans !

— Il y a de la marge...

— Je ne sais pas si vous êtes flatteur pour de Gaulle, pour les Orléans, ou pour les Mérovingiens... Ceci dit, pour répondre à votre question à la manière d'un Jésuite, qu'allait-il chercher à Montségur ?

Je réfléchis un instant.

— D'accord, dis-je. Si l'on définit le Graal comme étant un symbole, on peut tout aussi bien le chercher à Montségur qu'à Rennes... C'est spécieux.

— Pourquoi seulement un symbole, et pourquoi pas des deux côtés à la fois ?

— Vous croyez donc à l'existence de ce vase ayant recueilli le sang du Christ mourant ?

— Non, c'est précisément cela le symbole ! Le Graal peut très bien être un objet matériel ou un être touchant directement à l'essence même du Christ, et prouvant sa réalité... Comme un vase qui aurait accueilli le substrat de sa vie... Ou encore le témoignage qui en aurait subsisté.

Il savoura une bouffée de cigare et poursuivit sans me laisser le temps d'intervenir.

— Allons, reprenez ce fameux épisode des Cathares s'enfuyant du château encerclé, malgré les conditions exceptionnelles de la reddition, au risque de tout perdre. Des Bonshommes s'enfuyant par une voie parfaitement infernale, et s'enfuyant pour quoi ? Pour mettre à l'abri un « trésor » qui aurait dû l'être depuis longtemps...

— Je vous interromps : on a énormément querellé sur le fait que ce trésor aurait dû être évacué dès avant que la fin ne devînt inéluctable. S'il s'agissait bien, comme beaucoup l'imaginent, d'un document essentiel pour la foi cathare, d'un document établissant à leur yeux avec certitude la qualité, la réalité, de leur foi – et ce n'est pas incompatible avec ce que vous venez de supposer – il me parait logique qu'ils l'aient conservé jusqu'au bout, c'est-à-dire jusqu'à l'ultime instant de ceux qui allaient être livrés au bûcher. D'autre part, si ce document avait bien la valeur que les Cathares lui accordaient, et c'étaient des gens intelligents, il pouvait représenter un menace très précise pour l'Église de Rome... qui avait peut-être alors intérêt à fermer les yeux sur la fuite des gens de Montségur, sachant pertinemment que ce que ceux-là avaient défendu jusqu'à la mort, ceux-ci le défendraient encore et en deviendraient ainsi les meilleurs gardiens, garants automatiques du secret. Les Inquisiteurs, qui n'étaient pas non plus tous des imbéciles, savaient fort bien qu'il était plus sage et plus prudent de laisser ce document aux mains des Cathares, qu'ils pourraient encore habilement surveiller par la suite, plutôt que de leur laisser le détruire, ce dont ils n'auraient jamais la preuve formelle... D'où, peut-être, cette extraordinaire mansuétude qu'ils manifestèrent à ceux qu'ils étaient venus massacrer.

Le regard de Jacques flamba.

— Il y a des jours où je suis heureux de vous connaître.

— N'exagérons rien !

— Et quel aurait été cet extraordinaire document, selon vous ?

— Eh bien, je me souviens de ce que Saint Bernard a, non seulement participé à la lutte contre les Cathares – qu'il respectait, d'ailleurs – mais aussi qu'il a plus ou moins organisé la seconde Croisade en Palestine. D'aucuns ont dit et argumenté qu'il ne l'avait fait que pour susciter les Templiers et les envoyer y recueillir un document extraordinaire... Je vous parie qu'il s'agissait d'une autre version de ce dont disposaient les Cathares.

— Mais bon sang, allez jusqu'au bout ! De quoi s'agissait-il ?

— J'imagine que les Cathares, qui ne croyaient guère à la matérialisation du Jésus divin, devaient avoir pas mal de points communs avec ceux qui ne croyaient pas à la divinité du Jésus humain, et dont Bernard avait collaboré à la rédaction de la règle monastique...

Je continuai, puisqu'il s'abstenait de m'interrompre.

— Vous avez lu *Holy Blood and Holy Grail*, d'Henry Lincoln and Co ?

— Et comment !

— Et vous avez vu – et entendu – je suppose, *Jésus-Christ Superstar* ? Moi, j'en ai été bouleversé.

— Moi aussi. Oui, j'en ai été profondément remué.

Sa voix se cassa légèrement :

— J'ai l'impression qu'à l'aube du Verseau, nous sommes en train de vivre la vraie mort du Christ... Et pourtant, une œuvre aussi magistrale que *Jésus-Christ Superstar*, ou ce que je sais personnellement de Rennes, n'ont en rien entamé ma foi profonde, je me dois de vous le dire. J'ai seulement acquis une autre perception des choses.

Je le sentais plus ému qu'il ne voulait le laisser paraître, et il faut bien dire que j'étais également troublé. La comédie musicale, que tant gens de bon sens dénoncent comme une œuvrette parfaitement inconsistante et mineure, m'avait laissé dans le cœur une émotion profonde que peut-être aucune manifestation religieuse n'avait à ce point provoquée en moi. Quant à l'œuvre de Lincoln et ses amis, malgré toute la sympathie que j'éprouvais pour cet excellent travail, il faut bien dire que je ne « marchais » pas à cent pour cent... Et pourtant, de ces trois choses dont nous venions de parler, le document cathare, l'opéra-rock et le livre, chacune traite à sa manière d'un même sujet : un Jésus profondément humain...

Jacques reprit :

— Je suppose que vous imaginez à quel point j'apprécie votre hypothèse... Je suis toujours heureux de vous entendre exprimer vous-même ce qui est pour moi le fruit d'une longue recherche.

Il imprima doucement un mouvement circulaire à son verre d'Armagnac avant d'en savourer une gorgée.

— Mais je suis aussi vaniteusement fier de parfaire votre instruction... Vous avez paru surpris que j'assimile Rennes-le-Château et Montségur dans les recherches d'Otto Rahn. Vous êtes-vous parfois posé la question de l'itinéraire exact suivi par les évadés de Montségur ?

— Il semble bien qu'ils se soient dirigés vers les Gorges de la Frau, puis...

Il me coupa :

— Bien. Les Gorges de la Frau. Lesquelles ?

Je m'arrêtai au moment de répondre impulsivement, me rendant compte de l'endroit où il voulait m'attirer. C'était effarant.

Il avait suivi sans effort le cheminement de mes réflexions.

— Vous savez que la « Frau Basse » appartient à un de vos Confrères ?

— Qu'est-ce qu'il va être surpris, quand il s'en rendra compte !

— Votre image est amusante. Et savez-vous que d'un point bien précis, un peu au-delà, on aperçoit le Pog et le Saint Barthélemy par temps clair ? Je ne serais guère étonné d'apprendre qu'une nuit de 1244, un brasier ait été allumé sur les hauteurs d'Alet...

— Mais pourquoi à Rennes plutôt que n'importe où ailleurs ?

— Relisez donc Edgard Poe, sapristi ! Où cache-t-on mieux une lettre que dans le courrier, un livre que dans une bibliothèque, et un trésor légendaire que parmi les trésors légendaires ? A fortiori si Rennes, ou ses environs, recelaient déjà un autre mystère antique – et je ne suis pas loin de l'admettre. Et puis, surtout, il y a *La canço de lo Boyé*...

— Vous m'en direz tant !

Il chanta en occitan :

Si n'es malauta, digas oc
Te faren un potatge
Amb' una raba, amb' un caulet
Una lauzetta magra...

— Vous chantez bien.

— C'est tout l'effet que cela vous fait ? Vous connaissez bien cette chanson, vous me l'avez dit.

— Eh bien, je sais que c'est une des plus vieilles chansons connues et qu'elle reprend de façon curieuse les fameux « Chevaliers de la Table Ronde »...

Il se remit à fredonner, et je traduisis chaque vers par son équivalent des « Chevaliers » :

— « Quan serey morta, enterratz-me »

— « Si je meurs, je veux qu'on m'enterre »

— « Al pus founs de la caba »

— « Dans une cave [où y'a du bon vin] »

— « Los pes viratz a la pared »

— « Les deux pieds contre la muraille »

— « Lo cap jous la canela »...

— « Et la gueule sous le robinet »...

... La belle eau que ceci apporte à notre moulin, si nous imaginons que Cathares et Templiers, les « Chevaliers de la Table Ronde » et ceux qui détenaient encore les « Clefs du Bouvier », si nous imaginons qu'ils possédaient chacun à leur manière une version du secret. Ceci dit, je ne vois pas bien en quoi cette chanson désigne Rennes-le-Château ou sa région.

— Si vous avez lu le *Trésor Cathare* de de Sède, vous serez d'accord avec lui et moi pour admettre que la « Paura Jana » désigne, par le jeu subtil du Trobar Clus, l'église cathare occitane, mourante, privée du consolamentum, au pied des bûchers ?

— Bien sûr.

— Et vous n'ignorez pas que les Cathares étaient de stricts végétariens.

— Je n'ignore pas.

— Que, par conséquent, il leur était normal de faire un potage avec une rave et un chou.

— C'est un fait.

— Et avec une alouette maigre.

— Touché ! « Una lauzetta magra »...

— Je veux bien admettre que « Raba », « Caulet » et « Magra » désignent discrètement « les trois nobles familles de Rabastens, Caulet, et Magrins », qui, pendant la croisade, « nourrirent et réconfortèrent » l'Église cathare persécutée ; mais, outre que je ne voie pas l'intérêt de citer ces familles dans la chanson, on ne m'ôtera pas l'idée que c'est bien sur le plateau décharné, rongé par les vents, sur le Lauzet maigre, que Saunière partait en compagnie de Marie Denarnaud pour des journées entières...

— Mais, en reprenant votre hypothèse de la « Frau Basse », s'il s'agit d'une localisation dans les environs d'Alet, et non plus directement à Rennes, *La Vraie Langue Celtique* ne donne pas la solution ?

— Que si ! Il faut seulement savoir la lire à la manière Lewis Carrol – un autre excellent photographe, soit dit en passant ! – et envoyer Alice au Pays des Merveilles. Derrière le Miroir.

— C'est vrai, au fond ! Elle y est guidée par un lapin, bien difficile à distinguer d'un lièvre quand il est dans un genou...

Je resservis un peu d'alcool et remis un nouveau disque sur la platine. *Tannhäuser*. C'était logique.

— Curieux, dis-je, où l'on peut arriver en partant de Wagner !

— Avez-vous remarqué qu'il pourrait bien nous réorienter sur Bécaud ?

— Dites toujours ?

— Le protecteur de Wagner était bien Louis II de Bavière, n'est-ce pas ?

— Ca va ! J'y suis...

> *Toi, petit, que tes parents*
> *Ont laissé seul sur la terre,*
> *Il fait froid comme en Bavière...*

— Mais nous pouvons aller encore bien plus loin en partant de Richard Strauss

— Ah oui ?

— La magie des chiffres et un rien d'imagination nous conduiront facilement sur la Lune... « *Also sprach Zarathustra* ».

— C'est un bon départ.

— Effectivement, Zoroastre est un sujet qui convient remarquablement à nos digressions manichéennes. Vous avez le disque ?

Je le trouvai sans chercher.

— Regardez bien la photo de couverture, et le texte qui l'accompagne :

> *Apollo 12. Le soleil plonge dans l'ombre du globe noir au moment où les astronautes d'Apollo 12 s'apprêtent à alunir. Conrad, Bean et Gordon sont alors témoins d'une fascinante éclipse de soleil dans l'espace.*

— Dites, vous êtes vraiment sérieux ? Vous croyez réellement à autre chose qu'au hasard, ici ?

— Non, c'est évident. Mais je veux seulement vous montrer qu'il fait parfois tellement bien les choses que l'on serait amené à douter. C'est bien l'expédition Apollo suivante, la treizième, qui fut à la fois le seul échec de la NASA et son plus fantastique succès par la réussite du sauvetage des cosmonautes en perdition. Treize. Porte-malheur, ou porte-bonheur ? Et lisez l'analyse que fait Jean Sendy de ce nombre, à propos de l'espace. D'autre part, si je ne me trompe, il y avait bien vingt-deux missions prévues – et l'œuvre eût été achevée – que les exigences budgétaires réduisirent à... dix-sept. Nombre extraordinaire s'il en est ! Vous voyez qu'il ne faut pas pousser bien fort pour trouver des corrélations surprenantes. Tout se passe comme si la théorie des Idées de Platon régissait notre monde, comme si une idée ou un symbole pouvait l'imprégner et transparaître dans les événements, même fortuits.

Je fis la moue :

— Je ne me sens pas convaincu, mais je n'ai aucun argument à vous opposer.

— Je n'essaye pas de vous convaincre. Je ne sais moi-même qu'en penser, je me contente de constater que le phénomène existe, et qu'il traduit une sorte d'état d'esprit. Mais ne me demandez pas de vous expliquer comment le 17 se retrouve un peu partout dès que quelque chose comporte un aspect un peu caché. Je n'en sais fichtre rien.

Et pourtant, c'est ainsi...

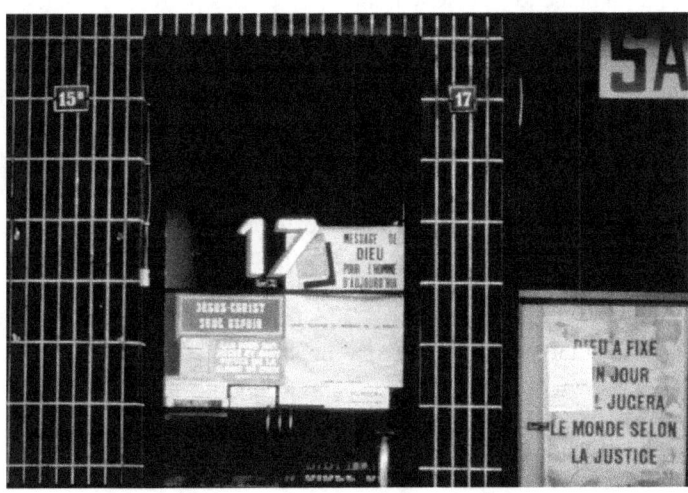

13. Un exemple du 17, sur la façade de l'immeuble d'une secte à Liège.

Il suffit souvent de lire la dix-septième page d'un bouquin, en la sortant du contexte des précédentes et des suivantes, pour y trouver un sens parfois bien curieux, ou une indication de lecture, ou simplement un clin d'œil de l'auteur. Les exemples abondent, qu'il nous serait fastidieux d'énumérer; mais prenons un cas récent et particulièrement connu : *Le nom de la rose*, d'Umberto Eco. Vous l'avez ?

— Vous en doutez?

Il rit en prenant le livre que je lui tendais.

— Écoutez bien, dit-il.

> *... et la vérité, avant le face-à-face, se manifeste par fragments (hélas, combien illisibles) dans l'erreur du monde, si bien que nous devons en ânonner les signes fidèles, même là où ils nous semblent obscurs et comme le tissu d'une volonté visant exclusivement au mal.*

... Et il y a mieux :

> *... je m'apprête à laisser sur ce vélin témoignage... sans me hasarder à en tirer un dessein, comme pour laisser à ceux qui viendront (si l'Antéchrist ne les devance)* **des signes de signes, afin que sur eux s'exerce la prière du déchiffrement.**

... Et c'est page 17...

— C'est troublant.

— Et c'est loin d'être un cas isolé. A croire que tout qui s'est cru en position « d'avoir quelque chose à dire », s'est senti obligé de le fourrer page dix-sept. Même la biographie de Wagner, dans la collection « Solfèges » des éditions du Seuil, porte le numéro 17 ! Mieux : cette fameuse piétá, qui nous intéresse tellement depuis Rennes-les-Bains et Moustiers, savez-vous comment j'ai découvert la reproduction de son original ?

Je secouai la tête en signe de dénégation.

— Je l'ai trouvée dans le « Van Dijck », publié aux éditions *Meddens* par Léo Van Puyvelde, où elle figure page 85. La planche y porte le numéro 17... Vous pouvez vérifier.

— Je vous fais entièrement confiance. Ceci dit, on l'aurait fait exprès...

Il me reprit :

— On n'aurait guère fait mieux, n'est-ce pas ? Mais ce n'est pas tout, les exemples foisonnent. Consultez le bouquin de Lincoln et ses amis, version française autant que version anglaise, page 17 et photo 17. Le hasard a même poussé le scrupule, dans la version anglaise, jusqu'à permettre deux pages 17, dont une n'existe pas ! Regardez la page 17 de *La Race Fabuleuse*, de Gérard de Sède, et vous saurez comment comprendre ce que le texte recèle... Je suis bien placé pour le savoir.

Et combien de fois n'attire-t-on pas votre attention par le jeu de dates dont la somme des chiffres donne 17, ou même par des erreurs volontaires incriminant ce nombre !

Il faut certainement faire la part des choses, et admettre que le hasard est parfois véritablement le seul responsable, tout autant que notre imagination exacerbée, qui nous conduit trop souvent à voir ici et là ce que nous souhaitons y trouver. Il n'empêche que certains faits sont parfaitement significatifs, et ils sont nombreux.

— Je suppose qu'il doit bien se trouver aussi des auteurs chez qui la page 17 ne comporte rien, alors que le texte lui-même est intéressant. C'est un corollaire logique.

— C'est certain, et ils sont légion, par définition : tous ceux qui ont publié sur ce sujet.

— Nous nous sommes mal compris. Je voulais dire : chez les auteurs qui ne parlent pas directement de notre sujet, mais qui font astucieusement allusion à leur « gay sçavoir » sans nécessairement le faire via la page 17.

Il rit :

— Et comment qu'il s'en trouve ! Il en est même un que votre expression « gay sçavoir » désigne tout particulièrement... par le calembour.

— Roger Peyrefitte ?

— Gagné ! Il est indéniablement très lié à la région, puisqu'il y a vécu son adolescence dans une maison cossue, la villa Livadia, laquelle est actuellement devenue la Mairie d'Alet-les-Bains... C'est là que sont enterrés ses parents, dans une tombe que lui-même occupera peut-être un jour.

Qu'avez-vous, de lui ?

— Attendez, dis-je en parcourant les rayons de la bibliothèque. *La mort d'une Mère*, *Des Français*, *Les Fils de la Lumière*, *Les Juifs*, *Les clés de Saint Pierre*, *Propos secrets* et *La soutane rouge*.

— C'est très éclectique, et cela suffira. Nous ne nous appesantirons pas sur *La mort d'une Mère*, que je considère personnellement comme un des meilleurs Peyrefitte ; nous savons suffisamment ce qu'il dit d'Alet.

— J'en sais même un peu plus. Je lui avais écrit, il y a quelques années, pour lui poser quelques questions sur la villa Livadia, et il avait eu l'amabilité de me répondre personnellement par retour du courrier.

— C'est un homme charmant.

— Malheureusement, je n'ai pas su lire toute sa lettre...

Il me fixa d'un œil rond.

— Que voulez-vous dire ?

— Que quand Roger Peyrefitte raconte qu'il envoyait à sa mère des lettres manuscrites afin qu'elle se distraie en tentant de les déchiffrer, ce n'est qu'un euphémisme en regard de la réalité. Je comprends qu'il dicte ses ouvrages ! Mais cela nous écarte de notre propos.

— Parfaitement. Passez-moi *Les Fils de la Lumière*, s'il vous plaît.

— Je vous en prie, dis-je en lui passant le volume.

Il le feuilleta rapidement.

— Voilà, je vous lis textuellement, page 162 pour commencer. C'est le passage qui fait suite au chapitre où le héros, – un certain George Sarre, mais ne serait-ce pas plutôt l'auteur lui-même ? –, où le héros, donc, vient d'être initié à la Maçonnerie. Il dialogue avec une amie :

> *Je cherche à te montrer la différence entre le signe de ce que l'on est pour le public et le signe de ce que l'on est pour un petit nombre. Même quand une œuvre littéraire, une œuvre d'art, une œuvre musicale sont applaudies par le grand nombre, elles doivent n'avoir été faites que pour le petit nombre ; sinon elles ne valent rien. Plus le monde va vers le grand nombre, plus il faut aller vers le petit nombre. Plus les religions ou les idéologies s'étendent, plus il faut aller vers l'initiation.*

... Admirable habileté de Peyrefitte ! Ce texte est parfaitement anodin dans le contexte du sujet traité, en même temps qu'un remarquable clin d'œil.

— C'est très joliment fait, j'en conviens. Mais êtes-vous bien certain qu'il ne s'agisse pas seulement d'un hasard dû au talent de l'auteur ?

— Hé ! Je prends la page suivante, page 163 :

> *D'abord ceux où il collerait chaque trimestre les timbres envoyés par le secrétariat et attestant de son activité maçonnique – il avait collé le premier, d'une teinte mauve pâle, sur le carré du premier trimestre de 1960 ; ensuite, les feuillets de ses « augmentations de salaire », c'est-à-dire de ses promotions en grade. Il avait écrit devant le mot « apprenti » : « 17 janvier 1960 » – ...*

— Cela devient plus intéressant...

— Intéressant ? Passionnant, oui !

Nous étions bien en train de parler d'écrivains faisant astucieusement état de leur appartenance au « petit nombre », tout en n'ayant pas recours au dix-sept, n'est-ce pas ? Eh bien, dans ce sens, ce livre contient une astuce géniale.

Il consulta le volume.

— Il s'agit bien du roman publié chez Flammarion en 1961, dans son édition de 1968, qui fut achevée le 27 novembre de cette même année, et qui fait l'objet d'un dépôt légal datant du quatrième trimestre 1968.

Il me tendit le livre.

— Je vous sais capable de trouver.

— Vous n'espérez pas que je vais lire cette brique maintenant ?

— Contentez-vous de feuilleter. C'est simple.

Il se renversa dans son fauteuil, m'observant d'un œil mi-clos au travers de la fumée de son cigare et accompagnant les pèlerins de Tannhäuser du bout du doigt. Je me mis à parcourir rapidement les pages. Que diable pouvais-je trouver d'évident dans un livre écrit de manière aussi dense ! J'avais à peine le loisir d'examiner les têtes de chapitre.

Il n'y avait pas de têtes de chapitre. J'en étais donc réduit à leur numération...
— Mince ! Là, je dois dire que Peyrefitte m'en bouche un coin !
— Surveillez ce que vous dites, me jeta-t-il, le regard féroce.
Je haussai les épaules.
— Il y a mieux à faire que de l'esprit facile et mal embouché, dis-je. Le bouquin comporte vingt chapitres, mais pas de chapitre dix-sept !
— Exactement. Il y a deux chapitres numérotés « XVIII », pages 409 et 415, mais aucun « XVII ».
— Si ce n'est pas une erreur de pagination, c'est énorme.
— Une erreur ? Ben voyons ! Et les bébés, chez vous, ils naissent toujours dans les choux ?
— Pas du tout, ils naissent tout armés de la cuisse de leur Papa.
Mais si Peyrefitte joue aussi habilement du clin d'œil, je suppose qu'il sous-entend ainsi avoir « quelque chose à dire », qu'il convient de chercher un sens particulier à ses textes. Et de fait, il le proclame déjà sans grand mystère dans le premier extrait que vous avez lu.
Alors, que faut-il chercher dans ses livres ? Ou plutôt, qu'y avez-vous découvert ?
— Vous ne trouverez pas nécessairement des choses curieuses dans chaque livre ; ils sont parfaitement « naïfs » dans leur majorité. Et même celui dont nous venons de parler, bien qu'il soit clairement désigné par les astuces qu'il contient, ne recèle rien que vous ne pourriez trouver assez facilement ailleurs. J'ai donc l'impression que ces astuces ne constituent rien d'autre qu'une manière, pour l'auteur, de dire au petit nombre : « Vous savez, je suis des vôtres ».
Et pourtant, il en est un, de ce même auteur, qui contient la trame d'une aventure extraordinaire et dramatique, vécue par des personnages bien réels, et qui touche intensément à la fibre profonde de l'affaire de Rennes-le-Château. Le plus incroyable, c'est que je suis toujours incapable de juger si Peyrefitte a parlé de ces choses volontairement, ou seulement accidentellement, sans se rendre compte de ce que cela cachait exactement. Ou alors, il est d'une habileté diabolique.
Il rêva un court moment, le regard perdu au delà de la fenêtre, les yeux sur la ligne où l'horizon rejoint le temps.
— Figurez-vous, dit-il, que j'ai retrouvé, et là c'est vraiment le hasard, une personne qui a très bien connu un des acteurs de cette histoire. J'ai toujours l'enregistrement de ce qu'il m'a raconté.
Mais cette affaire est encore trop douloureusement sensible dans les familles et dans les milieux concernés, et je vais la romancer un peu.
J'eus comme un coup au cœur.
— Vous vous méfiez de moi ?
— Votre réaction est puérile. Vous savez bien que non, et que je ne romance pas contre vous, mais bien pour vous : mon informateur occasionnel est un de vos patients !
Ainsi donc, il était une fois deux grands pays qui ne s'aimaient pas et qui s'armaient l'un contre l'autre en proclamant chacun bien haut sa volonté de défendre la paix. Et il se trouvait qu'entre ces deux pays en existait un troisième, tout petit, tout charmant, célèbre par sa « Petite Suisse » et par une magnifique abbaye bénédictine. Or cette magnifique abbaye recelait dans ses murs quelques-uns des plus beaux esprits du siècle, notamment celui qui avait été jadis le précepteur d'un des princes de la maison qui avait régné sur un troisième grand pays, grand aussi, mais un peu moins semblait-il que les deux premiers. Il advint hélas ce qui devait advenir : les deux grands pays voisins en vinrent aux mains. Ceux qui connurent le début de cette horrible aventure la qualifièrent de drôle, allez savoir pourquoi ! Le plus remuant des deux pays était devenu la proie d'une terrible

maladie qui transformait les plus beaux de ses jeunes gens en sorte de cloportes verts-de-gris, et les jeunes filles en souris, grises elles aussi. Le gris était une teinte moyenne, car certains, très peu nombreux, gardaient leur teinte initiale, mais tentaient de la cacher ; tandis que certains autres, trop nombreux, devenaient franchement noirs. Ceux qui devenaient noirs étaient les pires de tous, et dès les premiers temps de leur existence, ils avaient établi les listes de ceux qu'il leur fallait éliminer pour détruire toute velléité d'opposition. Il y avait notamment des Francs-Maçons, des politiciens, des ecclésiastiques ; en général, des gens connus pour leur goût de la liberté sans nuance. Quant aux autres, ceux qui ne deviendraient jamais blonds avec des yeux bleus, Juifs, Tziganes et Gitans, ceux-là, les verts-de-gris s'en chargeraient eux-mêmes. A la rigueur, les noirs leur prêteraient main-forte. Parmi ceux que les noirs avaient notés en tout premiers sur leurs listes se trouvait un des moines éminents de l'abbaye dont je vous parlais. La guerre éclata. Mais juste avant cela, notre moine disparut, et l'on n'entendit plus parler de lui durant tout le conflit. La guerre finie, le scandale survint, car en même temps que lui avait disparu une religieuse d'un couvent assez proche. Et les gens de jaser : ne disait-on pas qu'ils étaient partis ensemble ! Or, à l'époque, les « A.S.B.L. » et autre « S.P.R.L. » ne régissaient pas les communautés religieuses comme aujourd'hui, et les propriétés d'un couvent, par exemple, étaient légalement celles du Supérieur de l'établissement. Et ne voilà-t-il pas que des rumeurs courent selon lesquelles les deux religieux auraient filé avec la caisse de leur monastère !

Il reprit son souffle et une gorgée d'Armagnac par la même occasion. J'étais impatient de connaître la suite, mais il se donna le temps de chercher un livre et de le feuilleter.

— Grosso modo, reprit-il, voilà ce que je savais de cette histoire, que raconte Roger Peyrefitte dans ses *Clés de Saint-Pierre*, en romançant nettement moins que moi...

Cela ne m'avait pas beaucoup impressionné, n'étant d'ordinaire guère friand de scandale, mais au hasard d'une relecture, je fus frappé par les termes employés :

> *On admirait la précaution qu'avaient eue l'abbé et l'abbesse d'hypothéquer tous les biens, à la veille de l'invasion, pour déjouer les mesures spoliatrices. Malheureusement, l'argent de ces hypothèques avait disparu, avec les objets sacrés et les bijoux votifs, outre le dépôt de la maison d'Autriche.*

Or, je venais de lire ce que dit Maurice Paléologue de la disparition de l'Archiduc Jean-Salvator de Habsbourg. Selon l'auteur, celui-ci aurait terminé sa carrière dans un pays d'Amérique du Sud, et non pas au cours du naufrage de son bateau... Là, plusieurs choses me parurent curieuses, et premièrement la suite du texte de Peyrefitte :

> *Les choses en étaient là quand on sut par hasard que le père abbé et la mère abbesse coulaient des jours heureux dans une république sud-américaine.*

... Vous connaissez mon horreur des coïncidences, d'autant qu'il n'était pas du tout impossible que l'Archiduc disparu fut également celui l'on vit à Rennes-le-Château à l'époque de Saunière...

Deuxièmement, lorsque l'on s'aperçut de ce qui s'était passé, on décida, dans un premier temps, de laisser accroire à la disparition des deux religieux au cours d'un naufrage. Finalement, on n'en fit rien, s'étant dit avec quelque raison que s'ils n'avaient pas totalement disparu, ils risquaient bien, un jour ou l'autre, de... refaire surface, et c'eût été mal vu.

Je me décidai donc à enquêter, et je commençai par les moines de l'abbaye en question. Prudent, et connaissant la réputation douteuse que certaines publications récentes m'avaient faite, je contactai un prêtre liégeois avec qui j'avais entretenu d'excellents rapports durant le début de mon séjour ici, et qui m'honorait de son amitié. Celui-ci écrivit donc, en son nom personnel, à l'actuel Père Abbé, qui répondit fort courtoisement que, trop récent dans l'abbaye et n'étant pas parfaitement a courant de l'histoire moderne de son établissement, il transmettait la demande au Père Prieur, lequel se ferait un plaisir de répondre.

Ouais ! Mon ami reçut bel et bien une lettre de menaces à peine déguisées à mon égard ! Le texte disait à peu près : « Dites bien à votre jeune ami qu'il ne convient pas de remuer un certain passé... ». Or, et j'en suis certain, il n'avait jamais été question de moi à aucun endroit de la correspondance !

Comment les bons moines avaient-ils appris que j'étais derrière cette enquête, et en quoi cela les importunait-il ? Je ne le saurai probablement jamais. Toujours est-il que j'eus la chance invraisemblable de rencontrer dans votre salle d'attente celui qui allait dissiper le fond du mystère. Nous étions en train de tourner chacun machinalement, les pages de nos revues lorsque je tombai précisément sur une photo de l'abbaye en question, sujet d'un reportage touristique, et je m'y attardai. Votre patient le remarqua, et la conversation s'engagea le plus banalement du monde lorsqu'il me demanda si je connaissais les lieux. Lui, il connaissait bien, car il avait un vague parent qui avait été Abbé de ce monastère juste avant la guerre. Vous imaginez si mon sang ne fit qu'un tour !

— Vous dites que cela s'est passé ici ?!

— Parfaitement. Dans votre salle d'attente, au début de nos relations, et alors que nous n'avions pas encore entamé ces savoureuses conversations.

— C'est le cas de dire que la Divine Providence était en état de grâce... Mais continuez, je suis tout ouïe !

— Bien. Il ne me fallut pas longtemps pour nouer des relations de sympathie avec votre victime, et je fus bientôt invité à sa table, tant et si bien que j'osai lui demander un beau soir, la faveur d'enregistrer ses déclarations sur magnétophone. Permission accordée, j'enregistrai donc, et j'en appris de belles !

Or notre moine, effectivement le Père Abbé de notre histoire, était réellement un des grands esprits de l'époque, à tel point qu'il était devenu le précepteur de l'Archiduc Otto de Habsbourg. Il jouissait d'une réputation telle que la fonction d'évêque coadjuteur de Liège lui fut proposée en 1939, fonction qu'il refusa d'ailleurs. Et il se fit qu'un beau jour, juste avant l'invasion, le Père fut averti par une personne, vraisemblablement un civil et d'origine allemande, de ce qu'il se trouvait sur les listes noires de la SS, et qu'en cas de conflit, il lui faudrait quitter l'abbaye sur le champ. C'est ce qu'il fit. Je n'ai pas su si la Mère Abbesse l'accompagna, le suivit immédiatement ou le rejoignit ultérieurement, mais toujours est-il qu'ils disparurent tous deux et que leurs monastères, abandonnés par les autres religieux également, devinrent, l'un, un centre récréatif pour Hitlerjügend, et l'autre, un lebensborn, si je ne me trompe. La guerre finie, pas de nouvelles de nos deux sujets, et tout le monde conclut à leur disparition dans la tourmente, probablement au cours d'un naufrage.

Il se donna le temps de savourer une bouffée de son cigare, après en avoir ravivé la combustion.

— Ici, j'ouvre une parenthèse. Vous remarquerez les similitudes troublantes entre deux faits parallèles. L'Amérique du Sud pour Jean-Salvator, selon Maurice Paléologue, ainsi que pour nos deux religieux, selon Peyrefitte. Dans les deux cas également, on a cru à une disparition dans un naufrage. De plus, chacun des disparus semblait bien devoir connaître les autres et avait quelque chose à cacher. Vous allez voir où cela va nous mener !

— J'en frémis d'impatience.

— Donc, on crut à une disparition par fait de guerre, jusqu'au moment où l'on se rendit compte, comme le rapporte Peyrefitte, que l'argent des hypothèques des biens religieux avait – aussi – disparu. Pire, on racontait que la Mère Abbesse avait hérité au nom de son couvent, d'une somme fabuleuse de 10 à 15 millions de francs de 1939 ! Et de cela, plus rien non plus. Rien ! Tout dans le naufrage. Mais il n'y avait pas eu de naufrage ! En fait, si le « naufrage » de Jean-Salvator lui avait permis de se retirer en Amérique, celui de nos religieux les avait conduits à ouvrir un petit restaurant dans la région de Cagnes-sur-Mer ou de Cros-de-Cagnes, mon informateur ne pouvait pas préciser. Le comble fut mis à l'horreur quand ils se convertirent au protestantisme, ce qui leur permit de se marier, et quand les bans furent publiés dans la localité du dernier domicile antérieur à l'état religieux de l'abbé.

— J'imagine le topo !

— La suite ne devait pas leur porter chance : le Père Abbé mourut dans la misère, ermite dans la région de Laroche selon certains ; quant à la Mère Abbesse, je perds sa trace, bien que m'étant laissé dire qu'elle aurait réintégré son couvent comme simple moniale. J'ajoute immédiatement que je n'ai aucune confirmation sur ce point.

Il me regardait du coin de l'œil, guettant mes réactions au travers de la fumée de son cigare.

Allons, il ne fallait pas le décevoir.

— C'est plein d'anomalies, votre histoire !

— Plutôt. Qu'avez-vous repéré qui cloche ?

— Eh bien, que leur fortune ne tient pas debout. Si l'abbé a refusé la fonction de Coadjuteur de Liège, c'est qu'il avait de bonnes raisons, c'est l'évidence même. Et cette même évidence va nous prendre par la main et nous conduire à admettre immédiatement, par réflexe en quelque sorte, à penser que ces excellentes raisons étaient d'ordre matériel, financier : les biens des deux maisons religieuses. Or, vous me dites qu'ils ouvrent un petit restaurant. Ca ne colle pas ! D'autre part, si l'abbé était effectivement poursuivi par la SS, un homme aussi intelligent que lui n'allait pas s'arrêter sur la Côte d'Azur comme un vulgaire touriste ! A fortiori, s'ils disposaient de l'argent que vous leur prêtez ! Non seulement, ils devaient avoir de quoi se mettre réellement à l'abri de tout le monde, autant des Allemands que de ceux qui les avaient connus, mais en outre, ils n'avaient vraiment aucune raison de passer par l'exploitation d'un petit restaurant ! Et pour ce qui est de cette rocambolesque aventure du mariage, là, c'est du mauvais roman à l'eau de rose ! Ils fichent leur froc aux orties mais éprouvent le besoin de « régulariser » ? Et qui plus est, sachant parfaitement bien que dès lors, leur aventure sera connue au moins de leur famille et de leurs proches, précisément de ceux à qui, à leur place, j'aurai voulu tout cacher ! Par dessus le marché, alors qu'ils ont décidé de vivre dans le sacrilège et le péché, ils éprouvent le besoin de se convertir au protestantisme, comme si le fait de changer de religion tout en restant chrétiens eût suffi à les absoudre au niveau de leur conscience ! Ca n'a pas de sens ! Vous racontez cela à un cheval de bois, et il vous met une ruade !

Jacques sourit :

— Et si leur conscience ne leur avait rien reproché ?

— Cela n'aurait rien changé à leur maladresse ni à l'incohérence de leur attitude.

— Bien. Et si leur conscience n'avait rien eu à leur reprocher ?

— Je l'aurait trouvée plutôt accommodante ! Dites, il s'agissait de Bénédictins, pas de Jésuites...

— Mais, sapristi, écoutez donc ce que je vous dis, au lieu de chercher faire de l'esprit. Et si leur conscience n'avait eu aucune matière à leur faire des reproches ? Et s'ils avaient agi en toute honnêteté, pour un motif qui nous échappe ? Et si toutes leurs maladresses et incohérences n'avaient été qu'une sorte de pathétique jeu de piste disposé par des gens qui auraient supplié de manière muette : « S'il vous plaît, ne nous jugez pas, comprenez-nous » ?

Sa voix devenait pressante, il croyait intensément à ce qu'il disait, et cela devait être à coup sûr extraordinaire pour qu'il fût passionné à ce point. Je gardai le silence, me contentant de le regarder avec une attention soutenue. Je sentais que ce qu'il cherchait à me dire était grave. Toute parole de ma part aurait rompu le charme dont il avait besoin pour s'exprimer.

— C'est ici que je reprends mon roman, dit-il après un moment. Il était donc une fois, une maison régnante d'un pays en guerre – attention, il s'agit ici de la guerre précédente, celle de 14-18 – qui se rendit très rapidement compte de ce que les choses étaient bien, bien mal embarquées pour elle, et son avenir plutôt compromis par les événements. Oh, pas son avenir physique, sa survie, non, mais bien son avenir en tant que maison souveraine. Et qu'arrive-t-il quand on se rend compte qu'il va falloir envisager... le naufrage ? On fait ses valises et l'on sauve les meubles. C'est-à-dire que l'on met à l'abri les choses de valeur auxquelles on tient. La tradition, les usages et la sécurité veulent que l'on transfère les choses de valeur en Suisse. Mais voilà, cette famille était viscéralement consciente de sa qualité profonde, transcendante, qui lui avait valu son titre et son rang. Elle avait conscience de son caractère élu : ils étaient princes et empereurs par la volonté de Dieu. Elle en était d'autant plus convaincue qu'elle disposait de quelque chose de véritablement sacré, qui établissait avec certitude sa qualité et ses privilèges. Ne m'en demandez pas la nature, je ne saurais vous répondre. Mais ce qui est certain, c'est qu'il ne s'agissait pas d'un objet que l'on confie à une banque. Ca se confierait plutôt à un lieu sacré, un lieu voué à la vénération. Un monastère, par exemple. Et quel monastère pouvait être plus indiqué que celui qui abritait les études du prochain détenteur des titres de la famille ? Quel meilleur gardien trouver que celui qui assumait la responsabilité de tout ce qu'il fallait que l'héritier sache afin d'assurer la continuité ? Le malheur voulut que ceux qui prirent le pouvoir vingt ans plus tard, pouvoir issu d'un ésotérisme sinistre soutenu par un mysticisme infernal, ces gens convoitassent ce bien extraordinaire et sacré de l'ex-famille régnante. Que ce fût pour s'en approprier les pouvoirs, ou pour le détruire et ainsi s'en protéger, toujours est-il qu'ils décidèrent de l'obtenir coûte que coûte, dès avant la guerre. Ils ne furent pas longs à imaginer ce qu'il avait pu advenir de ce dépôt sacré et prirent des mesures afin de s'assurer de la personne du précepteur, en l'occurrence le Père Abbé. Prévenu, celui-ci décida de s'enfuir, mais de s'enfuir dans des conditions telles qu'il ne serait plus jamais possible d'admettre qu'il ait pu détenir une chose d'une valeur aussi extraordinaire que celle qui lui avait été remise, c'est-à-dire de s'enfuir dans la honte, l'opprobre et le scandale. Comment imaginer que l'individu réprouvé qu'il allait devenir ait été susceptible de détenir un chose sainte ? Impossible, impensable ! C'est ainsi qu'il se livra à l'humiliation, faisant table rase de son honneur, afin de protéger, de mettre à l'abri ce qui lui avait été confié.

— Mais pourquoi ne pas avoir réellement fui outre-mer ?

— Peut-être simplement parce que cette chose mystérieuse et sacrée ne pouvait aller ailleurs qu'en France... Et peut-être bien aussi parce que tant qu'à faire, il valait mieux la remettre à l'endroit d'où elle venait... Allez savoir !

— Bon sang ! Mais vous rendez-vous bien compte de ce que vous venez de dire ?

— Parfaitement. J'en suis totalement conscient. Et je crois bien qu'un jour prochain, je me laisserai aller aux confidences, et je vous raconterai le périple cet cette chose extraordinaire, cette chose fabuleuse qu'il ne m'est même pas permis, à moi, de connaître tant que je n'en suis pas le dépositaire.

— C'est fantastique.

Mais je n'osais lui poser aucune question supplémentaire. Je l'eus irrité. Nous étions sur un sujet qui le touchait de trop près, et je sentais qu'il ne voulait pas en dire plus. D'ailleurs, il coupa court à la rêverie que ses paroles avaient provoquée en moi :

— Ce n'est pas la dernière curiosité des œuvres de Roger Peyrefitte, loin de là ! Nous pouvons par exemple trouver des choses amusantes dans son dernier en date, « La soutane rouge ». L'auteur y donne « sa » version du décès de Jean-Paul Ier. J'ai insisté sur le « sa » pour la bonne raison que c'est aussi la nôtre, du moins quant à l'assassinat.

— Nous en avons déjà parlé, mais c'était avant la sortie de ce livre en librairie.

— L'avez-vous lu ?

— Pas entièrement. Vous savez, je consacre l'essentiel de mes loisirs à la dentisterie... Ca me prend du temps.

Il reprit dans un sourire.

— Je ne crois pas que cette œuvre restera au premier rang dans la bibliographie de son auteur. Pour ma part, j'ai été déçu par le travestissement des noms. Je ne vois pas ce que cela apporte, même comme sécurité éventuelle : qu'importent les noms puisque les faits ne sauraient tromper ? Et puis, pourquoi ne pas l'écrire clairement : « Je pense que le Pape a été assassiné ». Il n'y a pas de délit à penser, n'est-ce pas ?

— Ah ! Si la Sainte Inquisition vous entendait !

— Il n'en reste pas moins qu'il faut relever deux choses qui me paraissent d'autant plus intéressantes qu'elles sont présentes dans deux livres d'auteurs différents. La première, c'est l'intervention des Soviétiques dans le décès du Pape. Roger Peyrefitte le dit franchement, mais sous la forme d'un roman. Quant au prélat dont Jean-Jacques Thierry rapporte les lettres, il l'exprime très astucieusement à la dernière page, avec en prime le mérite de l'avoir fait avant la tentative d'assassinat contre Jean-Paul II.

— J'ai énormément apprécié ce livre.

— La deuxième, c'est la place faite à Monseigneur Suenens dans chacun de ces deux ouvrages. Thierry le met au chapitre 17... Peyrefitte commence par lui.

— C'est étrange. Je ne vois vraiment pas en quoi il pourrait bien avoir un rapport avec cette affaire.

— Il faut bien qu'il y ait une véritable coïncidence fortuite quelque part, non ?

— J'aime autant ainsi, soupirai-je. Quant à faire intervenir la Mafia, j'ai comme un doute épais.

— Soyons francs, j'ai bien l'impression qu'à l'encontre de ses titres précédents, où le roman était le véhicule de l'information, ici, elle n'en est que le point de départ, et seulement cela.

Le Chœur des Pèlerins interrompit notre discussion. On a beau connaître, on a beau apprécier – détester – Wagner, comme disait mon fils de seize ans, les chœurs de Tannhäuser, « ça pompe ! » ...

Nous laissâmes pomper en dégustant le fond de nos verres à petites gorgées gourmandes. Je resservis et Jacques reprit :

— Vous me disiez tout à l'heure que De Gaulle avait bien failli récupérer les Orléans. Ce que l'on a pu en dire tient beaucoup plus de la légende pour presse à sensation que de la réalité. De Gaulle était bien trop intelligent pour tenter pareille aventure.

— Vous n'êtes pas tendre pour le Comte de Paris. Mais peut-être dois-je l'appeler votre rival ?

Il eut un rire sourd et me regarda comme si j'avais proféré une ânerie de taille.

— Que voulez-vous que je fasse de lui ? Remonterait-il sur le trône que j'en rirais... Vous connaissez suffisamment le fond des choses pour savoir que je n'ai pas à le craindre, ni lui ni aucun autre. Nous ne sommes pas de la même race, lui et moi. Lui et ses pareils ne pourraient jamais que paraître. Moi, je n'ai besoin ni d'apparat, ni de titre, ni de couronne ou de trône. Je suis, et c'est suffisant. Je sais, ce que je dis a de quoi surprendre, voire choquer ou même faire douter de mon bon sens. Mais je n'y suis pour rien si le destin de ma race est de régner, même dans l'ombre, et tous ceux qui m'ont précédé l'ont fait croyez-moi. Mes ancêtres n'étaient ni feignants ni fainéants, ils furent faits néant, réduits à rien...

— Il y a un calembour, là ?

Il haussa les épaules et se tourna vers la fenêtre, manifestement déçu par ma futilité.

— Mais je ne riais pas ! Réduit arien...

Il comprit, se retourna et sourit.

— Pardonnez-moi. Je suis parfois trop passionné. Je n'avais pas envisagé votre astuce sous le même angle qu'Otto Rahn. C'est bien cela, n'est-ce pas ?

J'opinai de la tête et il confirma :

— Effectivement, c'est peut-être là la véritable quête de Rahn... Une lignée pure, capable de régner, réfugiée dans ce qui fut le réduit d'Arius, le royaume Wisigoth...

— Moi, cela me pousse à me poser au moins une question : si le Prieuré de Sion s'active actuellement à restaurer la dynastie mérovingienne, pourquoi ne l'a-t-il pas fait plus tôt ? Et même, pourquoi ses Grands-Maîtres ne furent ils pas tous de votre lignée ?

— Mais tout simplement parce que les temps n'étaient pas venus ! Et De Gaulle ne s'y était pas trompé, qui eut cette phrase extraordinaire pour ceux qui savent entendre : « S'il ne s'agissait que de liquider, quel besoin avait-on de moi ? ». Il affirmait ainsi implicitement qu'il devait assurer une transition.

— Je n'ai pas connaissance de cette citation.

— Alors, vous n'avez pas lu *Les Chênes qu'on abat* de Malraux.

— J'avoue.

— Dommage, vous auriez constaté les efforts de l'auteur pour donner au Général, au spirituel, une dimension mystique à la manière de Saint Bernard, et au temporel, une dimension mérovingienne.

— Vous n'exagérez pas un tantinet ?

— Exagérer ? Mais mon cher ami, Malraux, qui se voulait le Joinville de ce moderne Saint Louis, Malraux le dit en toutes lettres et à plusieurs reprises, quand il compare le bureau du général à « la cellule de Saint Bernard, ouverte sur la neige des siècles et la solitude », et encore : « Si la France l'abandonne il parcourt sa solitude mérovingienne au-dessus de Clairvaux »... Que vous faut-il de plus ? Ce ne sont là que quelques broutilles dans un texte qu'il faut absolument avoir lu quand on connaît un peu la trame de cette affaire ; et vous la connaissez beaucoup. Je vous gronderais bien.

— Et vous, connaissez-vous ce qui est inscrit au pied de la croix de Lorraine que De Gaulle s'est fait ériger « sur cette colline qui domine la forêt d'Orient » ?

— Dites ?

— « Il existe un pacte séculaire vingt fois renouvelé entre la grandeur de la France et le salut du monde ».

— Vous voyez bien !

Il se tassa dans son fauteuil et goûta voluptueusement une bouffée de tabac. Le disque s'était arrêté et, machinalement, j'avais enclenché la radio par le jeu d'un simple bouton sur l'amplificateur. Gérard Lenorman.

> *On a volé la Rose,*
> *La Rose de Picardie...*

— Dieu, que c'est vrai, souffla Jacques.

EN LA MAISON DE L'APÔTRE DES GENTILS

> Sumens illud Ave
> Gabrielis ore
> Funda nos in pace
> Mutans Evae nomen.
>
> *Bernard de Clairvaux (Saint).*
> *Ave Maris Stella.*

****

Je venais de terminer mon cabinet du samedi matin et nous devisions de choses et d'autres, Jacques de B. et moi, en nous rendant au centre de la ville afin d'y déjeuner à l'aise. Nous étions à pied et légèrement vêtus en cette fin de vacances radieuse.

Il fait toujours remarquablement beau durant les quinze premiers jours de septembre et je crois qu'il doit s'agir d'une application particulière de la loi de Murphy, dite « de la vexation universelle », à la rentrée tant scolaire que professionnelle. Je me suis d'ailleurs toujours efforcé de prendre quelques jours de congé à cette époque, non pas tant par sadisme vis-à-vis de ceux de mes Patients qui subissaient le cafard de la rentrée que pour mon plaisir personnel et pour l'agrément des photographies saisies dans la lumière magique de la fin de l'été.

Et c'est étrange de constater à quel point, parfois, le temps peut se montrer cyniquement contrariant. Ne suffit-il pas que quelques ménagères mettent simultanément leur linge à sécher, ou qu'elles nettoient leurs vitres, pour qu'aussitôt nous connaissions un épisode de « drache nationale » ? Les plus belles journées ne sont-elles pas celles où les jeunes se penchent le plus assidûment sur leur cours, en période d'examen, aussi bien en première qu'en seconde session ? Et le premier mai, jour de défilés sociaux et revendicatifs s'il en est ! Jusqu'à ces dernières années, il y faisait tellement beau que l'on avait coutume de dire que « le Bon Dieu avait sa carte du Parti »...

J'avais dû rester un long moment silencieux, et je fus surpris de l'entendre sur un ton insistant :

— Je vous demande si vous connaissez le sens de cette inscription.

Il me désignait le mur de l'église Saint-Jacques, sur lequel était calligraphiée la phrase « Le monde périra avant que ne surgisse un nouveau Wazon ». Je m'étonnai :

— Vous ne l'aviez jamais remarquée ?

— Si, mais je n'en saisis pas le sens, cela ne ressemble pas à un graffiti revendicateur, ni estudiantin.

— Ce n'est pas la seule chose à remarquer. Cette phrase est trop soigneusement écrite, et surtout trop haut sur le mur, pour être seulement le fait d'un enfant, ni pour être seulement gratuite.

J'ai une anecdote curieuse à vous conter à son propos.

— Alors, asseyons-nous, et contez, je vous en prie.

Nous choisîmes un des bancs qui garnissent le petit parc caché derrière la vénérable église. L'endroit était calme, vide des promeneurs habituels retenus par la table de midi. Malheureusement, le manque d'entretien de la fontaine et la trop grande proximité de buildings sans âme n'apportaient rien au cadre de l'édifice religieux. J'entrepris d'expliquer :

— D'abord, le sens de ce texte. Il s'agit de l'épitaphe gravée sur la tombe du Prince-Evêque Wazon, qui gouvernait la Principauté de Liège au début de ce millénaire. La tombe de ce prélat se trouvait dans la Cathédrale Saint-Lambert, qui fut fort malheureusement saccagée et détruite par les iconoclastes de la Révolution de 1793, et dont il ne reste aujourd'hui que l'espace occupé par l'actuelle place Saint-Lambert. Heureusement, de nombreux relevés et plusieurs descriptions scrupuleuses du monument nous ont permis de ne pas tout en perdre, de sorte que, malgré la disparition de la tombe de Wazon, nous en connaissons le texte.

Or, c'était un prélat assez curieux en ce sens que, dans un siècle où le fanatisme catholique allait donner naissance à l'Inquisition, il fut, à ma connaissance, le seul dignitaire de l'Église à se montrer tolérant et humain, et à ne trouver aucune raison de martyriser les Cathares.

— Les Cathares ? Mais vous me dites qu'il était Prince-Evêque de Liège !

— Mais mon cher, les Cathares ne sont pas, que je sache, une exclusivité occitane ! Relisez donc Michel Roquebert, il vous confirmera que l'Église des Purs était bien implantée et organisée à Liège et Orléans dès le onzième siècle. Wazon a suffisamment connu le Catharisme pour lui montrer sa tolérance, celle d'un homme de grande qualité.

— Et pourquoi, dès lors, les Bonshommes n'ont-ils ni survécu, ni même marqué votre pays comme ils l'ont fait dans le Languedoc ?

— Question de mentalité, je crois. La Principauté médiévale vivait une vie beaucoup trop rude pour permettre l'essor d'une doctrine aussi intellectuelle et sophistiquée que le Catharisme. Les gens qui travaillent dur ont bien plus besoin de certitudes que de spéculations.

Je vis son regard s'allumer et je sentis venir ses objections. Je le pris de vitesse :

— Ne tentez pas de me faire dire ce que je ne pense pas. Je n'ai jamais voulu sous-entendre que les doctrines intellectuelles, et le Catharisme en particulier, sont réservées aux oisifs. Mais il est un fait certain que, si elles ne sont pas encadrées dans le système rigoureux d'une règle monastique, la recherche et la spéculation spirituelles, de même que l'Alchimie, sont plutôt le fait de gens aisés qui ont le temps de s'en occuper...

Et puis, les Liégeois de l'époque n'avaient peut-être pas les mêmes raisons que les Occitans de secouer le cocotier de l'Église catholique ?

— Vous avez de ces expressions !

— Je n'ai pas non plus l'intention de vous laisser croire que nos ancêtres étaient trop bornés pour être accessibles à une doctrine intellectuelle. Les fins humoristes que sont vos compatriotes n'hésiteront pas à s'en charger, et c'est suffisant. Pour ma part, je me borne à constater que le Catharisme s'est installé ici avant même que d'aller chez vous, et que bon nombre des grands esprits de ce siècle ne ressentaient aucune honte à séjourner dans la Principauté. Si donc l'Église des Bonshommes a préféré continuer vers le Sud sans approfondir son implantation chez nous, c'est qu'elle avait de bonnes raisons de le faire, qui ne tenaient pas au pays ni aux gens qui l'habitaient.

D'autre part, il n'est pas totalement exact de dire que la religion des Patars ou Patarins, comme on les appelait ici, n'a laissé aucune trace chez nous. Je connais au moins une rue et quelques lieux-dits qui rappellent encore les « Djèrins Patårs »[5] qu'on y connut jadis.

— Mais, ma parole, vous plaidez !

— Pas du tout ! J'ai seulement tenté de vous faire valoir une évidence : si le Catharisme s'est propagé dans le Sud, sans se préoccuper du Nord c'est qu'il avait une bonne raison. Et croyez-moi, ce ne serait pas la seule liaison intéressante entre la Principauté de Liège et le Comté de Toulouse... Mais revenons-en à notre Wazon. Pourquoi cette inscription a-t-elle été faite sur cette église plutôt que sur une autre ? Figurez-vous que le religieux qui tenait le rôle de secrétaire auprès de Wazon était le Père Abbé de la défunte Abbaye Saint-Jacques, et que, suite au décès de son protecteur, il se priva volontairement de nourriture, se contentant d'un peu d'eau. Il en mourut saintement.

— L'endura ?

— Cela y ressemble étrangement... Mais l'anecdote surprenante n'est pas là. Il y a quelques années, j'étais à Montségur, en visite chez une grande dame de la région qui, naguère, s'occupait encore très activement du souvenir cathare, et dont le nom apparaît même dans l'œuvre d'Otto Rahn. Vous devez connaître Madame de Pierrefeu, autant par le fait de votre immense culture que parce qu'elle était comtesse.

— Vous me flattez !

— Cette dame nous avait invités fort aimablement, mon Épouse moi-même, à partager son thé et son après-midi, que nous trouvâmes fort agréables. Au moment de nous quitter, elle nous fit l'honneur de nous présenter son livre d'or à signer, livre bellement ouvragé, mais tout neuf, qu'un couple de jeunes Belges venait de lui offrir.

« Ils sont de Liège, comme vous, dit-elle. Place Saint-Jacques, vous connaissez ? »...

— Ce seraient eux les responsables de cette inscription ?

— C'est plus que probable, mais ce n'est pas là l'essentiel du problème. L'important est qu'il subsiste aujourd'hui à Liège des gens pour qui tout n'est pas perdu.

— Vous voyez que votre ville n'est pas sans intérêt.

— Hé ! Mais j'en suis passionnément persuadé. Et d'ailleurs, je pourrai vous montrer plus d'un monument curieux. Le baptistère de l'ancienne Notre-Dame-aux-Fonts – aujourd'hui à Saint Barthélemy – par exemple. Lisez ce qu'en dit Jean Palou... Et, à propos de Sainte Marie, avez-vous visité la Cathédrale Saint-Paul ?

— Comme tout le monde.

— Qu'en pensez-vous ?

— Si je ne craignais de heurter votre susceptibilité, je répondrais : pas grand chose. L'édifice n'est ni laid ni remarquable ; la décoration ne présente rien de franchement exceptionnel, et pour tout vous dire, je n'ai jamais particulièrement fait attention à quoi que ce soit. Mais je suppose que si vous m'en parlez, c'est qu'il y a quelque chose d'important ?

— Je vous avais promis, à Moustiers, de vous expliquer certaines choses. Avez-vous vraiment très faim ?

---

5. *Dernier Patar*. Le sens moderne impose *dernier sou* : selon Jean Haust (Dictionnaire Wallon-liégeois), le *patår* ou *patård* désigne un ancien sou de Liège. Grandgagnage (Dictionnaire Etymologique de la Langue Wallonne) lui donne comme étymologie, soit le prénom *Peter* en flamand ou en allemand, soit une forme dérivée de *patac*, diminutif de *patacon*, ancien écu. Or, ces deux étymologies sont attestées par des exemples qui ne remontent pas au-delà de 1428. Alors, qui m'expliquera l'origine de l'expression bien plus ancienne *si fér on patår*, c'est-à-dire : *se rougir la peau en s'approchant du feu* ?...

Il sourit, amusé.

— D'accord ! Je crois que nous nous contenterons de nourritures spirituelles. Allons-y donc, je suis avide de savoir.

Effectivement, à première vue, la cathédrale Saint-Paul n'offre rien de vraiment exceptionnel, et il est certain que pas mal d'autres monuments lui sont supérieurs tant d'un point de vue architectural qu'artistique. Elle mérite cependant un détour pour tous ceux qui ne s'arrêtent pas à la vérité perçue en surface.

— Je m'étonne quand même qu'après tout ce que vous m'avez raconté sur l'art du XVIIe siècle, vous n'ayez pas approfondi la Cathédrale, où se trouve exposé ce qui est pour moi le chef-d'œuvre de Jean Del Cour, son « Christ Mort »...

14. Le Christ mort, de Jean Del Cour.
Cathédrale Saint-Pierre et Saint-Paul à Liège.

— On ne peut tout faire... dit-il en soupirant. Je n'ai que deux bras et les journées comptent rarement plus de vingt-quatre heures... Je me suis plutôt intéressé à la Basilique Saint-Martin et aux médaillons sculptés dans le marbre qui garnissent une des chapelles du fond de l'église. Suite à notre excursion à Moustiers, précisément. J'aimerais d'ailleurs en parler avec vous, ils me paraissent... amusants.

Nous passions Place Saint-Paul, devant le buste de Del Cour, et il me retint par le bras.

— Puisque nous avons le temps, savez-vous d'où Jean Del Cour est originaire ?

— De Xhignesse, près de Hamoir.

— Exact, et connaissez-vous l'étymologie du mot « Xhignesse » ?

— Pas du tout.

— Pour tout vous dire, moi non plus, mais j'avais été frappé par la similitude avec le mot « genêt », en occitan... Je me suis donc rendu à Xhignesse. Et je me suis retrouvé très surpris, aux abords de Hamoir, de passer à côté du... Château de Rennes !

Il savoura ma surprise.

— Eh oui ! L'allusion peut difficilement être plus claire... De plus, je l'appris par la suite, ce château dépendait en son temps de la principauté épiscopale de Stavelot-Malmédy, où il semble bien que fut élaborée cette fameuse geste des Quatre Fils Aymon dont nous savons qu'il s'agit d'un remarquable itinéraire entre Liège et Carcassonne... Bref, j'étais sur des charbons ardents en pénétrant dans la vieille église. C'est un très beau bâtiment, malheureusement trop peu restauré, gardé par deux magnifiques tilleuls qui enserrent dans leurs racines les restes d'une croix funéraire. « Unter den Linden », n'est-ce pas ?

15. Eglise de Xhignesse, en Belgique.

D'emblée, il y a de quoi être intrigué, car si l'église ne comporte pas de chemin de croix figuratif, elle possède par contre une très curieuse série de portraits des apôtres, agrémentés chacun d'une citation du Confiteor. Or, s'il y a effectivement douze tableaux, il n'y en a que onze représentant chacun un des apôtres; le douzième – ou le premier – représente le Christ et porte une citation du Pater. De plus, les citations en question sont rédigées dans un latin passablement curieux, et leur texte est incorrect.

Le moins que l'on puisse dire, c'est que cela sent l'astuce plein nez, et j'ai la nette impression que celui qui arrivera à décoder ce « Chemin de Foi » va tomber sur une fort belle histoire.

Enfin, pour ceux qui n'auraient pas encore compris, figurez-vous que j'ai eu la curiosité de jeter un coup d'œil dans le missel grand ouvert sur le lutrin du chœur. Vous surprendrai-je en vous précisant que le plus pur des hasards l'avait ouvert à la page du « Lauda Sion »...

— Joli !

— Ce n'est pas tout, car en sortant, je me suis amusé à examiner les tombes du petit cimetière qui entoure l'église. Il en est une qui est parfaitement mise en évidence, la seule entourée d'un grillage, et qui a bien soin de préciser que son occupant est décédé à Rennes – et l'on a veillé à mettre le « s » final, qui manque parfois – tandis qu'une croix funéraire, à quelques mètres de là, porte l'inscription suivante...

Il avait retiré une photographie en noir et blanc de son portefeuille et me la tendait :

ICI GIT
R^d M HENRI
TOUSSAINT
DUMONT
NE A VIEMME
EN HESBAIE Y DESS[SERVANT ?]
PENDANT
10 ANS DÉCEDE A XHIGNESSE

> LE 20 AVRIL 1825 LE 20IEM^e
> JOUR DE SON ENTREE A LA
> CURE IL FUT GRAND PREDI
> CATEUR ET ZE
> LE PASTEUR
> RE QUIES
> CATIN
> PACE

— Mince alors ! La même graphie que pour la tombe de Marie de Negri d'Ables !

— Je ne vous le fais pas dire...

— Au fait, demandais-je en lui rendant la photo, comment s'appelait la mère de Del Cour ?

— Oui, je sais : Gertrude de Verdon, ou du Verdon. Et cela nous ramène à un site également curieux, d'autant plus que c'est dans les gorges du Verdon que se trouve Moustiers-Sainte-Marie.

Il me récita :

> *A ti pèd, Vierje Maria,*
> *Ma cadena penjarai,*
> *Se jamai*
> *Torne mai*
> *A Moustié, dins ma patria...*

... Bien sûr, ceci concerne le Moustiers du Verdon, où le chevalier poète a d'ailleurs tenu parole, comme en témoigne la chaîne tendue entre les deux parois rocheuses et portant une étoile d'or. Mais Moustiers-Sainte-Marie, c'est quand même aussi celui que nous avons trouvé près de Frasnes, et dont nous avons déjà parlé. Coïncidence, n'est-ce pas ?

— C'est évident, assurai-je. Et à propos de coïncidence, je vais vous en conter une fort belle aussi. Savez-vous où Del Cour termina ses jours ?

— Dans sa maison de Liège, qui était située, si je ne me trompe, à quelques pas du « Trou Perette ».

— Exact. Or, il se fait qu'un érudit sur les questions du Temple, Laurent Dailliez, affirme sans rire dans une de ses œuvres qu'il n'y eut jamais de Templiers à Liège, si ce n'est une maison sans importance située, précisément, aux environs du « Trou Perette ». Peut-être qu'à la place de fouiller les œuvres de ses collègues, il eût mieux fait de fouiller le quartier de l'église Saint Antoine, où l'on découvrit naguère un splendide Baphomet, aujourd'hui précieusement conservé dans une cave discrète, mais dont je me ferai un plaisir de vous montrer les photos.

— Fichtre !

— Comme vous dites. Ce fut d'ailleurs une histoire assez rocambolesque pour le mettre à l'abri des démolisseurs quand un de mes Confrères le découvrit.

— Mais pourquoi n'en faites-vous pas état, pourquoi ne sortez-vous pas cette merveille au grand jour ?

— Vous me posez la question, mais je n'en suis pas le propriétaire...

Il prit un air rêveur :

— Et vous me dites que c'était dans le quartier de l'église Saint Antoine... Ce n'était pas un 17 janvier, par hasard ?

— C'eût été trop beau. Mais nous voici au seuil de la Cathédrale. Entrons par la place du Roi

Albert, afin de suivre l'itinéraire logique. Voyez cette inscription au sommet du porche : « *Sancta Legia Ecclesiae Romanæ Filia* ». Notre Sainte Mère l'Église a donc au moins deux filles, une qui se veut l'aînée et l'autre qui se contente d'être sainte.

— C'est amusant, dit-il en riant. Pourquoi pas ? En fait, on peut dire que, par Clovis, la France a obtenu son titre de « Fille aînée de l'Église » pour quelques milliers d'anciens Francs...

Nous étions entrés dans l'édifice, et tout de suite, je l'entraînai vers le fond.

— Nous devrions logiquement nous rendre vers le chœur, mais nous ne sommes pas ici pour la prière. Venez. Voici l'œuvre de Jean Del Cour dont je vous parlai, celle qui me paraît la plus accomplie. En tous cas, celle qui me touche le plus, son « Christ Mort ».

Avec un réel respect dans le regard, Jacques examina longuement le bloc de marbre blanc ciselé par le génie de Jean Del Cour avant d'exprimer son avis :

— Je dois dire qu'elle est absolument remarquable, et l'expression que l'artiste a su donner au Christ me touche beaucoup également, à la fois douloureuse et apaisée dans la mort.

— Del Cour avait des connaissances de physiologie bien en avance sur le dix-septième siècle. Ils ne devaient pas être tellement nombreux, à l'époque, ceux qui savaient que le Christ est mort par asphyxie. Or, regardez ce ventre creusé et cette poitrine tendue à craquer vers une dernière goulée d'air...

— C'est bouleversant. Dommage que les clous soient au milieu des paumes, et non pas dans l'espace de Destot, dans les poignets.

— Je crois que Del Cour n'a pas voulu attirer trop ouvertement l'attention sur ses connaissances. Personne ne savait exactement de quoi le Christ était vraiment mort, sinon du poids de son destin ; il pouvait donc lui donner cette attitude pathétique que la foule était incapable de comprendre. Par contre, on « savait » qu'Il avait eu les mains et les pieds cloués ; placer les blessures dans les poignets aurait par trop heurté l'orthodoxie : ce n'aurait plus été « un vrai Christ »... En fait, son message s'adressait aux *happy few* de son époque, aux quelques rares privilégiés qui pouvaient à la fois s'intéresser à l'art et à la médecine...

— La Rose-Croix ?

— J'en suis persuadé.

Il s'abîma dans une longue réflexion songeuse, les yeux fixés sur le gisant.

— De toute façon, dit-il, le dix-septième porte l'empreinte de la R + C, mais dans le cas particulier des artistes du dix-septième liégeois, votre idée est loin d'être absurde.

— En fait, je ne doute plus que certains artistes liégeois de l'époque, et non des moindres, ont été initiés et l'ont laissé transparaître dans leurs œuvres. Bien entendu, ils n'ont eu ni la renommée ni l'audience de certains grands esprits du temps, mais l'humilité n'était-elle pas un des idéaux de la Rose Croix ? Et puis que n'a-t-on pas fait pour rabaisser le dix-septième liégeois au rang de vassal toléré du *Siècle des Lumières* français ? Quoi qu'il en soit, il est bien certain qu'un Bertholet Flémalle en savait autrement plus qu'il n'en a dit, et le bruit a couru que si la Brinvilliers avait été arrêtée à Liège, pas tellement longtemps après l'empoisonnement du peintre, ce n'était peut-être pas vraiment un hasard.

— Là, je vous suis mieux.

— Nous y reviendrons plus tard, et je me propose de jouer prochainement avec vous au « Jeu des boucles ». Vous verrez, c'est passionnant.

Je ne lui laissai pas le temps de m'interrompre.

— Mais retournez-vous. Vous allez découvrir deux nouvelles œuvres de Del Cour, dont une au moins ne devrait pas vous laisser indifférent.

Sur le mur opposé au Christ Mort se trouvaient deux scènes en demi-relief, sculptées dans le marbre. Au premier coup d'œil, il avait remarqué celle de droite.

— Hé ! Le plafond de l'église de Moustiers Sainte-Marie !

— Curieux, n'est-ce pas ?

— Mais... L'église de Moustiers était encore loin d'être construite à l'époque de Del Cour !

— Quelle importance ?

Il me regarda, interloqué.

— Qui vous dit que c'est Del Cour qui a copié le plafond de l'église ? Après tout, le tombeau des Pontils, près d'Arques, dont on a abondamment souligné l'identité avec celui des Bergers d'Arcadie, n'est-il pas largement postérieur à Poussin ?

— Évidemment.

— Mais il y a autre chose, que cette œuvre doit signifier pour vous. Que représente-t-elle ?

— Les adieux de Saint Pierre à Saint Paul.

— Exactement. Tandis que la scène de gauche représente le Christ remettant les clefs à Pierre. Retenez-le bien et venez. Normalement, nous devrions prendre l'allée au centre de la nef principale, mais, je vous l'ai dit, nous ne sommes pas venus pour l'office ; nous allons donc prendre les allées latérales.

Nous nous arrêtâmes derrière la chaire de vérité. C'était un monument en bois sculpté, d'un style gothique surchargé, dont la décoration plus qu'abondante cadrait assez mal avec la simplicité de la Cathédrale. On accédait au lieu du prône par deux escaliers en demi-spirale entourant une statue du Diable.

— Bizarre, me dit-il immédiatement. Les statues du Prince des Enfers ne sont pas tellement fréquentes dans les lieux du culte. Surtout quand il ne s'agit pas d'Asmodée, ajouta-t-il en riant.

— La statue en elle-même est très curieuse, et je me suis laissé dire par le Sacristain qu'elle est souvent l'objet de la curiosité de certains Francs-Maçons. Mais je suis curieux de savoir ce que vous en pensez personnellement.

— Je dois dire immédiatement que je suis surpris de trouver un Diable sympathique. Il n'a absolument rien de ces détails hideux qui le rendent répugnant dans ses représentations habituelles. Je crois même que c'est la première fois que je le rencontre sous les traits d'un beau jeune homme, ailleurs que dans une fable... Ma surprise est donc d'autant plus grande que nous sommes dans une église. Par exemple, on devrait normalement s'attendre à trouver des ailes membraneuses de dragon, c'est-à-dire avec le bord antérieur – on dirait le bord d'attaque, en aéronautique – avec ce bord incurvé vers l'intérieur de l'aile. Concave, en quelque sorte. Or, ici, il n'en est rien, et il s'agit d'une aile de chauve-souris, comme en témoignent les griffes des pouces, que l'artiste a eu soin de reproduire. C'est une aile avec une courbure convexe, protectrice. C'est l'aile d'un animal finalement bien plus sympathique que le dragon. Pour tout vous dire, j'ai la sensation qu'en représentant un être jeune et beau, gracieux même, l'auteur a voulu rappeler très clairement qu'avant d'être un démon, Satan a d'abord été un ange...

— ... Et qu'il n'a pas tout perdu de son état antérieur ?

— Peut-être. C'est plausible. En tout cas, cette statue, en ce lieu, laisse une impression très étrange.

— C'est tout ce que cela vous inspire ?

EN LA MAISON DE L'APÔTRE DES GENTILS

16. Lucifer à Saint-Pierre et Saint-Paul de Liège.

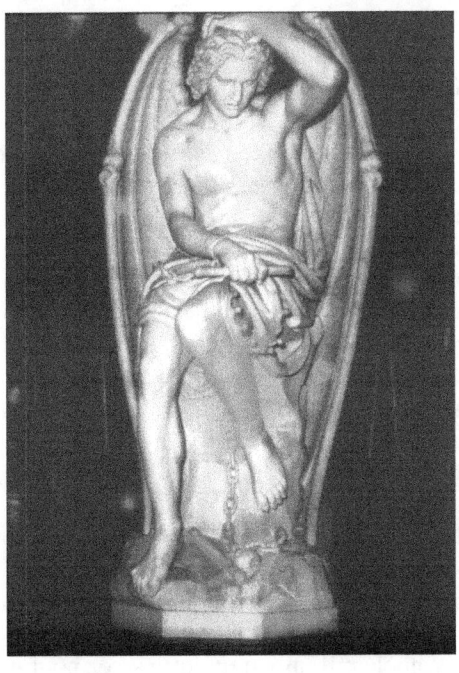

17. Idem inversé.

— Non. Je suis intrigué aussi par les larmes qui coulent sur les joues. On s'attend à trouver un Diable grimaçant, haineux, et que trouve-t-on ? Un jeune homme pleurant pathétiquement sur son sort.

— Ce ne serait déjà pas mal de l'interpréter ainsi. Mais pleure-t-il sur son sort, ou sur ses illusions perdues ?

— Quelles illusions ?

— Cherchez bien...

— Bon. Alors, je vais examiner le reste, et peut-être qu'au fur et à mesure, je trouverai cette indication que vous semblez connaître. Donc, je commence par la tête... Eh ! Ce n'est pas mal non plus, cela : les cornes ne sont pas sur le front, mais sur le sommet des pariétaux. Et de plus, elles sont coniques, comme celles du Moïse de Michel-Ange. Donc il ne s'agit pas des cornes figurant la bestialité agressive à laquelle Satan a été réduit, mais bien des « Cornes de Lumière »... Comme Moïse, ce Satan-ci est illuminé, inspiré...

— C'est exact. Mais ce n'est pas tout.

— Bien. Je constate ensuite, comme je le disais précédemment, qu'il s'agit d'un jeune homme aux proportions harmonieuses. Les épaules, le buste, les bras répondent aux canons de la beauté et non pas aux critères de la laideur. Les mains même sont pourvues d'ongles à peine trop grands, et non pas de griffes comme on devrait s'y attendre.

— Et que tient-il dans ses mains ?

— Une couronne et un bâton brisés. La couronne me paraît être celle d'un prince, mais elle est cassée également. Si je ne me trompe, sur les douze perles qui devraient en garnir les pointes, il n'en reste que neuf. De plus, l'anneau constituant le bijou est rompu.

— Bravo ! Quand vous aurez bien tout analysé, la signification vous paraîtra évidente.

— Avouez que vous êtes fier de m'en mettre plein la vue.

— Ravi, dirais-je même. Et qui ne le serait, de pouvoir se montrer digne d'un tel maître ?

— Vous me rappelez La Fontaine : « Tout flatteur vit aux dépens de celui qui l'écoute. »

— Hé hé ! « A ces mots, il ouvre un large bec et laisse tomber sa proie. »

— Ouais !... Ca va, fit-il en riant. Je continue. Bon, les jambes et les pieds méritent les mêmes remarques que le reste. Je constate seulement que le Diable est enchaîné au rocher.

— Comme ?

— Comme Prométhée, bien sûr. Mais vous ne me dévoilez pas là un bien grand mystère ; nombreux sont ceux qui ont attiré l'attention sur Lucifer, celui qui porte la lumière, alors que Prométhée fut enchaîné et livré au vautour pour avoir révélé le feu à l'Homme. Il y a donc une association d'idées évidente.

— Il y a bien plus qu'une simple association d'idées, mais une véritable identification des deux personnages. Regardez aux pieds de la statue.

— Le morceau cassé du bâton s'y trouve, et c'est un bâton ouvragé, portant une étoile. C'est donc un bâton de Maréchal.

— Parce que selon vous, le Diable était Maréchal ?

— ...

— Prince et Chef des Armées du Ciel, d'accord. Mais Maréchal, je n'ai encore jamais vu cela nulle part. De plus, un bâton de Maréchal porte plusieurs étoiles, et non une seule en bout. Ceci, que l'on a voulu déguiser en symbole militaire, tout juste assez pour que les vrais curieux ne s'y trompent pas, c'est en réalité un flambeau. Or, l'Écriture vous dira que le Diable a été précipité aux Enfers et enchaîné pour s'être révolté contre Yaweh, et non pas pour avoir apporté la lumière à l'Homme. Alors, qui est-il ?

— Je vous écoute.

— Satan et Lucifer sont deux personnages différents. Celui-ci est bien Lucifer et la statue vous le confirme très clairement. Vous n'ignorez pas que la statuaire chrétienne représente le plus souvent un martyr avec les instruments ou la cause de son supplice. Je vois mal comment on aurait pu représenter la chute de Lucifer. Par contre, j'en vois très bien la cause. Qu'y a-t-il à côté du morceau de bâton ?

— La pomme ! La pomme d'Ève, fraîchement mordue !

— Voilà ! Tout se passe comme si Lucifer avait été déchu pour avoir fait mordre dans le fruit de la Connaissance, pour avoir initié l'Homme, et non pas pour s'être révolté contre Dieu... C'est en cela qu'il s'est rebellé contre Yaweh, en outrepassant la consigne du secret et en apportant la Science à l'Homme. L'anomalie se trouve dans le décalage chronologique des événements tels que nous les rapporte l'Histoire Sainte. Selon la Bible, quand il séduisit Ève, Satan était déjà déchu. Or ici, il est déchu pour avoir « séduit Ève »... L'artiste a su habilement jouer sur ce décalage pour faire passer son message : l'opposition entre un Dieu de Foi, momentanément vainqueur, et un Dieu de Science, momentanément perdant ; mais finalement pas incompatibles, regardez bien l'architecture de la chaire de vérité. Pour prononcer la bonne parole et propager la Foi, le prêtre doit suivre la spirale qui entoure Lucifer et s'appuyer sur ses épaules ! C'est énorme !

— Je n'en reviens pas.

— Vous comprenez maintenant pourquoi Lucifer pleure, non pas de rage, comme n'importe quel Diable haineux, ni sur son sort, comme n'importe quel humain désespéré, mais bien sur ses illusions perdues, sur l'échec de son effort.

— Je reste sans mot, ébloui. Ému, même, car Dieu sait si cela rejoint les opinions que je me suis forgées au long de mes recherches. Mais je n'avais encore jamais vu une œuvre présentant cet aspect des choses de manière aussi remarquable. Comment avez-vous trouvé cela ?

— Personne ne m'y a aidé, si c'est cela que vous sous-entendez. En fait, depuis mon enfance, je connais bien la Cathédrale pour y être passé quotidiennement au bon temps de l'enseignement secondaire. Le passage de la rue Bonne Fortune à la Place du Roi Albert par la Cathédrale constituait un raccourci pour moi. Depuis cette époque, chaque fois que je m'étais approché de la chaire de vérité, j'avais eu la sensation d'une anomalie. Mais j'avais mis cela sur le compte de la grandiloquence du monument... Jusqu'au jour où j'ai remarqué la pomme. C'est bête à dire, mais l'étincelle a jailli, et les détails remarquables se sont assemblés en un tout cohérent qui m'a fait deviner. Quelques recherches par dessus tout cela, et j'ai fini par me rendre vraiment compte de ce qu'il y a lieu de trouver ici.

Car ce n'est pas tout ! Reparlez-moi de la couronne ?

— Que vous dire de plus que tout à l'heure : elle est cassée, et des douze boules qui garnissaient les pointes, il n'en reste plus que neuf...

— Et cela vous inspire ?

— Pas grand chose, sinon que douze est un chiffre doté de pas mal de significations. A tel point que l'on s'y perd, d'ailleurs...

— Mais il y a une signification de douze qui est indubitable : les douze heures de la demi-journée, et les douze signes du zodiaque...

— Et qu'est-ce que cela voudrait dire, dans ce cas-ci ?

— La solution est toujours l'autre face du problème. Venez avec moi, contournons la chaire de vérité et approchons-la comme nous aurions dû le faire en tant que fidèles venus prier. Je vous signale que d'ores et déjà, par ce faire, nous devons nous rendre compte de ce que Lucifer constitue la face cachée des choses.

— Vous nagez dans l'hérésie... Mais c'est très joli !

— Pardon, je constate un ensemble de faits que l'on met à portée de mon entendement. Si quelqu'un nage dans l'hérésie, c'est celui qui a commandé cette statue, celui qui l'a conçue, qui l'a réalisée... Celui qui, de nos jours encore, ne craint pas de la laisser sous le nez du public...

— Vous croyez qu'il y a beaucoup de monde susceptible de comprendre ?

— Cela me paraît à la portée du premier dentiste venu.

— Vous dites n'importe quoi !

— Et puis n'oubliez pas que quand les temps seront venus, il faudra que toutes choses soient connues, que tout soit révélé.

— Holà ! Comme vous y allez !

— Je ne vais nulle part, je vous répète l'Écriture... Mais regardez donc cette face-ci du monument. Que voyez-vous ?

— Immédiatement, je vois une statue de la Vierge, grandeur nature... Ou plutôt non, cela n'a pas de sens. Je vois une statue de la Vierge, grandeur humaine, entourée de deux statues de part et d'autre ; la première, à gauche en face de nous, représente Saint Pierre dont les clefs sont bien apparentes ; la première à droite représente Saint Paul portant le glaive de son supplice.

— Parfait. Et qu'avez-vous à me dire de Notre Dame ?

— Que je suis passablement surpris de lui voir porter une croix et un calice... Si l'on tient absolument à la représenter avec les insignes de ses souffrances, on doit représenter Notre Dame des Sept Douleurs avec des attributs qui lui sont propres, c'est-à-dire les glaives qui lui percent le cœur. Par contre, ici, ce sont les insignes de la Passion du Christ.

— Mais ça ne vous étonne pas de lui voir écraser un serpent sur un croissant de lune ?

— Je ne vois pas ce qu'il y a d'étonnant là-dedans ? Ce sont les termes de l'Écriture, que je sache.

— Et parce que ce sont les termes de l'Écriture, cela ne vous alerte pas ? Alors expliquez-m'en le sens.

— Eh bien, Notre Dame, en écrasant le Serpent, a mis fin à sa domination sur le monde... Par sa pureté et sa maternité, elle a détruit la faute originelle dont le serpent était responsable...

Vous savez, on peut broder à l'infini, sur ce thème.

— Pourquoi broder quand il s'agit de regarder les choses simplement comme elles sont ? Pourquoi l'interprétation d'un thème, donc sa trahison, quand le thème suffit ? Cela vaut la peine de s'asseoir si je dois tout vous expliquer.

Nous nous assîmes donc, et je repris.

— Quelle est la taille de la Vierge ?

Il me regarda curieusement.

— Eh bien, si vous parlez de cette statue, je vous ai précisé tout à l'heure qu'elle était de taille humaine.

— Justement, vous aviez inconsciemment frôlé la solution. Vous connaissez certainement la règle de l'Ordre du Temple ?

18. Photos de La Religion, *de Saint Pierre et de Saint Paul, au pied de la chaire de Vérité.*

Il sourit.

— Comme tout le monde. Mais ne me demandez pas de prendre parti pour ou contre sa rédaction par Saint Bernard...

— Là n'est pas la question, c'est une querelle d'érudits qui détourne l'attention des faits fondamentaux. En fait je voudrais vous en citer un passage amusant : « Notre Dame fut au commencement de notre religion, et en Elle et en son Honneur sera, si Dieu plaît, le fin de nos vies et la fin de Notre Ordre, quand il plaît à Dieu que ce soit ».

— Votre science me stupéfie.

— Cessez de vous payer ma tête et réfléchissez. Que signifie cette oraison ?

— Êtes-vous bien certain qu'il faille lui trouver un autre sens que celui que le texte énonce ?

— Alors, exprimez-moi ce sens en français clair et intelligible !

— D'accord, j'admets que ce n'est pas évident, mais la langue de l'époque, les copistes...

— Franchement, vous me décevez. Vous savez parfaitement que les arguments que vous avancez, et qui sont ceux des irréductibles de l'exotérisme, ne cadrent pas avec vos connaissances et vos convictions.

— D'accord, je vous fais languir, et je me fais aussi un peu l'avocat du Diable.

Je me mis à rire.

— Là, votre expression est malheureuse !

— Mais il faut bien reconnaître que vous parlez par énigmes, ...

— ... Et que vous êtes un peu jaloux que j'aie trouvé seul, une solution qui vous échappait.

Il fit la moue et avoua.

— Peut-être un peu. Admettons... Allons, ne me faites plus attendre et expliquez.

— J'estime que le sens immédiat de cette prière est nul. La traduction qui vise à faire entendre que l'auteur de la prière souhaite perdre la vie et voir disparaître son Ordre en l'honneur de Notre Dame n'est qu'une exégèse tendancieuse rédigée par quelqu'un qui n'y a vu que du feu, ou même, a pris soin de ne rien y voir... Ce n'est tout au plus qu'une approche d'une partie du texte, qui néglige les termes « commencement de notre Religion » et « en Elle ». Naturellement, on haussera les épaules en disant que je cherche la petite bête et que « Religion » désigne l'Ordre du Temple. Je réponds que s'il y a une petite bête, elle affecte la forme d'un serpent, et que la religion est ce qui doit relier. Je vais donc relier tout ceci au Serpent ; cela me paraît tellement plus clair et logique que toutes les sottises que des intellectuels aigris ont réussi à faire dire aux textes. Je ne fais que lire : je n'interprète pas.

— Je vous approuve, mais je ne vois toujours pas où vous voulez en venir.

— Figurez-vous que pendant longtemps, moi non plus, je ne voyais pas où aller. Et faute de piste, j'avais soigneusement étudié les écrits de Saint Bernard, pensant y trouver une indication. En fait il se trouve dans sa vie et dans sa légende pas mal de choses intéressantes, notamment la « Lactation de la Vierge », mais je ne disposais pas d'éléments suffisants pour comprendre. Seule, l'amitié de Bernard et de Malachie me paraissait pouvoir apporter un enseignement. Vous savez ce que je pense des prophéties de l'Évêque irlandais.

— Ce que nous pensons.

— Merci. Mais en fait, c'est l'avènement de Jean-Paul II qui m'a mis sur la voie correcte. Un sacré gaillard, ce JiPiTwo, et je le dis dans ces termes sans aucune intention péjorative, mais tout au contraire avec beaucoup de respect ! Vous n'ignorez pas que lorsqu'un prélat accède à la fonction suprême de l'Église, il lui arrive souvent de marquer l'événement en modifiant ses armoiries.

Ce fut le cas de Jean-Paul II, qui ajouta sur ses armes la lettre « M » d'azur. Or, en agissant de la sorte, il ajouta un meuble d'azur sur champ d'azur, ce qui constitue une hérésie du point de vue héraldique.

— De sorte qu'il portait désormais des armes à enquerre.

— Parfaitement. Et voyez-vous le sens de cette enquerre ?

— Je dois dire que le fait m'avait frappé, mais je reconnais honnêtement que je ne me suis pas préoccupé de sa signification. Vous bien, si j'en juge.

— Pourquoi la lettre « M » ?

— Pour « Marie », j'imagine !

— Alors, pourquoi pas le monogramme de la Vierge au lieu de cette lettre qui en est tout au plus le signe ?

— ... Eh oui ! Pourquoi ?

— Quelle est la devise attribuée au Pape actuel selon Saint Malachie ?

— « De labore solis », « Du travail du soleil ».

— Exact, et en quoi voyez-vous intervenir le travail du soleil ?

— J'ignore.

— Alors reprenons les choses depuis le début, car vous avez tous les éléments de la solution en main. Il suffit maintenant de les ordonner. Quand je vous parlais de la taille, de la grandeur de la Vierge, vous auriez dû avoir la puce à l'oreille. Si j'y ajoute le travail du soleil, vous devriez comprendre.

— J'avoue rester coi.

— Vous savez parfaitement que le Zodiaque est divisé en douze portions identiques désignées chacune par le nom d'une constellation, dont la Vierge. Or les constellations réellement présentes dans l'espace et désignées par le Zodiaque n'ont pas toutes la même taille, contrairement aux signes correspondants. Et il se trouve que c'est la constellation de la Vierge qui est la plus grande de toutes. Elle est tellement grande qu'elle est diamétralement opposée, non pas à un seul signe, mais à un signe complet, à la fin du signe précédent, et au début du signe suivant. Or, c'est un fait acquis que les grandes religions qui ont gouverné le monde ont presque toujours vu le jour en même temps que le point vernal passait d'un signe zodiacal à l'autre, et qu'elles ont adopté le symbole du signe en vigueur. Les Gémeaux étaient contemporains des Dioscures, de Castor et Pollux, et même de Janus Bifrons... Le Taureau présidait aux destinées d'Apis et de Mithra... Quand ceux-ci furent supplantés par Yaweh, on en était au Bélier – dois-je vous rappeler le sacrifice d'Abraham ? – et le Christ ne s'est pas fait faute d'adopter le Poisson, que nous venons de quitter. Il devient donc évident que ces religions ont vu leur symbolisme déterminé par la précession des équinoxes, donc par le travail du soleil. Or, je viens de vous le dire, nous venons de quitter les Poissons pour entrer dans le Verseau, qui sera l'ère de l'Esprit. La Trinité se sera ainsi manifestée : le Père-Bélier, le Fils-Poisson, et aujourd'hui l'Esprit-Verseau. Rappelez-vous donc maintenant la prière des Templiers ! Vous rendez-vous bien compte que du fait de sa taille, la constellation de la Vierge « recouvre » la fin du Bélier, l'entièreté des Poissons, et le début du Verseau ? A une époque où la Terre était encore plate, les Templiers priaient chaque jour la Reine du Ciel en connaissance de cause ! Comprenez-vous, maintenant, d'où vient la Trinité ?

Il me regardait fixement, les traits tendus par l'attention.

— C'est extraordinaire, dit-il. Je suis soufflé. Et je crois que votre raisonnement est imparable. Tout se tient, même le symbole du Verseau, cette onde identique à celle qu'adopta le Prince de

Broglie comme emblème pour sa théorie quantique, science de pointe dans une époque censée être celle de la nouvelle alliance, de la réconciliation entre la Science et la Spiritualité. C'est fantastique. Savez-vous que JiPiTwo a tenu expressément à ce que son pontificat voie le début de la réconciliation de la Science et de la Religion par la réhabilitation de Galilée... « *Eppur si muove* » et « *De labore solis* »...

— Et ça ne s'arrête pas là ! Quelle sera la devise du prochain Pape ?
— « *De gloria olivae* », « De la gloire de l'olive ».
— Et quelle est la plus belle gloire de l'olivier que d'avoir symbolisé l'alliance entre Dieu et l'Homme, quand la colombe en rapporta un rameau dans son bec ? Alors que ce prochain Pape verra la nouvelle alliance conclue entre la troisième personne divine et un Homme qui fut Apprenti, qui devint Compagnon, et qui sera bientôt Maître, entre un Homme à la Science enfin accomplie et le Dieu-Esprit actuellement représenté sous la forme d'une colombe...
— Il faudra d'abord que l'Homme survive à sa propre imbécillité, s'il veut vraiment s'accomplir. Il n'empêche que c'est fantastique. Je suis sidéré.
— Et nous ne sommes encore guère au bout de l'enseignement que l'on peut retirer de cet ensemble monumental. Pourquoi la Vierge écrase-t-elle le Serpent ?
— J'attends que vous me le disiez.
— Depuis un certain temps, il court le bruit de l'existence d'un treizième signe du Zodiaque, le Serpentaire. C'est à la fois vrai et faux, car si le Serpentaire existe bel et bien, il ne peut cependant y avoir que douze signes. Il faut donc bien qu'il en disparaisse un autre. Or, la Balance n'est jamais que le dessin des pinces du Scorpion, dont elle s'est séparée pour les besoins de l'astrologie telle que nous la connaissons. La « Grande année solaire » dure environ vingt-cinq mille ans. Grossissons le trait et admettons vingt-quatre mille. Soit vingt-quatre années de cycle solaire, ou vingt-quatre heures de « journée » solaire. Cela implique une demi-journée de douze heures diurnes et une demi-journée de douze heures nocturnes. Moitié blanche, moitié noire. J'en suis arrivé à la conclusion qu'il n'est pas impossible que les douze premières heures correspondent au Zodiaque avec une Balance distincte du Scorpion, mais sans Serpentaire, et, à l'inverse, les douze heures suivantes correspondent au Zodiaque avec un Scorpion d'une pièce et un Serpentaire bien présent.

Je suis bien maladroit pour vous exprimer cette conviction, mais elle est forte. D'autant plus que je remarque que si la Vierge, dont le règne se termine avec le présent cycle de douze « heures » finissantes, si elle écrase le Serpent qui va apparaître au bout du cycle, la première victime du Serpent finissant fut... la première vierge : Eve.
— Vous me passionnez. Mais la Lune sur laquelle Marie écrase le Serpent ?
— La véritable première vierge fut, non pas Eve, succédané d'Adam, mais Lilith, née – égale d'Adam – de la glaise animée par l'Esprit. Ce fut aussi la première révoltée, que Yaweh exila dans l'espace où bon nombre l'assimilent à la Lune noire. Notre Dame, elle, s'appuie sur la Lune blanche.
— Admettons. Et ce calice, cette croix ?
— « Quand les temps seront venus, mon signe paraîtra dans le ciel »... C'est pas de moi, c'est du Christ... Regardez bien ce que l'on trouve sur le dos de la constellation de l'Hydre, animal fabuleux issu de l'onde, comme son nom l'indique... La constellation du « Calice »... Je vous rappelle pour autant que de besoin que le Calice symbolise autant la Connaissance transmise que l'alliance, en tant que coupe commune où boivent les alliés.

— Et la couronne de Lucifer ?
— Trois boules perdues et neuf restantes... Et si la chute, telle qu'elle est représentée ici, datait d'il y a neuf « heures » ?...
— Que voulez-vous que j'ajoute ?

DE FIL EN AIGUILLE

> Il est des lieux où souffre l'Esprit.
> *Paul Sernine.*

****

Il referma le livre qu'il était en train de parcourir et tira fermement une bouffée de son cigare avant de se plonger dans une songerie dont je n'osais le distraire.

C'est mon Épouse qui s'en chargea en apportant les apéritifs qu'elle déposa sur le guéridon bas, au pied de la bibliothèque.

— Le repas sera prêt dans une demi-heure. A votre santé !

— A la vôtre, chère Madame !

— Je vous en prie, plus de « Madame », j'ai l'impression de me prénommer Claude !

Il rit en levant son verre.

— Au fait, dois-je vous appeler « Jacques », ou seulement « Monseigneur » ?

Il rit de plus belle tandis qu'elle disparaissait vers son royaume culinaire. Cet échange de mondanités avait ranimé l'atmosphère.

— Votre épouse est charmante, et je vous en félicite.

— Vous savez, je n'y suis pas pour grand chose... Transmettez-lui votre compliment de vive voix, cela lui fera plaisir.

— Mais vous avez bon goût et c'est de cela que je vous félicite.

Il disparut dans la profondeur moelleuse d'un fauteuil et but une gorgée, l'œil rêveur.

— Il y a des jours où je vous envie, où j'envie cette quiétude de votre foyer...

— ... et la monotonie paisible de la petite vie de tous les jours, n'est-ce pas ?

— Que voulez-vous dire ?

— Que ces propos ne vous ressemblent pas.

— Peut-être, dit-il après un instant. Mais je puis avoir le cafard comme tout le monde...

— Chassez-le : dites-m'en la cause.

— C'est le propre du cafard de ne pas avoir de cause connue tant qu'on le subit. C'est seulement quand il est passé que l'on arrive à la déterminer.

— Alors il faut vous changer les idées. Voulez-vous que nous fassions une partie d'échecs ?

— La vue d'un échiquier va encore nous ramener dans cette histoire habituelle, et j'en ai un peu assez.

— Mais vous savez très bien que nous y reviendrons de toute façon. C'est pire qu'une drogue, ça vous colle à la peau, c'est comme une seconde nature ! Alors, autant en profiter et s'y résoudre tout de suite... Jouons à cette histoire.

— Comment cela ?

— Je vous avais proposé, lors de notre visite à la Cathédrale Saint Paul, de jouer au « jeu des boucles ». Cela consiste à prendre un fait, un lieu, un élément au hasard, et à le relier à cette affaire.

Il fit la moue.

— Je n'en vois pas l'intérêt. La réalité est déjà suffisamment encombrée de coïncidences pour ne pas se livrer à un jeu dont le seul but est d'inventer des liaisons dénuées de sens entre des faits disparates.

— Dieu que vous êtes rébarbatif ce soir ! Ce n'est qu'un jeu après tout, et je n'ai jamais dit qu'il fallait inventer ! Contentez-vous de constater que les perles s'enfilent d'une manière à peine croyable pour former un cercle dont il est impossible de sortir. Vous m'avez si souvent répété que tout se tient dans cette histoire. Je vous propose seulement de jouer à en trouver des exemples.

— Allons, puisque vous insistez. Commencez, et vous me définirez les règles de votre jeu au fur et à mesure.

— Ce n'est pas sorcier : citez-moi au hasard un élément de cette affaire, et nous verrons ce que nous pouvons en tirer.

— Je vous dis... Saint Sulpice ?

— Le bâtiment, ou le ministre de Dagobert ?

— Commençons par le bâtiment.

— Vaste sujet. Je commence.

Pour tout le monde, Saint-Sulpice, c'est l'église étrange qui détermine le méridien de Paris. N'entrons pas dans la querelle Saint-Sulpice-Observatoire, encore qu'il y aurait pas mal de choses à raconter là-dessus, contentons-nous de constater que la ligne imaginaire qui passe à la fois par les deux pôles et par le gnomon érigé dans l'édifice, à côté de la statue de Saint Pierre, passe également par le tombeau des Pontils, dit « Tombeau d'Arques », et par le Bugarach. Signalons immédiatement que ce « Tombeau d'Arques » est identique à celui que Poussin a peint dans ses « Bergers d'Arcadie ».

Ajoutons également – et c'est Gérard de Sède qui me l'avait fait remarquer – que si le gnomon est placé à côté de la statue de l'apôtre Pierre assis, copie de celle de la Basilique Saint-Pierre de Rome, le Bugarach, sur lequel passe le méridien de Paris, comporte une face représentant assez bien un homme assis dans un fauteuil « à oreilles » très semblable à celui de la statue. On l'appellerait « Le siège de Pierre »...

Je m'arrêtais pour avaler une gorgée de mon apéritif.

— Je commence à comprendre le principe de votre jeu, dit Jacques. Puis-je participer en cours de route, ou dois-je attendre mon tour ?

— Je vous en prie, apportez votre grain de sel.

— Vous devez préciser que ce méridien de Paris, qui fut longtemps la référence en usage dans les paramètres cartographiques, est appelé de ce fait « Méridien Zéro », ou encore « Méridien O », avec tous les jeux de mots que vous pouvez imaginer et qui vous amèneront à de fort beaux circuits.

— Vous voulez parler de « L'Alibi d'O ».

— Par exemple.

— Celui de Philippe de Chérisey, ou celui de Marie-Paule Belle ?

— Ah ! Vous étiez donc au courant en ce qui concerne l'interprète de Françoise Mallet-Joris ?
— Un peu, oui.
— Eh bien, si vous le permettez, j'aurai le plaisir de vous élaborer ma boucle à partir de cette Dame. Mais je vous en prie, poursuivez.

Il s'enfonça un peu plus dans son fauteuil et raviva son cigare.

— Où en étions-nous ?
— Au Bugarach, en venant de Saint-Sulpice.
— Ah oui ! Saint-Sulpice, c'est aussi son fondateur, Olier de Pibrac, que l'on a vu traîner plus souvent qu'à son tour dans les parages de Saint Vincent de Paul et de la Compagnie du Saint-Sacrement. Or, Olier de Pibrac est relié à Rennes et sa région de deux manières bien précises.
— Au moins deux, insista-t-il.
— Je vous l'accorde. La première de ces deux-ci est la similitude de noms avec la sainte vénérée à Rennes, Sainte Germaine de Pibrac, humble bergère terrorisée par une marâtre qui l'empêchait de porter à manger aux pauvres.
— La garce !
— N'est-ce pas ! Or, un jour qu'elle portait quelques quignons de pain à ses protégés, elle fut surprise par sa tortionnaire qui la somma de déplier son tablier. Et – miracle ! – ce ne furent pas des croûtes qui s'en échappèrent, mais des roses... Et Otto Rahn insiste beaucoup dans ses textes sur le « miracle des roses ».
— Cela me rappelle une autre pluie de roses, également évoquée sur la porte du couloir qui mène à la chaire de vérité de Sainte-Madeleine de Rennes-le-Château. Avez-vous bien remarqué à quel point Sainte Thérèse de Lisieux a le talent de joindre les roses à la Croix ?
— Bien sûr. Et à ce propos, veillons à garder Lisieux en face des trous, et ...
— Vos à-peu-près ne valent pas mieux que les miens.
— Je vous remercie, c'est flatteur. Je poursuis donc en vous rappelant que lors de son exhumation, le corps de la Sainte était intact, à l'exception d'un bras qui s'était desséché. D'aucuns y ont vu une allusion au bras de l'Hom Mort.
— Je préfère, comme allusion, le mouton qui accompagne toujours la petite Germaine sur ses statues.
— A chacun son Panurge.
— Vous êtes féroce.
— Taisez-vous, je vais rougir.
— Alors, parlez-moi de la seconde liaison entre Olier de Pibrac et cette affaire.
— Tout simplement ses relations avec Saint Vincent de Paul, dont on connaît suffisamment ce fameux épisode de la captivité en Afrique du Nord. Je pense qu'il faut être de douce croyance pour admettre sans broncher la version officielle de cette histoire rocambolesque.
— « Qu'allait-il faire en cette galère ? ».
— Holà ! Vous brûlez les étapes ; cette allusion à Cyrano de Bergerac via Molière et Edmond Rostand est précoce, pour ne pas dire hâtive. Mais je crois bien que Saint Sulpice va nous y mener.
— Je suis impatient de voir par quel détour, mais reprenons à Monsieur Vincent.
— Le tout est de savoir où Vincent de Paul passa ces deux années de sa folle jeunesse. Je remarque donc que parmi les rares représentations du Saint, il s'en trouve au moins deux judicieusement placées dans la région qui nous intéresse : il en existe un portrait sur un vitrail de Notre-Dame d'Alet, ainsi qu'une statue à Notre-Dame de Marceille, près de Limoux. Et il

se trouve quelques auteurs qui dissimulent mal leur envie de proclamer que Monsieur Vincent, durant cette période de sa vie, se trouvait tout simplement dans la région, et que cela lui permit de faire la connaissance de Nicolas Pavillon, l'Évêque d'Alet, qui devait l'honorer de son amitié.

— Bravo ! Effectivement, je vois que les perles s'enfilent. Mais Saint-Sulpice nous ramène encore de bien d'autres manières à cette histoire. Notamment par le fait que Saunière, lorsqu'il fut en possession de ses parchemins, s'empressa de les soumettre aux prêtres de Saint-Sulpice, et que c'est lors de son séjour à Paris pour prendre contact avec eux qu'il fit la connaissance d'Emma Calvé et du cercle d'intellectuels occultistes et symbolistes qui l'entourait. C'est surtout ainsi qu'il entra en contact avec l'abbé Émile Hoffet, expert en « occulteries »[6]...

— ... Dont on sait trop peu qu'il fit ses études parmi les Oblats du couvent de Xhovémont, sur les hauteurs de Liège. Cela a son importance.

— Ah bon ? J'ignorais... Comment l'avez-vous su ?

— Par hasard, comme d'habitude... Mais le fait est authentique, et les Bénédictins de Saint-Maur, qui conservent les archives des Oblats de Xhovémont, me l'ont confirmé.

Il redevint pensif, savourant une bouffée et la fuite de son cafard.

— A table ! C'est prêt.

Nous nous levâmes d'un seul mouvement.

La salle à manger était parée comme pour un jour de fête, et il y fut sensible.

— Vous devriez venir plus souvent, dis-je, on voit immédiatement la différence...

— Tu es charmant, me rétorqua ma tendre moitié sur un ton gentiment scandalisé. Viens dire que je ne te prépare jamais rien de bon !

— Non, mais avoue que tu te surpasses quand nous recevons un ami.

Là, elle sourit, ravie du compliment. Jacques intervint :

— Chère Madame, si jamais ce rustre vous importune, n'ayez crainte de m'en faire part. Je saurai me montrer à la hauteur de tout ce que vous pourrez exiger de moi. Vous serez ma Dame courtoise, et je serai votre trouvère...

Elle esquissa une révérence.

— Merci, mais je ne suis point la servante de Monseigneur...

Ca y était, je voyais la Vierge revenir à grands pas... Je résolus d'empêcher Jacques de se prendre pour Gabriel.

— Dites-moi... Quelle est la meilleure saison pour l'opéra italien ?

Il parut surpris.

— Je ne sais pas... L'automne ?

— Non, c'est le printemps.

— Pourquoi ?

— Parce que c'est au printemps que le trou vert reverdit.

Elle leva les yeux au ciel tandis qu'il laissait s'effondrer les épaules.

— Bien, bien, dis-je. Si mes calembours ne vous plaisent pas faites-les vous-même !

Et je me drapai dans ma dignité. Allons, la soirée s'annonçait bien !

Il avait très poliment éteint son cigare au moment de passer table, et grignotait un radis des amuse-gueule. Il revint à la charge.

— Vous êtes parti, il y a quelques instants, pour votre première boucle, du gnomon de Saint-Sulpice. Je suis curieux de voir la suite. Que pouvez-vous me dire du reste ?

---

6. Erreur due à une mauvaise information de Gérard de Sède. Il n'empêche qu'il existe des notes d'Hoffet concernant Saunière et que le voyage de celui-ci à Paris ne fait aucun doute pour moi. (P.R. 2009).

Marcelle nous avait resservi un verre d'apéritif, connaissant parfaitement nos habitudes. Je n'eus donc aucun scrupule à répondre.

— Ce n'est guère compliqué. Vous savez comme moi qu'une des parties les plus intéressantes de ce bâtiment est la chapelle des Saints-Anges décorée par Eugène Delacroix. Il n'est absolument pas impossible que celui-ci ait été le fils naturel de Talleyrand, celui que l'on appelait « Le Diable Boiteux ». Et le Diable boiteux n'est autre qu'Asmodée, le gardien des trésors de Salomon, dont la très curieuse statue soutient le bénitier de l'église de Rennes-le-Château. Coïncidence, n'est-ce pas ?

— C'est évident.

— Or, Delacroix, dans sa décoration de la chapelle, peignit sur le mur ouest une vaste fresque représentant « Héliodore chassé du Temple ». En réalité, il s'est inspiré avec beaucoup de soin, mais aussi de génie, d'une œuvre qui lui est passablement antérieure, et qui est due, avec le même titre d'ailleurs, au liégeois Bertholet Flémalle. A ne pas confondre avec le « Maître de Flémalle », contemporain de Fra Angelico, tandis que Bertholet fut un des grands noms de l'école liégeoise du 17e.

Nous en avons suffisamment parlé depuis notre visite à Saint-Paul, le 17e liégeois est une époque particulièrement riche pour l'Art autant que pour cette histoire. Nous avons entrevu le rôle de Jean Del Cour, et nous y reviendrons. Il ne faut pas perdre de vue l'intense brassage de la population artistique de cette époque. Les gens de Flandre ou de Liège se devaient d'aller quérir la bonne peinture en Italie, les Italiens étaient sollicités en France, les Français ne se faisaient pas faute de piller les œuvres liégeoises, et ainsi de suite...

Il m'interrompit.

— A propos de pillage, avez-vous remarqué le soin que Bonaparte et son entourage mirent à disperser les œuvres du 17e liégeois que la Révolution avait concentrées à Paris ; et ces œuvres-là bien plus que n'importe quelles autres ?

— Avez-vous une explication ?

— Et si c'était seulement pour empêcher qu'un vilain curieux puisse prendre connaissance de l'ensemble du message en une seule fois ? Vous savez, cela fait un certain temps que je suis convaincu de l'importance particulière de la peinture liégeoise du *Siècle des Lumières*. Mais ce n'est qu'un jeu, continuez.

— Vous n'ignorez certainement pas que la marquise de Brinvilliers, la *petite dame aux yeux bleus*, fut arrêtée à Liège par Desgrées — François Desgrais, en réalité —, lieutenant de police de Louis XIV, à la sortie du couvent des Bénédictines de la Paix Notre-Dame, où elle s'était réfugiée.

— Il faut bien reconnaître que le rôle de ce Desgrées dans cette affaire n'est pas des plus reluisants, et que, même si la personnalité douteuse de la Brinvilliers justifiait la plus sévère des rigueurs, ce n'était pas un raison pour se déguiser en prêtre, la séduire, la rendre sincèrement amoureuse, et lui promettre monts et merveilles afin de l'attirer hors du couvent où elle bénéficiait du droit d'asile, et l'arrêter... Ce personnage assez déplaisant, que les romans d'Anne et Serge Colon, ainsi que l'immense talent de Jean Rochefort au cinéma, ont fini par rendre à peu près sympathique, savait parfaitement qu'en s'attirant l'amour et la tendresse de la Brinvilliers, il l'envoyait à la mort... Je veux bien que ce n'était qu'une empoisonneuse, mais je trouve le procédé parfaitement répugnant.

Vous semblez rêveur ?

— Plutôt ! Vous rendez-vous compte de ce que vous venez de dire ? « Il lui promettait monts et merveilles »...

— Je n'ai rien voulu sous-entendre ; de quoi voulez-vous parler ?

— Desgrées avait promis à la Brinvilliers de se retirer avec elle dans le Sud !

— Mince !

— Alors, sans même nier que Marie-Madeleine d'Aubray fût aussi amoureuse que votre romantisme vous le suggère, ne pensez-vous pas qu'elle ait pu être séduite surtout par cet attrait du Sud ? Et si Desgrées l'avait convaincue essentiellement avec cette promesse ? Car vous ne me ferez pas croire que cette charmante personne, qui ne reculait absolument devant rien, qui avait éliminé au moins son père et ses frères...

— « Buvez, éliminez »... Cela me rappelle quelque chose.

— C'est malin, hein ?

— Non, excusez-moi et reprenez, s'il vous plaît.

En fait, sous notre apparente urbanité de bon ton, nous étions tous deux au bord du fou rire.

— Bien. Je disais donc que je n'imagine pas que cette criminelle endurcie, qui avait jusque là réussi à échapper toutes les polices, ait pu perdre toute prudence pour les beaux yeux d'un curaillon dont elle ne savait rien ! Qu'elle lui ait accordé ses faveurs, certainement ; que Desgrées ne s'en soit pas privé, c'est sûr. Mais qu'elle se soit laissé aller à une inclination toute fraîche au point de quitter aussi sottement sa retraite, là, j'ai comme un doute épais...

Par contre, je la vois bien s'enfuir dans le Sud si elle sait à quoi s'en tenir. N'oubliez pas que c'est un « prêtre » qui lui fait cette proposition, et que cela doit la rendre particulièrement plausible... Beaucoup plus en tout cas, que n'importe quelle fleurette contée par un jeune abbé...

— Encore eut-il fallu qu'elle fût au courant de ce que le Sud pouvait signifier ?

— Elle était réfugiée chez les Bénédictines de la Paix-Notre-Dame à l'époque de la mort de Bertholet Flémalle, dont elle fut aussi la maîtresse, et qui mourut empoisonné, selon une rumeur qui court encore aujourd'hui. D'autre part, je remarque une chose : c'est la quasi impunité de la Marquise durant ses premiers empoisonnements. Il fallut quand même pas mal de temps avant qu'elle ne fût soupçonnée, et plus encore avant que l'on se décidât à la poursuivre.

Alors, je vous propose le scénario suivant : un accord entre elle et Louis XIV, qui lui fiche la paix pour ses empoisonnements antérieurs à condition qu'elle le débarrasse d'un gêneur...

— En l'occurrence, Bertholet Flémalle.

— Exactement.

— Lequel devait encombrer Louis XIV par ses connaissances sur un sujet délicat, et dont les œuvres portaient probablement témoignage.

— Il ne devait d'ailleurs pas être le seul à faire de l'ombre au Roi Soleil si j'en juge par l'attitude de celui-ci à propos de Molière, le flattant et le protégeant durant toute sa vie, même contre la toute puissante Compagnie du Saint-Sacrement et sa Cabale des Dévots ; puis le jetant quasiment aux ordures dès son décès.

– Jusqu'à quelle profondeur la terre est-elle chrétienne ?
– Jusqu'à six pieds, Sire.
– Fort bien, vous le mettrez à sept...

— Charmant personnage !

— Eh bien, de même qu'il fit volte-face sans vergogne à propos de Molière, Louis XIV se retourna sans aucun scrupule contre la Brinvilliers dès qu'elle eut tenu sa part du contrat. Il lui envoya Desgrées, et vous connaissez la suite.

— D'où tenez-vous ces informations ?
— De conversations passionnantes, de recherches, de lectures, et même d'un intéressant téléfilm de la télé belge, intitulé *La petite dame aux yeux bleus*. Ce n'est d'ailleurs pas la seule œuvre télévisée qui laisse transparaître certaines astuces, parfois involontaires dans le chef de leur auteur, mais fort amusantes malgré tout.
— Par exemple ?
— Oh, les exemples abondent ! Commençons par le plus connu, l'œuvre remarquable et passionnante de Claude Barma, inspirée de Maurice Druon : *Les Rois Maudits*... Ensuite, il y eut *Les Maudits Rois Fainéants*, dus au génie – n'ayons pas peur des mots – de Roger Pierre et Jean-Marc Thibault, *Les Galapiats*, *Molière pour rire et pour pleurer* et quelques autres encore. Au cinéma, il y eut *Excalibur*, que je n'hésite pas à ranger parmi les chefs-d'œuvre ; les deux premiers épisodes d'*Angélique, Marquise des Anges*... « Des Anges », et nous sommes partis de Saint-Sulpice ! Vous vous rendez compte ? Et l'on pourrait même se poser quelques questions sur *L'Année Sainte* avec Gabin, Brialy et Danièle Darrieux. Ce trésor transformé en église dédicacée à Saint Antoine...
— Et vous croyez que c'est voulu ?
— Je n'ai jamais prétendu que ces œuvres aient été bâties autour du sujet qui nous passionne, ni seulement que leur auteur ait été au courant de la signification donnée à certaines scènes ou épisodes. Je pense qu'il est possible qu'un petit malin ait glissé dans l'œuvre ce qu'il fallait pour faire un clin d'œil au spectateur inspiré. D'ailleurs, à *Excalibur* près, si l'on examine les génériques, on peut facilement être intrigué. Et encore, pour *Excalibur*, je n'ai pas vérifié qui avait fait les doublages...
— L'intervention d'une tierce personne à l'insu de l'auteur ?
— Pourquoi pas ? Il y a un exemple concret, le film *Enigma*, avec Martin Sheene et Brigitte Fossey, que votre ami Philippe de Chérisey accompagna dans le succès de *Jeux Interdits*.
— Je n'ai pas vu *Enigma*.
— Eh bien, c'est l'histoire d'un agent secret américain chargé d'aller chiper aux Soviétiques une puce électronique qui leur sert à coder leur messages discrets. Mieux, il doit substituer à cette puce un autre composant électronique fourni par ses employeurs, et qui permettra à ceux-ci de connaître les échanges de l'adversaire.
— Marrant... Une double substitution dans un codage ! J'ai déjà vu cela quelque part.
— « Un point » sot + pécheur + à + l'embouchure + du + Rhône, son poisson + sur + le + gril + deux + fois + retourna ... Et caetera.
— Comme vous dites. Et votre agent américain ?
— A un moment donné, l'agent soviétique lancé à ses trousses se rend compte qu'il y a eu substitution et que la puce authentique va prendre le chemin de l'Ouest. Aussitôt, il téléphone au KGB pour demander de l'aide et s'identifie par ces mots : « Ici le numéro 17 »...
— Ben voyons !
— Figurez-vous que, voyant la scène, je me suis pris le pari que l'on ne resterait pas longtemps sans voir Notre-Dame du Perpétuel Secours.
— Et ?...
— Et c'est dans une icône de Notre-Dame du PS, destinée à figurer dans une exposition à Bâle, que l'Américain dissimule l'objet... En fait, cette double substitution et l'apparition de Notre-Dame du PS sont très probablement fortuits dans le scénario. Je parierais même que, dans la ver-

sion originale, le soviétique s'identifie avec n'importe quel nombre. Jusque là, nous sommes dans les coïncidences. Au cours de l'adaptation en français, quelqu'un a fourré « 17 » dans le texte de l'agent du KGB. Dès lors, ce n'est plus une coïncidence, c'est un clin d'oeil...

— C'est servi !

La « soupe au poivre » fumait dans nos bols, grand œuvre de l'alchimie culinaire dont mon Épouse avait découvert le secret. Remarquable. Les premières cuillerées un peu pénibles, peut-être ; mais dès que le palais s'était habitué à la saveur de fonte en fusion du liquide, tout allait bien.

Je surveillais les yeux pleins de larmes de Jacques, oscillant entre la conviction d'un attentat et la certitude que pour préparer librement un tel plat, Marcelle devait disposer d'un permis de port d'arme. Mais les cuillerées suivantes firent leur effet, et je le vis se rasséréner, puis franchement apprécier.

Ma douce moitié avait aussi perçu les états d'âme de notre hôte au travers de ses mimiques.

— Le potage au poivre est succulent, mais pas à la portée de tout le monde, dit-elle avec une pointe d'ironie dans la voix.

— Chère Madame, il faut savoir vous mériter...

Et il replongea dans son potage avec un sourire gourmand. Il avait à peine fini sa seconde bolée, généreusement resservie, qu'il revenait à la charge.

— Votre « Jeu des boucles » est amusant, et je vais y apporter ma quote-part... Je reprends la boucle au niveau de Marie-Paule Belle. Je ne crois pas que sa chanson sur « L'Alibi de la Libido » soit une astuce, encore que votre ami Amédée et Françoise Mallet-Joris ne soient pas des inconnus l'un pour l'autre. Je crois qu'il a tourné dans *La Chambre Rouge*, non ?

— Oui, c'est exact.

— D'autre part, vous avez certainement une citation perdue quelque part au fond de votre mémoire, disant que la Brinvilliers fut brûlée vive ?

— Pas du tout, Michelet dit que...

— Bravo, un bon point pour vous. Mais avouez que, pour la majorité des gens qui se souviennent mal de la lettre de Madame de Sévigné à Madame de Grignan, et qui confondent avec la Voisin, la Brinvilliers fut rôtie.

— « Et son pauvre petit corps, réduit en cendres, fut dispersé aux quatre vents... »

— Très juste. En réalité, comme vous le savez, et comme Michelet le rapporte, la Brinvilliers fut décapitée, et c'est seulement son corps qui fut brûlé. Alors, écoutez bien le dernier refrain de la chanson de Madame Mallet-Joris, interprétée par Marie-Paule Belle... Au moment où le bourreau vient la chercher pour lui faire une fin :

J'aime les moutons dans la prairie,
J'aime les moutons enrubannés.
J'aime les moutons quand ils sourient,
Si sensibles sont les Brinvi...

— « Shpock ! », complétais-je.

— Tu es odieux, précisa ma Femme en desservant la soupe.

— Parfaitement, appuya-t-il...

Il se rattrapa :

— Je veux dire que le dernier son émis dans cette chanson est effectivement le bruit d'une hache frappant le billot, comme vous venez de l'imiter avec bonheur. Contrairement au commun des mortels, Françoise Mallet-Joris est donc parfaitement au courant de l'histoire de la Brinvilliers.

— Et vous croyez que c'est suffisant pour noyer l'auteur et l'interprète dans le bain de cette histoire ?

— Je pourrai déjà vous répondre que quand on motive les actes de la Brinvilliers par l'envie de moutons, on n'est pas loin des Bergers... Mais il y a mieux. Avez-vous lu *Le Jeu du Souterrain* ?

— Oui, soigneusement.

— Il s'agit donc de l'histoire d'un journaliste-écrivain à la commande, se penchant sur l'aventure d'un homme qui prétend détenir la clef d'un trésor fabuleux et qui creuse à sa recherche depuis plusieurs années déjà, lui ayant sacrifié vie et famille. Or, les circonstances qui amènent le héros à se plonger dans cette histoire sont telles qu'en fait, il est l'époux d'une certaine Catherine, qu'il trompe plus ou moins allègrement avec une chanteuse prénommée Reine...

— J'ai déjà vu quelque chose comme cela quelque part... Dans le Vexin normand, pour ne rien vous cacher. Cela ou à peu près cela, n'ergotons pas. Ceci dit, c'est un bouquin remarquable, à la 17e page duquel vous pourrez lire : « Mais on n'écrit pas pour que tout le monde comprenne ». Livre à clef où certaines personnes ont bien failli se reconnaître, ainsi que leurs proches, bien que Madame Mallet-Joris, pour autant que je sache, n'ait jamais répondu aux demandes d'explications de deux de ses « personnages ». Pour ma part, je n'ai pas écrit.

— Ah bon ?! Parce que vous y figurez aussi ?

Je ne pus m'empêcher d'éclater de rire.

— Vous me croyez donc tant d'importance qu'un écrivain de talent puisse me consacrer fût-ce une allusion entre ses lignes ?

— Pourquoi pas ?

— Allons ! Vous me galéjez, mon bon... Revenons-en plutôt aux choses sérieuses. Le Vexin Normand, c'est Gisors, avec la Tour du Prisonnier, la chapelle Sainte-Catherine et les souterrains de Roger Lhomoy. Et Gisors, ce n'est pas loin des Andelys, où naquit un jour un certain Nicolas Poussin, dont les Berger d'Arcadie ont fait couler plus d'encre que n'importe quelle autre œuvre picturale du 17e français... Et de là, nous retrouvons notre tombeau des Pontils, la région d'Arques et celle des bains de la Reine. De plus, il faut savoir que les murs du château de Gisors ne comportent pas seulement les graffiti d'un certain N. Poulann, mais aussi la signature du dénommé Le Bret, originaire de la région ; et je ne vous cacherai pas que dans l'œuvre d'Edmond Rostand, Le Bret est le meilleur ami de Cyrano de Bergerac, philosophe magistral s'il en fut. Or, c'est bien à la Rôtisserie de la Reine Pédauque que se réunissent les Cadets de Gascogne...

— « De Carbon de Castel-Jaloux,

Bretteurs et menteurs sans vergogne »...

— ... et que Raguenau, le rôtisseur, vient dire à Cyrano que son confrère Molière lui a piqué toute une scène... Celle précisément qui contient cette fameuse interrogation : « Qu'allait-il faire en cette galère ? »

— Interrogation qui nous ramène à Alet via Saint Vincent de Paul, tout comme la Reine Pédauque, la *Reina al' ped d'auca*, nous ramène chez vous via Berthe au Grand Pied.

— Oui... Dans le cas de Berthe, c'est surtout via la légende.

— Et alors ? Les légendes, ce sont des choses « qui doivent être lues ». Sous-entendu : « entre les lignes ».

— *Lege, lege, relege, ora et invenies*.

— Tiens ! A propos d'alchimie et de ce brave Cyrano... Avez-vous lu ce qu'Eugène Canseliet en dit dans ses préfaces aux œuvres de Fulcanelli ?

— Bien sûr. Je trouve d'ailleurs un peu étranges ses nombreuses références à la région de Rennes.

— Normal : il a habité cette région longtemps, et il n'est pas impossible qu'il ait connu Saunière et Boudet.

— Vous vous fichez de moi ?

— Pas le moins du monde. C'est un bruit qui court avec insistance par la ville des bains de la Reine, et d'ailleurs, la fille de Canseliet habite toujours le Sud.

— Je veux bien que les Philosophes aient la vie dure, mais de là à avoir connu nos deux bons curés, tout en se trouvant encore assez de verdeur pour préfacer des bouquins récents...

— Si je ne m'abuse, Eugène Canseliet est disparu depuis le 17 avril 1982. Et il devait avoir dans les... 17 ans – bien entendu – à l'époque où il pouvait connaître l'abbé Saunière. Ce n'est donc pas impossible.

— Vous me la baillez belle !

— Mais ce n'est pas tout, car si Canseliet fait plusieurs allusions à celui qu'il appelle Cyrano Bergerac, croyant peut-être l'anoblir philosophiquement en lui supprimant la particule, il fait aussi référence à un autre philosophe curieux qui va nous ramener de plein pied dans cette sombre histoire. Nicolas Montfaucon de Villars.

L'abbé de Villars, c'est bien connu, eut une vie assez passionnante, et même sa mort – poignardé sur la route de Lyon pour en avoir trop dit sur la Rose-Croix – même sa mort est étrange. Plus d'un auteur a fait le rapprochement avec cet abbé de Limagne – le grand « i », et non pas l' « i » mou – qui vint finir ses jours au couvent de Villefranche-sur-Saône où il écrivit en 1715 une *Réflexion sur les constitutions de l'Abbaye de la Trappe*, et qui, selon toute vraisemblance, n'était autre que Villars lui-même, mort à la vie publique, mais pas à la vie intérieure, comme tout Adepte qui se respecte. Or Villars était vicaire d'Alet-les-Bains...

— ... Et son œuvre, le « Comte de Gabalis » qu'il faut absolument lire, lui a été froidement piquée à son tour par Anatole France, qui l'a recopiée pratiquement mot à mot dans... *La Rôtisserie de la Reine Pédauque* ! Ce cher Anatole, et sa délicieuse *Révolte des Anges*, dont il a eu bien soin de faire se dérouler une scène au beau milieu de la chapelle des Saints-Anges à Saint-Sulpice... Vous voyez, on n'en sort pas ! C'est cela, le jeu des boucles.

— De fait ! On a même parfois l'impression d'être le dernier demeuré à n'être pas encore au courant du fin mot de cette histoire, qu'apparemment tous les autres connaissent parfaitement.

— Je ne vous le fais pas dire.

— Il vaudrait mieux ne rien dire : j'ai horreur que l'on parle la bouche pleine. Bon appétit !

Nous obtempérâmes d'autant plus volontiers que les cous d'oie farcis au foie gras étaient tout simplement sublimes. Le genre de gâterie qui se déguste en silence, religieusement, accompagnée d'un vin de classe. Et pourtant, je n'avais pas estimé devoir servir un cru d'exceptionnelle réputation ou de nom prestigieux, la classe n'étant pas nécessairement associée au snobisme. Un Fitou de Paziols 1978 jetait des éclats d'escarboucle à la lueur des chandelles.

La dernière bouchée savourée, Jacques se répandit en compliments sincères, et parfaitement mérités, auxquels je joignis mes félicitations. Marcelle ne daigna même pas rougir, consciente qu'elle était de sa valeur.

— J'avais craint que vous ne preniez ceci pour un coup fourré, dit elle, rieuse, en disparaissant dans la cuisine.

— Mon cher, j'ai une bonne raison de plus de me réjouir d'avoir fait votre connaissance, insista notre hôte. Vous avez le talent de mélanger les gourmandises intellectuelles et culinaires.

— C'est cela, l'épicurisme.

— Et à propos de bonne chère, n'avez-vous plus rien à me confier sur cette chère Reine Pédauque ?

— Si, bien sûr. Mais nous n'avons pas épuisé la boucle « Delacroix ». Curieux personnage, cet Eugène si bien né. Par delà son talent de peintre, il se frotta un peu à tout, et notamment à la littérature. Ses *Mémoires* sont pleins de charme et son talent s'y exprime également. Je fus surpris même d'y trouver de réelles qualités de polémiste dans une sorte de réfutation du communisme avant la lettre ! Par exemple, le peintre s'y demande si, au nom du principe fondamental de l'égalité rigoureuse de tous les individus, les plus jolies femmes ne devraient pas être contraintes de se donner au bon plaisir des tarés, des débiles, ainsi qu'aux malades répugnants. En effet, ceux-ci n'étant pas responsables de leurs infirmités, il convient absolument de leur donner les mêmes satisfactions qu'à n'importe qui d'autre.

Vous pourriez répondre que les jolies filles en question ne sont pas non plus responsables des infirmités des malheureux qu'elles seraient contraintes de satisfaire, mais ce ne seraient là qu'arguties spécieuses et comportement égoïste, n'est-ce pas ?

— C'est évident. D'ailleurs, une politique conviviale vertement conçue devrait mettre fin à de genre d'attitude réactionnaire scandaleusement génératrice d'exclusion.

— Mais c'est parfaitement répugnant ! lâcha ma Femme qui réapparaissait l'œil brillant. Encore que toi, en te regardant bien, je me demande si mon apostolat personnel...

Je ne lui laissai pas le temps de finir, lui lançant une boulette de pain sur la tête tandis que nous éclations de rire. Elle revint disposer un estouffade de lotte qui réveilla immédiatement notre gourmandise.

— C'est une recette que j'ai eu la chance d'apprendre de la bouche d'une cuisinière extraordinaire de par chez vous, dit-elle en s'adressant à Jacques. Je ne sais pas si le restaurant existe encore, mais si c'est le cas et que vous vous aventurez dans la région de Montségur, ayez soin de passer par Montferrier, et demandez humblement à Mary-Lou de vous régaler. Si votre mine lui revient bien, vous ne serez pas déçu.

— J'en prends bonne note, merci. Et... si ma tête ne lui plaît pas ?

— C'est simple : par enchantement, tout le restaurant aura été réservé longtemps à l'avance, et vous n'aurez pas place ! Mais je vous ai entendus, à propos de Delacroix, et j'aimerais m'immiscer autrement que par le passe-plat. Je m'étonne qu'en tant qu'amateurs de jolies filles, vous ignoriez que Delacroix est probablement l'inventeur de la photo de charme.

Nous restâmes muets tandis qu'elle garnissait nos assiettes. Effectivement, nous ignorions.

— Delacroix choisissait le modèle, le déshabillait selon son humeur du moment – c'est-à-dire complètement la plupart du temps –, organisait la pose et le décor, soignait les lumières et réglait le cadrage de la chambre photo. C'est seulement alors que le photographe venait tout bêtement appuyer sur la poire-déclencheur. Son rôle se limitait à cela, alors que c'est son nom qui a failli rester. Un certain Nègre, je crois...

— En général, c'est plutôt le nègre qui reste anonyme, dans ce genre de procédé... J'admire votre érudition, chère Madame. Une telle culture et une telle cuisine ! Ah, si je vous avais connue il y a vingt ans, avant...

— Elle se serait enfuie sur le champ, coupais-je férocement. Vous avais-je précisé qu'en plus, elle a vraiment très bon goût ?

Le nouvel éclat de rire se termina aux premières saveurs du poisson et remit à plus tard toute idée de « boucle ». Mais allez donc chasser le naturel sans qu'il vous revienne au galop... dans une histoire où le parcours du cavalier a tant d'importance !

— Vous me disiez, reprit-il en reposant son verre, que Delacroix s'était frotté un peu à tout. Il s'est aussi beaucoup frotté à George Sand, qui fut – ô combien ! – l'égérie de tout ce que son époque comptait de gens de talent.

— Précisément, c'était là que je voulais poursuivre, car George Sand doit vous amener à l'esprit – entre autres – l'œuvre de Gérard de Nerval. Chacun sait, ou prétend savoir, ce qu'il convient de comprendre entre les lignes dans *Aurélia* ou dans *Les Filles du Feu*. Il me semble, par contre, que ses sonnets ont été moins bien analysés, notamment le *Sonnet à Madame Sand*.

J'ai passé près Salzbourg sous des rochers tremblants.

— ... Bien sûr, Salzbourg est la patrie de Mozart, dont les affinités pour la Rose Croix transparaissent tellement bien dans sa *Flûte Enchantée*, et à ce titre, la ville justifierait déjà le déplacement. Je ne crois cependant pas que ce soit elle qui mérite l'allusion de Nerval. Je vous mets au défi de trouver une roche tremblante dans la région de la ville autrichienne.

— Ne comptez pas sur moi pour aller vérifier.

— Par contre, lorsque l'on passe sous les « Roulers », les roches tremblantes du plateau de l'Hom Mort, on n'est pas loin de Rennes-les-Bains, le village de la Sals... Le Sals-bourg. Et c'est loin d'être la seule allusion directe de Nerval concernant cette affaire. Prenez son sonnet intitulé *El Desdichado*.

Je suis le Ténébreux, le Veuf, l'Inconsolé,
Le Prince d'Aquitaine à la tour abolie...

— Je connais, dit-il. J'ai même entendu, il y a plusieurs années, une analyse de ce poème sur les ondes de R.T.L. par Menie Grégoire lors de son émission de l'après-midi. J'espère que cette charmante dame me pardonnera d'avoir hurlé de rire. Il est vrai qu'elle n'était pas obligatoirement au courant de ce qui nous occupe.

— Quelle est votre analyse ?

— Je ne vous la dirai pas, car je vous sais capable de trouver par vous-même. Cette œuvre de Nerval, comme beaucoup d'autres, d'ailleurs, est une sorte d'auberge espagnole dans laquelle chacun trouvera finalement ce qu'il porte en lui. C'est là que l'on reconnaît le chef-d'œuvre, qui n'est nullement la traduction parfaite de l'état d'âme de son auteur, mais plutôt la transcription de cet état de telle manière que chacun y pourra reconnaître le sien propre. Le génie littéraire, ou pictural, ou musical, n'est pas celui qui vous fait partager ce qu'il ressent, mais celui qui vous permet d'exprimer ce que vous ressentez au travers de l'œuvre; et la perfection n'est atteinte que quand vous croyez avoir perçu « ce que l'auteur voulait dire », et qu'il était peut-être à cent lieues d'imaginer de la sorte !

C'est en cela que cette affaire est un chef-d'œuvre, parce qu'elle permet à chacun d'y trouver quelque chose selon son optique personnelle. Chacun y trouvera sa propre voie, qu'elle soit alchimique, philosophique ou ésotérique ; chacun la percevra avec ses moyens propres, et, s'il en a la chance, de la manière par laquelle il est destiné à la percevoir. Malheureux ceux qui n'y espèrent que l'or !

De même, l'œuvre de Nerval a certainement exprimé ce que Nerval ressentait ; mais son génie était tel qu'il l'a édifiée en des termes que chacun assimilera avec son âme, avec son cœur, avec ses tripes propres ! Mais pas avec celles de Nerval... L'un y découvrira la trace d'une foi étrange, l'autre des révélations alchimiques ; celui-ci y verra la preuve d'une connaissance qui touche aux mystères des origines, celui-là l'expression d'une initiation transcendante... Pourquoi pas ?

Or, il est bien évident que Nerval était féru, si pas d'occultisme, tout au moins d'ésotérisme, et qu'il fréquentait des cercles bourrés d'initiés de tout poil ; il est certain qu'il avait acquis des connaissances réelles dans ces sciences que la Science réprouve, et par là qu'il touchait à l'Alchimie et à la Philosophie ; il est indéniable qu'il fut au courant de l'essentiel de l'affaire de Rennes-le-Château et de sa quintessence. Mais, alors que chacun dans sa diversité trouvera ce qui lui est propre dans l'œuvre de Nerval, lui, en une seule formulation d'apparence superficielle, y a su tout exprimer...

En s'exprimant lui-même, Nerval vous permet de vous révéler à vous même, de comprendre ce que vous portez en vous... tout en ayant l'impression de le comprendre, lui, de manière privilégiée. La poésie d'un véritable génie est un catalyseur, un révélateur pour celui qui l'entend ; elle est généreuse tandis que les autres poésies ne sont que narcissisme et complaisance.

— Vous êtes amer !

— Non, j'essaie seulement de vous faire comprendre quelque chose qu'il est quasiment impossible d'exprimer. Si Nerval ne parlait pas exactement la « langue des oiseaux », il en avait le génie, le génie de cette langue qui peut être comprise par tous ceux qui l'écoutent bien, quel que soit leur idiome propre... Tout ceci pour vous dire aussi que, si je ne crois pas devoir vous indiquer de quelle manière il faut entendre l'œuvre de Nerval, il n'en reste pas moins que le sonnet du *Desdichado* a de curieuses bases historiques.

— Bien, laissez-moi passer mon examen. Si je me souviens correctement, le *Desdichado*, c'est-à-dire le « Déchu », était le fils de Ferdinand de Castille, surnommé « l'Infant de la Cerda », « l'enfant de la truie », ce qui n'était pas précisément flatteur pour sa moman, Blanche de France, fille de Louis IX. Il était donc l'héritier de la couronne du royaume d'Aragon, qu'il refusa à la suite d'un méchant imbroglio politique, non pas pour un plat de lentilles, comme telle autre andouille biblique l'avait bêtement fait avec son droit d'aînesse, mais bien pour une solide provision d'espèces sonnantes et trébuchantes. Il s'était établi à Lunel, et un des convois qui devaient lui apporter ses maravédis ne lui parvint jamais, détourné, selon les mauvaises langues, par Paul de Voisins, seigneur de Rennes-le-Château...

— Et un trésor de plus, un ! Pour ma part, j'ai rencontré un jour une hypothèse pour le moins surprenante, sinon intéressante : en plus de tout ce que vous venez d'exposer, et qui en soi est déjà bien curieux, je me suis laissé dire que ce poème ferait allusion au Catharisme disparu...

— Allons bon !

Distraitement, il faillit rallumer son cigare, se ravisa, eut un regard d'excuses pour Marcelle et le reposa sur le bord du cendrier.

— Ce n'est pas évident, mais pas totalement idiot non plus si l'on garde présent à l'esprit le fait que les Parfaits portaient un vêtement noir ; que la Dame des Troubadours peut effectivement être assimilée à l'Église cathare défunte, et que par conséquent le Consolamentum ne pouvait plus être ni donné ni reçu.

Je suis le Ténébreux, le Veuf, l'Inconsolé...

— C'est joli, dis-je, mais cela me semble quand même passablement tiré par les cheveux.

— Ah ouiche ? Eh bien, continuons :

Le Prince d'Aquitaine à la tour abolie...

... Étudiez donc attentivement l'armorial de la région à l'époque de l'extinction officielle du Catharisme. Regardez-y quelle famille faydite – abolie – portait en chef une bande échiquetée meublée d'une tour... Et trouvez-moi une seule autre explication cohérente pour l'ensemble de ces deux vers !

— Je n'y manquerai pas, encore que je vous fasse confiance.

— Merci, vous êtes gentil.

— Au fait, vous savez certainement que le médecin qui traitait Gérard de Nerval pour ses « troubles », le docteur Emile Blanche, était l'arrière grand-père du regretté comédien, Francis Blanche ?

— Je savais, oui.

— Mais vous ne savez pas nécessairement qu'Amédée m'a raconté avoir participé à la rédaction de certains épisodes de « Signé Furax » qui ne seraient pas sans rapport avec cette affaire. S'il est logique d'admettre que Francis Blanche a hérité des papiers de famille, et plausible de penser que ceux-ci contenaient des informations sur Nerval, il serait peut-être intéressant de classer ce feuilleton parmi les œuvres curieuses dont nous parlions précédemment.

— Peut-être, mais croyez-vous qu'il faille systématiquement rechercher dans les ouvrages de ce genre une indication sérieuse sur notre histoire ?

— Certainement pas, ce serait fastidieux, et vraisemblablement sans intérêt. En fait, cela permet seulement de situer ceux qui admettent que cette histoire les intéresse à un titre ou un autre, sans plus, et qui le laissent transparaître dans leurs œuvres.

— ... Et que, dans quelques années, on considérera comme détenteurs d'une part de la vérité. Si l'on y regarde bien, à part quelques grandes figures comme Nerval, il en va souvent de ceux que nous tenons pour plus ou moins initiés, plus ou moins liés aux coteries ésotériques et spiritualistes du siècle passé, comme de ceux dont nous disons aujourd'hui avec l'assurance de celui à qui on ne la fait pas : « Tiens, un tel, ce n'est pas une andouille ! »

— J'en suis bien convaincu.

— Mais revenons à Nerval. Connaissez-vous son sonnet « Artémis » ?

— Ah ! Artémis ! Non, je le connais mal, mais je connais par contre fort bien la déesse invoquée. Et tiens, comme je parie que vous, vous connaissez parfaitement le texte du poème et que vous mourez d'envie de nous éblouir en nous le récitant, je m'en vais vous chercher un bouquin sur le temps que je vous écoute.

Il sourit en acquiesçant, et commença :

La Treizième revient... C'est encor la première ;
Et c'est toujours la Seule, – ou c'est le seul moment
Car es-tu Reine, ô Toi ! la première ou dernière ?

Es-tu Roi, toi le Seul ou le dernier amant ?...
Aimez qui vous aima du berceau dans la bière ;
Celle que j'aimais seul m'aime encor tendrement :
C'est la Mort – ou la Morte... O délice ! ô tourment !
*La rose qu'elle tient, c'est la **Rose trémière**.*

Sainte napolitaine aux mains pleines de feux,
Rose au cœur violet, fleur de Sainte Gudule :
As-tu trouvé ta Croix dans le désert des Cieux ?

> *Roses blanches, tombez ! vous insultez nos Dieux,*
> *Tombez, fantômes blancs, de votre ciel qui brûle :*
> *– La Sainte de l'Abîme est plus sainte à mes yeux !*

J'entendis ma Femme applaudir depuis sa cuisine, et je le congratulai aussi.

— Bravo ! Franchement ! Mais savez-vous qu'une autre version, tout aussi authentique, comporte quelques différences curieuses ?

— Ah ?! Lesquelles ?

— Attendez, je cherche la page... Voilà :

> *O **Sainte de Sicile** aux mains pleines de feux*
> *Rose au cœur violet, **sœur** de Sainte Gudule*
> *As-tu trouvé ta Croix dans le désert des Cieux ?*

... Et vous remarquerez, si vous lisez les textes, notamment dans leur remarquable édition de *La Pléiade*, que la curieuse ponctuation symétrique de votre version n'est pas la même que celle de la mienne. Mais j'ai mieux ! Savez-vous ce que dit *Le Petit Robert*, volume des noms propres, à propos d'Artémis ?

— Non ?

— Je vous lis textuellement :

> *Artémis. Divinité grecque identifiée plus tard à la Diane des Romains. Fille de Zeus et de Léto, sœur jumelle d'Apollon, née dans l'Ile de Délos, elle est déesse de la Lune [...] et de la chasse. Munie d'arcs et de flèches, escortée de nymphes elle hante nuitamment les bois à la poursuite de fauves. Vierge et chaste, elle est vindicative et cruelle ; elle a fait périr Actéon, Orion, Callisto. Elle aide à venger l'injure faite par Niobé à leur mère. Courroucée contre Agamemnon, elle le force à sacrifier Iphigénie. En revanche elle exauce la prière d'Aréthuse, qu'elle transforme en fontaine.*
>
> *Elle était particulièrement vénérée en Arcadie...*

... Y a-t-il quelque chose à ajouter ?

— Ajouter ? Non, dit mon Épouse, mais compléter, oui ! J'ai la sensation que la première version que vous avez citée d'Artémis ne peut pas être séparée du *Desdichado*, ne fût-ce que :

> *La **fleur** qui plaisait tant à mon cœur désolé,*
> *Et la treille où le Pampre à la Rose s'allie.*

— Chère Madame ! Que serait l'évolution de l'être sans l'intuition féminine ?... Je crois me souvenir que ce même *Petit Robert* dit de jolies choses sur Nerval. Voudriez-vous me le passer un instant, s'il vous plaît ?

Il feuilleta quelques pages du dictionnaire, puis son visage s'éclaira.

— Écoutez bien ces lignes. Je vous en montrerai le sens prochainement :

> *De 1836 à 1841, une passion malheureuse pour l'actrice Jenny Colon (dans son langage onirique, Aurélie ou Aurélia) accentua cet épanchement du songe dans la vie réelle : Adrienne et Jenny sont dès lors les deux incarnations (la « Sainte » et la « Fée ») de son éternel féminin, qui se confond bientôt avec l'âme de la nature (Isis ou Cybèle), puis avec la Vierge Marie...*

... Il suffit de m'arrêter là. Ou le hasard est vraiment le maître du panthéon des dieux ; ou alors, celui qui a rédigé cet article savait parfaitement ce qu'il faisait. Pour ce qui est de la passion malheureuse de Nerval pour Jenny Colon, une curieuse légende court sur une descendance présumée... Mais c'est une autre histoire, n'est-ce pas ?

— Oh que oui !

— Je me propose de vous montrer prochainement ce que Nerval a peut-être voulu dire par tout ceci. Remarquez dès à présent que les termes « Sainte » et « Fée » sont empruntés au *Desdichado*, et que certains n'envisagent pas moins que d'attribuer ces deux termes à la Gode, à la Madeleine... Quant à la Vierge... Mais vous m'avez suffisamment démontré, à Saint-Paul, que vous saviez, vous aussi, qu'il fallait penser du rôle de la Vierge et de la treizième heure. Ah ! Nerval...

— Tiens, interrompit Marcelle en feuilletant le Nerval de la Pléiade, savez-vous quand fut imprimé le *Desdichado* ?

— Notre culture ne s'étend pas jusqu'à permettre de telles performances.

— Ce sonnet fut publié dans *Le Mousquetaire* du 10 décembre 1853 par Alexandre Dumas... 1853, cela fait bien 17, non ? Et 10 décembre, 10 + 12, cela fait 22, *L'œuvre achevée*, si je ne me trompe ?

Jacques soupira comiquement :

— Chère Madame, si vous vous y mettez aussi !...

Cependant, j'ai une dernière pierre à apporter à l'édifice que l'on peut bâtir au départ des sonnets de Nerval. Vous m'avez dit avoir vu, et beaucoup apprécié *Jésus-Christ Superstar*... Vous avez admis, comme moi, que cette œuvre pourrait contenir quelques fines allusions au changement d'ère dont nous avons discuté abondamment à la Cathédrale Saint-Paul... Eh bien, lisez attentivement le troisième sonnet du *Christ aux oliviers*, et comparez avec le même thème dans l'opéra-rock !

Marcelle feuilletait déjà le livre qu'elle venait de me prendre des mains. Elle sursauta :

— Mince alors ! Savez-vous à qui est dédié *Le Christ aux Oliviers* ?... A Jean-Paul !

— Eh oui ! Il n'y manque que le numéro d'ordre. Et puisque vous vous émerveillez de certains détails que vous découvrez dans les sonnets de Nerval, passez-moi ce livre... Merci, chère Amie.

Il tourna quelques pages vers la fin, cherchant les notes.

— Ah, voilà. Le sonnet *Artémis* est également connu sous le titre *Ballet des Heures* dans un manuscrit où il fait suite au *Desdichado*. Le texte ne varie que peu par rapport à celui dont nous venons de parler ; ce qui est intéressant, c'est la fin, dont une partie a été barrée par l'auteur lui-même :

Vous ne comprenez pas ? Lisez ceci :
D.M. - LUCIUS. AGATHO. PRISCIUS.
Nec maritus
                        Gérard de Nerval

— Ca alors !

Et je citai de mémoire le texte fameux :

Quand l'escriture D.M. trouvée
Et cave antique à lumière découverte...

— N'est-ce pas ? Et si j'ai pris soin de vous préciser l'ordre des sonnets dans le manuscrit précédent, cela vaut la peine de jeter un coup d'œil à celui qui précède *Artémis* dans notre version. Il s'agit de *Delphica* :

Et la grotte fatale aux hôtes imprudents,
Où du dragon vaincu dort l'antique semence...
Ils reviendront, ces Dieux que tu pleures toujours !

Le temps va ramener l'ordre des anciens jours ;
La terre a tressailli d'un souffle prophétique...

Un moment s'écoula, tandis qu'il refermait doucement le livre, l'œil mi-clos sur un regard amusé par notre rêverie.

L'enchantement fut troublé par une curieuse odeur, à mi-chemin entre le caramel et le porc incendié, qui émanait sournoisement de la cuisine. Marcelle poussa un cri d'horreur et se rua vers ce qu'elle appréhendait déjà comme une tragédie. Dieu merci, ce n'était qu'un peu de sauce qui avait débordé d'une préparation précédente ; sagement calfeutré au fond du four, le plat principal avait su prendre patience. Je remplaçai le Mâcon blanc qui accompagnait la lotte par un Cahors très digne, tandis qu'il complimentait à nouveau ma Femme sur ses talents.

Je lui proposai donc, en hôte conscient du devoir de plaire à son invité, de lui faire un prix pour le lot s'il se portait acquéreur : ma Femme et ma Belle-Mère, les deux d'un coup.

A prendre ou à laisser.

Il laissa.

Nous attaquâmes alors un cassoulet somptueux, qui, bien que plat de résistance, eut le bon goût de ne pas se défendre. Notre gourmandise fut telle que nous eussions été bien en peine de tenter la moindre conversation, tant la saveur du chef-d'œuvre de Marcelle nous captivait. Jacques refusa à regret une dernière portion et se mit à mirer la robe du Cahors à la lueur d'un bougie. Son air de plus en plus inspiré nous faisait pressentir l'énoncé d'une chose importante, et nous respections son silence.

Quand il eut soigneusement focalisé notre attention, il demanda :

— Connaissez-vous l'histoire de cette malheureuse qui recueillait les chiens abandonnés de son voisinage ?

Il ne nous laissa pas le temps de répondre.

— Pendant fort longtemps, elle vécut, au grand dam des voisins, avec dix-neuf toutous de toutes races et de toutes origines, leur sacrifiant la quasi totalité de sa maigre pension.

Il reposa son verre.

— Mais c'est seulement quand elle en eut recueilli un de plus qu'on commença à l'appeler « la Mère aux vingt chiens. »

— Vous ne reculez vraiment devant rien !

— Si. Parfois devant les horloges qui avancent.

— Ce n'est pas meilleur.

— Alors, refaites-moi une boucle. Repartez de Saint-Sulpice, comme vous me l'aviez proposé.

— Et moi, je mettrai un bout de salade, ajouta mon Bocuse en jupons.

— Allons-y. Bien que nous n'ayons guère épuisé tout ce qu'il y aurait lieu de raconter sur le bâtiment de Saint-Sulpice, je vais tenter « l'autre face » de cette boucle et parler du personnage. Sulpice, dit le Sévère – à ne pas confondre avec Sulpice Sévère, l'auteur chrétien du cinquième siècle – Sulpice, donc, était évêque de Bourges. Il était surtout ministre de Saint Dagobert, en compagnie d'une bande de joyeux lurons, ministres comme lui, et notamment de Saint Éloi et Saint Ouen.

Et voilà que nous tombons immédiatement dans le cœur de cette histoire : la lignée mérovingienne... La lignée est-elle vraiment morte ? Dagobert n'a-t-il réellement eu aucun descendant ? S'agit-il bien seulement d'un mythe plus ou moins artificiel que cette histoire d'un rejeton se réfugiant à Rennes-le-Château...

— Le « Rejeton Ardent. »

— Précisément. Celui qui se serait réfugié dans le Razès sous le nom de Béra, et y aurait procédé à des donations dont serait issu l'évêché d'Alet. Ne nous interrogeons pas sur le sens d'Alet, dont Roger Peyrefitte m'a confirmé un jour qu'il s'agissait du *Vicus Electus*, ou *Pagus Electensis*, et non pas d'une quelconque vérité grecque ou arcadienne.

— Vous savez que la tombe de Peyrefitte est déjà prête dans le cimetière d'Alet ?

— ... Et que l'actuelle maison communale est l'ancienne maison familiale, la « Villa Livadia ». Oui, bien sûr, nous en avons parlé. Mais cela nous éloigne de nos Mérovingiens.

— C'est juste. Poursuivez donc, je vous en prie.

— Eh bien, il s'est trouvé, à l'époque qui nous occupe, d'autres fils de Mérouweg pour fonder une autre institution religieuse, qui, elle aussi devait devenir un évêché.

— Vous voulez parler d'Alet ?

Je souris de son ambiguïté volontaire.

— Eh oui, d'Alet en Bretagne, qui n'est, elle non plus, pas très éloignée d'une autre Rennes et d'un autre Redon, près de Saint-Malo...

— Alors, vous savez certainement que c'est de cette Alet que partirent ceux qui fondèrent l'actuelle Acadie, où les Français de 1604 établirent... Port Royal, qu'ils perdirent d'ailleurs par le Traité d'Utrecht. Par delà de cette concision qui couvre plusieurs événements disparates, les similitudes sont extraordinaires !

— Et peut-être même plus que vous ne pensez ! Pouvez-vous me dire avec précision où se trouvent actuellement les ruines de la cathédrale d'Alet Bretagne, à Saint-Servan ?

— Dites ?

— Elles se trouvent place Saint Pierre, au pied de la corniche d'Alet, qui, au delà de la Tour Solidor, se continue par le parc des Corbières !

— Dieu que votre jeu des boucles est joli !

— « *Et in Acadia ego* »... Pourquoi pas les Amériques ?

— Là, vous allez un peu loin ! Je veux bien que l'on y trouve le siège central et l'origine de l'A.M.O.R.C., sur laquelle il conviendrait probablement de dire des tas de choses...

— ... Notamment que son siège européen fut longtemps à Mantes-la-Jolie, c'est-à-dire pas tellement loin de Gisors.

— Je vous le concède. Il n'empêche que je ne suis pas convaincu qu'il faille relier cette histoire à des événements survenus au delà de l'océan.

Et il ajouta après un bref silence :

— A moins de nous en tenir au niveau des archétypes... Mais alors, c'est le monde entier qu'il faut noyer dans votre soupe !

— Et vous savez bien que nous y arriverons tôt ou tard. La connaissance cachée à Rennes – et ailleurs – dépasse le cadre étroit de la seule Fille aînée de l'Église.

— Vous vous êtes donc intéressé à la signification profonde de l'archétype ?

Ce fut à moi de sourire.

— Vous en doutiez ?

— Non, c'est certain... Mais j'ai hâte de vous entendre.

— Vous ne faites que cela, paresseux ! Mais j'accepte de vous satisfaire. Je suis donc intimement persuadé qu'il s'agit d'une histoire beaucoup plus ancienne que ceux qui s'y intéressent de près aujourd'hui ne le prétendent. Gérard de Sède est remonté au Temple de Salomon, Philippe de Chérisey envisage le « Grand Romain » et Pierre Plantard s'arrange bien d'une descendance issue directement du Christ.

— Je sais ce que cela peut avoir de loufoque, mais, sans prendre parti, fût-ce d'en rire, je vous signale qu'Urbain de Larouanne verrait aisément une liaison entre les Villeneuve, d'où est issue Sainte Roseline, et cette même lignée « Christique »...

— Vous savez... Ma Femme et moi avons eu les pires difficultés pour nous marier : je descend d'Adam, et elle d'Eve !

— D'accord, autant pour moi. Continuez donc !

— Eh bien, pour ma part, je ne serais pas vraiment étonné que le fin fond de cette affaire concerne la question des origines. Mais procédons par ordre et remontons seulement à une époque étrange, celle des grandes invasions venues de l'est. Avez-vous déjà remarqué comme ces deux langues, que l'on dit tellement différentes, la langue d'oc et la langue d'oïl, peuvent se ressembler quand on y prête attention ? Evidemment, les tenants de la raison raisonnante, comme disait Jean Sendy qui les connaissait bien, ces gens-là vous diront que c'est impossible. Vous leur ferez valoir que si les dialectes pyrénéens ont plus ou moins conservé la forme « oc » du « oui », il ne se trouve plus qu'une seule région où ce même « oui » se prononce « oïl », ou, phonétiquement, « ôy » : la Wallonie. A cela, ils répondront que c'est précisément la preuve d'une différence fondamentale. Hé non ! Justement ! Qu'il y ait une différence phonétique entre le « oc » et le « oïl » ne fait aucun doute, mais langue d'oc et langue d'oïl, au-delà des mille kilomètres qui les séparent, sont deux langues jumelles ! Il est évident qu'ils ont raison quand ils disent que ceux qui parlent le wallon ne peuvent comprendre correctement les Picards, et que les Picards ne peuvent saisir les gens de l'Île de France, et que ceux-ci, n'est-ce pas, etc. Alors, selon leur raisonnement, à fortiori, comment voulez-vous que les Wallons comprennent les Occitans ?

Mais ils ne vous expliqueront pas que ceux qui connaissent correctement le wallon lisent sans grande difficulté beaucoup de textes occitans, et réciproquement. Il suffit d'écouter quelques chansons de Claude Marti pour s'en convaincre :

La tèrra la conneissetz,
es la vòstra, amics,
es la teuna, vinhairon...

Li tére, vos l'kinohez,
c'èst d'à vosse, amis,
c'èst d'à teûne, [cinsî]...

... Il n'y a pratiquement que le vigneron qui change. Simplement parce que nous n'avons plus de vignerons, et que je ne veux pas vous entraîner sur les pentes du « Petit Bourgogne » !

Ils ne vous expliqueront pas non plus le pourquoi de cette aventure étrange qui m'est arrivée il y a quelques années, et que vous pouvez facilement vérifier encore aujourd'hui. Nous nous promenions, Marcelle, les enfants et moi, sur la crête des châteaux de Lastours, photographiant à qui mieux mieux, quand, pour obtenir un angle intéressant, je me mis en devoir d'escalader Quertinheux.

Quelle ne fut pas ma surprise, en arrivant au sommet, en jetant un coup d'œil circulaire sur l'horizon, de constater la présence, en plein Cabardès, tout juste au-delà des ravins de l'Orbieu, de voir une belle-fleur de charbonnage ! Vous savez, ces deux roues contre-rotatives montées au sommet d'une tour métallique, et qui servent à descendre et remonter simultanément les deux cages contenant les mineurs. Tout cela au milieu de la caillasse rongée par le vent de la Montagne Noire.

Je redescendis en faire part à Marcelle, mais, pas de chance : nous avions oublié les cartes routières à l'hôtel. Qu'importe : nous irions à la boussole !...

Je n'oublierais jamais la vue que nous eûmes en arrivant, celle d'un petit village aux maisons basses, couvertes de poussière sous leurs tuiles rouges, corons ouvriers entourant la paire du charbonnage. Cela s'appelait Salsigne, et non pas Salsinne comme on commençait à le croire. Et ce n'était pas du charbon, que l'on y extrayait, mais de l'or.

— C'est effectivement curieux.

— Et puis, vous expliqueront-ils pourquoi, alors que Toulouse évoque immédiatement l'idée d'une délicate petite fleur mauve, pourquoi l'hôtel de ville de Liège s'appelle... « La Violette » ? Vous feront-ils part des similitudes que d'aucuns pourraient trouver entre cette *Reina al' pèd d'auca*, la Reine au pied d'oie... la Reine Pédauque, cette Reine au pied palmé dont le sarcophage se trouve à Saint-Sernin de Toulouse, et cette bonne vieille Berthe au Grand Pied, mère de ce Charlemagne bien de chez nous qui contraignit Renaud de Montauban à se réfugier dans le Languedoc ?

— Je vous ferai remarquer que l'on sait aujourd'hui qu'il n'y a pratiquement plus aucune chance pour que Berthe et la Reine Pédauque aient été une seule et même personne.

— Qu'importe ce que l'on pense aujourd'hui si, pour cela, on se désintéresse des raisons qui on fait admettre autre chose durant tant de temps ! Et il y a tant d'autres curiosités, que nous n'aurions pas assez d'une soirée pour les énumérer...

Une dernière anecdote, cependant. Il est de bon ton, aujourd'hui, de reconnaître à chaque occasion « ses lointains cousins », qu'ils soient québécois, scandinaves ou occitans, mais quand j'avais commencé à concevoir ces rapprochements curieux entre nord et sud-ouest, cela n'allait pas sans risque. C'est ainsi que, m'étant un jour présenté chez un enseignant universitaire afin de prendre son avis, je fus simplement traité d'imbécile, de farceur dangereux, d'illuminé, et même, si je me souviens bien, d'illettré. C'est ce même distingué personnage, qui participait alors à la rédaction d'une très belle *Histoire de la Wallonie*. Et où pensez-vous que fut publié cet ouvrage ? Chez un éditeur bien de chez nous, et il n'en manquait pas, à l'époque ? Mais non, vous n'y êtes pas ! *L'histoire de la Wallonie* fut publiée chez Privat, à Toulouse !

— Et vous en concluez ?

— Qu'il existe, par delà les frontières, les distances, et les à priori, une sorte d'identité entre certains peuples du Nord et certains peuples du Sud-Ouest ; et que, dans certaines conditions, ceux-ci peuvent la percevoir, et même se reconnaître, en quelque sorte.

— Et comment expliquez-vous cette... identité ?

— Ca, c'est une autre paire de manches ! J'ai l'impression – mais je vous dis tout de suite qu'il ne s'agit là que d'impressions, de sentiments issus de coïncidences, de présomptions, de convergences, et nullement d'assertions définitives ! – j'ai donc l'impression que les peuples venus de l'est qui accomplirent les grandes invasions de la Gaule et supplantèrent notamment les Ligures, étaient organisés un peu comme les Hébreux, soit une majorité de tribus et nations combattantes, et une nation, un groupe cohérent de tribus, chargé du sacerdoce, de la même manière que les Lévites de l'autre côté...

— Vous pouvez préciser ?

— Si Coluche m'entendait ! Je crois bien que cette nation était constituée d'un groupe de tribus de pasteurs, gardiens et détenteurs d'une tradition touchant à la connaissance des origines, et chargés de la transmettre partout où leurs frères s'établiraient. Ces bergers, gardiens des béliers à l'époque de Baal, cela ne m'étonnerait pas tellement qu'il se soit agi de... Belges !

On les retrouve d'ailleurs un peu partout dans les mythologies contemporaines de ces invasions : dans les Pyrénées, où ils mirent le feu à la montagne, provoquant un incendie tel que l'or et l'argent fondirent, et que la part que les Phéniciens ne chipèrent pas coula dans la plaine jusqu'à... Orval – ou Paray-le-Monial. On les trouve aussi en Irlande, où ils aidèrent les indigènes à se débarrasser des « Fomorés »... Et c'est plutôt curieux de constater que la Gaule belgique sera, bien plus tard, évangélisée par des moines venus d'Irlande. Saint Malachie ne me démentira pas ! De tout ceci, je postule que cette nation s'établit en un premier temps dans les Ardennes, puis que deux de ses branches essaimèrent, l'une, en direction de la Bretagne, l'autre vers les Pyrénées, et que c'est de leur origine commune que nous sommes en train de discuter au travers des similitudes que nous venons de discerner. Mais je parle, je parle et vous ne dites toujours rien.

— Je n'ai pas grand chose à ajouter, sinon que vos grandes invasions sont venues de l'est, et que si je suis à Liège, je crois vous l'avoir dit, c'est aussi pour étudier certaines langues orientales que j'ai approchées lors mon voyage en Asie, sur les plateaux du Pamir... Pas tellement loin du mont Mérou !

Et il plongea avec ravissement dans un panaché de salades aux noix et aux amandes, relevé d'une vinaigrette à l'ail, dont je me souviens encore.

Il ne refit surface qu'au moment de savourer les fromages, et ce serait probablement fastidieux d'énumérer les sujets de compliments qu'il trouva dans les rambol, bleus, camemberts, brie, chèvres, fourme, tome, Herve, morbier, Roquefort et autres gâteries que Marcelle venait de disposer artistement sur un lit de feuilles, tandis que je servais délicatement un Côte de Nuits de bel âge.

— Je ne me souviens pas avoir jamais savouré pareil gueuleton, dit-il, sincère. J'ai participé à nombre de repas fins qui n'étaient que chipoteries et snobisme, j'ai pris ma part de pas mal de tables réputées, mais jamais encore je n'ai eu la chance de dîner de la sorte, de mets à la fois simples, riches, sains et succulents.

— Oh, vous savez, dit Marcelle en essayant vainement de rougir, c'est à la bonne franquette. Un petit repas tout simple avec le peu que j'avais... La prochaine fois, prévenez !

Il faillit s'étrangler dans son Côte de Nuits, suffoqué par la candeur infernale que ma Femme parvint à simuler avant d'éclater de rire. Il se reprit :

— Quant à vos vins, mon cher, ils sont fameux, permettez-moi de vous dire...

— Ah, interrompit Marcelle, tu vois qu'il valait mieux ne pas lui dire que nous les avions achetés dans un fond de loge au supermarché du coin !

Et elle partit, légère comme son rire, chercher le pain de seigle qu'elle avait elle-même préparé en l'honneur de notre convive.

— Et voilà ! dis-je. Pour une fois que vous me faites un compliment...

— Réinvitez-moi souvent, et je vous en promets beaucoup.

En vieil habitué de la maison, il fit lui-même le service des fromages, garnissant l'assiette de chacun selon la demande.

— A propos des liaisons Wallonie-Occitanie dont vous venez de m'entretenir avec beaucoup de chaleur, j'ai moi-même constaté pas mal de choses curieuses. Que pensez-vous de la geste des Quatre Fils Aymon ?

— Quand je dois répondre à ce genre de question, ne sachant pas ce que mon interlocuteur attend de moi, je commence par me renseigner au dictionnaire. Cela me permet de le faire patienter et de tâter le terrain. Autant vous dire que vous m'intriguez.

— Vous n'allez quand même pas, vous, commencer à vous fier aux dictionnaires ? Ne parlons pas du Larousse, dont Noël Anselot dit des choses amusantes dans son dernier livre. Quant au *Petit Robert des noms propres*, pour lui, Jean Varin est un graveur français d'origine flamande né à Liège, alors que Douffet, Lairesse, Goswin, et même Flémalle et Del Cour n'y méritent pas le moindre mot.

— Cependant, vous m'avez approuvé tout à l'heure quand j'y ai puisé les renseignements concernant Artémis ?

— Il y a une solide nuance entre satisfaire les goûts intellectuels de la clientèle nationale, et faire référence aux... métèques du pays voisin, de crainte de découvrir qu'on leur doit quelque chose !

— Vous êtes dur !

— J'ai horreur d'une certaine forme de racisme, très en vogue dans certains cénacles pensants, et que trop de vos compatriotes flattent aveuglément, croyant s'élever au niveau de ceux qu'ils idéalisent, s'imaginant faire preuve de maturité, alors qu'ils ne récoltent que le mépris de ceux-là même qu'ils flagornent... Ils devraient relire Jean de la Fontaine.

— Tiens, encore une grande figure du 17e qui a eu son mot dire dans cette aventure. Je suppose que vous appréciez aussi ces « Grenouilles qui voulaient un Roi » ?

— Bien sûr ! Tout comme Molière, mais peut-être avec plus de diplomatie, La Fontaine a dissimulé dans plusieurs œuvres parfaitement anodines, des choses très intéressantes pour qui sait lire entre les lignes. D'ailleurs, il a fait ses premières armes dans l'entourage de Fouquet.

— Mais cela nous éloigne de nos Quatre Fils Aymon...

— Puisque vous ne voulez point vous livrer sur ce sujet, je vais vous en dire mon point de vue. C'est donc une chanson de geste datant de la fin du douzième siècle, que des auteurs érudits relient au cycle de Doon de Mayence et rapprochent des aventures de Girart de Roussillon. Qui dit Roussillon, dit évidemment Languedoc, et voici nos quatre garçons dans le vent solidement établis dans leur rôle de héros bien français, bien occitans, comme le veulent l'évidence et le bon sens. Il est bien certain que vos légendes situant leur geste dans l'Ardenne belge ne sont qu'une honteuse tentative de vol de héros nationaux et qu'il conviendrait de vous faire rendre gorge. Et le pas Bayard, de Dinand, n'est jamais qu'une mystification de grenouilles qui ont voulu élever leur mythologie au niveau de l'Histoire Sainte du bœuf.

— Mais que vous êtes véhément ! Et quelle curieuse attitude que la vôtre pour l'instant ! Que votre profonde honnêteté vous porte à ne pas apprécier l'attitude coluchienne de certains de vos compatriotes, j'en suis persuadé ; mais que cela vous amène quasiment à l'invective !?

— Et vous, pourquoi ne réagissez-vous pas ? Les Fils Aymon font réellement partie de votre patrimoine, même s'il est vraisemblable qu'ils étaient fils d'un seigneur du Roussillon et qu'ils se réfugièrent chez leur père après leur empoignade avec Charlemagne.

— Pourquoi je ne réagis pas ? Tout simplement parce que j'ai trop de respect pour vous et que je ne veux pas risquer de vous blesser au départ de ce qui me semble un malentendu.

— C'est cela qui vous perd, vous, les Belges, et particulièrement les Wallons. Vous avez trop de respect, votre force est trop secrète.

— Et nos amitiés trop sincères ?

— Et toc ! compléta Marcelle.

Il nous regarda, éberlué. Nos sourires vaguement ironiques le rassurèrent.

— A toutes fins utiles, je vous rappelle que j'ai choisi Liège pour y vivre...

— Et re-toc !

Il éclata de rire, comprenant que nous visions ses compatriotes, et non pas lui-même.

— Je constate aussi qu'il ne faut pas trop vous asticoter... Bon ! Je m'y suis apparemment mal pris. Je voulais seulement vous amener à prendre parti pour l'une ou l'autre des hypothèses – héros occitans ou wallons – et à la défendre, ce qui m'aurait permis de prendre la thèse opposée afin de vous prouver, pas à pas, qu'ils ne sont ni l'un ni l'autre, parce qu'ils sont les deux à la fois ! En fait, Renaud de Montauban et ses frères sont bien seigneurs d'Ardenne. Il suffit pour s'en convaincre de lire attentivement une carte Michelin de la région comprise dans un quadrilatère qui joint Charleville-Mézières, Revin, Fumay et... Bouillon. Les allusions topographiques à nos quatre gaillards sont lumineuses. Et parfois étranges, car, à moins de quatre kilomètres au nord du rocher dédié aux Aymon, on trouve Laval-Dieu...

— Holà !

— Vous voyez, que l'on n'en sort pas !

— Pour une fois, je serai très tenté de suivre sans restriction Paul de Saint-Hilaire dans son analyse de la geste, ainsi que dans ses hypothèses concernant la rédaction de celle-ci.

— Elle aurait été écrite par des moines de Stavelot-Malmédy ?

— J'y crois beaucoup. Ce que je sais du père Abbé de l'époque m'y pousse, d'autant plus qu'alors, le château de Rennes, celui qui se trouve près de Xhignesse, ce château dépendait de leur abbaye.

— Vous m'en direz tant !

— Et cela ne m'étonnerait pas outre mesure de trouver dans cette chanson de geste, tout autre chose qu'une simple épopée chevaleresque émaillée de considérations morales ou politiques.

— Par exemple ?

— Eh bien, si vous passez votre temps à rechercher sur une carte les lieux que l'on peut identifier au départ de la geste, vous remarquerez vite deux choses : premièrement, ces lieux sont presque toujours caractérisés par un toponyme directement issu de la légende, Castel Aymon, Pas Bayard, etc. Deuxièmement, vous vous rendrez vite compte de ce que ces lieux et lieux-dits ne sont pas exclusivement réservés aux sites directement concernés par l'aventure des Fils Aymon, mais qu'en fait, ils se situent bien souvent sur une ligne imaginaire qui relierait l'Ardenne belge au Carcassès. Si vous avez la patience de rechercher systématiquement ces lieux quant ils ont été effacés par le temps, l'urbanisme ou la surpopulation, vous serez vite amené à penser qu'ils se situent à peu près à une journée de voyage les uns des autres. De sorte que je ne suis pas loin de penser que les bons moines de Stavelot-Malmédy ont soigneusement organisé un itinéraire reliant... l'Ardenne aux Pyrénées.

— C'est assez énorme !

— Je veux bien tout cela, intervint Marcelle en apportant les fruits rafraîchis du dessert. C'est certainement passionnant au point de vue de la culture générale, mais en quoi cela concerne-t-il l'affaire de Rennes-le-Château ?

— Mais, chère Amie, parce que si l'énoncé du problème se trouve à Rennes, la solution se trouve en toute lettre ici, chez vous.

— Vous vous moquez de nous ?

— Pas le moins du monde. J'ai bien trop d'amitié pour vous – et de respect pour votre cuisine – pour vous imposer ce manque de courtoisie. Je suis on ne peut plus sérieux. L'histoire de Rennes, derrière l'aventure de Bérenger Saunière et de ses prédécesseurs, derrière les mythes de rois perdus, à côté des affaires de trésor, par delà toutes ces choses qui n'en sont que la façade, l'affaire de Rennes touche à une réalité bien plus profonde, bien plus essentielle. Elle touche à une question enfouie au cœur de tout homme et de toute femme qui s'interroge sur son être et son devenir. L'affaire de Rennes plonge dans la nuit des temps, et par ses prolongements chez vous, elle s'élance vers le futur...

Comme votre époux, si je ne me trompe, l'a très bien dit un jour à Pierre Plantard, l'histoire de Rennes est une merveilleuse auberge espagnole où chacun trouvera ce qu'il y aura amené. Mais tous, tous ceux qui auront vraiment cherché avec foi, tous finiront par se rendre compte qu'il y a autre chose. De tout temps, le site de Rennes a été dépositaire de quelque chose d'essentiel, d'une vérité connue depuis le fond des âges et perdue pour certains, même si cela pose le problème de l'étrange civilisation qui l'aurait détenue. Là-dessus, et peut-être simplement parce que le site s'y prêtait à merveille, ou peut-être encore parce que c'était donner à ce que l'on cachait une dimension quasi sacrée, là-dessus sont venus se greffer d'autres dépôts : or de Salomon, or du Temple, or du Desdichado, et, presque certainement, des valeurs spirituelles et sacrées provenant des Cathares ou d'autres sectes spiritualistes. Et pourquoi pas, tant qu'on y est, une version « claire » des « prophéties » de Nostradamus ?

Mais si tout cela s'articule autour de la clef de notre passé, la clef de notre devenir, prolongement obligé de celle de Rennes, cette clef se trouve chez vous ! Et tout ce que nous venons d'argumenter n'a d'autre but que de vous faire comprendre que, depuis aussi longtemps qu'il se passe quelque chose à Rennes, il se prépare quelque chose ici, qui est en train de s'accomplir.

— Vous m'impressionnez. Et si ce n'était la confiance et l'amitié que nous avons pour vous, je crois bien que je me serais mise à rire.

— Allons donc ! Vous avez suffisamment de finesse et d'intuition, et votre mari de connaissances, pour sentir parfaitement au fond de vous-même, que je ne vous invente rien !

Nous étions passablement secoués par ses affirmations, et probablement aussi parce qu'il avait parfaitement raison : nous soupçonnions depuis longtemps déjà quelque chose dans ce genre, mais nous n'avions ni le talent, ni le savoir, ni seulement l'audace qui nous aurait permis simplement de l'admettre. Quant à l'affirmer...

Il dégusta une pomme avec beaucoup de plaisir, respectant avec patience le silence que nous avions laissé s'établir. Que dire ? Que dire là-dessus, sinon qu'il nous avait remués, et qu'il nous fallait un peu de temps pour assimiler ses paroles.

Marcelle se décida à rompre l'envoûtement pour proposer café et pousse-café. Il accepta avec plaisir la très vieille eau-de-vie de prune que notre amie de Montferrier nous avait offerte, et ma Femme garnit d'alcool brun le fond de trois verres ballon.

— Au fait, dit-il, d'où est originaire la dynastie mérovingienne, ces rois que l'on disait fainéants alors qu'ils étaient seulement faits néant ?

— Il semblerait que Pharamond ait été un prince de notre Campine, tandis que Mérovée serait né sur les bords de la Sambre.

— Ce n'est pas exactement ce qu'en disent les dictionnaires, mais votre réponse n'est pas nécessairement plus fausse que leurs affirmations. Quoi qu'il en soit, la dynastie mérovingienne est issue de vos contrées, et il m'arrive parfois de rêver sur sa continuation actuelle.

— Il est un fait que ce que l'on en sait peut amener à s'interroger.

Il sourit.

— Je ne parle pas des prétentions, justifiées ou non de Pierre Plantard, ni des certitudes que je porte en moi ; je pense plutôt à l'incarnation politique actuelle des caractéristiques propres à cette dynastie.

— Allons bon ! Qu'allez-vous encore me sortir ?

— Que la Belgique est le dernier pays au monde où il se trouve réellement, dans les faits et dans la constitution, qu'un Roi règne et ne gouverne pas. Votre Roi est. Point. C'est bien la définition de la royauté mérovingienne, que je sache ?

— Dites, vous ne croyez pas que vous jetez le bouchon un peu loin, non ?

— Je n'ai jamais prétendu que Baudouin Ier soit mérovingien, ne me faites pas passer pour une andouille ! Je dis que le pays qui fut le berceau des Mérovingiens possède une constitution telle que dans les temps modernes, son Roi est fait néant. Vous êtes-vous déjà posé la question de savoir pourquoi, à la veille d'épouser Doña Fabiola de Mora y Aragon, – y Aragon, j'insiste ! –, pourquoi votre Roi a jugé utile de faire retraite à Orval ?

— Franchement non, mais je suppose qu'à la veille de prendre un décision politique importante, susceptible d'avoir de lourdes conséquences, il est normal qu'un souverain se recueille et s'interroge.

— Hé ! Ho ! Qu'un souverain qui n'a aucun pouvoir s'interroge sur les conséquences d'une décision politique ? Vous trouvez cela normal ?

— Non, ce n'est pas évident. Mais qu'avez-vous à me proposer ?

— Je vous ai dit que votre Roi règne, mais ne gouverne pas : il est. Imaginez un instant que Baudouin ait su que son épouse ne pourrait vraisemblablement jamais donner d'héritier en ligne directe au royaume, qu'il ait donc su que rien de lui ne subsisterait, que rien ne continuerait à être au-delà de sa personne, et que, conscient de son rôle dans l'optique que nous envisageons, il ait jugé utile de prendre conseil auprès des bons Pères ?

— Je pense que vous êtes en train de tirer l'histoire par les cheveux. Car enfin, pourquoi Orval ?

Il leva son verre devant une bougie et admira la lumière chaude qui filtrait au travers de l'alcool.

— J'ai bien l'intention de vous y emmener dès que possible, dit-il enfin.

L'ALLIANCE DU VERSEAU

Virgini Pariturae
Cathédrale de Chartres.

****

L'après-midi d'automne était radieuse.

Bien sûr, c'était un cliché, mais cela n'empêchait pas une lumière merveilleuse, d'une pureté de cristal, de faire éclater les couleurs somptueuses de septembre. L'atmosphère était irréelle, composée d'antithèses, de ces teintes chatoyantes et de calme serein, de cette lumière infiniment vive et de paix feutrée, de cette limpidité un peu froide de l'air et de la couleur chaude des pierres de l'Abbaye d'Orval.

Même lors de ma visite précédente, je n'avais jamais encore ressenti une telle impression, immédiatement conquis par la majesté sereine des bâtiments, par la force paisible qui émanait du lieu. Le monde s'était arrêté au carrefour de la route de Florenville : Orval était en dehors du temps.

Il dut me secouer un peu.

— Allons, me dit-il, j'ai aussi connu cette extraordinaire impression lors de ma première visite, il y a près de douze ans.

Son regard glissa des bâtiments de l'Abbaye vers l'étang situé le long de la route de Pin et Izel, puis vers les voitures rangées le long du parking. Touristes de toutes les nationalités voisines, baignant le plus souvent dans la musique criarde et les sensations faciles. Bourgeois hautains bardés d'appareils photo justifiant leur morgue ; congés payés braillards, le verbe haut et l'humour bas ; garçons sales et dépenaillés, filles à moitié nues, tous se dirigeant sans vergogne vers le monastère. Et même un groupe de ces êtres curieux, qui se reconnaissent à leur tenue si simple qu'elle en parait presque pauvre, à leur face blême de compassion pour l'Amérique du Sud, à leurs traits tirés par le Tiers-Monde. Les Intellectuels Catholiques de la Gauche Pensante. Emaciés par le poids de leurs responsabilités, conscientisés.

Il se retourna vers moi, comme un peu las.

— Venez, dit-il. Il vaut peut-être mieux que tout le monde ne soit pas sensible au charme de cet endroit. Si j'ai décidé de vous entraîner jusqu'ici, c'est pour vous montrer certaines choses, un itinéraire que j'ai accompli il y a quelques années J'aimerais, en fait, vous le faire découvrir pas à pas, et... m'assurer que vous trouvez bien les mêmes choses que moi.

Nous étions arrivés à la porte de la cour des aumônes, et déjà, il m'arrêta.

19. Abbaye d'Orval, photo infrarouge, vue d'avion (31/07/1983).

— Commencez donc à exercer ici votre sagacité. D'ores et déjà, on annonce la couleur. Dès votre premier pas dans l'Abbaye, vous êtes averti.

— J'entends bien, mais averti de quoi ? Que cherchons nous ?

— Voyons, ne me décevez pas, cher ami. Est-il donc besoin d'une idée préconçue pour vous apercevoir, quand vous visitez quelque lieu, de ce qu'il faut y découvrir quelque chose ?

— Non, évidemment. La plupart du temps, une anomalie accroche votre attention et vous donne au moins une indication.

— Alors, si vous étiez venu ici sans moi, qu'auriez-vous vu ?

— Bon, procédons par ordre. Une cour parfaitement entretenue, garnie de buissons taillés rigoureusement, entourée de bâtiments conventuels, et donnant accès par un porche à une autre cour beaucoup plus vaste, que je suppose être située à l'intérieur de la clôture. Ce porche est surmonté d'une sorte de fresque représentant le Christ en croix, avec, à gauche, la Vierge Marie, et à droite Saint Jean tenant l'Évangile. Je dois dire que Saint Jean, représenté au pied de la croix tenant un livre, m'a toujours intrigué. Ou bien ce livre est l'Évangile, et ça parait un peu tôt pour l'avoir déjà rédigé, ou bien, c'est le programme des festivités, et c'est de mauvais goût...

— Vous voyez ?...

— Ah bon, parce c'est ça, l'anomalie ?

— Il y en a d'autres. Mais qui vous dit que Saint Jean, l'Apôtre bien aimé, de qui se réclament tant de doctrines cachées, qui vous dit qu'il ne détenait pas effectivement la clef terrestre de l'aventure du Christ ? Car ce qu'il a en mains, c'est bien un livre, ce qu'il faut lire. *Legenda* ! Et qu'a écrit Saint Jean ? *L'Évangile et l'Apocalypse.* Or je mets au défi quiconque de me démontrer que l'Apocalypse a été écrite après le Christ. J'en connais d'ailleurs plus d'un qui estime que Jésus l'a inspirée d'une manière bien plus directe que spirituelle, de vive voix, en fait. J'en connais même qui admettent que l'Apocalypse est une transcription de certaine doctrine contenue dans le *Cantique des Cantiques*. Mais nous n'en sommes pas encore là. Bref, s'il faut lire, lisez.

— Allons-y donc. Je vois représentés également le Soleil, au-dessus de la Vierge, et la Lune au-dessus de Saint Jean, avec les inscription « *Sol* » et « *Luna* ». De plus, sous les bras de la croix, et de part et d'autre de celle-ci, l'inscription « *Stellae* ». Enfin, du côté de Marie, « *Scta Maria Mater* », et du côté de Saint Jean, « *Scts Joannis* ». Et... Tiens donc ! Un serpent s'enroule au pied de la croix.

— Et vous en déduisez ?
— Que la Connaissance passe par la Croix ?
— Ce n'est pas mal, pour une entrée en matière. Mais il faut pousser bien plus loin, vous laisser guider par le symbolisme, attirer par les analogies et surtout, ne pas reculer devant les évidences. En fait, pour ma part, je dirais « passe par le signe de Croix ».

Et qu'avez-vous encore à me dire ?
— Que je m'étonne un peu des étoiles sous les bras de la croix.
— Bravo ! Et cela veut dire ?
— Peut-être sont-elles là pour compléter le ciel formé par le Soleil et la Lune ?... Mais oui, bien sûr ! Si la voûte céleste est complète, le signe de croix est dans le Ciel ! « Lorsque les temps seront venus, mon signe paraîtra dans le ciel »…. Joli ! Mais cela veut-il dire que les temps sont venus ?
— « Quand les temps seront accomplis, toutes choses devront être connues, tout sera révélé ». Saint Jean vous dit qu'il faut lire. La religion vous enseigne qu'il faut relier. Et Marie, que vous dit-elle ?
— Je suis surpris de voir le Soleil au-dessus d'elle. En tant que signe masculin, je le voyais mieux au-dessus de Saint Jean.
— Exact, et l'on peut en déduire que le Soleil est sur la Vierge, ou encore, en termes astronomiques, que le Soleil est en face de la Constellation de la Vierge, dans le ciel de la Vierge.
— Le soleil s'exprime par la Vierge... « *De labore solis* »...
— Eh oui !... Mais il y a encore une chose qui doit immédiatement être signalée : pour comprendre la signification de cette fresque, nous avons dû faire intervenir deux prophéties concernant la fin des temps. Or, l'Église ne reconnaît plus aucune prophétie dans le Nouveau Testament, si ce n'est celles que le Christ a faites Lui-même, et, à la rigueur, l'Apocalypse ; mais nous venons d'en parler. En fait, il n'y a pas de prophètes dans le Nouveau Testament. Il n'y a plus de prophètes depuis la Vierge... Sauf la Vierge et son Fils, et encore, leurs prophéties, pour difficilement critiquables qu'elles soient du fait de la qualité de leurs auteurs, ne sont pas reconnues dans les mêmes termes que celles de l'Ancien Testament.
— Vous vous souvenez de Banneux ?
— La chapelle dédiée à « Marie, Reine des Prophètes » ?
— Oui.

Son regard se perdit un instant au-delà de la clôture.
— Vous comprenez vite, dit-il. Mais reprenons. En fait, cette fresque se présente comme un rébus dont il convient de trouver la signification, le sens. En l'occurrence, la solution de ce rébus – et c'est exceptionnel – ne constitue pas l'énoncé d'une énigme qu'il faut résoudre. Regardez-le bien : c'est un rébus qui affirme, il signifie, et seulement cela. Et jusqu'à plus ample informé, il se contente de vous dire que le Signe de la Croix est dans le Ciel, en présence de la Vierge et de Saint Jean, et que la Connaissance c'est à dire le Serpent enroulé au pied de la croix et en même temps posé sur le sol, relie ce signe à la Terre. Cela ne vous rappelle rien ?
— Oh que si ! La Cathédrale Saint-Paul.
— Parfait, je crois que nous pouvons continuer.

20. Chapelle de Marie, Reine des Prophètes, Banneux.

Mais il m'arrêta alors que je me dirigeai vers la porte d'entrée.

— Eh ! Je n'ai pas dit que nous en avions terminé avec cette cour. Regardez donc à votre droite.

— Je vois une sorte de porche avancé, entouré de colonnettes qui supportent une espèce de chapiteau décoré, à gauche, d'une pierre sculptée représentant un dragon, à droite, d'une autre pierre portant... Portant quoi, au fait ? Or dirait tout autant un pélican se perçant le flanc qu'un phénix renaissant de ses cendres.

— C'est effectivement très curieux, et les deux interprétations sont possibles. En fait, ces deux figures sont reprises, quasiment trait pour trait, d'allégories alchimiques figurant dans un vieux traité du 17e, et dans ce cas, il s'agit bien d'un pélican nourrissant ses petits de sa propre substance vitale. Ce symbole christique est très courant tel quel, mais ne résout pas la présence du dragon, et l'on ne peut imaginer d'autre explication qu'alchimique à leur représentation simultanée. Remarquez, ce n'est déjà pas mal, et nous aurons l'occasion revenir sur l'Alchimie. Par contre, s'il s'agit d'un phénix au milieu des flammes rien ne vous empêche d'envisager que tel un phénix, le dragon renaît régulièrement de ses cendres...

— Mais l'Abbaye d'Orval aussi, a su renaître de ses cendres.

— Vous identifiez l'Abbaye au Dragon ? Ce n'est guère aimable pour les bons Pères...

— Je vous citais seulement un parallélisme.

— Et vous aviez parfaitement raison. Il y a d'ailleurs plus qu'un simple parallélisme, mais ne brûlons pas... les étapes.

Cette fois, nous entrions. L'accès à l'Abbaye n'avait pas changé depuis la première visite que je lui avais faite. Seul, le Moine assis derrière un bureau, au-delà d'une sorte de meuble ressemblant fort à un guichet de gare, lui seul avait changé. Instinctivement, je lui dis bonjour, comme si je l'avais encore rencontré la veille... et comme je l'avais fait il y avait près de vingt ans. Mais celui-ci ne répondit pas, se contentant de lever sur moi un sourcil froncé.

Mon compagnon me donna un coup de coude dans les côtes.

— Il ne vous répondra pas, me dit-il. Certains, ici, l'appellent le Schtroumpf Grognon...

— Je sais... C'est moi qui lui ai donné ce surnom.

— Vous devriez être honteux !

Il rit de bon cœur et m'entraîna.

— Ne passons pas par le magasin maintenant, vous aurez tout le temps au retour. De même, nous n'assisterons pas à la séance audiovisuelle qui se tient au départ de la visite. Je n'en dénie pas les qualités, mais elle ne nous apprendra rien de ce que nous sommes venus voir. Après tout, nous ne sommes pas ici en véritables touristes, n'est-ce pas ? Mais venez plutôt voir ce que l'on peut admirer de la cour des bâtiments conventuels modernes.

Par une grille ménagée dans une sorte de tourelle construite dans le mur de clôture, je portai mon regard sur la cour à laquelle le porche de tout à l'heure donnait accès.

Une merveille. Indescriptible. Les mots semblent stupides, mièvres à côté de la beauté paisible de l'endroit. Tout est fait de calme, de douceur, de lumière, de plénitude spirituelle ; sans aucune ostentation ni grandiloquence, mais au contraire d'une simplicité frôlant la perfection. Les bâtiments d'Orval parlent, ils parlent de paix et de sérénité, ils parlent d'infini et de pérennité, de temps suspendu dans la plénitude d'un moment ; ils parlent directement au cœur.

— C'est extraordinaire, dis-je. Un véritable joyau.

— Non, répondit doucement mon ami, c'est un merveilleux écrin.

Un temps très court et très long s'écoula. Nous étions sous le charme, et je le sentais un peu ému.

— La première fois que je suis venu, reprit-il, j'ai eu l'impression de me trouver devant la plus parfaite expression architecturale de l'idée que je me faisais de la Vierge. Ne me demandez pas de vous expliquer, je ne le saurais, ni même ne le voudrais. Vous êtes à même de comprendre, et les mots flétriraient la qualité subtile des sensations que nous éprouvons. D'ailleurs, la Trappe est muette, n'est-ce pas ?

Cette impression indéfinissable ne devait plus nous quitter durant toute la visite.

La vue des ruines de l'ancienne Abbaye, avec le campanile de l'abbatiale moderne en arrière plan, nous fit taire. Nous avancions à pas lents, pour bien nous imprégner de cette image, mais je me rendis compte soudain qu'il s'était arrêté. Il m'interpella :

— Vous venez de passer à côté de l'ancien vivier.

Je revins sur mes pas jusqu'à proximité d'une excavation aux parois maçonnées qui pouvait fort bien avoir contenu, effectivement une pièce d'eau. C'était, en tous cas, ce que signalait le petit panneau à l'usage des visiteurs.

— Je vous signale donc, que pour continuer la visite, il vous faudra quitter les Poissons...

Je me demandais un instant s'il faisait à nouveau allusion à notre entretien sur la Cathédrale Saint-Paul, ou s'il s'offrait seulement le luxe d'un bon mot. Je le voyais mal faire de l'humour ici, encore qu'avec lui, tout fût possible.

— Venez. Le jardin qui entoure une maison est souvent à l'image de son propriétaire. Je voudrais vous montrer d'abord le Jardin des Plantes Médicinales.

Évidemment, ce Jardin ne pouvait passer inaperçu dès le moment où nous venions avec l'intention de voir la face « curieuse » des choses...

— Je vous écoute, me dit-il, l'œil mi-clos mais animé d'une lueur intéressée. Qu'allez-vous découvrir ici ? Ou plutôt, soyons précis, auriez-vous découvert quelque chose si je ne vous avais mis la puce à l'oreille ?

— Il me parait évident que la disposition du Jardin n'a pas seulement été conçue pour réjouir l'œil. Cette alternance de dalles de ciment et de carrés de terre occupés par les plantes vous fait normalement penser à un échiquier, ou à un jeu de dames, car en fait, il ne s'agit ni de l'un, ni de l'autre. De toute façon, celui qui a entendu parler de Vigenère aura son attention attirée. Il semble donc qu'il y ait quelque chose à déchiffrer.

Or, ici, mes impressions deviennent terriblement complexes, et d'autant plus difficiles à exprimer. Je réfléchis un court moment, tandis que son regard errait, amusé, sur les réactions des touristes s'émerveillant de trouver, derrière des plantes si communes, des noms exhalant un parfum de mystère.

— Ce qui m'étonne, de prime abord, repris-je, ce n'est pas tellement qu'il ne s'agisse point, ni d'un échiquier, ni d'un damier, c'est bien plus la disposition asymétrique autour de ce sentier en forme de croix. Dans un lieu voué à la paix et à l'équilibre, cette asymétrie m'intrigue. Or, puisqu'il n'y a point d'échiquier, c'est qu'il ne faut pas chercher la signification en disposant quelque chose sur la figure interrogée, comme dans le fameux « parcours du Cavalier ». J'imagine plutôt que la figure est signifiante par elle même.

Je vis nettement un éclair passer dans le regard de Jacques, bien qu'il s'efforçât de conserver les yeux mi-clos.

— Or, si je compte bien, je vois une alternance de six cases blanches et de six cases noires dans un sens, tandis que cette alternance est de huit sur six dans l'autre sens. L'ensemble ressemble donc à un rectangle formé de cases blanches et noires, à raison de huit cases blanches pour six noires en longueur, et six cases blanches pour six noires dans le sens de la largeur. La figure est subdivisée en deux carrés de sept sur sept et deux rectangles de sept sur cinq par un sentier dessiné en forme de croix et permettant l'accès aux carrés cultivés.

— Et vous en déduisez ?

— Minute !... Je constate qu'il n'aurait pas fallu grand chose pour que cette figure ait été un échiquier. En fait, ce ne peut de toute manière pas en être un car sur un échiquier, toutes les cases sont occupées, tandis qu'ici, seules les cases noires sont garnies de plantes.

— Très bien !

— Il s'agit donc de deux damiers auxquels il manque deux rangées de cases, de part et d'autre d'une croix... Non, je cale sur les deux rectangles supérieurs.

— Vous y étiez presque. Il s'agit en fait d'un damier, un seul mais beaucoup trop grand, sur lequel est dessinée une croix. Et j'en profite pour vous rappeler que la Constellation de la Vierge est la plus grande du Zodiaque, astronomiquement trop grande par rapport à son signe astrologique... La solution horizontale est complexe et doit se faire par le chiffre huit, le nombre de cases blanches, et six, le nombre de cases noires. La somme du blanc et du noir vous donne quatorze, soit la Terre, tandis que leur multiple quarante-huit, soit quatre plus huit, douze, vous indique le ciel. Ceci est confirmé par les sommes que vous trouverez verticalement, et qui vous indiqueront chaque foi douze. Douze est le nombre du ciel, astrophysique autant qu'astrologique. De plus, sa somme est trois, comme la Trinité, mais à ceci près qu'il se présente comme un et deux, soit une époque à venir et deux époques révolues... D'autre part, vous avez constaté qu'à peu de chose près, les deux carrés eussent pu être deux damiers. Il manque un signe... Enfin, verticalement, les six cases blanches et les six noires vous montrent clairement qu'il faut considérer les douze signes du ciel, soit la grande année solaire d'environ vingt-cinq mille six cents ans, comme une immense journée de vingt-quatre heures, composée d'une moitié diurne, blanche, et d'une moitié nocturne, noire bien entendu. La formulation la plus simple de cette figure est « Le signe des temps dans le ciel de la Dame »... Il est d'autres expressions, plus poétiques, que je laisse aux mystiques, et d'autres encore, bien plus... fouillées, à la limite du délire, que je laisserai aux farfelus. Celle-ci nous suffit amplement.

— Nous voici donc encore dans ce fameux symbolisme que vous aviez apprécié à Saint-Paul.

— Orval est bien mieux, vous allez voir. Car, si on peut, à Saint-Paul et ailleurs, découvrir l'énoncé de cette quête, Orval va vous en donner la solution. J'ai presque envie de dire que Saint-Paul et d'autres sont des résumés, des synthèses du grand livre que vous êtes en train de feuilleter. C'est à Liège que Lucifer-Prométhée a attiré votre attention sur la signification de la Vierge. C'est ici que vous allez pouvoir replacer cette signification dans le contexte de ce que nous sommes en train de vivre...

Nous nous étions assis, songeurs, sur une des banquettes entourant un chêne immense, splendide dans ses couleurs d'automne. La profonde sérénité du lieu nous emplissait de quiétude.

— Vous avez certainement apprécié ce chêne, derrière nous ?

— Il est magnifique.

— Il est tricentenaire, et classé. C'est un des plus beaux de Belgique, sinon d'Europe. Mais savez-vous que la surface couverte par ses branches a un diamètre de douze mètres ?

— Voulez-vous me faire dire que, comme celui d'Ygdrasill, son tronc soutient le Ciel ?

Il sourit, amusé.

— Vous pouvez le dire, mais je voulais seulement vous signaler que ce n'est peut-être pas la seule allusion druidique que vous trouverez ici, encore qu'elles soient excessivement discrètes. D'ailleurs, nous allons poursuivre notre visite.

Il se leva.

— Nous allons suivre l'itinéraire de la visite « touristique ». Il n'est pas mauvais et réserve au moins une jolie surprise. Il y a quelques temps encore, j'imaginais qu'avant toute visite, il convenait de se rendre à l'Abbatiale, et j'avais même cru déceler une raison logique. Je n'en suis plus aussi certain aujourd'hui ; nous allons donc tout simplement faire confiance aux bons Pères. Venez.

Nous arpentâmes le gravier de la magnifique allée qui borde les ruines, en direction de la « Fontaine Mathilde ». Au passage, il me désigna l'atelier qui avait abrité l'œuvre du Frère Abraham Gilson.

— Saluez le cabinet du Frère Artiste, me dit-il en souriant. Mais ne me demandez pas qui est Abraham Gilson. Je crois qu'il sera beaucoup plus intéressant quand nous le retrouverons tout à l'heure.

Je restai silencieux un moment, et il s'aperçut de ma rêverie.

— A quoi pensez-vous ?

— Je pense que vous n'avez pas employé ces termes, « Frère Artiste », par hasard : il me souvient que l'Alchimiste dit : « *Lege, lege, relege, ora et invenies* »... Et j'imagine que vous avez abondamment lu, lu et relu ce livre hermétique qu'est Orval. Ce livre magnifique d'un Ordre muet... Ce *Mutus Liber.*

Il me jeta un coup d'œil vif.

— Je ne m'attendais pas à ce que vous envisagiez cette analogie aussi rapidement, mais j'en suis heureux. Pour moi, qui me trouve confirmé dans mes convictions par votre intuition, et pour vous, que je découvre de plus en plus sensible. Eh bien oui, j'aurais été curieux de lire un Fulcanelli qui aurait visité Orval. Et peut-être Fulcanelli eût-il été heureux de connaître ce que nous y lisons ? Effectivement, il faut lire, lire encore, et relire. Tout à l'heure, nous prierons, et je ne doute pas qu'à votre tour, vous trouverez.

Nous étions arrivés à la « Fontaine Mathilde », et nous écoutions les explications qu'un guide « officiel » énonçait avec une infinie patience, pour la énième fois à un groupe de touristes avides d'images toutes faites :

> «... *La Comtesse Mathilde, se reposant au cours d'une partie de chasse, laissa traîner la main dans ce ruisseau, et soudain, se rendit compte qu'elle avait perdu sa bague de fiançailles. Les recherches étant restées vaines, elle se rendit à un petit oratoire tout proche, et, après avoir prié, revint au bord de l'eau. C'est alors qu'une truite, sortant du cours d'eau, lui ramena la bague égarée qu'elle tenait dans sa gueule. Emerveillée, Mathilde s'écria « C'est vraiment un val d'or », expression qui a donné le nom d'Orval, par métathèse. De plus, cette légende a fini par constituer l'actuel blason d'Orval, le premier blason connu portant seulement un anneau d'or garni d'un rubis, sur fond vert...* »

Le troupeau s'en fut, gavé de légende, suivant son Panurge.

— Joli, le coup de la truite !

— Pourquoi, vous n'aimez pas Schubert ?

Il ignora mon intervention saugrenue.

— Ce n'était pas une truite.

— Ah bon ! Les symboles druidiques discrets ne vous intéressent plus ?

— Je n'ai pas dit cela, mais votre réflexion n'est pas inutile, car je ne vois pas de raison évidente pour désigner par un nom précis un animal dont la légende nous dit simplement qu'il s'agit d'un « poisson »... L'utilisation du terme « truite », n'est probablement pas due au hasard, même si le guide n'a pas conscience de la portée de ses termes, et l'allusion aux druides est bien dans le style de l'ensemble, mais ce n'était pas une truite ! En fait, à votre avis, de quel poisson s'agissait-il ?

Je réfléchis un court instant.

— Je vous fiche mon billet qu'il devait s'agir d'une carpe.

— Bravo ! Juste ! Et pourquoi une carpe ?

— Parce que, en plus de la Trappe, il existe deux autres choses traditionnellement muettes : les tombes et les carpes.

— Impeccable ! Mais encore ?

J'eus beau chercher.

— Je ne vois pas.

— La cabale phonétique vous suggérera, derrière ce poisson particulier, l'assonance latine « Carpe », cueille, recueille, accueille. Et en hébreu, cela se dit ?

— קבלה ! La Kabbale !

— Exactement. De sorte que dorénavant, nous sommes avertis qu'il faut interroger les chiffres derrière les lettres. Cette allégorie de la carpe, à elle seule, nous dit de recueillir le message chiffré du poisson.

— La Cathédrale Saint-Paul, le flambeau de la Tradition transmis du Taureau au Bélier, puis de celui-ci aux Poissons...

— Mais oui ! Et quel est le message de cette carpe, ce message muet que seuls peuvent entendre ceux qui, comme Ezéchiel, ont les yeux ouverts ? Quel est ce message muet que seul les yeux de l'âme peuvent saisir ? Que tient cette carpe dans sa bouche muette ?

— Une bague de fiançailles.

— Oui, bien sûr, mais avec une signification nettement plus complexe, et surtout plus riche, qu'une simple bague de fiançailles ! N'oubliez pas que Mathilde d'Artois était veuve, quand elle a perdu son bijou. Ce sont les termes de la légende. Et le Grand Architecte de l'Univers sait mieux que quiconque où peut nous entraîner une Veuve... Ce bijou est en même temps alliance et bague de fiançailles. Alliance parce que le veuvage ne peut pas ne pas évoquer le mariage, même défunt. Fiançailles parce que la Veuve est libre pour une nouvelle... alliance ! Souvenez-vous bien de votre analyse de Saint-Paul, et de la prière de Saint Bernard ! Le Taureau a cédé le pas au Bélier, transition marquée par le sacrifice d'Abraham où le Patriarche, levant son arme sur son fils selon l'ordre de Yahweh, vit son enfant remplacé par un... bélier que la main de l'archange lui imposa ! Cela ne veut rien dire d'autre que : « Le temps de l'Homme n'est pas encore venu. Commence par le Bélier ».

Et peu après, les Hébreux, comme pour bien marquer la transition, en revinrent à la divinité précédente alors même que Moïse recevait la loi du Dieu nouveau ; et ils adorèrent le... veau d'or, fils du Taureau revêtu de l'insigne de la Tradition : l'or. Ce bélier finit, à l'aube de notre ère, par céder le relais à son fils, l'Agneau mystique, l'Agnus Dei, qui lui aussi fut revêtu de l'insigne de la Tradition éternelle, et devint... la Toison d'Or ! Le Christ, immanquablement, fut identifié au symbole de son temps : le poisson. Et aujourd'hui que nous sommes entrés dans le Verseau, ce poisson nous apporte la bague, symbole de l'ancienne et de la nouvelle alliance. Si la Tradition est encore aujourd'hui muette, je suis prêt à parier que prochainement, elle nous présentera un symbole de poisson couvert d'or...

Je vais même plus loin, au risque de paraître fumiste. Logiquement, le prochain symbole devrait représenter le « fils du poisson », et j'imagine assez mal l'image de cet être. Par contre, je sais qu'ontologiquement, les successeurs des poissons furent les sauriens, et il ne me surprendrait guère que le descendant de notre Poisson soit une sorte de lézard doré, d'autant plus que les mouvement sinueux du reptile évoquent bien l'onde du Verseau. Et si la chose est présentée avec un tant soit peu d'astuce, pourquoi pas une Salamandre, qui par elle même évoque le feu secret du Philosophe d'où naîtra l'Or alchimique ? Je sais que je rêve un peu. Mais que serait ce monde sans rêveurs comme vous et moi ?

Quant au blason d'Orval, je vous signale que, comme le guide l'a très bien dit, au départ, il ne comportait aucun poisson. Gérard de Sède en a donné une très jolie analyse dans *La Race Fabuleuse*, que vous connaissez certainement. Il doit se lire « De sinople or annel paré règne », soit : « De si noble or en elle paraît [le] règne. » Et vous savez tout autant que moi qu'Orval, depuis toujours, a été liée aux questions monarchiques. Je ne citerai, pour l'exemple, que Saint Dagobert, assassiné sur des terres qui seront un jour à l'Abbaye ; Louis XVI, dont on sait trop peu qu'il était sur le chemin d'Orval, où l'attendait Bouillé, lorsqu'il fut arrêté à Varennes ; et même, comme nous l'avions remarqué précédemment : votre Souverain, Baudouin Ier qui fit une retraite de quinze jour dans ce monastère avant de convoler avec Doña Fabiola de Mora y Aragon...

Le poisson portant l'anneau est moderne et ancien à la fois ; ancien non pas seulement par la légende, dont je serais bien curieux de savoir de quand elle date, mais surtout par la toute première représentation figurée que l'on connaisse du blason. En effet, le blason d'Orval, portant sinople et annel, mais sans poisson, se trouve dessiné pour la première fois dans un manuscrit de l'Abbaye Notre-Dame-des-Dunes, autre monastère Cistercien dont les ruines sont toujours visibles à Coxyde. L'auteur de ce manuscrit s'appelait... Charles de Visch, « Charles le Poisson », en flamand ! Ainsi donc, dans sa toute première représentation, l'anneau d'Orval était déjà porté

par un poisson. Avouez que c'est assez énorme !
— De fait !
— Mais revenons-en à nos affaires monarchiques. Il se trouve des braves gens pour affirmer que ceux qui gouvernèrent la France à partir des Carolingiens furent tous usurpateurs d'une dynastie dont le dernier représentant mourut pas loin d'ici : Saint Dagobert. Ne posons pas le problème de la survivance qui nous ramènerait illico à Rennes-le-Château, ni le mythe du « Roi Perdu » qui en découle, et dont Louis... XVII n'est pas le moindre exemple... En fait, si nous suivons cette assertion, nous devons admettre que la royauté légale était celle des Mérovingiens. Et vous savez autant que moi que ces Mérovingiens sont les descendants d'une alliance contre nature entre une princesse et un monstre marin, sorte de Nephilîm aquatique qui trouva belle la fille des hommes. Le rejeton fut appelé Mérovée, ou plutôt Mérouweg, que la cabale phonétique vous dit être le « Chemin du Mérou ». Et revoilà notre poisson, accompagné du symbolisme du mont Mérou, cher aux mythes védiques, ce mont aux six faces colorées qui était situé pas loin de ces hauts plateaux du Pamir dont sont originaires les invasions indo-européennes, et donc les Mérovingiens.

Nous venons ainsi de former une assez jolie boucle – non, ne me dites pas : un anneau ! – en mettant en évidence un fait très important dont nous allons retrouver bientôt diverses expressions : plusieurs mythes font état d'initiateurs venus de l'eau, présentés sous forme d'êtres marins plus ou moins monstrueux, et dont le souvenir s'est perpétué dans la ravissante déesse Vénus. Savez-vous qu'il en est pour admettre que Vénus n'a pas toujours fait partie de notre système solaire, mais au contraire qu'elle est apparue vers cette époque où d'aucuns situent la venue d'initiateurs extraterrestres soit... à la fin du précédent Verseau ? Vous ferez ce que vous voudrez de cette théorie ; pour ma part, sans nécessairement l'admettre à priori, je la trouve jolie.

Je connaissais cette théorie, mais j'étais sous le charme et je m'abstins de le lui dire. Il poursuivit :

— Les mythes propres à Vénus-Ishtar sont passionnants et ne sortent pas du cadre de notre sujet. Dans un cas comme dans l'autre, la déesse dut intervenir auprès des Enfers pour se faire rendre son amant perdu, dont la disparition avait plongé la Terre dans un hiver qui menaçait d'être éternel, après avoir connu un printemps perpétuel. On remarquera d'ailleurs la similitude avec ce que l'on appelle « l'hiver nucléaire », et qu'un drame cosmique aurait très bien pu provoquer. Or, les découvertes de vestiges tropicaux, comme des fossiles de palmes, dans les régions polaires et immédiatement subpolaires, ont amené certain à imaginer que l'axe de notre Terre ne fut pas toujours incliné sur l'écliptique. D'un point de vue cosmologique, rien, si ce n'est la raideur jalouse de la Science officielle, rien n'empêche d'envisager qu'il fut un temps, la Terre tournait sur un axe perpendiculaire au plan de l'écliptique et connaissait de ce fait, une saison unique assez semblable au temps des tropiques. Un cataclysme brutal fit disparaître une des planètes de notre système solaire, dont les débris gravitent encore sous forme de nuée d'astéroïdes, et provoqua l'apparition dans l'atmosphère d'un épais nuage presque opaque. Quand les nuées se dissipèrent, la Terre se retrouva inclinée sur son axe, et les saisons allaient naître. Et il est loisible de se demander quel fut le rôle de l'Étoile du Berger, de la *Stella Matutina*, dans cette affaire... Soit dit en passant, je vous signale que les anciens croyaient en l'existence de deux objets célestes, celui du soir, appelé *Hesperus*, et celui du matin, appelé *Phosphorus*, autrement dit, celui qui apporte la lumière, Lucifer.

— Exact !

— Ceci dit, d'un point de vue mythologique, les aventures de Vénus ou d'Ishtar ne sont que la traduction de ces bouleversements. Les textes sacrés des différentes religions en ont gardé la trace, jusqu'à et y compris cette sorte de « Danse des sept voiles » qu'Ishtar fut contrainte d'effectuer pour se retrouver totalement nue devant le roi des Enfers, et que l'astuce des apocryphes a définitivement liée à l'image de Salomon, de la Reine de Saba, et du *Cantique des Cantiques*. Ah ! Ce Cantique des Salomon, œuvre dont la profondeur et la richesse défient toute imagination, et que les imbéciles réduisent à leur niveau de pornographes !

— Mais où mieux cacher les choses essentielles qu'au sein de ce qu'il convient de ne pas chercher. Où mieux cacher la Tradition qu'au milieu des pages d'une œuvre dont la réputation fera que ceux qui la détiennent sans savoir mettront un point d'honneur à l'occulter !

— Bien sûr ! Vous avez cent et mille fois raison. Pour en revenir à notre sujet, je crois qu'il faut s'en servir pour définir une image. Il faut laisser à Jean Sendy la responsabilité de ses thèses, il le mérite bien, et je l'admire d'avoir su et osé les formuler. Pour ma part, je ne retiendrai de tout ceci que cette légende tenace d'initiateurs, Elohim ou autres, issus de l'eau. Pas n'importe quelle eau, et je crois que leur venue de la mer n'est qu'une image évoquant facilement l'eau du ciel, par le biais de la Mer-Mère. « בראשית ברא אלהים את השמים ואת הארץ » : « au début, Elohim sépara les eaux du ciel des eaux de la Terre... » Alors, ne désignons pas l'eau en tant que telle, puisque la légende est imprécise sur sa nature, parlons plutôt « d'initiateurs issus de l'onde » ! Et l'onde évoque...

— Le Verseau.

— Précisément.

— Et la Vierge, là-dedans ?

— Mais c'est évident ! La Vierge n'existait pas à l'époque où il n'y avait qu'un printemps continu. Tous ces symboles sont apparus en même temps que l'inclinaison sur l'écliptique, qui détermina d'une part les renaissances régulières du Dieu Printemps, les saisons, et... la fête de Noël ; et d'autre part, la naissance du point vernal, la précession des équinoxes et les signes du Zodiaque.

— Et comment expliquer sans Zodiaque qu'il soit possible de situer tout ceci à l'époque du Verseau précédent ?

— Question pertinente à laquelle je répondrai que le Verseau, source de tout ceci, fut le premier signe à apparaître dans le ciel. La datation par le système du Zodiaque ne pouvait, par définition, remonter plus loin.

— Savez-vous qu'après notre visite à la Cathédrale, il m'est venu un certain nombre d'idées à propos du Zodiaque ?

— Vous en aviez de bien belles, déjà, et si celles-ci sont... de la même eau, je suis impatient.

— Je me suis demandé depuis toujours quel farfelu avait bien pu voir dans tel ou tel amas d'étoiles quoi que ce soit d'approchant avec un lion, un bélier, ou avec la Vierge.

Je vis s'allumer son regard.

— Et je me suis demandé si les constellations ne sont pas ressemblantes au nom qui les évoque à condition de les voir d'ailleurs...

Il s'arrêta de contempler l'eau de la fontaine et me prit par le bras.

— Je n'ose espérer ce que je vais entendre, dit-il.

— Schématiquement, nous pouvons considérer que la Terre se trouve au centre d'un cercle appelé « Zodiaque », et dont nous voyons les figures, en quelque sorte, « par la tranche ». Alors, je pose une hypothèse : et si, d'un point bien précis de l'espace situé en dehors de ce cercle, ces figures, vues perpendiculairement au cercle, donc en projection sur d'autres étoiles, et si ces figures prenaient réellement l'aspect de ce que leur nom indique ? A mon avis, cela doit être à la portée d'un bon ordinateur d'examiner les possibilités de localisation d'un observateur telles que les signes du Zodiaque apparaissent sous la forme assignée par leur nom. Et, en poussant cette hypothèse dans ses derniers retranchements, pourquoi ce point particulier ne serait-il pas celui d'où sont originaires nos Elohim ? En fait, quand Dieu-Yahweh appelle Adam afin de lui faire nommer les animaux qu'il lui présente, ce n'est nullement pour que notre ancêtre imagine ex abrupto, qu'il suce de son pouce, le nom que le bestiau portera à l'avenir, et ce, sous prétexte de lui « donner barre » sur l'animal. Pour tout vous dire, je vois mieux Yahweh interrogeant Adam, lui montrant sur une carte du ciel un amas d'étoiles et tenant le dialogue suivant :

— *A quoi cela te fait-il penser ?*
— *A un lion, M'sieur.*
— *Et cela ?*
— *A une jolie fille, M'sieur.*
— *Très bien ! Ces figures que tu viens de voir, ce sont, vues de chez nous, celles qui garnissent le ciel de ta planète, et que je vais maintenant te situer. Bien sûr, tu ne les verras pas sous la même forme ; mais souviens-toi de cette connaissance, et tu conserveras le sceau de notre alliance.*

— Je suis profondément ému de vous entendre dire ces choses que je gardais au fond de moi, n'osant moi-même y croire. Même sans admettre cette théorie pour vraie, le fait que vous l'ayez formulée aussi, ne fût-ce qu'à titre d'exercice intellectuel, me cause une joie profonde.

— J'en suis très heureux, pour vous et pour moi-même. Mais propos d'exercice intellectuel, avez-vous bien examiné certaines sculptures de Chartres ?

— Vous savez cela aussi ?

— La planète Arca, n'est-ce pas ?

Sa main serra mon bras et ses yeux trahissaient son émotion.

— Vous y croyez ? demandais-je.

— Quelle importance que nous y croyions, si c'est vrai ; et quelle importance que ce soit vrai, si nous y croyons ?

Il voulut m'entraîner, puis soudain, se ravisant :

— Ne prenez ceci pour rien d'autre qu'une coïncidence, mais connaissez-vous le nom de la chapelle qui se trouve au-delà de cette chaîne ?

— La Chapelle des Saints-Anges.

— Exactement. Comme à Saint-Sulpice et ailleurs. Il est d'ailleurs significatif, je crois, que les bâtiments religieux dépositaires d'un message discret soient liés, dans le Sud, à Notre-Dame du Perpétuel Secours, tandis que dans nos régions, le signe de piste semble être la présence d'une chapelle dédiée aux Saints-Anges.

— Il me semble que la présence de l'une n'empêche pas les autres et je crois me souvenir d'au moins deux églises comportant à la fois Notre-Dame du P.S. et les Saints-Anges.

— La présence d'un message n'implique pas non plus l'absence de l'autre ; vous savez comme moi à quel point les choses sont liées par un archétype commun... La meilleure preuve en est que pour ma part, c'est Rennes qui m'a mené à Orval.

— Vous êtes venu la première fois avec une idée préconçue ?

— Oui et non. J'étais surtout attiré par la beauté de l'endroit, mais j'avais déjà la sensation qu'Orval serait une étape déterminante.

21. Vue des ruines depuis la chapelle des Saints-Anges à Orval.

Nous entrions dans les ruines de l'Abbatiale.

— Avez vous remarqué que chacun des points intéressants de la visite est désigné par un numéro ?

— Oui, la Fontaine Mathilde était le numéro huit.

— L'Abbatiale va de 9 à 18.

— Je suppose donc qu'il nous faudra nous intéresser au dix-sept en particulier.

— Évidemment. Cependant, il y a une astuce. Aujourd'hui, tous les numéros, ou presque, ont disparu, probablement aux mains de « collectionneurs ». Il fut un temps où ne manquait, précisément, que le dix-sept, et il s'agissait de le retrouver par la logique.[7]

J'aurais été curieux de vous voir essayer, mais l'absence de tout numéro vous induirait en erreur. Si nous avions commencé la visite du monument par le musée, vous eussiez pu trouver sans aucune autre indication, mais comme nous avons pris le parti de suivre la visite touristique, je vais vous montrer de quoi il s'agit.

Nous avancions dans les ruines en direction du chœur. D'énormes piliers cantonnés de colonnettes marquaient la séparation entre la nef centrale et les deux nefs latérales. Certaines pierres portaient encore, comme de cuisantes cicatrices, les marques de l'incendie de 1793, et pourtant, cette même atmosphère qui baignait les bâtiments modernes de tranquillité semblait conserver le monument bouleversé en dehors de l'atteinte du temps.

Je finirai par croire qu'un lieu conserve une sorte de mémoire de son passé et imprègne le visiteur d'une ambiance particulière. Autant certaines ruines médiévales sont pesantes, glacées

---
7. 1983 ?

et justifient l'effroi que colportent les légendes, autant les ruines cisterciennes paraissent faites de beauté recueillie et diffusent une sorte de spiritualité. Même la lumière d'Orval me semblait différente.

22. Vue des ruines et de la rosace depuis l'Oratoire de Montaigu à Orval.

A la croisée des transepts, il me désigna la rosace, admirable de simplicité et d'harmonie, et qui est un peu devenue l'indicatif graphique d'Orval tant on la rencontre dans chaque brochure traitant du monastère. Nous étions arrivés au milieu du chœur, occupé par le tombeau de Wenceslas de Luxembourg, bienfaiteur de l'Abbaye. Il se retourna vers la nef.

— Le numéro dix-sept se trouve ici, un peu en avant et sur notre gauche. On distingue encore les traces d'un escalier qui menait de l'église au dortoir des moines. C'est au pied de cet escalier que Bernard Percin de Montgaillard exigea d'être inhumé, par humilité, afin que ses frères le foulassent aux pieds à chaque passage. Or, il n'est pas absolument nécessaire de lire la numérotation de l'édifice pour avoir l'attention attirée par cet abbé. Déjà le fait qu'il soit décédé en 1628 devrait vous titiller... Cependant, il y a bien mieux, et en tout cas, de quoi répondre à ceux qui vous diront que s'il est mort à cette date, il ne l'avait vraisemblablement pas fait exprès. Avant d'entrer dans l'ordre cistercien, Bernard de Montgaillard avait prononcé ses vœux chez les Feuillants, dont la rigueur et la sévérité préfiguraient déjà la Trappe... Cela se passait à Toulouse.

— Tiens donc !

— De là, Bernard de Montgaillard monta vers Paris, puis vers Bruxelles et Anvers, après avoir refusé notamment l'Évêché de Pamiers.

— Jolie liaison Sud-Nord.

— Comme vous dites ! Ensuite, sur l'ordre des Archiducs Albert et Isabelle, il fut imposé à Orval, qui allait à vau-l'eau, et non pas élu par ses frères comme ses prédécesseurs l'avaient été ; et ses premières paroles, arrivé ici, sont significatives : « *Non me elegisti, sed vos eligabam* ». Vous ne m'avez point élu, mais je vous ai choisis !

— Ainsi au moins, il n'y avait pas d'ambiguïté !

— Il n'empêche qu'en quelques années, Montgaillard redressa la barque tout en poursuivant son rôle de premier plan parmi les grands de ce monde qui, du moins du côté Habsbourg, l'appréciaient énormément. Malgré cela, son humilité restait profonde, et il faut savoir, par exemple, que la seule œuvre écrite de Montgaillard qui nous soit parvenue, est l'oraison funèbre qu'il composa pour l'Archiduc Albert, œuvre que, sur ordre formel de l'Archiduchesse, il fut bien obligé de conserver. Il l'avait intitulée *Le Soleil éclipsé*...

Je vis un éclair de malice dans son regard. Ce genre d'allusion le réjouissait toujours.

— Mais, si vous me dites qu'il fut contraint de conserver ce texte, que fit-il des autres ?

— Eh bien, figurez-vous qu'il les brûla !

— Venant d'un prélat originaire d'un Languedoc naguère encore Cathare, cela me rappelle quelque chose, du côté de Fanjeaux, par exemple. Surtout quand l'œuvre rescapée porte un titre aussi évocateur.

— Vous allez voir d'ici peu que les liens entre Orval et le Languedoc – l'Aude, en particulier – sont encore plus étroits que vous ne le pensez. Il faut lire ce que Nicolas Tillière dit de Montgaillard dans son *Histoire de l'Abbaye d'Orval*, c'est édifiant. Je suppose que je ne vous surprendrai guère si je vous annonce que le chapitre concernant ce Père Abbé est bien le dix septième ?

— Cela me parait, finalement, logique.

— De séjour à Paris, Montgaillard fut pris de maladie, et chacun crut que sa dernière heure était venue. Or, parmi les religieux assemblés autour du mourant, se trouvait le Provincial des Jésuites, qui, pris d'une inspiration soudaine, fit toucher les lèvres du malade par l'Évêque de Senlis, en prononçant les paroles du baptême : « *Ephpheta, quod est adaperire* », tandis que les assistants entonnaient « *Ave Maris Stella* ». Et quand ils arrivèrent au passage « *Ut videntes Jesum* », Montgaillard ouvrit effectivement la bouche, et pria avec eux !

— Cette histoire est à la limite de la parabole.

— Absolument ! Et en plus, c'est un remarquable condensé de tout ce que nous connaissons déjà ou soupçonnons encore d'Orval... La cabale phonétique pourrait nous entraîner dans des développements inouïs... Il n'en reste pas moins de tout ceci que trois choses sont lourdes de signification : « *Ephpheta !* », « *Ave Maris Stella* » et « *Ut videntes Jesum* » sont des images assez extraordinaires.

— « *Jesu cum Mariam et per Maria* »...

— La liaison avec Banneux n'est pas directe, mais le sens de votre réflexion est juste. Et savez-vous quelle fut la suite de cette histoire ?

— Je vous écoute.

— Ceci se passait un vendredi, et le dimanche suivant, Bernard Percin de Montgaillard prêchait à Saint-Jacques de la Boucherie !

— Il ne manquait plus que cela à votre parabole. Ainsi donc l'église bâtie avec les deniers de Nicolas Flamel, le faiseur d'or...

— ... Point de départ parisien de l'itinéraire de Compostelle, et dont il ne reste plus aujourd'hui que cette fameuse « Tour Saint-Jacques »...

— C'est trop beau !

— Si ceci est trop beau, que dire de la description que faisait de notre abbé la Satire Ménippée : « Il était boiteux »...

— La marque de l'Initié.

— Exactement.

— Je crois qu'il ne faut plus rien dire.

Et nous ne dîmes plus rien durant tout le temps où, perdus dans nos pensées, nous errâmes dans les ruines de l'abbatiale, comme environnés de souvenirs presque palpables, à la recherche de cette histoire qui n'est pas l'Histoire, car elle est toujours vivante.

Il rompit le silence quand nous arrivâmes dans les ruines du cloître. D'emblée, il se dirigea vers la salle capitulaire, beaucoup mieux conservée que le reste, et abritant un musée lapidaire qui rassemblait divers fragments de l'ancienne Abbaye, recueillis parmi les ruines, mais surtout parmi les constructions avoisinantes après qu'Orval eut servi de carrière aux gens des environs, comme ce fut – hélas ! – si souvent le cas.

— J'attends que vous m'éblouissiez par votre perspicacité : je suis tout ouïe.

— Heu... L'ouïe ? Encore une question de poisson ?

— Non, pas cette fois. Ni de Visch, ni Devos. Allez, que je vous oie.

— Bon ! Si je jette un coup d'œil superficiel alentour, je vois avant tout une collection de pierres, dont beaucoup semblent avoir participé à l'établissement de colonnes, et qui me paraissent pour la plupart avoir un point commun : une rose. Rose-fleur, rose héraldique, rose symbolique, mais aussi rose des vents. Si je regarde l'ensemble de la salle, je constate qu'elle renferme, scellées aux murs, plusieurs pierres tombales dont j'imagine qu'elles viennent d'ailleurs, mais qui ne me donnent pas l'impression d'être essentielles pour ce que nous cherchons ici.

Il m'approuva d'un hochement de tête.

— Ensuite, je m'aperçois que le plafond de cette pièce est constitué de voûtes reposant sur... Voyons... Tiens ! Dix culs-de-lampe...

— ... Et qui reposent par ailleurs ?

— ... Sur deux colonnes disposées au milieu de la pièce. Je suppose qu'il s'agit d'une fine allusion aux colonnes du Temple ?

— Ce ne serait que cela s'il n'y avait précisément douze supports à la voûte ! Douze, c'est le ciel et c'est dans le ciel, ne l'oubliez pas. Et ne perdez pas non plus de vue cette intéressante démonstration que vous m'avez faite à propos de l'alternance des signes, Balance-Scorpion ou, dans un autre sens Balance-Serpentaire. Dont les initiales sont... B.S.

— Bon sang !

— Bien sûr !

— Mais alors...

Il me coupa :

— Mais alors il ne faut surtout pas s'emballer et prendre ses désirs pour des réalités.

— Certes, mais n'oubliez pas – vous – qu'il suffit que l'archétype soit commun. Nous sommes bien d'accord sur le fait qu'au-delà de toutes les histoires de trésor qui la dissimulent, la véritable essence de Rennes est la même que celle d'Orval, n'est-ce pas ?

— Si vous vous en tenez à cette idée, et exprimée de la sorte je suis d'accord avec vous. En ce qui concerne Rennes tout autant que d'autres endroits, d'ailleurs. Et à ceci près que je crois fermement qu'Orval est l'expression la plus accomplie de toute cette histoire. Vous trouverez ailleurs des œuvres qui vous paraîtront noires, blanches ou rouges. Orval restera plus que cela, à la fois pierre angulaire, rejetée par les constructeurs, et depuis si longtemps tenue à l'écart de toute cette histoire, mais aussi pierre philosophale de cette transmutation, de ce changement d'ère que nous vivons... C'est ici que s'élabore la prochaine Tradition, fruit d'un patiente alchimie issue de l'Ancienne : ce val d'or est un creuset. Relisez ce que dit Fulcanelli du creuset de Notre-Dame... Mais vous êtes loin du compte dans vos surprises. Continuez donc.

J'étais passablement impressionné et je restai sans rien dire.

— Par exemple, que pensez-vous de ces deux statues ?

Il avait une sorte de talent pour désamorcer la tension.

Les deux statues, deux fûts de colonnes, représentaient chacune un bassin de jeune femme, de la base du thorax au milieu des cuisses. Nues.

D'accord, l'Abbaye de Dewez avait été conçue dans un style emphatique qui justifiait certaines licences, et l'art religieux avait plus qu'abondamment utilisé les charmes féminins, notamment sous prétexte d'en démontrer la perversité. D'autre part, je n'ai jamais été parfaitement puritain. Il n'empêche que cela me paraissait quand même pour le moins curieux dans une Abbaye cistercienne trappiste.

— Je suppose qu'il s'agit des Bunnies d'une sorte de Playboy de l'époque ?

Il rit :

— Avec des fesses pareilles ?

Il faut bien reconnaître que les modèles du sculpteur n'avaient pas dû mourir de faim. Rubens aurait eu son compte.

— Effectivement, elles sont plutôt callipyges. Ah ! Évidemment : deux Vénus !

— Je préfère cette explication à la précédente

— Vous croyez que c'est délibéré ?

— Que l'on ait sculpté deux jeunes femmes nues dans le style érotique qui plaisait à l'époque me parait indéniable. Qu'on ait voulu leur faire signifier « Vénus » n'est pas évident. Qu'elles aient appartenu à l'ancienne Abbaye n'est pas certain. Mais qu'elles se trouvent ici, aujourd'hui et dans ce contexte, c'est un fait. Concluez comme vous l'entendez ! Vous n'allez pas tarder, d'ailleurs, à trouver un autre exemple de ce type de raisonnement qu'il convient de tenir dans pareilles circonstances.

Je me remis à parcourir la salle des yeux.

— Tiens donc ! Curieux petit personnage ! On dirait un enfant en train de grimper le long d'une liane. Et il n'est pas seul : voilà de nouveau une pierre portant ce dessin, et une encore où l'on dirait un singe plutôt qu'un être humain. Je dois dire que je n'en vois guère la signification.

— Pour être franc, moi non plus... Je n'ai trouvé, ni dans la symbolique des bâtisseurs, ni dans les thèmes décoratifs de l'ancienne Abbaye, je n'ai trouvé aucune raison valable à la présence de ce petit personnage. La seule approche, mais elle est intéressante, est celle d'un ami alchimiste : l'enfant joufflu qui monte le long d'un végétal est une allégorie de la Rosée philosophique. Cela nous amène à la Rosée de Mai, dont je vous laisse imaginer toutes significations, tant dans le cadre de l'Alchimie opérative que dans celui de notre recherche à propos de la Vierge !... Mais cela ne nous explique pas la représentation de ces petits visages inquiétants, aux pupilles creuses, parmi les motifs végétaux garnissant certains chapiteaux de colonnes.

Mais que dites-vous de ceci ?

— Que je vois une pierre ayant vraisemblablement garni une clef de voûte, et décorée de roses et de raisins. Eh ! C'est assez joli aussi : « La treille où le pampre à la rose s'allie... »

— Cette pierre n'est pas la seule à faire allusion à ce que désignait Nerval dans son sonnet. Mais il y a bien mieux encore ; venez donc vers le fond de la pièce.

Il me désignait une pierre rectangulaire, en calcaire de France, aux bords arrondis, et sur laquelle était sculptée, à peu près grandeur nature une face de Christ assez exceptionnelle. Les pupilles en étaient creuses et donnaient au regard une intensité et une vie surprenante malgré la fixité. Le front semblait creusé d'un trou du diamètre d'un pouce et la barbe se terminait en deux pointe parallèles à celles des moustaches. De la tête du Christ émanaient trois rais de lumière, alors que les cheveux étaient entourés, en plus d'une couronne d'épine, d'une couronne de fleurs de lys !

23. La Face du Christ, *au musée lapidaire d'Orval. Photo utilisée pour l'illustration de couverture de* La Race Fabuleuse *de Gérard de Sède*.

— Le cercle et les lys, dis-je. « D'un rond, d'un lys naîtra un si grand Prince... ». Et nous revoilà en pleine question monarchique.

— En pleine prophétie monarchique, oui ! Sans même aller jusqu'à Olivarius, n'oubliez pas les traditions qui veulent que Nostradamus ait séjourné à Orval, où il aurait d'ailleurs rencontré le sieur Alcofribas Nasier, Abstracteur de Quintessence, comme se dénommait lui-même Rabelais. Ils venaient tous deux de Montpellier jusque dans cette forêt d'Ardenne où beaucoup de ceux qui ont « connu » le Sud, viennent chercher l'aboutissement de leur quête. Cette pierre a une histoire curieuse : il y a douze ans, quand je l'ai vue pour la première fois, j'en avais demandé l'origine à un bon Père, au magasin. Il m'avait répondu qu'on ne la situait pas bien dans l'ancienne Abbaye, sinon qu'elle devait probablement avoir été disposée dans un mur du quartier abbatial. On savait seulement qu'elle était antérieure au 18e siècle.

Quelques mois plus tard, juste après la parution d'un certain ouvrage dont la première de couverture portait la photo que j'avais faite de cette pierre, j'ai posé la question à une des personnes laïques qui gèrent le magasin. La chanson était déjà devenue différente : en recherchant des vestiges des ruines du monastère, on avait trouvé cette pierre quelque part dans les alentours et l'on n'était même pas certain qu'elle ait appartenu à l'Abbaye.

Or, dernièrement, j'ai renouvelé ma demande à ce même personnage...

« C'est sans intérêt, me répondit-il. C'est une sculpture récente qui nous a été offerte un peu comme un ex-voto, et nous ne pouvions faire l'affront de ne pas l'exposer... Mais elle n'est pas de très grande qualité : elle est en pierre de France, et elle s'effrite ».

— Je vois... Ca se passe de commentaire !

— D'autant plus que cette réponse en elle-même est idiote : il y a contradiction dans le fait que la pierre soit récente et qu'elle s'effrite ; même en calcaire fragile, c'est un peu tôt pour tomber en ruine... De plus, la principale trace d'effritement concerne le nez... Avez-vous bien examiné ce nez ?

— Il est brisé.

— Et ça ne vous rappelle rien ?

— Le Saint-Suaire !

— Eh oui ! La ressemblance est fantastique. Bien sûr, si cette pierre est récente, toutes les explications ratiocinantes vont se bousculer au portillon. Mais si elle est ancienne !... Savez-vous que plus elles sont anciennes et plus les icônes du culte orthodoxe ressemblent à l'image portée par le Saint-Suaire ?

— Et au 17e, on n'avait pas encore photographié la relique de Turin...

— Mais bien évidemment, cette pierre est récente, n'est-ce pas ? C'est même assez extraordinaire ce qu'elle a pu rajeunir quand elle est parue en couverture de cette fameuse *Race Fabuleuse* de Gérard de Sède !... Il y a de ces coïncidences contre lesquelles il ne convient pas de s'insurger. Et cependant, l'importance de tout ceci n'est pas l'ancienneté réelle ou non de la pierre, bien que, pour ma part, je sois convaincu de ce qu'elle date du tout début du... 17e siècle. Je reprends les termes du raisonnement que nous avons tenu à propos de vos... Bunnies, et je vous dis : « L'essentiel, c'est qu'elle se trouve là aujourd'hui ». Si elle est véritablement ancienne par dessus le marché, tant mieux. Les formes prises par l'expression d'un message peuvent varier avec le temps, et celui que détient Orval ne s'est pas toujours présenté comme nous l'envisageons aujourd'hui. Il est tout à fait vraisemblable que cette sculpture, si elle est ancienne, n'ait jamais signifié ce que nous y lisons, dans l'esprit de son auteur, et ceux qui vous affirment qu'elle n'a pas le sens que vous lui pressentez sont très certainement de bonne foi. Mais, qu'elle soit ancienne ou moderne, elle est là ! Et sa présence dans ce contexte, même accidentelle dans le chef de ceux qui l'ont disposée à cet endroit, sa présence l'intègre dans un tout signifiant. Or, je suis certain qu'elle n'est pas là par hasard.

De nouveau, je parcourus des yeux l'ensemble de la salle et des objets rassemblés. Comme à chaque fois que les faits s'amoncelaient, je recommençais à percevoir cette sorte de gêne, de trouble, devant trop d'évidences accumulées. Quelque chose en moi refusait l'émerveillement et me suggérait que nous étions en train de « chercher la petite bête ». Mais où était la réalité, la vérité ? Dans un enseignement officiel quasiment sacralisé, confit dans son inertie et son étroitesse par l'immobilisme, le manque d'imagination et la terreur de l'inconnu propres aux institutions qui détiennent le pouvoir ? Ou dans le fruit d'études patientes, laborieuses, opiniâtres qui sont le fait d'esprits ouverts à la signification des choses, et non pas seulement à leur aspect ; le fait de gens pour qui la facilité n'est pas une fin en soi ? Il en est pour qui le raisonnement n'est que l'instrument qui asservit la chose observée à leur raison. Il en est d'autres, que j'apprécie.

Le soleil d'automne qui modelait de sa lumière chaude les pierres du cloître nous fit cligner des yeux en quittant la pénombre de la salle capitulaire. Nous fîmes le tour de la cour, nous laissant envahir par la quiétude qui succède souvent aux états de tension. J'en arrivais presque à envier la vie paisible et recueillie des moines, et la rigueur trappiste me paraissait moins terrible dans ce havre de paix et de beauté. Il était d'ailleurs réconfortant de constater qu'en cette fin de siècle où le laisser-aller semble constituer la seule règle uniforme, il se trouvait de plus en plus de jeunes – et de moins jeunes – pour préférer l'épanouissement au sein d'une discipline sévère, mais généreuse. Le nombre de moines d'Orval allait croissant.

Cette halte dans notre recherche ne pouvait durer, et je fus tiré de ma rêverie.

— Que pensez-vous de ce porche ?

— Qu'il est moderne.

Il me montrait une ouverture dans la paroi du préau, donnant accès à une grande salle autrefois voûtée, et qui servait de lectorium. Devais-je croire que cette ouverture se faisait sur l'étude ? Fallait-il admettre qu'il s'agissait là d'un signe destiné au curieux et lui enjoignant de poursuivre sa recherche par la lecture studieuse ? Pourquoi pas ?

— Et cet écusson ?

— Il porte le monogramme du Christ, composé des lettres I, H et S ; le H traversé par une croix latine verticale ; le tout surmontant le monogramme de la Vierge, soit les lettres M et A.

— Et ces lettres signifient ?

— Les premières sont les initiales latinisées de Ιησου Υιος Σωτερ, c'est-à-dire Jésus [le] Fils Sauveur. Les deux suivantes signifient « Marie ».

— Mais non, vous mélangez deux choses. Si les premières sont des initiales, les suivantes doivent en être aussi.

— Eh bien... Cela pourrait être « Alma Maria », ou quelque formule similaire ?

— Ca ne colle pas avec les désignations courantes de Marie, que l'on connaît surtout comme Vierge et Mère, et fort peu comme « Alma ». Pourtant, vous avez visé relativement juste en énonçant ce terme « Alma ». L'Alma Mater – l'Université – est une image qu'il conviendrait d'approfondir. Mais imaginez un instant que la petite barre horizontale au milieu du sigle n'existe pas, comme c'est souvent le cas dans d'autres représentations. Que reste-t-il ?

— Deux M entrelacés.

— Soit « *Maria Mater* ». Vous rendez-vous bien compte de ce que notre raisonnement vient tout simplement de court-circuiter Dieu le Père en reliant directement Jésus le Fils Sauveur à Marie-Mère... Encore une fois, c'est la Vierge-Mère qui régit tout, la seule véritable Reine des Cieux. Savez-vous qu'il s'est trouvé de bons Pères Dominicains pour pieusement faire brûler vifs des gens responsables de graffiti frôlant nettement moins l'hérésie que celui-ci ? Le Père, le Fils et bientôt l'Esprit ne sont plus que des épisodes d'un règne bien plus long, mais perçu seulement comme toile de fond des autres.

— Ah si le M.L.F. vous entendait !

Il ne releva pas l'impertinence.

— Je commence à comprendre l'emportement de cet auteur, que nous connaissons vous et moi, contre ce qu'il appelait « le dangereux renouveau de Mariolâtrie », lors de l'avènement de

Jean-Paul II ; et je me demande de plus en plus si ses opinions d'extrême gauche sont bien politiquement la cause de son éclat ?

Je restais rêveur.

— A quoi pensez-vous ?

— Je pense que, pour une fois, c'est vous qui venez de rater le coche, un coche qui aurait apporté bien de l'eau à notre moulin...

— Ah bon ? Expliquez-vous, me dit-il en portant un regard interrogateur sur l'écusson.

— Savez-vous que les Jésuites ont parfois complété le monogramme du Christ en ajoutant au bas de la croix qui traverse la lettre H, la forme d'un fer de lance censé rappeler l'arme de Longin, l'instrument de la Passion ?

— Oui, et alors ?

— Avez-vous bien observé que si on allonge le montant vertical de cette croix, dans le cas qui nous occupe – et la pierre est manifestement effacée à cet endroit –, on aboutit dans le creux au milieu des deux M entrelacés, et que l'on obtient cette même figure imaginée par les Jésuites ?

— Je vous suis...

— Remarquez encore que ce « fer de lance » ressemble prodigieusement à une lettre V, et vous obtiendrez I. H. S. V. M. M., soit *In hoc signo vinces, Maria Mater* », « par ce signe tu vaincras : Marie Mère »

Il me regarda d'un œil vif.

— Dorénavant, méfiez-vous des Dominicains.

Et il m'entraîna en riant de bon cœur. Nous avions terminé le circuit des ruines, et nous nous retrouvions près de l'entrée des caves de l'Abbaye du 18e.

— Je n'ai plus que le musée à vous montrer, me dit-il, et encore vous mènerai-je directement à l'essentiel. Il y a là comme dans tout le reste de notre visite de multiples choses qui valent la peine d'être vues et analysées, et que nous avons laissées de côté car nous n'avions pas l'intention de nous attarder au détail. Cependant, avant d'entrer, j'aimerais encore attirer votre attention sur ceci.

Il me désignait deux sortes de niches ménagées dans un mur des ruines faisant face à l'entrée des caves, chacune sommée d'une représentation élégante de coquillage.

— Tiens, dis-je, une coquille Saint-Jacques à l'envers. On est plus habitué à les voir dans l'autre sens et servant de bénitier.

— Et cela vous suggère-t-il quelque chose ?

— Oui. Qu'en levant les yeux, on voit le symbole de Compostelle, par exemple.

— Vous voyez bien qu'on ne rate aucune occasion de vous rappeler ce *Campus Stellae*, ce « champ de l'étoile », si important pour notre quête. Et remarquez, de plus, qu'on attire votre attention à l'entrée publique de l'Abbatiale moderne.

— A propos, cela vous paraît-il évident de pénétrer dans le bâtiment par les caves alors que, seul, son point le plus élevé est accessible ?

— Tiens oui, au fait ! Vous avez une explication ?

— VITRIOL.

— Pardon ?

— *Visita Interiora Terrae Rectificando Invenies Occultam Lapidem.*

— Eh ! Votre idée est loin d'être stupide. Elle me plaît même énormément. Tous les rites initiatiques font passer le pèlerin par une sorte « descente aux Enfers », qu'il s'agisse du Cabinet Noir

ou d'une « Traversée du Désert ». De Vénus-Ishtar à De Gaulle en passant par Dante, tous ceux qui se sont voulus signifiants ont dû se plier à cette exigence. Pourquoi pas ici ? Dans le cas d'Orval, où l'alchimie de l'âme rejoint la transmutation des siècles, votre idée est plus que séduisante.
— Merci. Visitons donc.

Il ne sert à rien de décrire les caves du monastère inachevé qui mourut en 1793. Elles sont grandioses et tellement éloignées de l'impression que laisse l'Abbaye moderne que l'on a la sensation, en y progressant, de se trouver à l'étranger, presque. Qu'eut été Orval si le projet de Dewez avait été mené bien ? Que serait-il resté des merveilles que nous venions de voir, alors que les constructions du 18e devaient raser une bonne partie de l'Abbaye ancienne au profit d'un monument grandiloquent et sans âme ? J'en arrivais à me demander si les véritables iconoclastes étaient bien les Sans-Culotte...

— Lors d'une prochaine visite, vous pourrez admirer à loisir une collection de pièces absolument remarquables et qui témoignent du prestige et du rayonnement d'Orval au cours des siècles. Beaucoup de reliques de son passé sont rassemblées ou reconstituées ici, et notamment quelques taques de cheminée vraiment superbes qui méritent un examen approfondi. Mais voici ce que nous cherchons.

Dans un angle de la pièce consacrée au 17e siècle, un tableau d'aspect ancien représentait l'abbé de Montgaillard assis devant un bureau portant un parchemin, le regard posé sur une gravure représentant la Vierge, le tout sur un fond de paysage composé de l'Abbaye de son époque.

— Veuillez remarquer d'abord que ce tableau de notre abbé est disposé à côté d'une vitrine au fond de laquelle se trouve une grande photo du tombeau de Wenceslas de Luxembourg. Si vous vous placez dans le chœur de l'ancienne abbatiale de manière à voir le tombeau sous le même angle que celui de cette photo, vous verrez la tombe de l'abbé de la même manière que vous voyez le portrait ici. Le jeu de piste est double : si vous passez par les ruines de l'église, le dix-sept vous indiquera Montgaillard, dont vous viendrez chercher la signification ici, et à l'inverse, en partant d'ici, vous pourrez retrouver la tombe du Prélat, qui n'est plus numérotée dans les ruines... Nous avons déjà esquissé le portrait de l'abbé tout à l'heure et nous avons noté au passage quelques-unes des curiosités qui l'émaillent et nous invitent à l'approfondir. Nous allons trouver ici son message. Que lisez-vous sur le parchemin ?

— Attendez, je m'approche.

O Domina mea
Quid hic facio
Deduc de carcere
Animam meam
ad confidentiam
nomini tuo.

... Soit : « O ma Dame, Que fais-je ici. Conduis mon âme de [cette] prison jusqu'à la confiance de ton nom ». C'est approximatif, mais littéral.

— Cela appelle quelques commentaires. Le mot « *Domina* », exprimé de la sorte, fait penser à la Dame au sens troubadouresque du terme, c'est-à-dire objet de révérence et de ferveur. Tâchez donc de le traduire autrement, par un seul mot dont le sens soit aussi plein, et sans périphrase ! Et je me plais à vous rappeler les origines du Père Abbé, en plein pays du Trobar Clus... Ce qui m'amène au terme « *confidentiam* » : s'il doit bien se traduire par « confidence », il faut s'interroger soigneusement sur son sens. La confiance est ce que l'on donne, ou ce que l'on reçoit ; le sens du mot peut être actif ou passif. La confidence, c'est ce que l'on donne secrètement à une personne élue, c'est une chose que l'on garde secrètement pour la partager avec quelques-uns. Mais c'est aussi ce que l'on affirme avec foi : les martyrs confesseurs sont ceux qui ont été mis à mort pour avoir proclamé leur foi ; c'est le sens de la prière du « *Confiteor* » : j'affirme ma foi en...

On peut donc sans grand risque de se tromper, comprendre le terme « *confidentiam* » dans le sens de « signification profonde et secrète réservée aux élus »... Bernard de Montgaillard demandait à la Dame Mystique de le délivrer de cette prison terrestre et de l'amener spirituellement à partager le mystère de son nom... Peut-on être plus clair ?

— C'est assez extraordinaire !

Nous restâmes muets quelques instants, tâchant de cerner la riche personnalité de l'abbé. Il me revint un souvenir.

— N'avez-vous jamais rencontré ailleurs ce terme « *confidentiam* » utilisé de la même manière et avec le même sens ?

— Je ne vois pas. Mais si c'est votre cas, cela peut être intéressant.

— Vous l'avez certainement lu dans un des bouquins de Gérard de Sède, à qui j'ai communiqué l'information à propos de Poussin il y a quelques années, après l'avoir découverte dans un livre traitant de la correspondance de l'artiste, et sans me douter de la portée que nous allions lui trouver aujourd'hui.

— Eh oui, bien sûr ! Le sceau de Nicolas Poussin ! Ce personnage qui tient d'une main une petite nef, à côté des mots « *Confidentiam tenet* »... Ah bravo ! J'aurais dû y penser plus tôt. D'ailleurs, nef ou vaisseau, l'allusion est claire.

— Un autre aspect du « *verbum dimissum* » ?

— Allez savoir ?

— Tiens, en prime, puis-je vous demander quel était l'âge de Monseigneur Bernard Percin de Montgaillard lorsque naquit Nicolas Poussin ?

— Dites ?

— Trente-deux ans.

— Ben voyons ! Ce dix-septième siècle est une mine invraisemblable de coïncidences.

Il redevint pensif et je respectai son silence.

Les touristes arpentaient les couloirs souterrains, parlant à voix plus ou moins basse, s'extasiant devant les pièces d'art, s'interrogeant sur la richesse passée des Moines, sur la puissance actuelle de l'Abbaye... Questions finalement normales de la part de gens dont l'univers quotidien est limité par le pouvoir imbécile de l'argent. Bien peu devaient se douter du véritable sens d'Orval et de son rayonnement. Un groupe de jeunes gens s'était arrêté pour lire le texte exposé dans une vitrine dont je m'approchai lorsque j'entendis le mot « Jansénisme ». Je revins sur le champ tirer mon compagnon de sa rêverie. Il lut sans mot dire le texte que je lui désignais.

— Je suppose que vos pensées vous portent à nouveau vers le Sud ?

— Allons, dis-je, comment ne pas évoquer Alet et la remarquable figure de Nicolas Pavillon quand on lit qu'un personnage important du Jansénisme s'est réfugié à Orval sous le nom de Monsieur Fleuri – et on a eu bien soin de mettre ces mots entre guillemets – « pour rester inconnu » ! Sébastien Joseph du Cambout, abbé de Pontchâteau, parent de Richelieu.

— J'ignorais cet événement, et il est effectivement curieux. Mais ne vous faites aucune illusion, ce ne saurait être qu'une coïncidence, n'est-ce pas.

— Bien sûr ! Une de plus.

Il souriait avec l'air entendu de ceux qui profèrent une évidente idiotie.

— Venez, je vais encore vous en montrer une.

Il m'entraîna assez rapidement vers la sortie du musée, me laissant à peine le temps d'apercevoir les merveilles exposées.

— Je vous ai parlé du Frère Abraham Gilson, un peu avant notre passage à la Fontaine Mathilde.

— Oui ?

— Je vous avais proposé de vous en reparler. Ce que nous allons apprendre de lui, ici, ne devrait pas vous déplaire. La représentation de ce Frère, que voici, n'est pas sans évoquer l'aspect d'un Compagnon, et c'est la première chose qui a attiré mon attention sur lui. La seconde, c'est que, non seulement, il a survécu à la tourmente révolutionnaire qui détruisit Orval en 1793, mais surtout qu'il a pu demeurer sans problème dans la région alors que la communauté monastique en avait été chassée. Je dois dire que je n'ai guère eu connaissance de ses œuvres et que, pour le peu que j'en ai vu, elles ne m'ont guère laissé d'impression, ni artistique, ni dans l'optique qui est la nôtre pour l'instant ; mais peut-être conviendrait-il d'approfondir ? Examinez plutôt sa tombe, dont voici la reproduction photographique.

Je lus à haute voix l'inscription portée par la croix funéraire :

CI GIT
ABRAHAM GILSON
FRERE CONVERS
DE L'ABBAYE
D'ORVAL.
IL FUT PEINTRE CELEBRE ET SON NOBLE TALENT
DECORA CETTE EGLISE. ARTISTE BIENFAISANT
MODESTE ET VERTUEUX, RELIGIEUX AUSTERE
IL VECUT EN BON FRERE ET MOURUT EN SAINT PERE
LE 16 JANVIER 1809.
REQUIESCAT IN PACE.

— ... Dommage, dis-je. A un jour près...

— Mais non, la date est correcte, elle est seulement discrète. Réfléchissez : à gauche se trouve le nombre 16 ; à droite le nombre 1809. Or, $1 + 8 + 0 + 9 = 18$. Et que trouvez-vous entre le 16 et le 18 ?

— Ben voyons ! Le dix-sept janvier.

— Quelle admirable coïncidence, n'est-ce pas ?

— Absolument ! Par contre, je me demande s'il s'agit toujours de coïncidence quand on utilise les termes « Artiste bienfaisant », juste appropriés à cette église, qu'il ne faut pas être bien vicieux pour assimiler à une cité sainte.

— Pour ma part, j'ai ressenti une étrange impression à la lecture de « ...mourut en saint père ». D'accord, les Moines sont généralement appelés « Frères » ou « Pères », mais la phrase me parait curieusement évocatrice de certaine fraternité d'Artistes.

— Allons ! Allons ! Coïncidence, mon cher, coïncidence.

Il jeta un dernier regard sur la photographie.

— Excusez-moi, j'avais failli l'oublier...

Il me prit par le bras en riant et m'emmena dans le couloir.

— Ainsi donc, la dernière chose que ce musée aura failli évoquer pour nous, aurait pu être bien proche de l'Alchimie. J'apprécie d'autant plus votre citation du VITRIOL quand nous sommes entrés. J'aimerais cependant en revenir à la précédente, que nous avions formulée, précisément, en passant devant l'atelier du Frère Gilson.

— *Lege, lege, relege, et caetera* ?

— Oui. Nous avons lu, lu et relu. Peut-être même relié, car, n'ayons pas peur des assonances, « *religare* » est bien l'essence étymologique de la religion, non ?

J'approuvai.

— Si nous priions, maintenant ?

— Volontiers.

Il me poussa vers l'escalier qui, partant des caves, donnait accès à l'église moderne sans passer par la clôture.

— Tout escalier desservant plusieurs étages dans la même cage peut être ramené au schéma d'une spirale plus ou moins correcte, dont on sait qu'elle mène à la Connaissance ; et celui-ci n'y fait pas défaut, bien que très irrégulier, me dit Jacques en entamant la première volée de marches. Il n'en comporte pas moins une curiosité, ou plutôt, une analogie, que vous allez certainement découvrir.

Du coup, j'aiguisai mon attention, suspectant la moindre chose d'être signifiante, m'évertuant à compter les marches, tâchant de deviner... et marchant, bien entendu le nez au sol.

— Alors, vous ne trouvez pas ?

— Eh bien, euh...

— Le vitrail !...

Évidemment ! Un vitrail composé d'une série de cercles de verre d'un jaune chaud... Le « vitrail aux pommes d'or »... Mais fallait-il y voir une allusion à Rennes-le-Château ?

Il devina le doute dans mon regard.

— Non, il ne s'agit pas directement de Rennes, mais l'archétype est le même. Je pense plutôt que ce vitrail désigne seulement le Jardin des Hespérides, ainsi que son symbolisme mythologique.

— Pour être franc, on me dirait que l'allusion est accidentelle que cela ne me surprendrait pas autrement !

— Mais ce n'est nullement impossible. Il est très probable que celui qui a conçu ceci n'ait vu aucune malice à dessiner à cet endroit un vitrail composé de pommes d'or. Il est même quasiment certain qu'il n'avait jamais entendu parler de Rennes. Il n'empêche que le vitrail, tel quel, s'intègre dans un ensemble cohérent, et je ne vois pas pourquoi le négliger. Après tout, que faites-vous de l'inspiration ? ... En fait, j'étais venu ici à plusieurs reprises avec la sensation « qu'il y avait quelque chose à Orval », et bien souvent, comme vous, je refusais certaines analogies, certaines indications, décidant au nom de l'esprit critique qu'elles étaient seulement dues au hasard. Le Dieu Hasard est un dieu qui a remarquablement bon dos, et c'est invraisemblable ce qu'on a pu lui mettre dessus ! Pour moi, et contrairement à Nietzsche, c'est le seul Dieu qui soit réellement mort, sans même jouir d'un crépuscule. J'ai constaté son décès brutal en passant cette porte.

Il s'avançait vers la lourde porte de chêne ouvrant sur la moitié gauche du Jubé, seul endroit de l'église qui fût librement accessible aux touristes A nouveau, cette extraordinaire atmosphère s'empara de nous, faite de recueillement et de ferveur, mélangée de joie spirituelle. L'église était vaste et intime à la fois, faite de blanc et de sombre, baignée d'une lumière vive et douce. Les mots sont inutiles, vides et fragiles en face de choses directement perçues dans l'esprit et dans le cœur. J'étais ému. Jacques aussi. Je ressentais presque l'église comme un être vivant, calme et soucieux de nous, nous accueillant dans sa paix pour nous faire partager sa joie sereine.

Je me rendis compte que, depuis quelques instants, mon compagnon me regardait.

— Vous êtes sous le charme, n'est-ce pas ?

— Et comment ne pas l'être ?

— J'ai ressenti ces mêmes impressions la première fois que suis venu. Mais le plus extraordinaire, c'est qu'elles sont toujours présentes à chaque visite, plus fines, plus vives et plus intenses au fur et à mesure que « j'apprends » Orval... Laissez-vous envahir par cette plénitude spirituelle, laissez-vous guider par ce que vous ressentez. Cela en vaut la peine.

Oui, cela en valait la peine, et je me rendis effectivement compte du magnétisme que l'abbatiale exerçait quand ma montre sonna l'heure. Près de vingt minutes écoulées dans un silence d'une rare qualité, insensiblement...

— Ces mots me sont déjà venus tout à l'heure, dis-je doucement. Orval est vraiment en dehors du temps, et s'il est bien un lieu où souffle l'Esprit, ce doit être ici.

— Vous avez raison pour ce qui est du temps, mais je pense plutôt qu'ici, l'Esprit... inspire. Imaginez bien tous les sens du terme.

Un nouveau temps de réflexion s'écoula, puis ce fut lui qui me relança.

— Vous êtes venu ici pour saluer le Maître des lieux, mais n'avez-vous rien à lui demander ?

— Sais-je seulement ce que je cherche, répondis-je en souriant.

— Est-il nécessaire de le savoir pour ressentir le besoin de chercher ? Vous êtes – pardon : nous sommes – curieux, ouverts, et nous avons perçu ici la présence d'une chose à découvrir, avant même de l'avoir identifiée. Quelle est donc la première question à poser ?

— Eh bien, précisément, je la formulerais comme ceci : « Que dois je demander ? ».

— Bien. Et à qui allez-vous le demander ?

— Au Maître des lieux, comme vous disiez tout à l'heure.

— Qui est ?

— Comme nous sommes dans l'église Notre-Dame d'Orval, j'imagine qu'il s'agit de la Vierge. D'ailleurs, tout ce que nous venons de rencontrer nous l'avait abondamment suggéré : il convient d'interroger la Vierge.

— Où avez-vous vu la Vierge ici ?

— Au-dessus de l'autel principal, bien en évidence dans la rosace qui apporte la lumière.

— Exact. Cette rosace contient un vitrail représentant Notre-Dame d'Orval entourée de divers faits relatifs à la Vierge, tant dans sa vie telle que les Traditions nous l'ont apprise, que dans ses manifestations ultérieures. Or la Vierge est qualifiée de Rose mystique, c'est-à-dire d'essence de perfection à découvrir par le cœur. Mais c'est aussi, dans ce vitrail, la rose par laquelle passe la lumière. Et la rose que parcourt la lumière n'est autre que le zodiaque, dont nous savons maintenant que le signe de la Vierge y règne en maître pour tout ce qui concerne notre civilisation. Si donc vous levez les yeux pour quérir la lumière, vous devez nécessairement interroger la Vierge, et elle vous dira que cette lumière que vous attendez passe par la Rose mystique, par la Vierge cachée. Ayant appris cela, vous allez humblement baisser les yeux. Et que verrez-vous ?

— Deux autels particuliers, dédicacés à Saint Pierre et Saint Paul. Tiens ! Saint Pierre et « symbole », donc le symbole de Pierre. Celui de l'Apôtre, ou seulement de pierre ?

— Ici, ce sera le symbole de l'Apôtre. Quel est le symbole de l'Apôtre Pierre ?

— Pierre porte les clefs du Paradis.
— Les clefs du Paradis sont la version enfantine d'une réalité profonde : Pierre détient les clefs du ciel, et ceux qui ont rédigé les Évangiles et qui maniaient merveilleusement la langue des oiseaux, ont fait dire à Jésus « Tu es Pierre, et sur cette pierre je bâtirai mon Église », et plus tard, « Je te donne les clefs du Ciel ». On ne pouvait mieux attirer notre attention sur le fait qu'au delà du ciel spirituel que le Christ nous apportait, Il nous donnait la clef de notre devenir – je n'ai pas dit « avenir » – merveilleusement inscrite dans le ciel, et soumise à la Vierge mère... Il nous faut donc chercher les clefs du ciel. Imaginez que nous ne sommes jamais passés par Liège, et dites-moi ce que vous auriez fait.

— Oserais-je dire à nouveau que j'aurais prié ? « *Lege, relege, ora et invenies* »... Encore et toujours.

— Osez : c'est cela. Pour ma part, je me suis recueilli et j'ai à nouveau baissé les yeux... Et au bout d'un moment, à bout de pensée, je me suis laissé aller simplement à regarder. Je me suis rendu compte que le Jubé est divisé en deux parties, et que la partie gauche, où nous sommes, voit les places disponibles numérotées par deux en raison des chiffres impairs, tandis que l'autre partie, inaccessible, comporte les chiffres pairs.

Je regardai la rambarde en bois posée sur le garde-fou servant de prie-Dieu et limitant le Jubé, et sur laquelle figuraient les numéros en question.

Je frémis.

Chaque numéro était disposé en face d'un siège, sauf un seul : le numéro dix-sept... Celui-ci était en face du couloir.

— Fantastique ! Le dix-sept montre la voie.
— Exactement. Ce sont les mots qu'il fallait employer.

J'étais abasourdi. C'était la première fois que je voyais ce genre d'indication aussi claire, aussi évidente.

— Voyez-vous, reprit-il, pendant longtemps, j'étais venu à Orval presque par curiosité, pour y retrouver des éléments que j'avais vus ailleurs, mais sans trop y croire. Il y a toujours moyen de trouver quelque chose quelque part, de même qu'il y a toujours moyen de déterminer un dessin significatif dans les veinures d'un marbre, ou une statue dans les formes tourmentées d'un amas de rocher. Par essence, un monument religieux est bourré de symboles, et il n'est jamais grand besoin de se torturer les méninges pour y trouver l'une ou l'autre signification occulte, mais ici, c'est différent. D'ailleurs, il n'y a rien d'occulte, et il suffit d'ouvrir les yeux assez grand. « Ils ont des yeux pour ne pas voir, et des oreilles pour ne pas entendre... »

— Je n'en reviens pas. Effectivement, combien de fois, devant une indication, n'est-on pas tenté de dire « C'est le hasard », ou « C'est mon imagination ». Mais dans ce cas, l'évidence est trop forte, trop précise. L'ensemble est trop cohérent pour être le fruit du hasard. En fait, ce dix-sept, disposé comme il l'est, n'a strictement aucun sens, et la seule raison que l'on peut imaginer pour justifier son existence à cet endroit, soit le gain de place, cette raison ne tient pas debout. Et d'ailleurs, je ne vois même pas le pourquoi de cette numérotation dans une église qui n'est pas paroissiale, et où il ne se trouve donc pas de bourgeois pour réserver leur siège.

— Vous avez parfaitement raison. C'est bien la première fois qu'à la place d'exciter notre imagination pour trouver une raison cachée à quelque chose, il nous faut la travailler pour lui faire inventer une raison « normale » ! Ce dix-sept n'a pas de sens, mais il montre la voie. Vous avez parfaitement formulé ce rébus.

— Et pourtant, cela ne nous donne toujours pas la solution du « dix-sept » lui-même. Que veut dire ce nombre, pourquoi dix-sept et non pas seize ou dix-huit ?

— Mais si, reprit-il doucement, la solution est ici, et en fait, nous l'avions depuis longtemps sans nous en rendre compte. On vous a dit de chercher la clef du ciel, et le dix-sept montre la voie. Quelle voie ? Quelle voie connaissez-vous dans le ciel ?

— La Voie Lactée ?

— Certainement, et l'épisode de Saint Bernard recueillant le « Lait de la Vierge » n'a pas seulement un sens alchimique. C'est un signe. Et les signes que nous connaissons le mieux dans le ciel sont bien ceux du Zodiaque, lequel Zodiaque n'est pas bien loin de la Voie Lactée... Savez-vous que le Zodiaque est un cercle imaginaire disposé le long de l'écliptique, et que tous les mouvements des planètes signifiantes, des dieux antiques, que tous ces mouvements, je dis bien « tous », se font dans le Zodiaque, c'est-à-dire dans un cercle dont « l'épaisseur » est de... dix-sept degrés ! Mon bon ami, la clef des dieux se trouve dans un cercle céleste de dix-sept degrés ! Vous rendez-vous compte ?

Malgré sa voix basse, il avait parlé avec force, et ses mots martelaient mes oreilles.

C'était si simple et si extraordinaire... Il reprit :

— Non seulement nous venons de voir ici l'énoncé fabuleux de la quête que nous avions entreprise sans bien savoir, répondant seulement à un appel de notre curiosité : non seulement Orval nous énonce la clef de notre devenir, mais surtout, elle nous explique le rôle mystérieux de la Vierge...

Nous restâmes un long moment silencieux, n'osant encore admettre bien que sachant déjà.

L'irruption d'un touriste, sorte de *Deus ex machina* stupide, nous tira de notre rêverie. Nous n'avions ni l'un ni l'autre envie de voir troubler l'atmosphère extraordinaire du moment que nous venions de vivre, et nous sortîmes sans même nous concerter.

Quand nous fûmes revenus sur le palier extérieur, j'attirai son attention.

— Avez-vous compté les grandes marches de l'escalier constituant le couloir en face du dix-sept ?

— Non, pourquoi ?

— Il y en a cinq.

— Bien, et alors ?

— S'il y a cinq degrés en face du dix-sept, cela fait bien vingt-deux en tout. Donc, encore cinq degrés à gravir, et l'œuvre sera complète.

Il me regarda bizarrement.

— Vous devez décidément très fort. Bravo !

Le chêne séculaire nous vit sortir, perdus dans un rêve étrange comme saoulés d'émotions. Nous étions comme ces gens un peu gauches à la sortie d'un spectacle passionnant, à ceci près que pour nous, le rideau venait seulement de se lever.

En quittant l'Abbaye, j'eus l'impression de perdre quelque chose que je viendrais forcément, un jour, retrouver.

MISCELLANEOUS GAMBLE

> Wice qui nos èstans turtos des Fis d'Arca.
> *Franz Hock.*

****

Jacques et moi n'avions plus guère reparlé de ces choses qui nous tenaient tant à cœur depuis notre visite à Orval, comme si un accord tacite nous empêchait d'y revenir avant que je ne fusse vraiment imprégné de ce que j'y avais découvert.

Nous avions d'ailleurs fortement espacé nos rencontres, car ses soins étaient terminés, et ma profession – Dieu merci – m'accaparait, tandis qu'il courait les bibliothèques afin de compléter une documentation sur laquelle, par une étrange pudeur, je n'osais l'interroger.

Plusieurs semaines se passèrent ainsi, et au fur et à mesure du temps, je sentais les doutes s'insinuer en moi : c'était trop beau, trop énorme, et nous n'avions rien fait d'autre que de soumettre quelques coïncidences, quelque faits issus du hasard, au jeu de notre imagination beaucoup plus qu'à la critique de notre raison.

Ce fut lui qui remit le sujet sur le tapis, un dimanche matin que nous avions décidé de consacrer à la visite du marché de la Batte. Tout Liégeois doit connaître cette manifestation dominicale qui fait partie de la vie de la Cité au même titre que Tchantchès, le Perron ou la Meuse. Sans elle, Liège ne serait pas complètement Liège.

En fait, il s'agit d'une sorte de marché libre, tenu par de véritables commerçants, ambulants habituels ou occasionnels, autant que par des amateurs. La liberté y est telle que l'enfant qui tente de vendre les chatons qu'il ne veut pas laisser noyer côtoiera l'escroc espérant trouver la poire à qui il refilera au prix fort la guenille lamentable qu'il ne rougit pas de prétendre digne « des princesses ».

On y trouvera parfois l'objet de brocante rare et précieux, l'affaire mirifique dont le vendeur ignore la valeur véritable. On y rencontrera souvent le faux lamentable qui prête bien plus à rire qu'à s'offusquer. Mais toujours le folklore sera présent, et le marché en lui-même, pour son ambiance, pour son animation, pour la vie populaire intense qui l'habite, pour ce qu'il représente encore de tradition indépendante des règlements, pour tout cela, le marché de la Batte mérite largement le déplacement.

Et puis, il faut bien dire que le public est rarement dupe de l'arnaque à laquelle il s'expose. Et que le vrai truand n'est pas toujours le marchand...

Nous venions de rentrer, enchantés de notre promenade dans l'air vif et frais de ce beau matin d'octobre, saturés de cris et de couleurs, et Marcelle nous avait servi l'apéritif dans mon bureau-

bibliothèque lorsque Jacques me demanda à brûle-pourpoint :
— Pourquoi ne me parlez-vous plus d'Orval ?
— Que voulez-vous que j'en dise ? Vous m'avez émerveillé, et j'ai presque l'impression qu'en reparler briserait cet espèce de charme qui s'est établi. Et puis par où commencer, après une telle somme d'acquisitions ?
— Peut-être simplement par ce qui vous tient à cœur, cette liaison élective entre l'Ardenne et la Wallonie d'une part, et le Sud d'autre part. Avant même la naissance d'Orval, la légende dit que les lieux étaient occupés par des ermites de Saint Augustin, mais rien ne le prouve. En fait, il y avait certainement des ermitages dans le Luxembourg, et le plus connu d'entre eux se situait à quelques kilomètres au sud de l'actuelle abbaye, entre Bièvre et Margut. C'était celui de Saint Walfroy, le seul stylite connu en Occident. Figurez-vous qu'il avait élevé là, sur une colline plus haute que les autres, un sanctuaire à Saint Martin, afin de concurrencer le culte rendu à la *Dea Arduina*, que d'aucuns assimilent aujourd'hui à Artémis... Cet ermite, d'origine lombarde, venait d'Aquitaine, où il avait été moine, à Attane, sous la direction d'un aristocrate issu de la cour du roi d'Austrasie, à Metz.
— C'est curieux, à une époque où les moyens de communication n'étaient guère propices aux voyages, de trouver de tels échanges réciproques entre des régions tellement éloignées.
— D'autre part – mais vous allez me dire qu'il s'agit d'une coïncidence – l'aristocrate en question s'appelait Irieix, ou encore Aredius... Ca ne vous rappelle rien ?
— *Aer Red*, le dieu au serpent, dont on a trouvé un autel dans la région de Rennes-le-Château, et dont de Sède dit qu'il pourrait être à l'origine de mot « Rheda »...
— Avouez que cette allusion au serpent est intéressante si l'on admet la théorie de l'alternance dans le zodiaque.
— Plutôt, oui !
— Notez, à propos de Rennes, que si l'on part de l'étymologie wisigothique – Rheda, le chariot – et que l'on se rappelle que certain « Grand Romain » serait mort d'une chute dans la Sals par suite de la rupture d'une roue de son char sur la route romaine au pied du Cardou, cela devient étrange.
— Précisément, le serpent nous confirme que ce ne serait pas le premier à être tombé bien bas suite à la rupture d'un cycle...
— L'allusion serait vraiment très fine, mais ne me surprendrait pas outre mesure. Je vous ai déjà dit que toute cette histoire a commencé voici quatre mille ans, qu'elle est constituée de trois volets dont Rennes est la charnière précédente, et Orval la prochaine. Voyez l'ancien blason de Toulouse, et vous saurez avec précision quand commence cette histoire, et avec qui, c'est-à-dire avec ce roi légendaire qui construisit le Château Narbonnais : Aquarius, le Verseau.
— Tiens, tant que nous sommes au rayon des coïncidences et des parallélismes frappants, c'est bien de 1070 que date la première occupation authentique d'Orval par des moines calabrais ?
— Vous voulez en revenir au 17 ?
— Non, pas obligatoirement, mais je constate que c'est seulement 11 ans après la consécration de l'église Sainte Marie-Madeleine, à Rennes.
Il eut une moue dubitative.
— C'est peut-être moins significatif.
— Sauf si l'on envisage cela comme une récupération par l'Église de deux hauts lieux, déjà considérés comme sacrés avant leur christianisation.

— D'accord, mais alors, il faut aussi envisager que l'Église, détentrice et continuatrice de la Tradition, les a récupérés, comme vous dites, afin d'en assurer la continuité.
— Pourquoi pas ?
— Hé ! Eh oui, pourquoi pas ?...
— Au fait, reprit-il après un temps, que pensez-vous de l'origine probablement calabraise de cette première occupation chrétienne du site d'Orval ?
— Je vous ai déjà dit que j'étais surpris par les immenses trajets accomplis à une époque où rien ne les favorisait, et que par conséquent, je m'interrogeais sur leurs causes. En l'occurrence, ce qui m'intrigue le plus ici, et l'abbé Tillière s'est aussi posé la question, c'est de savoir si ces premiers moines pouvaient réellement provenir de Calabre, pays d'obédience byzantine, si je ne me trompe.
— Et je suppose que vous avez lu la réponse qu'apporte Dom Christian Grégoire, et à laquelle je souscris entièrement, à savoir que la Calabre n'avait subi l'implantation grecque que très superficiellement, mais qu'elle était restée très latinisée au niveau de ses population autochtones, d'origine lombarde.
— Tiens ! Comme ce bon saint Walfroy ?
— Parfaitement. Et il est peut-être bon de remarquer alors que le Catharisme se développa à Liège, à Toulouse, mais aussi en Lombardie...
— Et quelle signification donnez-vous à ce fait ?
— Aucune. Je relève seulement un parallélisme intéressant... L'imagination au pouvoir, n'est-ce pas ? Mais il y en a d'autres, et des plus amusants, notamment ceci : Saint Walfroy le stylite, un beau jour, fut « décolonnisé ».
— Pardon ?!
— Oui, en fait, il agaçait passablement les évêques voisins – probablement par son anticonformisme – et ceux-ci décidèrent de le faire rentrer dans le rang. Ils le firent donc descendre de sa colonne et l'instituèrent doyen d'Ivoix. Cela ne vous dit rien ?
— Rien, à première vue.
— Alors, je vous explique. Le refuge d'Ivoix est le plus ancien qu'ait possédé l'Abbaye d'Orval. Il lui fut concédé par Jeanne de Blamont, comtesse de Chiny, et confirmé en 1299 par Louis V. Toujours rien ?
— Hélas !
— Je vais donc parfaire votre instruction et combler les trous déplorables qui la parsèment. Le comté de Chiny, et ses dépendances, parmi lesquelles Orval, fut racheté par Wenceslas Ier, duc de Brabant, de Limbourg et de Luxembourg.
— Celui qui est enterré dans le chœur de l'ancienne abbatiale ?
— Celui-là même. Or, Wenceslas était Prince de Bohême, né à Prague. Et nous sommes à une époque où la Kabbale porte ses plus beaux fruits, notamment à Prague. Avouez que ce serait joli, si, via Orval, nous pouvions rejoindre le Sud, autre haut lieu où souffla l'Esprit de la Sainte Science, comme dirait A.D. Grad.
— Je parie que vous allez y arriver.
— Pariez donc. Moi, je vous poserai une devinette. Figurez-vous qu'un beau jour, quelqu'un estima que le tombeau de Wenceslas encombrait le chœur de l'église, et décida de le faire reculer. Une fois le monument déplacé, il y fit graver une épitaphe latine qu'il composa lui-même afin de rappeler comment Wenceslas fit châtier les Juifs qui, le Vendredi Saint de l'an 1370, avaient percé

des hosties consacrées d'où le sang se mit à couler. De qui s'agit-il ?
— Je vote pour Bernard de Montgaillard.
— Gagné !
— Vous ne trouvez pas que c'est un peu court pour relier la Kabbale du Sud à celle du Nord en passant par Orval ?
— Même si je vous fais remarquer que l'événement peut s'énoncer « Montgaillard fit mouvoir les restes de Bohême » ?
— Ouais. C'est à la fois obscur et douteux, j'en connais qui ne marcheraient pas.
— Je vous l'accorde, mais il ne faut rien négliger. De plus, il a mieux... La famille de Chiny, je vous le signalais incidemment tout à l'heure, était apparentée à celle de Blamont. C'est cette dernière famille qui va nous conduire droit à notre but, et de fort belle manière. Donc, d'une part, nous avons le comté de Chiny, dont fait partie Orval, et devenu la propriété de Wenceslas de Luxembourg, originaire de Prague et titulaire de la Bohême. Ensuite, nous avons Bernard Percin de Montgaillard, dont nous avons suffisamment analysé précédemment les aspects curieux. Maintenant, nous avons la famille de Blamont. Ce nom n'évoque-t-il vraiment rien pour vous ?
— J'ai bien un vague souvenir d'une certaine Marie de Blamont, cousine du Duc de Guise qui mena la Ligue contre Henri IV, et qui se mit en valeur au siège de Paris ; mais mes souvenirs sont flous.
— Rassurez-vous, ils sont exacts, et c'est bien à cette personne que je voulais vous amener. Il faut savoir que son opposition au Béarnais n'empêcha pas Marie de Blamont, selon certaines chroniques, d'épouser un gentilhomme provençal, un certain Gabriel de Ruymolin, et d'entrer ainsi en possession du château de Cabrières. Cela vous dit quelque chose, maintenant ?
— Plutôt ! Cabrières... C'est bien ce château que racheta Emma Calvé, certaine d'y trouver le fameux *Livre d'Abramelin le Mage* et ses mystères alchimico-cabalistiques ?
— D'y trouver le livre, et d'y cacher plus ou moins ses amours avec Bérenger Saunière, selon certains racontars. Par le fait de ces deux personnages ; nous revoici donc de plain-pied dans le cadre de Rennes-le-Château.
— C'est incroyable. Chassez le naturel, il revient au galop !
— Chassez le surnaturel et il revient à pas de loup. Et tout ceci est vrai, pour incroyable que cela paraisse. Je vais vous en apporter une autre preuve, tout aussi vérifiable. Nous venons de suivre ce que nous pourrions appeler une filière Nord-Sud. Il en existe une exactement en sens inverse. La Ligue, le siège de Paris, cela aussi devrait vous amener à certain rapprochement.
— Avec Bernard de Montgaillard, bien sûr, dont on sait qu'il participa activement à la lutte contre Henri IV. C'est un fait qu'il vient du Sud-Ouest, et que via Paris et Anvers, il constitue un réel trait d'union avec Orval.
— Et s'il avait connu Marie de Blamont ?
— Ce serait remarquablement intéressant. Encore faudrait-il le prouver.
— Cela peut se faire.
Il pécha un livre sur un rayon de la bibliothèque.
— Bien. Je vous lis d'abord un extrait de *L'Histoire de l'Abbaye d'Orval*, de l'abbé Nicolas Tillière. Écoutez bien.

> « ... Cependant, malgré la faim et les sommations de Henri IV les assiégés refusaient de se rendre. Pour animer les courages, des écoliers, des prêtres, les religieux donnèrent au peuple le spectacle d'une procession militaire, *image*, disaient-ils, de

> l'*Église militante*.
> Heureusement qu'Alexandre Farnèse, gouverneur des Pays-Bas, parvint à faire lever le blocus et à introduire dans la place des soldats et des vivres.
> Bernard de Montgaillard avait joué un rôle trop remarqué pour ne pas être odieux au roi. »

... Et caetera. D'autre part, je vous répète ce que disait le Satyre Ménippée de notre bon abbé.

> « Il était boiteux. Il n'est ni beau, ni laid, quoiqu'il soit un peu camus... »

Il prit un autre bouquin, à la reliure fatiguée et à couverture défraîchie, qu'il avait amené avec lui. Il ne fut pas long à feuilleter.

— Je reprends :

> « Une nouvelle milice s'était organisée pour prêter main-forte à la garnison et aux compagnies bourgeoises. Guillaume Rose, évêque de Senlis, marchait en tête, comme colonel de cet étrange régiment ; le curé de Saint-Côme, Hamilton, était son sergent de bataille. Ils guidaient des moines en arme. Le *Petit-Feuillant*, religieux connu par la hardiesse de ses sermons, était chargé, quoique boiteux, de régler les rangs ; il courait partout avec une agilité qui lui méritait les louanges de la population. »

— Difficile de ne pas identifier Montgaillard au travers de ces allusions. Même ses sermons sont mis en exergue.

— Et j'aimerais vous faire remarquer que les termes mis en évidence au cours de ces lectures ne l'ont pas été par moi, mais bien par les auteurs. Mieux, dans ce dernier livre, les termes « Petit-Feuillant » sont les seuls, je dis bien les seuls, en italique dans tout livre.

— Évidemment, tout ceci est troublant, mais est-ce suffisant, ces allusions communes dans des termes aussi proches, pour admettre que Marie de Blamont a connu Bernard de Montgaillard ?

— Certes non, la preuve n'est pas formelle ! Mais avouez qu'il y a beaucoup moins de probabilités pour qu'ils se soient croisés sans se voir, que pour l'hypothèse inverse. De tout ceci, il n'en reste pas moins que c'est bien Montgaillard qui a fait déplacer le tombeau de Wenceslas.

— Mais que voulez-vous dire exactement ?

— Ah non ! Maintenant, vous devez trouver vous-même.

— Vous êtes charmant !

— Et n'oubliez pas que l'inscription due à l'abbé faisait allusion au Vendredi Saint...

— Ca y est, j'y suis ! L'inscription primitive situait le décès de Wenceslas la nuit de la Conception de Notre-Dame.

— Si vous n'y êtes pas, vous brûlez intensément.

— Sainte Jeanne d'Arc, protégez-moi !

— Tiens, à propos ! De qui Jeanne d'Arc est-elle la Sainte Patronne ?

— Il y a une astuce ?

— ... De la femme au foyer.

— C'est navrant !

— Mais non ! Précisément, quelle est l'origine du nom de cette famille Blamont ?

— Je n'en ai pas la moindre idée, mais en wallon, « Blamon », sans lettre « t », évoque l'image de la flammèche, de l'escarbille. Et comme vous me parlez de Jeanne la Pucelle...

— Et pourquoi pas Blanc-mont ?

— Cela me parait plausible. Phonétiquement, la syllabe « bla » est brève alors que « blanc » est longue. Si l'origine du nom est « Blancmont », la syllabe correspondante doit rester longue, éventuellement par suppression de la consonne « c » soit « Blanmont ». L'évolution suivante, avec redoublement de la consonne en « mm » est courante. « Blamont » peut être un nom d'origine, mais il peut aussi être un nom dérivé. En fait, la plupart du temps, une syllabe peut se raccourcir avec l'usage, rarement se rallonger.

— De sorte que, si je vous suis bien, « Blamont » peut seulement être original, ou dériver de « Blammont », par exemple ?

— C'est tout à fait possible, mais je ne suis pas spécialiste.

— Et quel serait le sens de « Blammont » ?

— Si l'on s'en réfère encore au wallon, « Blamme-Mont », cela pourrait bien signifier « Montagne en feu », ou « Montagne de feu ».

— C'est bien ce que je voulais vous faire dire.

— Nom d'un chien ! Les Pyrénées !... Mais au fait, il y a tout aussi bien avec les Quatre Fils Aymon, qui vont de l'Ardenne aux Pyrénées. Examinez l'étymologie de leur nom : « Ay » provient du latin « *aqua* », comme dans « Aywaille », « *aqua velva* », l'eau vive. Les Aymon indiquent des « montagnes d'eau » si je puis l'exprimer ainsi, et l'Ardenne belge en déborde. Ainsi donc, par la geste de leurs héros, les moines de Stavelot-Malmédy relieraient la région du château de Rennes à celle de Rennes-le-Château !

— Que vous faut-il de plus, comme liaison nord-sud et réciproquement ?

— Bravo, votre démonstration est jolie.

— Hypothèse, s'il vous plaît. Seulement hypothèse, de même que la vôtre, d'ailleurs.

— Nous sommes trop modestes.

Dans le feu de la discussion, nous n'avions même pas encore entamé les apéritifs... Nous réparâmes immédiatement notre oubli en savourant un de ces délices que Marcelle imagine avec un art consommé.

Tiens, pour le même prix, je vous donne la recette : un tiers d'eau de vie de poire Williams de la meilleure qualité : lésiner serait une grave erreur ; deux tiers de Montbazillac à température de la pièce. A servir dans un verre à dégustation, en y ajoutant, au moment du service, un glaçon sortant du surgélateur. La différence de température entre l'alcool et la glace provoque l'éclatement de celle-ci au fur et a mesure de sa fonte. C'est amusant et délicieux. Efficace, aussi.

J'en revins à nos moutons :

— Avec votre permission, je m'en vais vous offrir, moi aussi, une curieuse liaison entre Nord et Sud. Vous rappelez-vous de Sébastien Joseph du Cambout, abbé de Pontchâteau ?

— Oui, nous en avions parlé à Orval : c'était un des Messieurs de Port-Royal. Il se réfugia à l'Abbaye lors des attaques contre les Jansénistes. Le nom de Pontchâteau est étroitement lié à l'histoire du Jansénisme.

— Bravo ! Maintenant, la question à cent francs : quelles fonctions avait-il à Port-Royal des Champs ?

— Je donne ma langue au chat.

— Pauvre bête ! Enfin, passons... L'abbé de Pontchâteau, parent de Richelieu, après une vie faisant alterner la pénitence et les causes de celle-ci...

— C'est bien dit !

— Merci. Donc, l'abbé se convertit aux doctrines rigoristes, le Jansénisme en l'occurrence, et abandonna tous ses revenus et bénéfices – à l'exception d'un seul – pour mener une vie cachée et mortifiée à Port-Royal, où il occupait des fonctions de domestique et de jardinier. Or, s'il s'est effectivement retiré à Orval, il n'est pas sans intérêt de rappeler qu'il y vint sous le nom de « Monsieur de Fleury, – ou Fleuri – pour rester inconnu »...

— Ce pseudonyme n'est pas étrange de la part d'un jardinier. J'espère que ce n'est pas par cette seule homonymie avec la Maison de Rennes que vous allez me convaincre d'une liaison ?

— Attendez ! C'est vrai, votre remarque est d'autant plus pertinente qu'il vint demander asile à Dom Charles de Bentzeradt, en même temps que les fonctions de jardinier. Il obtint les deux, l'asile et le jardinage, avec en prime l'emploi de porcher en second. Il vivait et travaillait dans l'ermitage de Montaigu, dû à Bernard de Montgaillard.

— Je reste sur ma faim.

— Mais attendez donc ! Il n'avait évidemment pas perdu ses relations avec ses amis de Port-Royal, et d'ailleurs, un de ces Messieurs servit plus ou moins d'agent de liaison entre Pontchâteau et les autres. Un certain Louis Paul du Vaucel.

— Si vous attendez un commentaire, j'aime autant vous dire tout de suite que je ne connais pas ce personnage.

— Dommage ! Du Vaucel est né vers 1640 à Evreux, pas loin de Gisors. C'était le collaborateur de Nicolas Pavillon, évêque d'Alet comme vous savez. Ce du Vaucel, compromis dans l'affaire de la Régale, dans laquelle Pavillon était le principal opposant à Louis XIV, dut se réfugier aux Pays-Bas, d'où il rejoignit Pontchâteau à Orval. En fait, Pontchâteau et Nicolas Pavillon étaient en correspondance régulière et s'estimaient énormément, le premier allant jusqu'à défendre le second devant la Curie, précisément à propos de cette fameuse régale.

— Cette fois, je vous suis mieux. C'est même passionnant. Où avez-vous découvert tout cela ?

— Par-ci, par-là, dans Tillière, dans *Aurea Vallis*, notamment. Mais surtout dans les écrits d'un des principaux historiens du Jansénisme, Gabriel du Pac de Bellegarde.

— Oserais-je vous avouer que j'ignore tout autant ce personnage que les autres ?

— Alors, je vais vous l'apprendre. Du Pac de Bellegarde est né en 1717 – Dieu la belle date ! – près de Limoux ; il est mort à Utrecht en 1789. Souvenez-vous de notre jeu des boucles... Utrecht aura donc vu deux fois s'éteindre les restes de Port-Royal...

— Je vais vous le dire franchement quoique simplement : vous m'en bouchez un coin !

— Alors il faut diluer le bouchon.

Et je lui resservis un verre d'apéritif. Assez fier de moi, il faut bien le dire.

— A la mémoire de celui qui a provoqué notre rencontre. A Bérenger Saunière !

Il but une gorgée en riant puis se leva pour examiner les livres soigneusement rangés sur les planches en chêne des étagères. J'en profitai pour mettre un peu de musique comme fond d'ambiance. *La Misa Criola*.

Il vint se rasseoir en feuilletant négligemment un volume.

— Comment expliquez-vous l'aventure de Saunière ?

— Que voulez-vous dire ?

— A votre avis, d'où tirait-il ses ressources ?

— Certainement pas du trafic des messes... En fait, depuis un certain temps déjà, les prêtres de la région semblaient à l'abri du besoin, et l'abbé Boudet ne me démentira certainement pas, lui dont les dépenses, bien que moins évidentes que celles de son collègue, n'en furent pas moins somptuaires. Il faut donc s'interroger sur l'origine des ressources de tous ces prêtres, et non pas seulement sur les seules de Saunière, qui ne diffère des autres que par ses extravagances et la publicité donnée à son aventure.

— Je suis d'accord avec vous. Donc, qu'en pensez-vous ?

— J'imagine que ces prêtres ont été institués gardiens des dépôts de Rennes par ceux qui s'en affirmaient les propriétaires, et qu'en récompense de leurs bons et loyaux services, ils ont été autorisés à « puiser quelque peu dans l'argenterie »... Pourquoi pas par le Prieuré de Sion ?

— Pourquoi pas, en effet ? Et je complète en disant que Boudet, au moins, a disposé de fortes sommes afin d'accomplir certaines démarches voulues par les commanditaires. Ce qui m'intrigue, c'est pourquoi ce petit jeu ne s'est pas perpétué. Pourquoi Saunière a-t-il mis cette affaire au jour ? Vous avez une idée ?

— J'ai l'impression que, tout au moins en partie, Saunière a échappé au contrôle de ces commanditaires, comme vous dites. J'imagine que les dépôts de Rennes ont fini par attirer une telle convoitise que d'aucuns s'en sont un peu trop approchés au goût des propriétaires, et que ceux-ci ont décidé de les changer de place ; en quelque sorte, de les remettre à l'abri là où on n'irait plus les chercher. Or, surtout à l'époque, qui mieux qu'un prêtre remplissait les conditions voulues pour ce transfert : suffisamment lettré pour savoir ce qu'il faisait et susceptible de se balader un peu partout sans attirer l'attention. Je pense donc que Saunière fut contacté pour effectuer cette tâche, qu'il accepta et s'y attela. Mais voilà, en cours de travail, il se demanda pourquoi ne pas s'arranger pour en profiter vraiment, sans se soucier du bon vouloir de ses partenaires. Et à la place de transférer le magot là où on lui avait dit de le faire, il le mit là où – lui – avait décidé de le mettre. D'où le chantage : « Dorénavant, je suis le seul à connaître l'emplacement. Donc vous me fichez la paix et j'en profite à mon aise, faute de quoi, je perdrai la mémoire et vous ne reverrez jamais plus votre trésor chéri ».

— Votre idée n'est pas idiote du tout, qu'est-ce qui vous y a amené ?

— La réflexion de l'abbé : « Me l'han donat, l'hay panat, l'hay parat é bé le téni »...

— Bravo, c'est incontestablement une indication très précieuse, mais en réalité, c'est un peu plus compliqué que cela. Ce fut effectivement l'attitude de Saunière que de distraire pour son usage personnel une partie de ce qui lui avait été confié. Mais les causes sont un peu différentes. Ce que l'on a appelé « le Trésor de Rennes-le-Château » était en fait constitué de divers dépôts, eux-mêmes de natures diverses. En premier lieu, il y avait les richesses purement numéraires, directement monnayables sans risque. Entre autres, le trésor du Desdichado, d'éventuels dépôts wisigothiques, mérovingiens et même templiers, pourquoi pas ?

— Nous pourrions y ajouter les tuiles du temple de Salomon, tant que nous y sommes ?

— Va pour les tuiles, jouons le jeu et admettons-les. Mais il y avait aussi différents documents, en provenance de plusieurs sources. Papiers de Blanche de Castille authentifiant une lignée, peut-être, papiers d'héritages locaux, certainement, mais aussi écrits d'une valeur inestimable pour les convictions philosophiques traditionnelles.

Il marqua un temps d'arrêt, guettant la question de ma part. Je préférais l'écouter, et il reprit.

— Or, les temps étaient venus de remettre à jour certaines vérités, de donner au monde connaissance de certaines choses qui ne pouvaient plus lui être cachées. Vous n'ignorez plus les tentatives du Prieuré de Sion pour reprendre le pouvoir, ou plutôt pour le remettre entre les mains de ses protégés par l'intermédiaire de l'une ou l'autre grande famille mêlée à cette histoire. Ces tentatives ont toujours échoué au moment de la conclusion, qu'elles aient été le fait de la Maison de Guise ou de la Maison de Lorraine. Mais le temps n'était plus aux essais ni aux tentatives ; il fallait, à défaut de manœuvre politique, rendre à la lignée mérovingienne la place qui était la sienne, et la lui rendre au grand jour ; sa place étant bien entendu celle du règne, quitte à se passer encore du gouvernement. Il le fallait, vous savez pourquoi. Le temps du Poisson touchait à sa fin, le Verseau allait venir, et tous les symboles issus du cycle précédent devaient faire place à leurs successeurs. Mais comment faire place quand on n'existe pas ? Comment déterminer le successeur de ce qui ne précède pas ? Il fallait donc absolument rendre à la lignée mérovingienne issue du Poisson une place telle que la suite fut possible. L'abbé Boudet servirait d'intermédiaire entre le Prieuré et lui, et de bailleur de fonds par la même occasion. Il fut donc prévu que, sous prétexte de découverte fortuite de documents futiles inclus dans un pilier du maître-autel de l'église, Saunière ressortirait les documents véritablement intéressants dissimulés en un tout autre endroit qui ne devait pas être révélé. En même temps, le symbolisme de l'église de Rennes serait remanié afin de conserver à jamais une trace réelle, quoique non évidente, de tout ceci. Mais c'est là que le bât blesse, car les papiers du pilier de l'autel n'étaient pas futiles du tout, et Saunière s'en aperçut bien vite. Il mit l'essentiel à l'abri dans un endroit connu de lui seul et décida de jouer cavalier seul.

— L'expression est jolie.
— N'est-ce pas ?
Il sourit.
— Comme vous le disiez récemment, cette histoire vous colle tellement à la peau que certaines expressions deviennent un réflexe. Il n'empêche que, plutôt que de remettre les documents en question au destinataire désigné, Saunière commença alors à faire monter les enchères entre les amateurs ; en l'occurrence, l'Église et les familles pouvant prétendre à une ascendance mérovingienne, dont il ne resta bientôt plus en lice que les Habsbourg, seuls capables de payer les prétentions du curé. Celui-ci se mit donc en devoir de vendre au plus offrant les documents qu'il retirait des différentes cachettes qu'il découvrait progressivement, sans toutefois se départir de l'essentiel, et tout en profitant largement des espèces directement monnayables ainsi que des largesses de Boudet qui tentait de le « récupérer ». En fait, ce ne fut jamais là que son « argent de poche », si je puis dire. C'est ainsi que l'Église rentra en possession de diverses pièces connues d'elle, ou de certains de ses serviteurs, et « égarées »...

— Depuis les Cathares et l'extinction du Temple, par exemple ?
— Parfaitement. Malheureusement pour lui, Saunière poussa le bouchon un peu loin, et dans un premier temps les mesures de rétorsion furent de lui couper les vivres, en pariant sur le fait que le curé n'oserait – et surtout ne saurait – vendre ailleurs. Et de fait, après une époque de luxe inouï, il se retrouva dans la dèche au point d'envisager de vendre son mobilier. Et pourtant, la partie de bras de fer qui l'opposait à la fois à ses acquéreurs et à ses commanditaires finit par tourner à son avantage. Il ne pouvait pas en être autrement, d'ailleurs, quand on songe bien que si Saunière avait exécuté ses menaces de détruire le précieux document, il ruinait à jamais les ambitions de ses clients tout autant que le certitudes de ses commanditaires... Donc, un beau jour, le curé retrouva son aisance et son luxe d'antan.

— Je vous interromps : n'est-ce pas vers cette époque que naquit avec beaucoup d'assurance une société habilitée au commerce des bijoux et des œuvres d'art, et dont le sigle ressemble étrangement aujourd'hui encore à celui du Prieuré ?

— ... et qui naguère encore, avant le démantèlement de la Place Saint Lambert, ne craignait pas d'affirmer publiquement que « La Prévoyance Sociale défend le Fils de la Veuve contre la chute du Siège de Pierre ». On ne peut rien vous cacher.

— Vous savez, quand l'agence de publicité signe du mot « Lys » une affiche en bleu-blanc-

24. Photos de l'immeuble de la Prévoyance Sociale, à Liège.

rouge où l'ancre, symbole de la foi, s'accroche au P.S., il ne faut pas être bien grand clerc pour devenir curieux...

— On le serait à moins. Mais cela nous éloigne de notre sujet. Saunière était redevenu riche, mais pas plus prudent, car il recommença son manège. Et ce qui devait arriver arriva : ceux dont il avait fait ses adversaires mirent la main sur le document en question, et Saunière n'eut plus de raison d'être... Entre temps, c'était la guerre... La Grande Guerre.

Jacques s'arrêta, attendant manifestement une réaction de ma part. Mais ce qu'il m'amenait à comprendre me fit frémir.

— Vous n'allez quand même pas me dire que la guerre de 14-18 est en rapport avec cette histoire ?

— Si cette histoire n'en est effectivement pas la cause, elle en est en tout cas un des aspects, car il s'est trouvé dans les Empires Centraux quelqu'un qui ne se gêna pas d'en profiter pour tenter de récupérer manu militari ce que Saunière marchandait...

— Mais enfin, vous rendez-vous bien compte de ce que vous dites ?

— Absolument. L'obstination de Saunière et l'imbécillité innommable de ses adversaires fut la cause partielle de plusieurs millions de morts, tout autant que la terreur de Clémenceau de voir rétablir un trône en France, sachant qui risquait de s'asseoir dessus, et qui, pour cela, sabota les pourparlers entre Guillaume II et Sixte de Bourbon-Parme. La guerre dura deux ans de plus. Pourquoi une telle réaction de votre part à propos de la Grande Guerre ? Ce n'est pas beaucoup plus invraisemblable que les implications ésotériques de celle de quarante, qui ne vous font plus crier.

— Peut-être parce que cette idée-ci a déjà fait son chemin tandis que celle-là est effrayante, épouvantable, en regard d'une histoire au départ tellement anodine ?

— L'or de Toulouse a toujours porté malheur. Et il n'était pas seul...

A nouveau, les flammes de l'âtre captivèrent la rêverie qui s'installa. Saunière, Rennes, la guerre de 14... Incroyable. Et pourtant !

La musique s'était éteinte depuis longtemps et seul, le crépitement du bois meublait le silence. Sa voix me surprit.

— J'aimais bien la *Misa Criola*. J'apprécierais maintenant quelque chose qui soit à la fois dans le même ton et plus proche de nous. Qu'avez-vous comme grégorien ?

Je me levai et consultai les cassettes alignées près de la platine.

— Je vous cite mes titres, vous choisissez. En Calcat, *la Journée Monastique* ; Solesmes, *Messe de l'Avent, Messe de Minuit, Messe du Jour* ; Solesmes encore, *Semaine Sainte* ; Clervaux, *Die Stille von Clervaux*...

— Clervaux, bien sûr. Nous ne sortirons pas de notre sujet.

La musique sacrée s'éleva presque immédiatement.

— Avez-vous une idée de ce que sont devenus les documents détournés par Saunière ?

— D'après ce que je sais, et surtout d'après tout ce que vous avez bien voulu me dire, il apparaît que certaines pièces sont passées du côté de l'Église, et que d'autres sont allées aux Habsbourg.

— L'Église a finalement récupéré peu de chose, la majorité des documents allant au Prieuré via l'abbé Boudet qui, après avoir appris la musique à Saunière, fut bien forcé de chanter... Mais l'essentiel est allé en Autriche en suivant un surprenant trajet, tout à fait étranger – vous vous en doutez – à celui des chancelleries. Il fallait des gens de confiance. Saunière ne pouvait pas faire grand chose sans passer par Saint-Sulpice. Emile Hoffet avait gardé des amitiés efficaces à Liège, où habitaient des gens très, très proches de la famille de Habsbourg, et dont la fortune étonne encore aujourd'hui.

— Vous voulez vraiment dire que le secret de Rennes est passé par Liège ?!

— Je le dis. Je l'affirme. Non seulement le secret, mais encore au moins deux des pièces essentielles qui constituaient le trésor antique des rois wisigoths passèrent par Liège. Vous n'ignorez plus la suite.

— Vienne, la défaite de 1918... Clervaux. La guerre de 40...

— Eh oui, cette guerre de 40 justement précédée de l'enquête d'Otto Rahn dans l'Ariège d'abord, à Rennes ensuite, sous le couvert de Montségur. Rahn se fichait bien d'établir une relation quelconque entre le nazisme et le catharisme. Il cherchait une tout autre chose, et bien plus importante. Il recherchait cette même chose qui permit à Saunière de faire chanter l'Église, et qui aurait permis à Himmler de la faire taire. Il ne la trouva pas, et pour cause !

— Et s'il l'avait trouvée ?

— Eh bien, contrairement à Christian Bernadac, je ne suis pas tellement convaincu de l'adhésion de Rahn au nazisme. Car il est bien curieux de constater que, en même temps que les services de Himmler furent mis au courant de ce qu'il n'y avait rien à trouver à Rennes, l'ancien précepteur d'Otto de Habsbourg fut averti de ce qui l'attendait en cas d'invasion allemande...

— Admettons. Mais si Rahn avait l'intention, non pas de livrer ce secret à ses patrons, mais bien de le sauvegarder, pourquoi a-t-il fait part du résultat de ses recherches à la SS ?

— Réfléchissez, voyons ! Il ne pouvait pas se permettre de s'opposer à ses maîtres. Tout au plus pouvait-il tenter de les prendre de vitesse. Il lui fallait absolument rester dans la course, non seulement afin de la contrôler, mais surtout afin de pouvoir continuer à utiliser pour ses propres buts la fantastique puissance de renseignement allemande ; il ne pouvait donc faire autrement que de donner au moins certaines satisfactions. Pouvez-vous imaginer Rahn suscitant une enquête discrète dans les milieux de Saint-Sulpice ou de Saint-Maur-des-Fossés sans donner aucune raison ?

— Je n'arrive pas à vous suivre. En fin de compte, Rahn n'était qu'un infime rouage de la machinerie allemande, et je lui vois mal l'envergure quasi « Jamesbondesque » qui lui aurait permis de remplir ce rôle.

— Et Karl Wolff ? Quand vous ouvrez le boîtier d'une montre pouvez-vous dire immédiatement et avec certitude quel est le rouage qui entraîne l'autre ? C'est certain, je ne puis vous dire qui de ces deux hommes entraînait l'autre ; mais je suis convaincu de leur intervention dans cette affaire. Quant à l'envergure qui vous semble faire défaut chez Otto Rahn, je la vois, moi, suffisante pour permettre à Rudolf de devenir le dernier ambassadeur du Reich à Rome, c'est-à-dire, pas bien loin de ce Vatican que la découverte du secret de Rennes aurait bien embêté...

— Ah si ! Rudolf Rahn avait connu Monseigneur Roncalli !

— Pourquoi Monseigneur Roncalli ?

— Parce que Monseigneur Roncalli connaissait bien Noël Corbu.

— Dites donc ! Voulez-vous bien ne pas aller plus vite que moi !

Son regard pétillait de malice tandis qu'il achevait son verre d'apéritif.

— Quant à dire que Rahn n'était qu'un infime rouage de la machinerie allemande, là, c'est moi qui ne vous suis plus. Plusieurs choses parlent en faveur d'une tout autre importance pour Rahn que celle que lui assigne son aventure dans les parages de Montségur. Le tout est de savoir de quel Rahn il s'agit ?

— Otto ou Rudolf, dès le moment où l'on admet qu'il s'agit d'un seul et même individu, quelle importance ?

— Elle est énorme ! Car il ne faut pas se laisser leurrer par l'image d'un personnage plus ou moins insignifiant, Otto, en l'occurrence, qui aurait été plus ou moins parachuté à Montségur pour y rechercher le « Trésor Cathare ». C'est ce personnage sans grand relief, cet écrivaillon sans notoriété, qui aurait pu, sur une simple lettre adressée à Wolff, se faire libérer de la SS par Himmler en personne, sans aucune formalité ni suite fâcheuse ? Alors qu'au contraire, la SS aurait eu les meilleures raisons de lui chercher des poux sur la tonsure, puisqu'il ne pouvait même pas fournir son certificat de conformité raciale !

— C'est effectivement étrange.

— La réalité était tout autre, et je crains bien que Bernadac ne s'en soit pas rendu compte. Bien évidemment, Otto ne pouvait fournir aucun certificat d'origine raciale, puisque Otto Rahn n'existait pas ! Le véritable Rahn, c'est Rudolf, agent secret et diplomate d'une autre carrure que ce pauvre Otto. En fait, ce n'est pas la personnalité de Rudolf, qui fut créée de toutes pièces pour permettre à Otto de s'y réfugier avec une nouvelle virginité, mais bien celle d'Otto qui fut prêtée à Rudolf, le temps d'accomplir sa mission. Il est courant que des services secrets forgent une identité de couverture pour leurs agent, c'est un fait. Mais dans toute la mesure du possible, c'est l'identité relative à la mission qui est bidon, et non pas l'identité-refuge postérieure à l'action, c'est l'évidence même ! Ne fût-ce que pour éviter à l'agent de se couper malencontreusement ou de commettre une gaffe qui permettrait de l'identifier, une fois revenu à la vie civile et sorti du stress de la mission. Et puis, avouez que c'est considérablement plus simple de supprimer quelqu'un qui n'existe pas, en lui retirant son substrat, que de faire disparaître un personnage bien réel en lui demandant d'endosser une nouvelle peau !

— Effectivement.

— En tout cas, Otto ou Rudolf, Trobar Clus ou œuvre de Minnesanger, le bouquin de Rahn – le diplomate – est un des plus extraordinaires que j'ai lu. Dingue ou génial, je ne sais; mais il faut admirer l'habileté fantastique avec laquelle l'auteur vous explique un tas de choses sans jamais les exprimer. Un véritable chef-d'œuvre qui vaut la peine d'une analyse.

Vous l'avez, je parie ?

— Vous m'aviez fortement intrigué, quand vous en avez parlé il a quelques mois, et je me le suis procuré. Mais je ne l'ai pas encore lu.

— Nous allons le parcourir ensemble, et vous allez juger par vous-même. Nous avons déjà abondamment disserté, via l'ouvrage de Bernadac, sur les vers qui servent d'introduction au livre, et qui sont intitulés *Détention cellulaire*. Passons donc plus loin.

— Page 17 ?

— Ce n'est pas évident, car il ne s'agit ici que d'une traduction, et pour que cette page soit signifiante, il faudrait que le traducteur ait été au courant de bien des choses... J'y relève seulement le nom de Hölderlin. Vous connaissez Hölderlin ?

— Franchement, pas le moins du monde.

— Passez-moi le Robert des noms propres.

— Voilà... S'il vous plaît.

— Ah, j'y suis :

> *HOLDERLIN (Friedrich). Poète allemand. [...] exaltant les grands idéaux humains (liberté, beauté) et exprimant son culte pour la Grèce antique. [...] ...s'il évoque avec nostalgie le monde harmonieux de la Grèce antique, il chante aussi*

> *la joie et l'espoir de voir l'Allemagne réincarner cet idéal...*

— « *Et in Arcadia ego* » ?

— Si ce n'est pas le cas, on n'en est pas loin. Mais vous verrez, il y a mieux ! Poursuivons. Vous avez certainement lu, dans *Le Mystère Otto Rahn*, la description par Rudolf Rahn de cette curieuse manifestation, qu'il appelle son « jeu d'images », et dont une forme lui permet de deviner certains chiffres. Vous avez certainement aussi remarqué que Christian Bernadac insiste assez lourdement sur les ascendances juives d'Otto Rahn.

— Je l'avais remarqué. Et ceci ne fait qu'apporter de l'eau à votre moulin, car si c'est bien la personnalité d'Otto qui a été forgée, la SS ne pouvait imaginer mieux qu'une ascendance juive pour détourner avec horreur l'attention d'Otto, une fois que celui-ci serait devenu inutile.

— Bien sûr. Eh bien, écoutez donc ces lignes, où il fait intervenir son « jeu d'images » comme un véritable personnage :

> *... parfois je déformais ses suggestions pour lui tendre un piège. « Il » m'a dit un jour, au moment de rendre ma composition : « Elle n'est pas bonne, tu auras encore une mauvaise note : 3½. » (Au Württemberg, les notes allaient de 8 : très bien à 1 : très mal. La moyenne étant 4 : passable)...*

... Et ceci :

> *Mes prémonitions prenaient souvent la forme de nombres, et j'avais mis sur pied toute une magie de chiffres dans laquelle ceux-ci et leurs suites prenaient une signification précise. Aujourd'hui encore, je n'ai pas pu me dégager complètement ainsi le 8 représente le danger menaçant qui incite à la prudence – comme si j'avais été frappé par le mauvais œil de Saturne qui aurait, au moment de ma naissance, percé le ciel des astres entre Vénus et les Poissons.*

— C'est incroyable !

— Absolument. Comment mieux proclamer bien haut, mais tellement astucieusement, que l'on est parfaitement au courant des notions de la Kabbale, et comment mieux se démarquer des autres, pour qui le 8 est satisfaction, alors que l'on admet que pour soi, le 8 est signe de danger, de menace ; ce 8 que la Kabbale lie à l'horreur exprimée par la huitième lettre de l'alphabet sacré, le Héth, le « H » indissolublement associé au nazisme... Himmler, Hess, Heuss, Hörbiger, Heidrich... Heil Hitler ! Etc... Voilà, entre autres, pourquoi je ne crois pas, comme Bernadac, que Rahn était nazi. Et la suite est de la même eau, fantastique. Au risque de vous lasser, je vais vous la lire entièrement. Mais c'est de votre faute, vous n'aviez qu'à prendre connaissance de ce texte vous-même.

— *Mea culpa*. Mais ne vous faites pas prier, et allez-y.

— Bien.

> *Un exemple illustrera cette magie des chiffres : mon père avait donné, pendant leurs fiançailles, un dé à coudre en or à ma mère auquel elle tenait beaucoup. Elle en avait constaté la disparition un dimanche matin et nous l'avions cherché en vain pendant des heures dans toute la maison. A la fin, mon père perdit patience et il proposa de renoncer à ces recherches afin de faire notre promenade dominicale. Mais je m'étais mis en tête de retrouver le dé et continuai mes recherches. Subitement, j'eus une idée : pourquoi me donner tout ce mal alors qu'il suffisait de « L' » interroger. Je fermai les yeux devant lesquels apparaissaient aussitôt des chiffres et des lignes. Les chiffres indiquaient le nombre de pas à faire, et les lignes montraient les directions – la dernière donnant la direction vers où aller. J'avais*

> *bien noté les chiffres et les lignes ; j'avançais à tâtons les yeux fermés dans la direction précisée afin de bien la suivre ; elle me conduisit au bureau de mon père, après avoir franchi deux portes, et ma main rencontra un petit tiroir muni d'une clef que je tournai. J'ouvris le tiroir et je continuai mon exploration, négligeant objets et papiers, jusque dans le fond du tiroir où je trouvai un vieux cornet à dés en cuir. Par quel mystère celui-ci avait-il échoué ici, dans le tiroir du bureau de mon père ? J'ouvris les yeux : le dé en or était dans le cornet. Je ne pus jamais connaître d'explication à cette découverte.*

— C'est invraisemblable. Il faudrait presque un livre complet pour analyser ce texte et ses implications.

— Parfaitement. C'est un des plus beaux morceaux de voltige qu'il m'ait été donné de lire. On ne peut mieux vous expliquer qu'il faut vous fier aveuglément aux chiffres pour trouver un objet, caché par le père – sinon rien ne s'explique –, et caché dans un endroit où il est normal de trouver un objet analogue. Car si, au départ, il s'agit bien d'un dé en or, c'est un dé à coudre. Et on le retrouve dans un cornet pour dés à jouer ! Comment mieux vous résumer l'histoire de Rennes, l'intervention de Saunière, et vous indiquer comment décoder le chemin de croix pour arriver à la cachette où l'objet a été dissimulé par le biais de l'homonymie ?

— Génial !

— C'est aussi mon avis. D'autant plus qu'une bonne moitié du bouquin fourmille d'astuces de la même veine. Je ne saurais vous les citer toutes, et je préfère vous laisser le plaisir de les découvrir par vous-même.

Il feuilleta quelques pages.

— Ah ! Stephan George... Celui, avec Hölderlin, auquel Rahn fait le plus référence. Saviez-vous que ce poète allemand se caractérise par sa rigueur formelle, son symbolisme ésotérique, et qu'il fréquenta les milieux symbolistes de Paris dans les années 1890 ?

— Autrement dit, il aurait connu les milieux qui accueillirent Saunière, que cela ne vous étonnerait pas autrement.

— C'est évident. Et l'énoncé de ses œuvres n'est pas fait pour éliminer nos doutes : *Le Septième Anneau*, *L'Étoile de l'Alliance* et *Le Nouveau Règne*...

— C'est assez énorme !

— Et ce chapitre du livre de Rahn, intitulé *Je substitue, tu substitues, il substitue*... En français dans le texte, encore bien ! Juste avant ce passage où il parle de Pomponiana Olbia.

— Cela veut-il dire qu'il faut substituer les personnages imaginaires et remettre à leur place les individus réels ?

— Absolument, et cela vaut tout autant pour Pomponiana Olbia que pour lui-même... Il avait une certaine expérience de la substitution. Vous lirez attentivement ce chapitre, et vous garderez soigneusement en mémoire le fait que Saunière appelait un de ses chiens Pomponnet. Et puis, il y a cet autre chapitre extraordinaire : *Voyage en Anatolie*... En fait, le bouquin de Rahn est constitué de deux parties ; une première où, sous le couvert de souvenirs de jeunesse, il ne rate aucune occasion de nous expliquer sa véritable personnalité ainsi que de nous indiquer la direction de Rennes et de l'aventure qu'il y a vécue sous l'identité d'Otto. Ensuite, une seconde partie, où il nous relate son aventure de diplomate au service du Reich, donc des nazis. Et tenez-vous bien, cette seconde partie commence au chapitre 8 ! Elle est constituée de lettres adressées à une personne devenue boiteuse, et pour cela, assimilée au fondateur de la nation juive... Jacob-Israël...

Ce chapitre est entièrement écrit en italiques car censé rapporter à la manière rigoureuse de citations, des lettres écrites dix ans plus tôt, alors que Rahn, au moment où il le rédige, se trouve en prison à Nürnberg, c'est-à-dire, plus que vraisemblablement sans aucun document de référence original ! Ca ne tient pas debout... Ca ne tient pas debout, sauf si l'on se rend bien compte que Rahn ne fait rien d'autre qu'y forger un personnage imaginaire avec lequel il accomplit une partie de sa route ! Un personnage extraordinairement vivant et réel, dont il se plaît à répéter qu'il n'est qu'imaginaire, mais qu'il quitte comme le meilleur de ses amis au seuil de sa véritable carrière ! Lisez soigneusement ce livre. Vous y découvrirez un homme fascinant, et dont je perçois assez bien l'aventure comme suit : envoyé dans le Sud de la France pour découvrir, au profit du Reich, ce qui avait permis à Saunière de faire chanter le Vatican et de tenir en respect une bonne moitié de l'Europe, Rudolf Rahn devient Otto, et dissimule sous ses activités aux environs de Montségur et Lombrives ses véritables recherches à Rennes. Il ne tarde pas à se rendre compte de la nature de ce qu'il poursuit, et de l'immense pouvoir que cela peut apporter à celui qui le détient. Or s'il a été Allemand jusqu'au bout des ongles, Rahn n'a jamais été nazi. Et sa plus grande frousse est de voir cette chose, qu'il est chargé de récupérer, tomber aux mains d'un pouvoir dont il se méfie au plus haut point. D'autre part, il apprend rapidement que ce qu'il cherche n'est plus à Rennes, mais bien à Clervaux. Rahn est protestant, et en tant que tel, imagine aisément le parti que sa confession pourrait tirer de la possession de pareil document, face à l'Église de Rome... Ou de ce qu'elle aurait à en souffrir... Mais tout, même le voir aux mains des Catholiques, plutôt que de le laisser aux nazis. Alors, il se décide. Pour se dédouaner et montrer qu'il accompli sa mission, il fait plus ou moins part de ses découvertes à ses supérieurs. Satisfait, Himmler licencie Otto de la SS, et lui organise une belle fin, presque plausible. Rudolf peut donc officiellement ne plus être que diplomate.

— Incroyable !

— Oui... Incroyable... Et pourtant !

Les derniers sons de cloche du *Stille von Clervaux* nous accompagnèrent tandis que nous nous levions pour nous rendre à table.

****

Nous étions revenus dans mon antre, c'est-à-dire dans mon bureau, afin de savourer le pousse-café qui devait mettre le point d'orgue à la symphonie culinaire que Marcelle nous avait composée. Jacques examinait mes musicassettes tandis que ma Femme disposait les verres et que je débouchais une bouteille de marc qui m'avait coûté une fortune. Sans rien dire, notre ami glissa une cassette dans la platine de lecture et s'assit au coin du feu pour y prendre de quoi allumer son traditionnel « barreau de chaise ».

— Cet enregistrement est sublime, dit-il, alors que les moines de Solesmes entamaient la *Semaine Sainte*.

Sublime et émouvant, et une atmosphère un peu étrange s'installa, qui cadrait mal avec les réjouissances gastronomiques et païennes auxquelles nous venions de nous livrer.

— C'est curieux, dit-il enfin. J'attendais que vous me posiez une question, et vous ne l'avez jamais fait.

— Êtes-vous le Roi Méhaigné ?

Il me regarda avec surprise, puis sourit.

— Par contre, je ne m'attendais pas du tout à ce que vous la formuliez de la sorte... Au fond, ce n'est pas plus mal comme cela. Continuons donc sur le ton de l'humour. Savez-vous que le petit Jésus avait des petits frères et des petites sœurs ?
— Ah oui ?
— En tout cas, l'Église Catholique ne l'a jamais vraiment démenti. Bref, ses frères et sœurs ont grandi, se sont mariés, et ont eu des enfants.
— Pourquoi pas ?
— Et pour ceux-ci, Jésus est devenu « Tonton »...
— C'est logique.
— D'où l'expression « Avoir un oncle incarné »...
— Je vous croyais pris par l'ambiance du grégorien, je vous trouve presque iconoclaste.
— Si je détruis une image, ce n'est jamais que celle que *l'Énigme Sacrée* a construite sur la descendance de Jésus. Dire qu'il aurait fallu si peu de choses pour que Lincoln et ses amis tombent juste ! Peut-être seulement un rien d'humour ? Malheureusement, après une remarquable étude sur le Prieuré, ils sont contentés de tirer des conclusions plutôt approximatives. Ont-il été emportés par leur enthousiasme, ou par la lecture de Robert Ambelain, je ne sais. Ce qui est certain, c'est qu'ils se sont trompés de marié. A Cana, Jésus mariait son frère.
— Ainsi donc, vous cautionnez cette histoire de descendance de la famille du Christ ?
— Je ne cautionne pas, je confirme. Je me plais à vous répéter que l'Église n'a jamais affirmé que le Christ était le seul fils de Marie. Rien n'empêche donc d'admettre qu'elle et Joseph aient pu avoir d'autres enfants que Jésus. Nombreuses sont les œuvres artistiques qui font référence à cette situation, notamment plusieurs statues de la Vierge au portail de telle et telle cathédrale gothique, et dont le manteau s'entr'ouvre pour laisser paraître un autre enfant que celui qu'elle porte sur le bras. Il existe d'ailleurs une œuvre d'un grand artiste liégeois du 17e, Gérard de Lairesse, intitulée *Allégorie de la Vertu*, qui présente avec bonheur un assez remarquable résumé de cette histoire. On y voit une jeune femme très belle retenant par la main et entraînant avec elle un jeune homme en proie à la tentation du jeu, évoqué par deux enfants qui tiennent des cartes et un dé... Ceux-ci sont repoussés par une jeune personne casquée et cuirassée, qui n'est pas sans évoquer l'ange qui chasse... Héliodore. Ceci se passe devant la statue d'une jeune femme qui porte un enfant sur le bras, un peu à la manière de la Vierge de Del Cour, à ceci près qu'elle cache un deuxième bambin dans les plis de sa robe, à côté d'une colonne torsadée identique à celles du Bernin, à Saint Pierre de Rome. Le paysage monumental est constitué, sans erreur possible, d'une partie de l'église des Saints Gervais et Protais de Gisors. Or, Gérard de Lairesse était élève de Bertholet Flémalle... De toute manière, je ne vois pas pourquoi ne pas admettre l'existence actuelle d'une lignée issue de la famille du Christ ? A la limite, que le Christ n'ait eu ni frère ni sœur n'est pas le problème, car sa famille ne s'arrêtait pas à Marie et Joseph, n'est-ce pas ? En fait, tout ceci ne vous parait invraisemblable que parce qu'il s'agit du Christ. S'il s'agissait d'une descendance, directe ou parallèle, de César ou d'Alexandre le Grand, vous n'auriez pas tant de réticences.
— Bien, je me fais l'avocat du Diable et j'examine vos arguments. Vous connaissez une descendance d'Alexandre le Grand ?
— Eh bien oui ! Elle existe, et elle est même démontrée, prouvée et scientifiquement admise. Je vous concède qu'il ne s'agit pas de la descendance du personnage, mais ce qui est indubitable, c'est que nous nous trouvons en présence d'un descendance authentique, et en ligne directe, de soldats de son armée. Il n'y a pas tellement longtemps qu'une mission d'exploration ethnologique

en Asie a découvert plusieurs villages de gens parlant un langage totalement inconnu dans la région. L'étude des mœurs et des généalogies avait déjà prouvé que ces gens vivaient en parfaite autarcie, exclusivement entre eux, leur nombre étant encore suffisant pour compenser la consanguinité, lorsqu'il fallut bien admettre l'évidence : ils parlaient le grec antique de l'époque d'Alexandre. Il ne fallut dès lors pas bien longtemps pour prouver qu'ils étaient historiquement les descendants d'une partie de l'armée du Macédonien qui n'avait pas regagné Babylone en 325 avant notre ère, et avait préféré s'établir aux confins de l'empire...

Marcelle et moi étions sans voix. Effectivement, j'avais lu récemment un article concernant cette découverte surprenante, mais je n'avais jamais envisagé d'établir le parallèle avec une hypothèse qui, pour moi, tenait beaucoup plus du farfelu merveilleux, voire d'un mauvais goût pénible, que de la réalité historique. Et pourtant, ce qui avait été possible pour les uns ne pouvait à priori être nié pour d'autres...

Jacques reprit :

— Et ce n'est pas la seule descendance en ligne directe qui ait dépassé les deux mille ans. Il en est même une que vous connaissez parfaitement bien, et qui est vieille de plusieurs millénaires. Elle date de l'Aurignacien. C'est-à-dire de plus ou moins trente mille ans.

— ?

— Il existe un certain nombre d'études scientifiques qui visent a démontrer de manière rigoureuse la filiation directe des Basques d'aujourd'hui et des hommes de Cro-Magnon... Vous en trouverez de nombreuses traces dans des revues de vulgarisation scientifique courantes.

— Vous allez un peu loin, dit Marcelle. Et pourtant, vos exemples sont largement battus par le mien propre, par mon cas personnel.

Jacques la dévisagea avec curiosité.

— Figurez-vous, poursuivit-elle, que je descends en ligne directe mais alors là, rigoureusement directe, je descends d'Eve.

— Quant à moi, ajoutais-je, je crois devoir vous faire remarquer que si nous allons encore plus loin et admettons les hypothèses qui font intervenir les extra-terrestres, y compris par la voie kabbalistique du Docteur Grad, nous sommes tous descendus de la planète Arca ; et cela aussi peut se retrouver au portail de Chartres...

— A preuve, insista Marcelle. « Et in Arca...dia ego ».

Jacques eut un sourire un peu las.

— Vous allez trop vite, beaucoup trop vite, et vous mélangez des choses qui ne doivent pas l'être. Je suis aussi un peu déçu de sentir une telle véhémence dans l'opposition que vous me manifestez.

— Je vous en demande pardon, dis-je. Comprenez-la par le fait que nous ne vous considérons pas comme un fumiste, et avouez que vous avez souvent le talent de provoquer nos réactions.

— C'est vrai... Mais j'imaginais que vos connaissances et cette recherche déjà longue que notre amitié nous avait permis de faire ensemble, vous auraient amenés à percevoir plus facilement certaine réalité.

— Excusez mon emportement... C'est aussi l'expression de mon intérêt pour cette histoire, qui vous touche de si près.

— Qui nous touche tous, et moi pas plus que vous... Vous avez admis et parfaitement compris que l'énigme de Rennes, en tant qu'archétype, touche aux mystères essentiels : celui d'une lignée que vous tenez viscéralement pour incroyable, et pourtant que votre intelligence vous amènera petit à petit à accepter ; mais aussi, et nécessairement, au mystère des origines.

— C'est peut-être paradoxal, mais j'admettrais plus facilement une trace d'origine, ou de contact « extérieur », que cette histoire de lignée fabuleuse. Et pourtant, aucune des deux hypothèses ne remet véritablement en cause l'idée que je me fais du Christ.

— Voilà déjà une bonne chose, dit-il à l'adresse de Marcelle. Mais, si vous le voulez bien, reprenons tout ceci dans l'ordre. Premièrement, vous m'avez dit descendre d'Eve, et je veux bien le croire. Mais je vous prierai de m'en fournir les preuves.

— C'était une image, bien sûr. Je voulais simplement vous dire qu'il y a toujours moyen de remonter à un ancêtre important dès le moment où il est suffisamment ancien. Comme le disait Rita Lejeune à propos de tout autre chose, par deux points, il y a toujours moyen de faire passer une ligne droite.

— D'accord pour l'image ; mais cela ne change rien au fait qu'il existe un ensemble de documents qui établissent à suffisance la venue en France d'un groupe de personnes de la même famille que le Christ, et qui portent à croire que cette famille s'est perpétuée jusqu'à nos jours en ligne directe. J'essayais tout à l'heure de vous démontrer par l'exemple que cela n'a rien d'invraisemblable.

— Je ne suis pas certaine que l'exemple des descendants de l'armée d'Alexandre soit probant ; en effet, comme vous le disiez, ces gens ont vécu dans une autarcie complète, incluant le mariage, et donc dans des conditions permettant ce phénomène. Je ne crois pas que ces conditions étaient réunies en France, et j'irais jusqu'à dire que, au contraire, les éléments étaient tels que la probabilité était nulle d'arriver à une lignée directe survivant autant de temps.

— Détrompez-vous tout de suite, chère Amie. Vous savez bien que la conviction d'appartenir au peuple élu, qui est ancrée au fond de chaque individu d'Israël, est le plus puissant moteur de ce comportement qui pousse les Juifs à se garder « à part ». A fortiori si l'individu ou le groupe a la certitude d'une ascendance extraordinaire liée au destin de sa race... D'autant plus que face aux persécutions romaines, face à l'Église naissante et bientôt alliée du pouvoir, ces gens avaient d'excellentes raisons de se cacher. Vous comprenez bien que, dans l'hypothèse où l'on avait quelque chose à cacher à propos du Christ, on n'allait pas laisser en liberté des individus également détenteurs du secret, mais échappant au contrôle et susceptibles de ruer dans les brancards. D'autre part, ces gens-là n'avaient aucun intérêt à disperser leur secret, et, partant, leur force.

— Alors, pourquoi n'ont-ils pas crié bien haut la vérité, tant qu'ils avaient le pouvoir d'empêcher le développement de ceux qui allaient devenir leurs ennemis ?

— Parce qu'au début, ils n'avaient pas la moindre idée de l'extension prodigieuse que l'Église allait prendre ; ils n'avaient à se défendre que des Romains. Peut-être même n'avaient-ils rien à cacher vis-à-vis des premiers chrétiens, et n'ont-ils eu à s'en défendre qu'à partir du moment où l'Église a détourné le message spirituel du Christ pour en faire son propre message, à elle ? Je pense personnellement qu'au départ, il y avait une chose toute simple et naturelle, qui ne pouvait en rien heurter ni mettre en danger le message de Jésus, soit l'existence de frères et peut-être de sœurs, avec une descendance bien normale, le Christ étant l'aîné. Je ne vois pas en quoi cela pouvait altérer la qualité ni l'essence du message de rédemption de Jésus. Et cette famille, obligée d'entrer dans la clandestinité du fait de l'apparent échec de Jésus, s'est réfugiée dans les communautés juives du sud de la France, tandis que les disciples, eux, se dispersaient dans le monde, et surtout, tentaient de gagner Rome d'où partaient tout pouvoir et toute diffusion d'idée à l'époque. C'est là que se situe l'hiatus, cause de cette histoire et de ce secret. Les disciples se sont retrouvés dans un monde neuf qu'ils avaient à conquérir, et pour y arriver, ils façonnèrent leur enseignement en fonction de leurs auditeurs. Par contre, ceux qui s'étaient réfugiés en France, se retrouvèrent dans un milieu où, par essence, la tradition a tendance à se renfermer sur elle-même. Il eut donc très rapidement un clivage entre l'Église en train de s'organiser, jalouse de son pouvoir, et les autres, détenteurs de la tradition et des preuves. Il ne fallut pas bien longtemps pour que l'Église se mette en devoir d'éliminer cet autre pouvoir également issu du Christ, mais par la voie du sang, afin de conserver par devers elle le pouvoir issu de l'enseignement, ou plutôt, de ce qu'elle en avait fait... Jusqu'au jour où elle ne put faire autrement que de composer avec ceux qui étaient devenus les Mérovingiens. Vous connaissez la suite.

— Vous avez probablement raison.

— Quant à cette expression que vous venez d'avoir concernant l'Arcadie, elle a effectivement trait au mystère des origines.

Il se tourna vers moi.

— Nous avons fait allusion, lors de notre visite d'Orval, à ces bouleversements qui affectèrent notre système solaire et qui virent à la fois l'apparition de Vénus et la venue des « initiateurs issus de l'onde », comme le montre si bien la « Naissance de Vénus », où la charmante déesse sort de l'eau, portée par une coquille Saint-Jacques. Botticelli, dont on affirme l'appartenance au Prieuré de Sion en tant que Grand Maître, ne pouvait mieux exprimer que Vénus était issue de l'onde, portée par le champ des étoiles... Nous avons vu que les mouvements des anciens dieux se situaient dans un cercle de 17 degrés d'épaisseur appelé zodiaque, et dont nous n'apercevons chaque jour qu'une portion assez réduite. Pour reprendre les termes de Sendy, n'oubliez pas que les « initiateurs » liés à ces phénomènes ont promis de laisser « la trace de leur alliance dans le ciel », et que la tradition assimile cette alliance à celle de l'Arche, cette alliance qui est dans le ciel et que l'on dit être... l'arc-en-ciel. C'est très poétique, mais il s'agit d'autre chose : cet arc que nous apercevons chaque jour, cet arc du jour, en quelque sorte... Arca dies, Arcadie... Cet arc d'alliance, cette portion de l'anneau du zodiaque dont les Dieux ont laissé la signification en imposant aux figures des constellations des noms qui n'ont de sens qu'en un point précis « d'ailleurs ». La voilà, l'alliance, qui nous permettra de retrouver les origines, maintenant que la réconciliation de la Science et de la Foi permettra à l'Homme de « s'identifier aux Dieux », et d'accomplir les Écritures.

Fumisterie ? Peut-être. Si nous nous en tenons à la raison raisonnante des scientifiques sérieux, je mérite d'être interné. Si nous laissons notre imagination prendre le pouvoir et se laisser guider par l'intuition, alors là... Ne me faites pas l'injure d'imaginer que j'assimile le Christ à une quelconque forme de petit homme vert, ni que j'affirme comme vérité première de ma conviction ce que je viens de vous exposer. D'abord, admettre l'intervention d'initiateurs venus d'ailleurs, quitte à les assimiler aux anges et aux Nephilîm, tout cela ne ferait que reporter d'un cran le problème de l'existence de Dieu. Ensuite, de tout ceci, aucune preuve n'existe autre que gnostique, autre que faite de certitude personnelle. Mais il n'empêche que la fantastique cohérence de tout ceci donne à ces hypothèses une résonance particulière.

Savez-vous que les Arcadiens se disaient antérieurs à l'apparition de la Lune dans l'environnement terrestre. Sans aller jusqu'à la confondre avec Vénus, il faut bien admettre que le fait que la Lune présente toujours la même face à la Terre a pour le moins quelque chose d'insolite. Quelle peut bien être la probabilité pour retrouver une autre association identique dans l'Univers, et pour autant qu'elle soit due à un phénomène naturel ? Ne serait-ce pas là plutôt le signe d'une autre

alliance particulière, qu'un initiateur bien précis aurait – lui aussi – laissé dans le ciel ?
— Que voulez-vous dire ?
— Vous voulez que je vous raconte la Genèse ?
— Pourquoi pas, insistais-je en remplissant les verres.
— Eh bien, vous savez que Yaweh a matérialisé son alliance personnelle avec les mâles d'Israël par la circoncision, alors que suite au déluge, c'est-à-dire quand la Création fut sauvée du péril de l'onde, il avait promis de laisser la marque de son alliance dans le ciel.
— Ce qui a permis à certains de postuler l'existence de plusieurs initiateurs, Yaweh n'étant que l'un de ceux-ci.
— Fort bien. Et s'il en existait encore un, mais connu ?
— Vous voulez parler de Lucifer ?
— Bien sûr ! De Lucifer qui a conclu une alliance avec la Femme, et qui, de même que Yaweh, a imprimé son alliance à la fois au sexe de celle-ci et dans le ciel, où la Lune présente un cycle d'une durée rigoureusement pareille. En fait, la Vierge n'écrase pas le Serpent sur un croissant de Lune ; par lui, elle s'appuie sur la Lune, témoin de son alliance à elle !
— Vous ne vous fichez pas un peu de moi, par hasard ? demanda Marcelle mi-figue, mi-raisin.
— Tais-toi, lui dis-je, suppôt de Satan !
— Allons, allons, coupa Jacques en éclatant de rire. Satan et Lucifer n'ont rien à voir entre eux, sinon par les voies de la démonologie, servante de la politique de l'Église. Avouez cependant que les coïncidences sont étranges, et imaginez tout ce que ceci pourrait donner entre des mains moins innocentes que les nôtres... D'autant plus qu'une autre chose vaut largement la peine d'être mise en évidence. Que savez-vous des Ligures ?
— Finalement peu de choses. C'était un peuple antérieur aux invasions celtiques, que l'on trouvait un peu partout en Europe occidentale. Le peu que l'on en sait provient de quelques auteurs grecs et latins, mais leurs descriptions et commentaires ne sont pas précisément concordants.
— Et quel dieu leur connaissait-on ?
— Le dieu Lug, je crois. Curieusement, bien que archaïque, ce dieu a laissé beaucoup plus de traces toponymiques que ses successeurs immédiats, et il a fallu attendre le christianisme pour retrouver une quantité comparable de noms de lieux à consonance religieuse.
— Bravo. Lugdunum, Lucques, Lugano, ou encore Paris, dont l'étymologie « Lugo-ticia », Lutèce, est séduisante.
— Et aussi Liège, Lug-tich ; ou Luxembourg, Lug-zelburg...
— Quelles étaient les caractéristiques de Lug ?
— Vous m'en demandez beaucoup, et je ne suis guère érudit. Ce que j'en sais par les légendes irlandaises fait de ce dieu un charpentier, un forgeron, un soldat, un harpiste, un poète, un sorcier, un médecin, un aubergiste, et un bronzier, bref un type assez complet. De plus, certains de ses surnoms font allusion aux rayons du soleil... Attendez, je crois que j'ai quelque chose là-dessus.

Je me levai et parcourus du bout du doigt un rayon chargé de livres, jusqu'au moment où je retrouvai la couverture verte du volume que je cherchais. Un coup d'œil à la table des matières et j'y étais.
— Voilà :

> *[Lug] est également dit « lamfada », à la longue main. On a cru, autrefois, que cela faisait allusion aux rayons du soleil, d'autant plus que son surnom « grianainech » semble l'apparenter à Apollon. Mais il s'appelle aussi « lonnbeimenech »*

(celui qui frappe furieusement) ; si l'on veut rapporter cette expression à l'éclair, et que l'on fasse aussi de sa lance un éclair on se trouve dans le domaine, depuis longtemps abandonné, de la Mythologie de la nature.

— Parfait. Nous sommes donc bien en présence d'un dieu porteur de lumière, non ? Alors ne m'en veuillez pas de jouer sur les mots, « Lug-cifer » est bien trop tentant... Or, c'était le dieu des Ligures, peuplade contemporaine des mégalithes, soit de la fin du cycle précédent de douze « heures » zodiacales. C'est donc bien, encore une fois, un dieu mort d'avoir brisé son cycle.

— C'est d'autant plus étrange que, comme le Dieu que nous connaissons actuellement, en cette nouvelle fin de cycle, Lug était une trinité. C'est indiqué en toutes lettres dans ce bouquin, suite à l'analyse d'une inscription curieuse trouvée à Osma. Et croyez-moi, ce texte n'est pas celui d'un quelconque farfelu mais bien d'un professeur de l'Université... d'Utrecht.

— Résumons-nous, reprit-il après un sourire. Nous avons donc bien deux êtres, Lug et Lucifer, curieusement similaires, chacun porteur de lumière, chacun initiateur et chacun déchu, mais tous deux antérieurs aux autres. Car l'alliance de Lucifer symbolisée par le don de la pomme, si elle est bien contemporaine de Yaweh, est antérieure à celle que celui-ci conclut, d'abord avec Noé, ensuite avec Moïse. Nous avons donc le schéma suivant : un Dieu créateur, qui « fait » le monde, puis ne s'en occupe plus guère, laissant la main à ses... secrétaires, dont l'un est connu sous le nom de Yaweh, et l'autre sous le nom de Lucifer. Le premier se charge de façonner l'Homme, l'autre de l'instruire. Manque de pot, ils ne parviennent pas à s'entendre, préfigurant ainsi le conflit des parents jaloux et possessifs face aux enseignants. Tant et si bien que, saine logique ou je ne sais quel modus vivendi, ils se répartissent la tâche, non pas en exécution simultanée, mais bien successive. Le premier – Lucifer – aura la charge d'élever l'Homme durant son enfance et d'en assurer l'instruction sous la garde de sa mère, tandis que le second – Yaweh – devra en assurer l'évolution, de son adolescence jusqu'à sa maturité, et lui permettre ainsi de « s'identifier aux dieux », une fois devenu adulte, à la fin de cette « grande année » que détermine la précession des équinoxes. Avez-vous remarqué la différence fondamentale entre les deux versions de la Genèse que présente la Bible ?

— Indépendamment des questions d'antériorité ou d'auteur, il est de fait que la première selon la pagination présente un récit de la création strict et succinct, où chaque mot a sa place et son poids, quasiment scientifique, tandis que le second présente la création de manière beaucoup plus poétique, et...

— Non, précisément, coupa Jacques. Si le premier décrit bien, comme vous l'avez dit, la véritable création du monde, le second rapporte la création de l'homme au départ du limon, mais il ne dit pas d'où vient le limon ! Yaweh, dans ce second texte, forme l'homme à son image au départ d'une matière préexistante, dont on n'a pas expliqué l'origine... Et ceci se retrouve dans la plupart des mythologies, où le démiurge façonne le monde à l'aide de matériaux qu'il n'a pas créés lui-même. Tout ceci trouve une très curieuse confirmation dans les différentes graphies de la devise des Bergers de Poussin.

— « *Et in Arcadia ego* » ?

— Oui. Ceci est une devise latine, et c'est seulement à partir de la tombe de Marie de Negri d'Ables que l'on en trouve une transcription grecque. J'insiste sur le terme « transcription », et non pas « traduction ». Vous n'y avez jamais rien relevé de particulier ?

— Vous savez, tout est particulier, dans cette dalle !

— Comment écririez-vous phonétiquement « *Et in Arcadia ego* » en grec ?

— Je prends un bout de papier et je vous montre.
Je traçai rapidement la devise sur un bloc-notes que je lui tendis. Il lut :
— Ετ ιν Αρκαδια εγω. C'est parfait. Et voici ce qui est écrit sur la pierre tombale :
A son tour, il inscrivit quelques mots d'allure grecque sur la feuille de papier qu'il me tendit.
— Que remarquez-vous ?
— Ετ ιν Αρχαδια εγω. Mince ! Je n'avais jamais fait attention à cela. Le kappa, supposé transcrire le « c » de « Arcadie » est devenu un khi !
— Exactement. Il n'est pas du tout question, sur la tombe de Marie de Negri d'Ables, d'une quelconque Arcadie, mais de tout autre chose. Si l'on s'en tient à la seule transcription, c'est-à-dire à une phrase phonétiquement équivalente, nous ne pouvons la comprendre que par ce qu'elle évoque. Or, « δι », en tant que terme latin, évoque le jour. Par contre, « Ἀρχ » n'a aucun équivalent latin par le fait même que l'on a eu soin de l'orthographier avec « khi », lettre uniquement grecque.

« Ἀρχ » est la racine désignant le tout début, et par là, l'ancienneté extrême, que l'on retrouve dans « archaïsme » ou « archétype »... Dès lors « Iν Αρχαδια » se traduit assez exactement par « ביום עשות », que vous prononcez « Be-yôm azoth », et qui sont les premiers mots de la Genèse dans sa deuxième version...

Alors, comment traduire la forme grecque de cette inscription ? Cela devrait donner à peu près « Et moi, dans le jour du tout début... ». Et qui donc, à part Yaweh, pouvait se permettre cette phrase ?

Marcelle laissa fuser un long soupir.
— Dites donc, vous êtes vraiment sûr de ce que vous avancez ?
Il prit le temps de rallumer voluptueusement le cigare qu'il avait laissé s'éteindre, puis se composa un visage de philosophe assailli par la pensée.
— Personne n'est jamais certain de quoi que ce soit. Que serait un monde peuplé de certitudes ? Ensuite, pour arriver à prouver que je me trompe, il faudrait être encore bien plus sophiste que je ne le suis, et cela friserait la mauvaise foi... Enfin, dit-il en riant, avouez quand même que l'on s'amuse bien !

Il leva son verre.
— A la santé de l'imagination. Puisse-t-elle ne jamais nous faire défaut ! A la limite, il n'y a qu'elle qui puisse sauver le monde.

Nous bûmes en silence, ne sachant trop quelle valeur donner à ses paroles. Jusqu'à quel point était-il sérieux, jusqu'où allait le seul plaisir du jeu de l'esprit alimenté par sa faconde d'érudit ? Jusqu'à quel point était-il possible de nier ses raisonnements ? Il sembla avoir deviné mes interrogations, car il reprit :

— Même si tout ceci n'est que jeu intellectuel, il faut bien admettre que ce que nous venons d'en dire ne manque pas de cohérence. De plus, il est encore un fait qui vaut la peine d'être examiné. Comme tous les dieux normalement constitués, Lug avait une compagne, ou plutôt, une parèdre, pour s'en tenir au langage de circonstance. Elle s'appelait Lugine, et Louis Charpentier l'évoque comme la « Mère Lugine », la « Mé-lugine », qui aurait donné Mélusine.

— Je n'ai jamais trouvé ce rapprochement ailleurs que chez cet auteur.
— Peut-être, mais cela n'en diminue pas la valeur quand on remarque que Mélusine dissimulait soigneusement sa queue de poisson, alors que nous venons d'assimiler Lug à un initiateur venu de l'onde.

— Et si l'on se réfère à une version un peu différente des légendes, qui prêtent à la fée, non pas une queue de sirène, mais bien une queue de dragon ?

— D'abord, ce n'est guère galant pour cette charmante personne et puis cela ne nous ferait jamais effectuer qu'un petit détour par une constellation dont nous nous étions entretenus à Saint-Paul, l'Hydre, ou Dragon ; mais cela ne nous éloignerait pas de notre notion du cycle. En fait, l'essentiel n'est pas là. Il se trouve dans une prophétie attribuée à l'enchanteur Merlin, et transcrite par Geoffroy de Monmouth dans son *Historia Regum Britanniae*, qui veut que pour s'asseoir sur le trône de Jérusalem, il faille être un descendant de Mélusine. Regardez donc les alliances de quelques grandes familles, et vous verrez avec quelle passion elles ont épousé... la légende. Vous conviendrez que c'est surprenant : ne peut prétendre à la couronne de la Terre Sainte que celui qui sait se prévaloir de l'un ou l'autre initiateur... Et le pire, c'est que le premier roi chrétien de Jérusalem, Godefroid de Bouillon, descendant mérovingien et parent de Mélusine, pouvait prétendre aux deux à la fois.

— Vous êtes toujours sérieux, là ? demanda Marcelle.

— Hé ! Je me contente de vous énumérer des faits. Les conclusions viennent d'elles-mêmes.

Mais son regard brillait de joie et de malice contenues. Manifestement, il s'amusait énormément. Je ne voulus pas être de reste.

— Tiens, à propos, un de ces jours, il faudra que je vous emmène voir la tombe de Mélusine.

Là, il marqua un temps de surprise.

— Qu'allez-vous encore dénicher ?

— Elle se trouve pas bien loin d'ici, à quelques kilomètres de Namur, dans un petit patelin appelé Namêche.

— C'est une plaisanterie ?

— Ce serait effectivement plus simple si c'en était une. Ce n'est pas le cas.

— Mais enfin !... Mélusine n'a jamais existé en tant qu'être de chair et d'os !

— Non, mais nombreuses sont celles qui ont porté son nom, et je rejoins là votre propos, elles ont souvent en commun d'avoir appartenu à une famille ayant tenté de s'approprier le trône de Jérusalem, ou même l'ayant fait. C'est le cas des Anjou, Toulouse, Bouillon et Lusignan. Bref, si vous entrez dans l'église de Namêche, vous verrez une dalle de facture ancienne et portant l'inscription que voici...

Je pris un livre, parcourus quelques pages, et traçai le dessin de la pierre sur le bloc-notes de tout à l'heure.

ICY REPOSELES
OSSEMENS DE
SYBILLE DE
LUSIGNANT
REINE DE
YERUSALEME
DE CEDEE LAN
1187

... Il y a bien peu de chances pour que la défunte désignée par cette épitaphe soit réellement Sibylle de Lusignan, encore que des historiens de la qualité de Henri Pirenne l'aient affirmé, et que la guématrie de la date du décès permette quelque doute sur la naïveté du rédacteur. Or, cette dalle se trouve à proximité d'un magnifique gisant de facture mosane représentant une dame de grande allure, et portant l'inscription suivante...

De nouveau, je traçai l'inscription sur mon bloc, telle que la rapportait le livre, tandis que Jacques se penchait pour voir.

   Ici : gist : li : droite : iretave : castelainne : de : Senson
   : qi : fu : del : linac : le : le roi : de : Iersalem : pons :
   por : lame : q : Deus : ...soile

— Cela peut se lire : « Ci gît la droite héritière châtelaine de Samson, qui fut du lignage des rois de Jérusalem. Prions pour l'âme que Dieu console ». L'analyse de cette inscription dévoile l'identité de la défunte, il s'agit de la fille de Manassès de Hierges, ancien connétable du royaume de Jérusalem pour le compte de... Mélisende, veuve de Foulques d'Anjou, quatrième roi de Terre Sainte. Sa mère était Alix de Chiny, et sa grand-mère, Agnès de Bar. Elle était donc petite cousine de Godefroid de Bouillon. Magnifique pedigree, n'est-ce pas ?

— Vous avez de ces expressions ! Mais j'en conviens. Et comment s'appelait cette dame ?

— Mélisende, c'est évident ! Vous voyez bien que nous ne sommes pas loin de la tombe de Mélusine... Et vos assertions de tout à l'heure, pour surprenantes qu'elles soient, seraient facilement corroborées.

— Minute, dit Marcelle, j'ai besoin qu'on m'explique. Vous semblez admettre, comme Lincoln and Cie, que seuls les descendants mérovingiens ont une prétention authentique à s'asseoir sur le trône de Palestine.

— C'est peut-être une hypothèse d'école, un cas de figure, mais nous ne pouvons la négliger.

— Bien. Et vous dites que seuls, les descendants de Mélusine peuvent y accéder. A preuve, Godefroid de Bouillon, à la fois mérovingien et parent de la fée-serpent.

— Exact.

— Or Mélusine serait, via le dieu Lug, une voie directe vers Lucifer.

— Cela peut se défendre.

— Alors, j'ai la nette impression que vous êtes en train d'envoyer Pierre Plantard au Diable...

Elle avait dit cela avec une candeur infernale, et nous éclatâmes de rire tous les trois.

— Certainement pas, reprit Jacques, ce ne sont là que des sortes d'expériences de « chimie amusante » à l'usage de la conversation. D'ailleurs, tant que nous en sommes à énoncer n'importe quelle ânerie, je m'en vais vous en soumettre une de plus. On ne sait pas grand-chose de Saint Joseph.

— Presque moins que rien, son culte ne date que du quinzième siècle. Époux de la Vierge, père nourricier de Jésus, c'est à peu près tout ce que l'on en sait. Pour ma part, je n'y vois pas le personnage insignifiant, voire inconsistant, que l'on veut en faire. Que les apocryphes en fassent un modeste ouvrier du bois, c'est un fait, mais c'est aussi une évidence que les évangiles, pour qualifier Jésus, estiment que les seuls mots « Fils de Joseph », sont suffisants, ce qui me semble signifier que Joseph était assez connu pour que la seule mention de son nom permette d'identifier son fils. Alors, tant qu'à faire, considérons-le comme un entrepreneur de menuiserie-charpenterie, bourgeois suffisamment fortuné pour épouser une descendante de la lignée royale de David.

Marcelle haussa les épaules avec une mimique d'agacement presque crédible. En fait, elle s'amusait follement. C'est elle qui nous avait proclamé un jour récent, à propos de certaines irrévérences que nous avions eues à l'égard de la religion, que Dieu ne pourrait nous en vouloir, ayant nécessairement le sens de l'humour puisqu'il l'avait créé.

— D'accord, reprit Jacques. Puisque Saint Joseph n'a pas l'heur de vous agréer, parlons d'autre chose. Mais restons au Paradis. Savez-vous que, aussi étrange que cela puisse paraître, le Bouddha se retrouve parmi les Saints vénérés par notre Mère la Sainte Église ?

Là, je voyais où il voulait en venir, mais ma chère Épouse tomba dans le panneau.

— Ben voyons ! persifla-t-elle, intriguée, tandis que je tendais à Jacques un petit livre à la couverture bleue, de très belle facture.

— Tenez, dis-je, vous allez en avoir besoin.

Il me remercia d'un clin d'œil et trouva la page presque sans chercher.

— Écoutez, Femme de peu de foi. Ce texte, dont la plus ancienne forme connue est une version pehlvi, connut une adaptation grecque au VIe ou VIIe siècle, fut traduit en arabe et connut une immense diffusion dans le monde islamique, puis passa en copte et en arménien aux Xe et XIe siècles. Par ailleurs, en Occident, on en connaît une version latine dès le XIIe siècle, que l'on a dite faite à partir d'un original de Saint Jean Damascène, au VIIIe, mais qui est due, officiellement, à un moine de la même époque, qui vivait au cloître de Saint-Sabas, à Jérusalem. J'en tiens ici la transcription en occitan. J'ouvre immédiatement une parenthèse. Saint Jean Damascène est un père de l'Église, dont la doctrine très sûre a contribué à affirmer les dogmes christologiques et la doctrine mariale, ainsi que le fondement théologique du culte des images. C'est donc un personnage très important, responsable d'une bonne part de la doctrine de l'Église, et qui ne pouvait évidemment pas se permettre d'assimiler le Bouddha à un saint catholique. D'où, vraisemblablement le subtil distinguo des auteurs de ce livre, car Jean Damascène vivait bien au monastère de Saint Sabas au VIIIe siècle... Fermons cette parenthèse et poursuivons. Donc, le prince royal hindou dont parle notre version, « qui est Bouddha lui-même – mutato nomine –, figure en effet, écrit Chabaneau, avec Barlaam, au martyrologe romain sous la date du 27 novembre »...

— Lucifer en dieu ligure, Joseph en patron de P.M.E. et Bouddha en saint catholique. Je suis ravie.

— Et ce n'est pas tout, appuya Jacques, qui dissimulait mal son amusement. En fait, le nom de Bouddha s'est transformé avec les versions et le temps. Ceux qui ont étudié le texte dont nous parlons ont curieusement évité de mettre l'accent dessus, mais il ne s'agit pas exactement du Bouddha ; il s'agit d'un Bodhisattva, c'est-à-dire d'un être supérieur qui a volontairement refusé de devenir Bouddha afin d'aider les êtres vivants à progresser sur la voie du salut. L'étymologie est donc Bodhisattva, Bodhisaf ou Boudhasaf dans les textes ouïgours ; Ioasaph, chez les auteurs arabes du IXe et ce roman est finalement celui de « Barlaam et Josaphat »...

— Ah non ! explosa Marcelle. Que le trône de Jérusalem ne puisse être revendiqué que par un descendant d'une lignée parallèle du Christ, c'est déjà bien. Qu'ils soient mérovingiens, ce n'est pas mal non plus. Qu'ils doivent descendre aussi de Mélusine, je veux encore bien l'admettre. Que par elle, ils remontent à Lucifer, cela devient dur. Très dur. Mais qu'en plus, la lignée des frères de Jésus soit issue d'un patron d'entreprise et par lui, fasse le détour par Bouddha, vous y allez un peu fort !... Je veux bien beaucoup de choses, votre érudition et ces connaissances que vous avez ramenées de votre voyage en Asie sont stupéfiantes, mais là... C'est un peu gros. Ou trop à la fois.

Jacques faillit répondre, mais je lui pris la parole.

— Dis donc, question de dragon marin et d'ascendance fabuleuse, si on parlait un peu de ta généalogie à toi ?

— Évidemment, tu ne pouvais pas t'empêcher de sortir cela aussi !

— Figurez-vous, dis-je à l'adresse de Jacques, que mon incrédule moitié ici présente, porte un nom manifestement originaire d'Écosse, et très curieusement lié à la plupart des grandes familles britanniques, mais par la voie des femmes uniquement. Or, ce nom est celui d'un lac important situé près d'Inverness, dont une sorte de diverticule n'est autre que le célèbre Loch Ness. Donc, je vous présente ma Mélusine à moi, voici Nessie.

Et sans nous être concertés, Jacques et moi levâmes notre verre à son intention en nous inclinant d'un air pétri de déférence, tandis qu'elle prenait le parti d'éclater de rire.

— Il y a une question que, pour ma part, j'aimerais vous poser, dit-elle après avoir resservi le marc et pendant que je représentais un cigare.

— Ma chère, je suis tout ouïe.

— Ah non, le coup des poissons, c'est terminé !

Il parut surpris un court instant puis sourit.

— Je vous écoute, si vous préférez.

— Je préfère. Et j'aimerais surtout que vous me répondiez sans ce genre d'artifices que mes humbles capacités intellectuelles de ménagère n'arrivent pas toujours à apprécier à leur juste valeur. Pourquoi êtes-vous venu à Liège... à Liège en particulier ? Malgré tout ce que vous avez pu en dire et j'espère ne pas vous heurter par ma franchise, je n'ai jamais marché dans vos recherches sur l'Orient, ni même dans la possibilité de découvrir à Liège des textes introuvables ailleurs... Alors, en quoi notre ville vous intéresse-t-elle tant que vous vous y soyez installé ?

Il se cala dans son fauteuil et mira longuement l'alcool devant les braises rougeoyantes.

— Alors, il faudra que moi aussi, je vous parle d'une très curieuse pierre tombale. C'est celle d'un prêtre, et en voici la photo.

Notre hôte sortit alors de son portefeuille une simple photo en noir et blanc, représentant une étrange figure gravée sur une dalle funéraire. Dans un ovale paraissant constitué à la manière d'une couronne de feuillage, un calice avait été sculpté, occupant le milieu. Une petite croix était plantée dans sa base, sur son côté gauche, le pied semblant entouré de palmes. Mais surtout, une rose sortait du vase et se courbait légèrement vers la droite.

— Comment interprétez-vous cela ?

Je pris la photo qu'il me tendait et l'examinai attentivement.

— Je ne crois pas avoir le choix, dis-je. « La rose est issue du Graal, mais ce n'est pas le sang de la croix ». Quant aux palmes, je parierai qu'elles désignent une région, ou une famille.

Il récupéra le carton.

— Bravo. Je savais pouvoir vous faire confiance. C'est parfaitement exact, à ceci près que la rose peut aussi être le rameau fleuri...

— Vous voulez dire que... ?

— Oui. Votre Cité Ardente, si proche de Toulouse au point d'appeler Violette son Hôtel de Ville, Liège aussi a accueilli et protégé un rejeton... ardent, même si le nom diffère. Il se trouvait à Liège, au dix-septième siècle une société de gens de bien, artistes, bourgeois, aristocrates et prélats, société extrêmement discrète et d'autant plus efficace, proche de la Rose Croix, et qui se chargea de protéger cette lignée particulière. Bertholet Flémalle, qui connaissait le secret et qui faisait partie de cette confrérie, fut pour cela attiré à Paris ; mais comme Nicolas Poussin, il s'enfuit des lumières de la ville et revint au pays... Lui, et quelques autres, également membres de cette société, surent laisser transparaître dans leurs œuvres les traces de leur connaissance. Flémalle, Del Cour, Lairesse... Flémalle en savait-il vraiment trop ? Ne sut-il pas, comme Poussin, assurer sa sécurité ? Toujours est-il qu'il encombrait. Et il disparut.

176   COURT-CIRCUIT

25. Tombe de l'abbé Del Cour,
église de Clavier (Belgique).

Cette société existait encore au dix-neuvième siècle, cette époque où l'intolérance régnait en maître, tant du côté clérical que chez les libres penseurs, mais durant laquelle certains prélats de Liège, et non des moindres, osaient en toute quiétude manifester leur appartenance à la Maçonnerie. Il en est un, en particulier, enterré à quelques mètres de la tombe dont je vous parle, dont le nom même renvoie à Rennes par le grade qu'il évoque ! Mais ce grade n'était pas usité dans la société dont je vous parle. Au sein de celle-ci, le seul que je connaisse est celui de... Berger. Dès lors, vous ne vous étonnerez plus, j'espère, de constater que les visages de bergers peints pas vos artistes du dix-septième soient ceux de personnes de qualité, et non pas de « tous ces braves gens, bergers et paysannes, qui ne connaissaient que le wallon », comme un âne diplômé ne craignait pas de le prétendre.

Nous étions sans voix.

Il prit le temps de savourer une gorgée d'alcool tandis que le temps semblait suspendu, puis il reprit :

— J'ai lu un jour un très beau texte, dont certains passages s'appliquent admirablement à cette histoire et au rôle que j'y tiens. Faites-moi l'amitié de l'écouter ; je le tiens toujours sur moi tant je l'apprécie.

Il déplia un feuillet qu'il venait de retirer du portefeuille où il avait rangé la photo. Il lut :

Lorsque la mer se calme, perdue dans ses reflets, lorsque le vent s'arrête de crier dans mon cœur, lorsque le jour s'enfuit dans le temps qui s'écoule, alors mon âme est seule, et seule pour rêver, et seule pour prier, et seule pour aimer...

Alors que tout s'enfuit, alors que tout s'éteint pour préparer les prochains renouveaux et rapporter des anciennes naissances, moi je reste là, dans le vide qui s'installe, pour attendre le jour et les roses à venir.

Je suis seul dans un monde sans joie ni douleur, sans couleur et sans nuit, sans amour et sans haine...

Je n'ai que ma pensée pour meubler cet espace, et je n'ai que mon cœur pour aimer tout ce temps.

Alors, mon âme s'échappe, comme un grand oiseau triste qu'il faudrait oublier, chargée de mes pensées, écrasée de mes rêves, vibrante encore d'amour et prête à en mourir.

Comme un grand oiseau blanc, elle suit les contours de ce pays sans nom qui existe après moi, un pays sans frontière où elle se perd souvent, brûlée d'illusion, brisée de souvenirs...

Comme cette mouette, perdue entre deux infinis, et qui cherche une vague loin de l'ombre des nuages,

Entre une illusion et un remords,

Telle est mon âme enfin, poursuivant un bonheur qu'il me faut chaque fois inventer, vibrant du lendemain, et vaincue du passé, qui s'envole toujours lorsque le jour s'éteint pour noyer l'amertume dans le pays sans fin, pour oublier qu'elle est, se souvenir de l'amour,

Et attendre toujours tout ce qui reviendra.

— C'est magnifique ! dit Marcelle.
— Et de fait, cela colle merveilleusement bien à tout ceci. De qui est-ce ? demandais-je.
— Soyez gentils, ce secret-là, laissez-le moi.

****

Ce soir-là, Jacques de B. nous quitta avec un au revoir chaleureux comme l'amitié sincère que nous avions partagée.

Nous ne l'avons plus revu, et le seul témoin de son existence est cette lettre que je reçus un peu avant de rédiger le compte-rendu de nos conversations.

Je crois devoir la reproduire ci-après.

Mais il me revient une chanson, qu'il aurait certainement appréciée. C'est une chanson de Bécaud.

Qu'elle est lourde à porter,
L'absence de l'Ami...

Le 17 janvier 1983.

Chers Amis.

Je sais, j'espère, que vous ne me tiendrez pas rigueur d'une aussi longue absence. Vous me comprendrez.

Vous avez certainement déjà éprouvé cette exaltation qui vous saisit dans l'enthousiasme de la tâche à accomplir, dans l'enivrement que procure le travail entrepris avec ardeur ; et puis cette sorte de lassitude qui vous accable une fois le but atteint.

Il en est ainsi pour moi, et l'euphorie de cette quête extraordinaire que nous avons poursuivie ensemble me laisse aujourd'hui une sorte de grand vide maintenant que ce chemin - qui est devenu le nôtre par le fait de notre amitié -, maintenant que ce chemin a été parcouru.

Pourquoi cette lassitude, pourquoi ce vide ? Pourquoi cette sensation d'être infiniment vieux ?

Est-ce le poids sur mes épaules, du destin d'une race ? Et quel destin, quel avenir ? Notre passé est indissolublement lié au règne céleste des Poissons, et que suis-je encore alors que se lève le Verseau ? Un mythe, demain. Presque un souvenir, déjà, aujourd'hui...

Mais il faut que tout s'accomplisse et que toutes choses soient connues.

Vous en savez l'essentiel, et de ce que vous n'avez pas encore déterminé avec certitude, vous avez déjà tout deviné.

Ces documents, ces textes éparpillés par Saunière, vous avez fini par les connaître et en identifier le contenu avec assez de précision. Mais il vous manquait une chose ultime : le sens de cette pièce capable de changer la face d'un monde, gage de puissance ou de détresse, de foi et d'espoir ou du remords le plus cruel.

Le sens de cette pièce que les uns et les autres, Papes et Empereurs, avaient à la fois les meilleures raisons d'espérer et de craindre.

Ce texte susceptible de bouleverser les nations par le plus extraordinaire élan de foi et de certitude, et de jeter à bas les systèmes les plus sûrs.

Cette clef de ce qui s'achève à Rennes et de ce qui se prépare Orval, et que seule une famille peut détenir, parce que régnant et ne gouvernant pas, et que donc, elle ne la maquillera ni ne la détournera à son profit...

Et vous aviez deviné.

Faut-il que cette chose soit connue, et connue de tous ? N'est-il pas vrai que seul le doute - l'espoir - mène l'Homme à son accomplissement ; et que la certitude, si elle élève l'âme d'exception, vicie l'âme faible ou seulement humble ?

Mais il n'en est pas de même des certitudes acquises et des certitudes à venir. Les unes sont connues ; les autres, tout aussi fortes pourtant, restent inconnaissables et suscitent ainsi l'espoir.

Celle-là est liée au passé. Elle n'a plus cours. Sa valeur devient historique et elle ne peut plus bouleverser que les souvenirs. Alors, autant la dire...

« Quand l'escriture D.M. trouvée,
« Et cave antique à lumière découverte... »

Cette fameuse écriture D.M. que tant ont confondu avec un code... Que certains, et non des moindres, ont établie en tant que code, et que d'autres enfin s'acharnent à déchiffrer, parfois avec un immense talent...

Bien sûr, elle est cohérente, et les découvertes auxquelles elle mène, fabuleuses. Mais elle ne permettra jamais qu'une chose : tourner en rond, établir ce cercle où les gens de bonne foi tourneront à jamais, à moins que de ce rond, de ce lys, ne naisse un si grand prince...

Et le serpent de se mordre la queue, symbole de l'infini recommencement issu de lui-même.

Mais cette écriture D.M.-là n'est pas l'écriture D.M. Vous le savez, n'est-ce pas...

Celle-là a deux fonctions : égarer le curieux superficiel dans les méandres de ses contradictions et de ses fables afin qu'il s'y perde ; ou d'amener l'homme de bien à parcourir le cercle - le cromlech -, à entamer un pèlerinage sur la voie de Dieu.

Il faut alors sortir du circuit, comme le fait une spirale hors d'un cercle, et de pas en pas, accéder à la certitude transcendante.

L'écriture de la main de Dieu. Dei Manis et non pas Diis Manibus. Exode 31,18. Les tables auxquelles seront conviés seulement quelques-uns, qu'une famille se transmet depuis la nuit des temps, et qui doivent aujourd'hui aboutir au renouveau, « rapporter des anciennes naissances ».

Ces tables que complète l'Apocalypse écrite de la main du Fils et que l'apôtre bien-aimé détient au moment où il se voit confier la Mère du Sauveur.

Que dire encore ?

Je ne sais pas quelle sera la prochaine certitude, même si elle doit procéder de celle que je possède.

Je pense seulement que je dois aller jusqu'au bout, jusqu'à ce creuset où se forgent les roses à venir.

Peut-être serai-je bientôt novice à Orval, et vous faudra-t-il m'oublier ? Ou bien celui que je dois y rencontrer m'enjoindra-t-il de ne pas renoncer et de poursuivre mon effort, même si c'est déjà celui du passé ?

Mais toujours, je garderai au cœur comme le meilleur réconfort, le souvenir de cette chaude amitié que vous m'avez permis de connaître au sein de votre foyer.

A vous,

                J de B.

Le 17 janvier 1993.

Chers amis,

Je sais, j'espère, que vous ne me tiendrez pas rigueur d'une aussi longue absence. Vous me comprendrez.

Vous avez certainement déjà éprouvé cette exaltation qui vous saisit dans l'enthousiasme de la tâche à accomplir, dans l'enivrement que procure le travail entrepris avec ardeur; et puis cette sorte de lassitude qui vous accable une fois le but atteint.

Il en est ainsi pour moi, et l'euphorie de cette quête extraordinaire que nous avons poursuivie ensemble me laisse aujourd'hui une sorte de grand vide, maintenant que ce chemin, — qui l'est devenu le nôtre par le fait de notre amitié —, maintenant que ce chemin a été parcouru.

Pourquoi cette lassitude, pourquoi ce vide ? Pourquoi cette sensation d'être infiniment vieux ?

Est-ce le poids, sur mes épaules, du destin d'une race ? Et quel destin, quel avenir ! Notre passé est indissolublement lié au règne céleste des Poissons, et que suis-je encore alors que se lève le Verseau ? Un mythe, demain. Presque un souvenir, déjà, aujourd'hui...

Mais il faut que tout s'accomplisse et que toutes choses soient connues.

Vous en savez l'essentiel, et de ce que vous n'avez pas encore déterminé avec certitude, vous avez déjà tout deviné.

Ces documents, ces textes éparpillés par Saunière, vous avez fini par les connaître et en identifier le contenu avec assez de précision. Mais il vous manquait une chose ultime : le sens de cette prière capable de changer la face d'un monde, gage de puissance ou de détresse, de foi et d'espoir ou du remords le plus sourd.

Le sens de cette prière que les uns et les autres, Papes et Empereurs, avaient à la fois les meilleures raisons d'espérer et de craindre.

Ce texte susceptible de bouleverser les nations par le plus extraordinaire élan de foi et de certitude, et de jeter à bas les systèmes les plus sûrs.

Cette clef de ce qui s'achève à Rennes et de ce qui se prépare à Orval, et que seule une famille peut détenir, parce que régnant et ne gouvernant pas, et que donc, elle ne la maquillera ni ne la détournera à son profit...

Et vous aurez deviné.

Faut-il que cette chose soit connue, et connue de tous ? N'est-il pas vrai que seul le doute d'espoir — mène l'Homme à son accomplissement; et que la certitude, si elle élève l'âme d'exception, vicie l'âme faible ou seulement humble ?

Mais il n'en est pas de même des certitudes acquises et des certitudes à venir. Les unes sont connues; les autres tout aussi fortes pourtant, restent inconnaissables et suscitent ainsi l'espoir.

Celle-là est liée au passé. Elle n'a plus cours. Sa valeur devient historique et elle ne peut plus bouleverser que les souvenirs. Alors, autant le dire...

 " Quand l'écriture D.M. trouvée,
 " Et cave antique à lumière découverte...

Cette fameuse écriture D.M. que tant ont confondue avec un code... Que certains, et non des moindres, ont établie en tant que code, et que d'autres enfin s'acharnent à déchiffrer parfois avec un immense talent...

Bien sûr, elle est cohérente, et les découvertes auxquelles elle mène, fabuleuses. Mais elle ne permettra jamais qu'une chose : tourner en rond. établir ce cercle où les gens de bonne

LETTRE DU MARQUIS DE B.   185

tourneront à jamais, à moins que de ce rond, de ce lys, ne naisse un si grand prince....
Et le serpent de se mordre la queue, symbole de l'infini recommencement issu de lui-même.
Mais cette écriture D.M.-là n'est pas l'écriture D.M. Vous le savez, n'est-ce pas...
Celle-là a deux fonctions : égarer le curieux superficiel dans les méandres de ses contradictions et de ses fables afin qu'il s'y perde ; ou d'amener l'homme de bien à parcourir le cercle - le *cromlech* -, à entamer un pèlerinage sur la voie de Dieu.

Il faut alors sortir du circuit, comme le fait une spirale hors d'un cercle et, de pas en pas, accéder à la certitude transcendante.

L'écriture de la main de Dieu. *Dei Manu* et non pas *Diis Manibus*. Exode, 31, 18.
Les tables auxquelles seront conviés seulement quelques-uns, qu'une famille se transmet depuis la nuit des temps, et qui doivent aujourd'hui aboutir au renouveau, "rapporter des anciennes naissances".

Ces tables que complète l'Apocalypse écrite de la main du Fils, et que l'apôtre bien-aimé détient au moment où il se voit confier la Mère du Sauveur.

Que dire encore ?

Je ne sais pas quelle sera la prochaine certitude, même si elle doit procéder de celle que je détiens.

Je pense seulement que je dois aller jusqu'au bout, jusqu'à ce creuset où se forgent les rêves à venir.

Peut-être serai-je bientôt novice à Orval et vous faudra-t-il m'oublier ! Ou bien celui que je dois y rencontrer m'enjoindra-t-il de ne pas renoncer et de poursuivre mon effort, même si c'est déjà chose du passé !

Mais toujours, je garderai au cœur, comme le meilleur réconfort, le souvenir de cette chaude amitié que vous m'avez permis de connaître au sein de votre foyer.

À vous,

J. de B.

BIBLIOGRAPHIE

****

La meilleure approche de cette histoire est manifestement contenue dans les divers livres de Gérard de Sède, et notamment dans...

Le trésor maudit de Rennes-le-Château, (*J'ai lu*, l'Aventure Mystérieuse, n° A196), ou

Signé : Rose+Croix, (*Plon*, éditeur) ainsi que

La race fabuleuse, (*J'ai lu*, l'Aventure mystérieuse, n° A303),

Le trésor cathare, (*Julliard*),

... parce qu'ils sont essentiels, et puis parce que cela fera bien plaisir à leur Auteur.

Il convient également de ne pas ignorer

Circuit, de Philippe de Chérisey. A tout seigneur tout honneur. Le tout est de se le procurer...

L'énigme sacrée, de Michael Baigent, Richard Leigh et Henri Lincoln, (*Pygmalion*-Gérard Watelet).

Le mystère Otto Rahn de Christian Bernadac, (*France-Empire*)

Il existe une solution étrange, mais ô combien passionnante de cette aventure. Ou plutôt, comment dire ?... De L'Aventure ? En tout cas, une approche exceptionnelle de la géométrie sacrée du Macro- et du Microcosme. Les Philosophes, qu'ils soient opératifs ou spéculatifs, ne peuvent ignorer le **D.M.**, de Lionel Vroman. Chez l'auteur, rue de l'Espérance, n° 82; B-7700 - MOUSCRON (Belgique).

Quant aux autres références, faites comme moi : cherchez. C'est peut-être là le vrai trésor de Rennes...

P. ROUELLE

Paul ROUELLE

CONFÉRENCES

ODS

JEANNE D'ARC : CESSEZ LE FEU !

> A la mémoire de Philippe de Chérisey,
> dont on aura tout dit, et trop souvent n'importe quoi,
> mais jamais assez qu'il était un ami.
> *Paul Rouelle*

****

Qui ne connaît Jeanne d'Arc ? Qui n'a jamais entendu parler de l'humble bergère qui, ayant ouï des voix lui mander d'aller *bouter l'Anglois hors de France*, s'en fut un beau jour délivrer Orléans, faire couronner le Roi à Reims, puis rencontrer son destin, devant Compiègne d'abord, sur le bûcher de Rouen enfin ?

Mais peut-être sont-ils moins nombreux ceux qui ont entendu parler de Claude des Armoises ? La Dame des Armoises, celle dont l'Histoire veut qu'elle ait *tenté* de se faire passer pour Jeanne d'Arc... Savent-ils seulement, que son prénom ambigu est celui que l'hermétiste donne au sage boiteux, à l'initié *claudiquant* ?

Et combien sont-ils alors, ceux qui osent imaginer que l'Histoire s'est peut-être trompée ? Ou même... qu'on l'a trompée.

Je ne vais pas essayer de raconter toute l'histoire de Jeanne d'Arc : cette soirée que nous passons ensemble ne suffirait pas à exposer sa bibliographie... En fait, je supposerai l'aventure officielle de Sainte Jeanne connue de tous et je me limiterai aux aspects bizarres de son histoire, sans toutefois discuter de sa sainteté chrétienne, que je respecte, et en laissant bien évidemment à chacun le soin de sa propre opinion. Je me contenterai même de ne vous exposer que les anomalies les plus marquantes, quitte à encourir le reproche d'avoir laissé de côté certaines choses. Je prends cependant le pari que ceux qui auront le goût d'examiner sans a priori ces choses que la place m'oblige à laisser dans l'ombre seront vite convaincus qu'il n'y aurait eu qu'un peu plus d'eau à mon moulin.

Car il y en a, des choses bizarres, à propos de Jeanne d'Arc ! Et surtout à propos de son décès. Et je vous le demande : de quoi est effectivement morte sainte Jeanne ? Les médecins répondront immédiatement : « D'une méchante inflammation », et ils auront raison. Les écologistes, eux, diront que tout ceci est une question d'environnement : si Jeanne s'était abstenue de fumer, il n'y aurait pas eu de problème... Et ils auront également raison.

Pour ma part, je n'en sais trop rien, mais je cherche. Et je me plais à imaginer l'histoire de Jeanne telle qu'on ne nous la raconte pas. Je vois très bien, au départ, une excellente étudiante – une bonne bûcheuse –, mais une étudiante dont la famille aurait rêvé qu'elle fît du théâtre : on l'imaginait si bien sous les feux de la rampe, en train de brûler les planches, n'est-ce pas ? Mais tout a tourné mal quand la jeune fille fit un séjour en Normandie et qu'elle y rencontra un flambeur...

Humour noir et grinçant, que tout cela... Bien sûr. Et c'est un fait que j'aime beaucoup l'humour noir, mais pas au point de me payer gratuitement la tête d'une jeune femme morte d'une façon aussi atroce. En fait, pour moi, Jeanne d'Arc n'a jamais été brûlée vive à Rouen, et je vais essayer, sinon de vous en convaincre, au moins de vous apporter *un doute constructif*.

Ma passion pour Jeanne d'Arc, passion brûlante s'il en fut, mais hélas trop tôt consumée, ma passion est née de mon attrait pour l'insolite, pour l'anomalie significative, pleine de sens, mais tellement évidente que chacun d'entre nous la néglige. Et l'histoire de Jeanne en regorge, qui m'ont accroché il y a près de vingt ans déjà, provoquant les recherches dont je vais tenter de vous livrer quelques conclusions maintenant.

Le départ de tout ceci fut une anecdote citée par Michelet, le pape des historiens... dont les historiens vous diront qu'il fut surtout un très bon romancier. Au-delà du roman, Michelet cite un fait authentique, connu de tous, mais que nous n'avons pas le réflexe de lire correctement : un beau jour de 1436, soit cinq ans après le bûcher de Rouen, une jeune femme se présenta aux frères de Jeanne sous le nom de Claude des Armoises, et ceux-ci *la reconnurent pour leur sœur*. Bien entendu, tous les gens sérieux vous diront que ce n'était qu'une imposture et qu'elle fut rapidement démasquée. Bien entendu...

Mais là n'est pas le problème, pour l'instant, du moins. Car ce qui est extraordinaire, mais que personne ne remarque, c'est que les frères de Jeanne – même en cas d'imposture patente – ont *implicitement admis* qu'elle pouvait parfaitement avoir échappé au bûcher sans que cela les étonne !

Et c'est de là que tout est parti en ce qui me concerne, c'est là que j'ai commencé à « gratter » le vernis de l'Histoire officielle... Il n'a pas fallu bien longtemps pour que les anomalies s'accumulent, et notamment celle-ci : sachant que la canonisation de Frère Mutien-Marie, il y a quatre ou cinq ans, a coûté environ 550.000 francs belges aux *associations religieuses*, combien – à votre avis – a coûté le procès en canonisation de Jeanne d'Arc, et à qui ? Eh bien la réponse est simple, mais curieuse. La sanctification de Jeanne, proclamée par Benoît XV le 9 mai 1920, a coûté *trente millions de francs-or au gouvernement français en pleine crise de foi*.

Je crois donc qu'il convient de se poser quelques bonnes questions sur Jeanne, et tout d'abord, qui était-elle vraiment ?

Cela va probablement vous paraître saugrenu si je vous confirme qu'elle s'appelait effectivement Jeanne. Et pourtant, il s'en est fallu de peu, car elle ne s'est *jamais* appelée d'Arc ! Elle-même n'a jamais porté ce nom, et personne – jamais – ne le lui a donné de son vivant. Ce nom n'apparaîtra que vers 1460, dans une relation de son aventure faite par un des ses frères, qui – lui – jugeait alors opportun de se faire appeler « du Lys »...

Elle se disait simplement « Jeanne la Pucelle », tandis que les documents d'époque, notamment ceux de son procès, parlent de « Jeanne », de la « Pucelle », de la « Pucelle d'Orléans »... Mais personne ne cite son patronyme « d'Arc ». A son procès, Jeanne dira même ne pas connaître son nom : « *De cognomine autem suo dicebat se nescire* »... Parmi ses proches, on ne l'appelle que « Jeanne », ou parfois « Jeannette », sans plus. Il s'en trouve même un, qui fut un des plus fidèles, un ami d'enfance, avec qui elle jouait quand ils étaient gosses, un ami qui la suivit partout, Jean de Novelompont. Il dira au procès *n'avoir jamais connu la mère de Jeanne* !

Mais – bien sûr – tout est tellement plus simple dès le moment où l'on admet que Jeanne fut une simple pastourelle, passablement allumée, qui gardait ses moutons jusqu'au jour où elle entendit des voix... Plus simple ? Humble pastourelle ? Fille de pauvres laboureurs ? Ah oui ? Eh bien voyons ce qu'il en était, de ces pauvres laboureurs !

Les aïeux :
– Déjà, en 1331, la chronique *Gallia Christiania* cite un évêque, Jean d'Arc.
– Ensuite, en 1357, on trouve une Marie d'Arc, épouse de Jean, Duc de Bourgogne, un Capétien de la première race. Un pauvre laboureur...

Les parents :
– La mère. Isabelle Romée, vous diront tous les bons manuels. Eh bien non, la mère de Jeanne ne s'appelait pas « Romée ». *Romé* était le *surnom* que l'on donnait aux gens qui avaient fait le pèlerinage du Puy en lieu et place de celui de Rome, tout comme on donnait celui de *Jacques* à ceux qui allaient à Compostelle. La mère de Jeanne s'appelait Isabelle de Vouthon, et c'est une tout autre paire de manches, car elle était apparentée aux Beauveau, Ludres, Nettancourt et Armoises[1], toutes familles nobles et importantes de l'époque, qui ne constituaient pas précisément un syndicat de pauvres laboureurs.
– Le père. Jacques d'Arc. En fait, le pauvre laboureur en chef est un noble de fort bonne souche, entré momentanément en *dérogeance*, et non pas en *déchéance*, à cause de ses activités roturières : il fait cultiver des terres qu'il loue avec le produit de ses fiefs. Ayant épousé Isabelle vers 1400, on le retrouve en 1419 – Jeanne a officiellement sept ans – on le retrouve doyen de Domrémy, commandant de la milice locale, fermier général du lieu, procureur général du châtelain de Vaucouleurs, Robert de Beaudricourt. A cette époque, ses revenus annuels sont de *cinq mille francs or* quand un maître maçon, dans le même temps, en touche *trente*...

Et je ne parle pas de sa tante – également prénommée Jeanne –, que l'on trouve, par le plus pur des hasards, n'est-ce pas ?, dans l'entourage d'Isabeau de Bavière *quelques jours avant sa naissance*. Examinons plutôt ses frères. Tout au moins les plus amusants.
– Jean est bailli de Vermandois, capitaine-châtelain de Chartres, avant de le devenir à Vaucouleurs en succédant à Robert de Beaudricourt.
– Pierre est titulaire du péage de Chaumont en Tassigny. En 1436, soit l'année où apparaît Claude des Armoises, Charles d'Orléans le fera chevalier du Porc-Epic, ordre exigeant au moins quatre générations de noblesse attestée...

Et puis, il y a les tontons, qui ne sont pas vraiment tristes non plus, dans le genre « pauvre laboureur » :
– Guillaume, seigneur de Cornillon sur Trèves, *conseiller du Dauphin Louis*.
– Yvon, bailli du Grésivaudan, *conseiller du Dauphin Louis*.
– Raoul, ex-chambellan de Charles VI, deviendra sénéchal de Rethel.

Et peut-être est-ce le moment de remarquer que Guillaume et Yvon sont, de fait, les *tuteurs* du Dauphin Louis, confié à leurs bons soins de... pauvres laboureurs ?

Mais continuons donc notre quête de l'anomalie avec la naissance de Jeanne. Officiellement, elle est née en 1412. C'est malheureusement inconciliable avec les faits, et surtout avec une déclaration de Jeanne elle-même lors de son procès, où elle dira – en 1429 – « *être âgée de trois fois sept ans* ». C'est inconciliable également avec un décret de Pie X, du 6 janvier 1904, par lequel le Pape atteste comme date de naissance l'année 1407. Or cette date – le 6 janvier – est la date

---
1. Il y avait même un cousinage avec une des souches des Bourbon...

anniversaire de l'arrivée de Jeanne à Domrémy, âgée alors d'environ deux mois, selon une relation qu'en fait le chevalier Perceval de Boulainvilliers dans une lettre adressée au Duc de Milan, Philippe-Marie Visconti, le 21 juin 1429, pour lui raconter la fameuse entrevue de Chinon et lui donner des détails sur l'origine de la Pucelle : « *Dans la nuit de l'Epiphanie*[2], *des hommes porteurs de flambeaux avaient troublé la quiétude habituelle. Invités à célébrer l'événement, les villageois, ignorant de la naissance de la Pucelle, allaient çà et là pour s'informer de ce qui était arrivé* »[3] ...

Voilà donc un patelin de 34 feux dont les habitants, durant neuf mois, ont réussi à ne pas remarquer la grossesse de l'épouse du patron ! Pardon : du pauvre laboureur... Vous racontez cela à un cheval de bois et il vous met une ruade.

Mais alors, qui étaient les véritables parents de Jeanne ? La place me manque pour vous exposer toutes les raisons qui me poussent à croire qu'il s'agissait tout simplement d'Isabeau de Bavière et de Louis d'Orléans, frère du Roi Charles VI. Je vous dirai seulement qu'à l'époque, Charles VI ne pouvait plus voir sa femme en peinture et qu'il est certain qu'il ne l'a plus connue depuis 1396[4], se consolant durant des moments de lucidité dans les bras d'Odette de Champdivers, qu'Isabeau de Bavière elle-même avait glissée dans le lit royal pour mieux contrôler son époux. Je vous dirai encore que depuis 1390, la Reine est notoirement la maîtresse de Louis d'Orléans, et que l'enfant né de leurs amours le 10 ou le 11 novembre 1407 fut, dès sa naissance, un enfant bizarre.

En effet, les différentes éditions des annuaires nobiliaires officiels de l'époque lui donnent alternativement les prénoms de *Philippe*, *Philippa*, *Jehan*, ou *Jeanne*, et prétendent que l'enfant, quand il n'était pas mort-né, n'avait vécu que quelques heures. Or, si les enfants royaux furent toujours enterrés avec plus ou moins de pompe, selon qu'il s'agissait d'un garçon ou d'une fille, dans les caveaux royaux de Saint-Denis, il n'existe *aucune* relation de cérémonie funèbre pour celui-ci. Par contre, nous savons qu'environ deux mois plus tard, un bébé arriva à Domrémy dans les circonstances curieuses que raconte Boulainvilliers à Visconti.

Mais pourquoi cette lettre au Duc de Milan à propos d'un événement aussi banal que la naissance d'une fille de pauvres laboureurs, me direz-vous ? Parce que Philippe-Marie Visconti est le père de Valentine Visconti, l'épouse légitime de Louis d'Orléans, et que l'événement perdait toute banalité dès le moment où l'enfant, né de la Reine et du frère du roi, pouvait un jour être appelé à un *destin national*, ne fût-ce que par un mariage politique.

Mais alors pourquoi avoir dissimulé cet enfant et ne pas l'avoir élevé officiellement comme tous les autres ? Je vous dirai qu'il n'y avait finalement pas de différence fondamentale entre le Dauphin Louis, mis en tutelle chez les tontons de Jeanne, et cet enfant confié à la même famille d'Arc[5]. Seulement une différence de publicité, probablement due à une ambiguïté constatée à propos du sexe du bébé, qui restera douteux jusqu'aux abords de la puberté. Se fut-il agi avec certitude d'une fille que cela n'aurait guère posé de problèmes : mise au couvent jusqu'au mariage, choix d'un mari « rentable » pour la politique royale, et bon débarras ! Mais s'il s'agissait d'un

---

2. Il s'agit donc bien du *6 janvier*. A noter que cette époque est celle du passage du calendrier julien au calendrier grégorien, ce qui explique pas mal d'imprécisions sur certaines dates à la charnière de deux années, comme l'expliquent volontiers les historiens officiels. Pour obtenir la date moderne, il faut ajouter 11 jours à la date ancienne, ce qui donne pour l'arrivée de Jeanne à Domrémy la date du *17 janvier*...
3. Les hommes en question porteurs de flambeaux, étaient des hommes d'arme, au nombre de six, accompagnés de deux chevaliers, entourant une voiture qui contenait deux nourrices royales...
4. Parfaitement admis par les historiens officiels.
5. De plus, à cette époque, tout le monde savait que l'enfant ne pouvait être du Roi, et que, la bâtardise étant patente, il n'y avait aucune raison pour que les autres, depuis 1396, soient légitimes... Charles VII pouvait donc fort bien voir le trône lui échapper.

garçon, il fallait respecter un minimum de convenances. Et c'est ce qui fut fait : l'enfant fut confié à la famille traditionnellement responsable de la tutelle royale, mais ce fut fait discrètement, car il y avait un doute.

Vous me direz encore qu'il ne s'agissait que d'un bâtard, et que ce n'était pas bien grave. Un nourrisson était fragile, à cette époque, n'est-ce pas ? On a vu pire[6]... Pas grave ? Voire ! N'ayant comme seule tare que d'empêcher l'accès au trône, la bâtardise de haut rang était très portée et prisée, et le mariage conclu avec un bâtard *reconnu*, de haute noblesse, était un excellent placement. Je n'en veux pour preuve que Jean Dunois, issu également de Louis d'Orléans, qui se faisait appeler « Monseigneur le Bâtard » et signait sans complexe « Jean, Bâtard d'Orléans, Comte de Dunois »...

Je sais que tout ceci est assez énorme. Alors, je vous donnerai une preuve concrète, mais une seule, étant donné l'espace qui m'est imparti. Le 28 juin 1428, alors que Jeanne n'a pas encore quitté Domrémy, Jacques Gelu, évêque d'Embrun, écrira au Roi[7] pour lui parler de cette jeune fille dont le destin sera de sauver le trône. Et, alors que personne ne sait encore qu'elle ira un jour délivrer Orléans, il l'appelle « *Puella Aurelianensis* ». Or, *puella* ne désigne absolument pas la pucelle, comme nous l'entendons aujourd'hui, ce qui se serait dit *virgo*, ni la fille selon la chair, ce qui se serait dit *filia*. Puella désigne la jeune fille de bonne famille, et « *Puella Aurelianensis* » ne peut se traduire que par « *la Demoiselle de la famille d'Orléans* »... Je laisse cet élément à vos réflexions.

Passons donc sur les détails censés connus de tous et intéressons-nous au premier grand événement de la vie publique de Jeanne, la mission à Chinon.

Voici donc notre humble pastourelle illuminée, montée sur le superbe destrier noir que Beaudricourt lui a offert, entourée de quelques beaux seigneurs de la région, la voici arrivant à Chinon pour y rencontrer le falot petit Roi de Bourges.

Pour vous donner, dès le départ, une bonne appréciation de la crédibilité de l'événement, je vous suggère d'imaginer un berger irlandais, prétendant entendre des voix, se faisant entourer des plus importants magistrats de sa région et partant au volant de la Range Rover que vient de lui offrir le Lord de l'endroit, se présenter à Windsor pour y rencontrer Elizabeth II. Quoi de plus normal, n'est-ce pas ? Surtout dès le moment où la rencontre a lieu ! Et dans quelles conditions !

– Jeanne est reçue le soir même par Yolande d'Anjou, belle-mère du Roi et Reine des Quatre Royaumes, et ensuite par Marie d'Anjou, la Reine en personne, le 6 mars 1429.

– Lors de la fameuse entrevue de Chinon, la petite bergère illettrée sera reçue par Louis II de Bourbon, Comte de Vendôme, un des plus grands personnages du royaume, qui se déplace personnellement pour venir l'accueillir.

– Sur ordre du Roi, elle sera logée au donjon du Coudray, c'est-à-dire, à l'époque, dans la plus belle partie du château.

– Avant même d'avoir donné la moindre preuve du caractère divin de sa mission, on lui constitue une Maison civile et une Maison militaire, soit une attribution normalement réservée aux familles pouvant faire preuve d'une noblesse continue depuis les Croisades ! Et comme vous allez le voir, ce n'étaient pas n'importe quelles Maisons ! On lui confie donc :

---
6. Notamment Jean IV le Posthume, pour ne citer que lui, auquel Mahaut d'Artois fit substituer le petit-fils de Tolomeo Tolomei afin d'interrompre au profit de sa fille, dès lors nouvelle reine de France, la descendance de Saint Louis et de Philippe le Bel par voie de primogéniture. Après la substitution, elle fit empoisonner le faux dauphin et personne ne s'inquiéta : un bébé, c'est si fragile...
7. Charles VII.

– une Dame d'honneur, Anne de Bellin, dont le mari est conseiller de Charles d'Orléans ;
– un Page, Louis de Conte, dont le père est chambellan de Charles d'Orléans ;
– un Ecuyer, Jean d'Aulon, membre du Conseil royal ;
– un Chapelain, Frère Pasquerel (ou Pesquerel) ;
– un Maître d'Hôtel, qui commandera une garde écossaise de douze cadets nobles de la compagnie de Jean Stuart d'Aubigny ;
– deux Hérauts d'Armes ;
– un secrétariat de deux secrétaires et un trésorier ;
– une écurie : six palefrois et six destriers ;
– le droit de bannière, et le chroniqueur Clément de Fauquemberque signale, bien avant le sacre de Reims, que, seule parmi tous le seigneurs français, Jeanne avait le droit de bannière dans l'armée royale. Et lors du sacre de Reims, précisément, l'étendard de Jeanne sera le seul admis à figurer dans le chœur de la cathédrale ;
– des éperons d'or, privilèges des chevaliers ayant reçu l'adoubement traditionnel, que Charles VII lui remettra personnellement alors qu'il n'est pas encore chevalier lui-même. Il faut donc postuler un adoubement antérieur de Jeanne – la petite bergère –, qui ne portât pas ombrage au Roi...
– une armure, payée par le trésor royal pour 100 livres-tournoi, alors que celle du Duc d'Alençon en avait coûté 80 ;
– une épée, et pas n'importe laquelle, que Jeanne s'était d'ailleurs permis d'exiger : l'épée dite « de Fierbois » parce qu'elle avait été déposée en la chapelle du même nom sur la tombe de Clignet de Breban, à qui Valentine Visconti l'avait offerte après l'assassinat de son mari, Louis d'Orléans, qui la tenait lui-même de Bertrand du Guesclin ! Pas moins.
– une garde-robe fastueuse, qui sera payée par Charles d'Orléans depuis Londres où il est retenu prisonnier. Ce Prince poète, à qui la couronne de France aurait dû échoir s'il n'avait été en captivité, ce Prince interviendra souvent dans cette aventure...

Il ne manque en fait que la noblesse à Jeanne, que l'on ne lui conférera jamais. Mais peut-être n'était-ce précisément pas nécessaire ? En tout cas, Charles VII lui donnera le droit de grâce, privilège strict du souverain, et fait absolument unique dans toute l'histoire de France. Il y a quand même des humbles bergères illettrées qui ont de la chance !

Et voilà Jeanne partie chevaucher avec ses fidèles compagnons, pour délivrer Orléans, faire sacrer le Roi à Reims, et bouter l'Anglois hors de France. Cela vaut peut-être la peine d'énumérer ses compagnons :
– Jean, Bâtard d'Orléans, Comte de Dunois,
– Jean Pothon de Xaintrailles,
– Etienne Vignolle, dit « La Hire », qui deviendra Maréchal de France et valet de cœur dans nos jeux de cartes, tandis que Jeanne deviendra la dame de pique du tarot dit « de Charles VII »,
– Gilles de Rais, qui deviendra Barbe-Bleue,
– Jean, Duc d'Alençon,
– Arthur, Comte de Richmond, Duc de Bretagne.
De bien charmants compagnons de jeux pour la petite bergère illettrée, n'est-ce pas ?

Bref, Jeanne brûlait du désir de sauver la France, et on se préparait à l'exaucer. Encore que certains disent qu'il fallut du temps pour la convaincre : au départ, elle n'était pas chaude, mais ça s'est arrangé.

Je vais donc passer sous silence les épisodes militaires de la carrière de Jeanne, supposés connus de tous, et qui ne font pas l'objet de cet exposé.

Que l'on sache seulement qu'il existe une thèse universitaire pour l'accession au Doctorat en Histoire, qui n'a jamais fait l'objet d'aucune contradiction, et qui démontre que, lors de la capture de Jeanne à Compiègne, les portes de la ville furent refermées dans le dos de la jeune femme afin de l'empêcher de rentrer se mettre à l'abri dans les murs de la ville, la livrant ainsi *sciemment* à l'ennemi.

Que l'on sache aussi que durant sa détention à la cour de Luxembourg, Jean d'Alençon, profondément amoureux de la Pucelle, vendit ses biens jusqu'au dernier mètre carré de terrain afin de rassembler la rançon exigée et de racheter la captive... Charles VII, que Jeanne avait porté sur le trône, s'opposa à la transaction, puis la fit capoter définitivement en refusant de participer de ses deniers afin de contrer une surenchère de l'ennemi. Et les Anglais l'emportèrent[8]...

J'en arrive ainsi directement au bûcher. Ce fameux bûcher où *personne* ne vit Jeanne brûler : il faut savoir en effet que la Place du Vieux Marché, à Rouen, nettement plus petite alors qu'aujourd'hui, était occupée par 720 hommes d'armes qui tenaient la foule à distance. Tout ce que l'on vit fut seulement une femme coiffée d'un chaperon et le visage « embronché » d'une mitre jusqu'au menton, qui la rendait totalement méconnaissable alors que les condamnés allaient toujours au supplice le visage découvert afin que la foule pût les conspuer, une mitre portant les termes de la condamnation posée *au-dessus* de la tête...

Et Jeanne, ou qui que ce fût, ne monta pas au bûcher, car l'image que nous avons aujourd'hui du condamné se tordant au sommet des flammes tient surtout à l'imagination romantique de Gustave Doré. En fait, à l'époque, le malheureux était enfermé *à l'intérieur* du tas de bois et l'assistance ne pouvait pas le voir. Et dans ces conditions, le bûcher de Rouen pouvait fort bien n'avoir renfermé qu'un cochon : cela criait aussi fort et sentait aussi mauvais[9]...

Elucubrations de ma part ? C'est évidemment plus simple à admettre. Mais que faut-il penser alors des déclarations suivantes ?

– Frère Jérôme Pasquerel, le chapelain de Jeanne, au procès en réhabilitation : « *Le Roi et le Duc d'Alençon connaissent le secret du bûcher. Moi, je ne puis rien dire...* »

– Thomas de Courcelles, juge assesseur de Cauchon : « *J'assistai au dernier sermon fait au Vieux Marché, le jour de la mort de Jeanne. Pourtant, je ne la vis pas brûler, elle...* »

– La chronique du Doyen de Saint Thibaud de Metz : « *En la cité de Rouen, en Normandie, elle fut échauffée et arse. Ce veut-on dire, mais depuis lors fut prouvé le contraire* » !

– Le manuscrit 11542 du British Museum : « *Finalement la firent ardre publiquement. Ou toute autre femme semblable à elle. De quoi beaucoup de gens ont été et sont encore de diverses opinions.* »

– Georges Chastelain, conseiller de Philippe le Bon, écrit en 1435, soit quatre ans après le bûcher :

« *Arse à Rouen, au grand dûr des François,*
« *Donnant depuis entendre son survivre autrefois...* »

– La Chronique de Bretagne : « *La Pucelle fut brûlée à Rouen, ou du moins condamnée à l'être...* »

Et je vous signale que toutes ces citations sont contemporaines de Jeanne...

---

8. Ceci posé, l'attitude du Roi était cohérente dès le moment où il savait pertinemment que Jeanne ne risquait rien...
9. Alors que l'on possède les procès-verbaux des trois ou quatre exécutions qui ont précédé ou suivi celle de « Jeanne » – salaire du bourreau et des aides, prix des fagots, etc. –, on ne possède rigoureusement rien à la date du 31 mai 1431...

En fait, quelle fut la condamnation de Jeanne, et pourquoi ?[10] Je crois que c'est la bonne question, celle qu'il faut maintenant se poser.

Jeanne ne fut *jamais* condamnée à mort.

L'évêque Cauchon, dont l'imagerie d'Épinal fait le bourreau de Jeanne, Cauchon *défendra* de son mieux la Pucelle, la dorlotant même, lui ayant fait remettre une robe de prix pour qu'elle pût se vêtir *selon son rang* dans la chambre – et non le cachot – où elle était détenue ; allant jusqu'à lui faire servir chaque semaine des plats de poisson frais pêché dans la Seine toute proche... Et Cauchon obtiendra une peine « *de renfermement à vie au pain de douleur et à l'eau d'angoisse* », avec une durée – on dirait aujourd'hui une peine incompressible – de *quatre* ans seulement, le reste étant commuable, selon la conduite de l'intéressée, en liberté conditionnelle. Et c'est là la seule et unique condamnation dont Jeanne ait fait l'objet, sous l'inculpation de sorcellerie attestée par le port de vêtements masculins...

Malheureusement pour elle, les Anglais, qui commençaient à avoir réellement peur de cet être charismatique qui rassemblait et galvanisait le parti français, les Anglais ne l'entendirent pas de cette oreille, qui craignirent que Jeanne ne reprît un jour la tête de ses troupes, d'autant plus que Gilles de Rais, manifestement ignorant de certains détails, avait levé une armée à ses frais et arrivait à marche forcée sur Rouen pour délivrer la Pucelle, écrasant au passage les Grands-Bretons et leurs alliés. A la date du bûcher, il n'était plus qu'à deux jours de marche de la ville.

Les Français saisirent la balle au bond, qui leur permettait de faire coup double : premièrement, se débarrasser d'un personnage en train de devenir encombrant pour le pouvoir, du fait de sa popularité ; deuxièmement, conserver sans risque l'enthousiasme du bon peuple en lui offrant une image sainte, pratique, peu coûteuse et parfaitement docile. On monta donc la comédie du bûcher. Comédie, car il ne pouvait être question d'éliminer réellement Jeanne : on ne sait jamais... Ses liens avec les plus grandes familles d'Europe pouvaient encore être utiles. Et puis on ne grille pas ainsi la soeur du Roi de France et la tante du Roi d'Angleterre !

On enferma donc Jeanne toute nue dans la chambre qui devait lui servir de prison, avec seulement les vêtements masculins qu'elle avait portés durant ses campagnes. Et ce qui devait arriver arriva : devant se rendre aux toilettes, et donc de traverser la cour du château remplie de soldats, Jeanne se couvrit des seuls vêtements disponibles... Aux yeux de ses accusateurs, elle devenait ispso facto relapse et se voyait envoyée au bûcher sans autre forme de procès, sans même passer par le bras séculier...[11]

Et personne ne la vit brûler.

Alors, qu'advint-il de Jeanne ? Eh bien, tout porte à croire qu'elle fut incarcérée pendant quatre ans – *quatre* ans, précisément – au donjon de Montrottier, à deux lieues d'Annecy, donjon sous la dépendance féodale d'un de ses oncles d'Arc... C'est là qu'elle aurait été kidnappée par une petite troupe de routiers commanditée par Pothon de Xaintrailles et dirigée par son lieutenant, Jean de Blanchefort.[12]

---

10. Et quel fut son procès !...
Sait-on que le Grand Inquisiteur du Royaume de France refusa toujours énergiquement d'assister au procès comme le droit lui en faisait obligation, et que, s'étant fait remplacer par son Vicaire, celui-ci dut être amené de force au tribunal où il refusa tout autant d'interroger la prévenue que de signer les minutes du procès, allant jusqu'à siéger dos aux autres magistrats ?
11. Appelé « Tribunal de la Cohue ».
12. Un personnage issu d'une fort curieuse famille, ce Blanchefort, dont l'histoire vaudrait la peine d'être contée... un 17 janvier.

Kidnappée[13] est un bien grand mot, alors que la petite troupe se contenta de demander poliment que Jeanne lui fût remise, ce qui fut fait sans problème. Mais il fallait respecter certaines formes, et il y eut donc enlèvement. Soit.

Voilà donc Jeanne galamment escortée jusqu'au Luxembourg où elle vint se mettre sous la protection de Jean de Rodemack[14]. Elle est enfin en sécurité, près de chez elle, sur les terres luxembourgeoises de la Duchesse de Görlitz, qui lui a toujours manifesté la plus grande sympathie, déjà lors de la capture de Compiègne. Elle est si près de chez elle qu'elle pourra bientôt rencontrer ses « frères », qui la reconnaîtront, puis sa « mère », qui s'abstiendra toute sa vie de crier à l'imposture... Et puis, le temps aidant, Jeanne circulera à nouveau en France, et nous allons voir tout à l'heure ce qu'il en fut.

Car si Jeanne a survécu, il doit bien se trouver des preuves quelque part.

Des preuves, il y en a, et je crains que leur énumération ne soit rapidement fastidieuse. Je citerai seulement ces quelques points :

– Les comptes de la ville d'Orléans portent, en date du 9 août 1439, soit huit ans après le bûcher, *« deux réaux d'or à Fleur-de-Lys, pour avoir apporté des lettres de par Jeanne la Pucelle »*. Le Héraut d'Armes de Jeanne avait donc repris du service auprès de sa patronne.

– Le 21 août 1439, *« douze livres-tournoi à Jehan du Lys, frère de la Pucelle, disant qu'il venait de devers le Roi, pour s'en retourner vers sa dite sœur »*.

– En septembre 1439 eut lieu une rencontre entre Jeanne et Charles VII, à Orléans, dans les jardins de l'intendant Jacques Boucher, entrevue rapportée par Guillaume Gouffier, chambellan du Roi : *« Jeanne vint droit au Roi, ce dont il fut ébahi et ne sut que dire, sinon en la saluant bien doucement et lui dit : " Pucelle, ma mie, vous, soyez la très bien **revenue**, au nom de Dieu qui sait le secret qui est entre nous". Alors se mit à genoux... »*

Etaient présents à cette entrevue : Jean Dunois, Charles d'Anjou, le sire de Chaumont, l'archevêque de Vienne, Jean Rabateau, chez qui Jeanne avait logé à Poitiers en 1429, et aussi Regnault, archevêque de Reims, celui du sacre, qui ne portait pas précisément Jeanne dans son cœur... Du beau monde, donc, et qui avait parfaitement connu Jeanne avant le bûcher, des gens qui pouvaient difficilement se tromper en face d'une imposture, et qui ne lèveront jamais le petit doigt pour la dénoncer...

– Les comptes d'Orléans mentionnent encore diverses dépenses faites à l'occasion des réceptions *officielles* offertes à Jeanne entre le 18 juillet et le premier août 1439, et notamment une somme de 210 livres *« pour le bien fait à la ville durant le siège »*. Et de préciser : « ***A Jehanne des Armoises*** » !...

– Quant à la mère de Jeanne, Isabelle de Vouthon, elle vint vivre à Orléans depuis le décès de son mari jusqu'en 1460. Elle ne reniera *jamais* la Dame des Armoises. Véritable mère de Jeanne, se serait-elle rendue complice d'une telle escroquerie ?

– Et puis ces deux petits détails, en apparence insignifiants, mais qui en disent long :

– Suite à la visite de la Dame des Armoises, en 1439, la ville d'Orléans fera supprimer les messes votives que l'on disait à la mémoire de celle qui périt à Rouen...

– L'Église catholique, qui vénère Sainte Jeanne *depuis peu* finalement, lui fait dire des messes en ornements blancs, qui sont ceux des Vierges, et non pas rouges, qui sont ceux des Martyres...

---
13. En fait, le problème était de remettre Jeanne en liberté alors qu'elle était « morte ». De plus, il était souhaitable de ne plus lui permettre d'intervenir dans la vie politico-militaire du pays. On monta donc la farce du kidnapping...
14. Pour ceux qui connaissent un peu les dessous de l'histoire templière, voilà encore un bien beau nom que celui de Rodemack...

Vous avez dit « Bizarre » ?

Mais revenons-en à nos moutons, comme aurait dit Jeanne en sa jeunesse. Que se passa-t-il entre son retour et 1439, où nous la retrouvons à Orléans ? Eh bien, elle vécut à Arlon, à la cour de la Duchesse de Görlitz, et s'y fit bientôt courtiser par le fils du Comte de Warnembourg, courtisée à tel point qu'elle décida de l'accompagner à Cologne. Et l'on vous montrera là-bas, sans aucune difficulté, aux Archives Municipales, le sauf-conduit établi en 1437 par le Comte de Warnembourg lui-même à l'intention de Jeanne : « *Puella de Francia ad mensem cum resignatione trium dierum* »...

Elle n'y était pas de bien longtemps que ses vieux fantasmes resurgirent et, son caractère autoritaire aidant, elle crut devoir intervenir dans la querelle concernant l'élection d'un nouvel archevêque à Trêves. Mal lui en prit car elle se retrouva dans le collimateur de l'Inquisiteur Général de Mayence, le R.P. Kaltyseren, qui fulmina contre elle l'excommunication majeure. Heureusement, son séjour à Rouen l'avait rendue prudente : étant toujours de fait sous le coup d'une sanction de relapse, elle se dépêcha de quitter Cologne et de rentrer à Arlon, où elle avait épousé, le 7 novembre 1436, le sire Robert des Armoises, convolant en justes noces dans la chapelle seigneuriale des Görlitz.

Vous me direz que là, j'exagère ! Jeanne d'Arc mariée ! Allons donc !... Et pourquoi elle moins que Marie-Madeleine ?

Je vous répondrai donc qu'il existe des traces de ce mariage, notamment un acte notarié passé par devant témoins, portant la signature authentique des intéressés et des officiants, et qui commence par ces termes : « *Nous, Robert des Armoises, chevalier, Seigneur de Tichémont, et Jeanne du Lys,* **la Pucelle de France**, *Dame du dit Tichémont, ma femme, licenciée et autorisée de moi, etc...* » Par cet acte, signé le jour même du mariage, soit le 7 novembre 1436, Robert mettait en fermage des terres de rapport afin de permettre à son épouse d'équiper une petite troupe et de repartir en campagne. Et Jeanne repartira, tandis que son mari se retirera plusieurs années dans un couvent.

Mais il y a d'autres éléments, et notamment l'acte de mariage. Bon, d'accord : il n'existe plus, malheureusement, ayant été détruit en même temps que la mairie qui l'abritait lors des bombardements de Fresne-en-Woëvre, les 24 et 26 février 1916, et cela fait bien plaisir aux adversaires de ma thèse...

C'est vrai, il n'existe plus. Mais il y a des copies complètes et fiables... Notamment celle du R.P. Viguier, Oratorien, faite au 18e siècle, *alors que l'image d'Épinal n'avait pas encore été récupérée par la politique française et que l'on se fichait éperdument de la survie de Jeanne. Il n'était même pas question de la canoniser !*... Et dans le même ordre d'idée, il y a la copie qui parut *publiquement, sans que personne ne s'émeuve,* en 1683 dans un journal français fondé par un Belge – Donneau de Visé – le *Mercure Galant*, qui deviendra et est encore aujourd'hui le *Mercure de France*. Et puis, il y a aussi les témoins difficilement contestables, qui affirment l'avoir *eu en mains*, et parmi eux, le Professeur Albert Bayet, de l'École des Hautes Études, le Président Édouard Herriot, et le Comte de Labessières, qui ne sont pas exactement des laboureurs...

Il y a aussi – et surtout – des témoins d'époque, comme cette fameuse chronique du Doyen de Saint Thibaud de Metz, qui dit : « *Et là* [Arlon] *fut fait le mariage de Messire Robert des Armoises, chevalier, et de la dite Jeanne la Pucelle, et puis s'en vint le dit sieur des Armoises avec sa femme la Pucelle, demeurer à Metz, en la demeure du dit sire Robert, qu'il avait en la paroisse de Sainte Ségoleine* »...

Je pourrais citer quelques dizaines d'autres faits et éléments, parfaitement vérifiables par tout qui a la passion d'aller chercher jusqu'en Angleterre ou en Allemagne, là où la survie de Jeanne ne dérange personne. Je pourrais, mais il faut une fin à tout, et notamment à cette histoire. L'essentiel ayant été dit, je vais tenter de la résumer.

Jeanne repartit donc en campagne ; elle participa au siège de La Rochelle, puis à celui de Bordeaux, où elle fut grièvement blessée. Probablement comprit-elle alors que le temps militaire était passé, et elle décida de rentrer chez elle. Elle retrouva son mari, sorti de son couvent, et ils menèrent une vie enfin paisible, la Pucelle se consacrant à l'éducation d'un des ses neveux, projetant peut-être sur lui la tendresse maternelle que, par essence, elle ne pouvait assumer. Elle fit même restaurer à ses frais la petite église du village[15] afin que l'enfant pût y faire convenablement ses Pâques, et qui conserve encore aujourd'hui pieusement – mais discrètement – la décoration due à Jeanne. C'est là qu'elle repose, à côté de son mari.

Il reste cependant à se poser deux questions importantes. La première : quand mourut réellement Jeanne d'Arc ? La réponse est très simple et se trouve dans les comptes d'Orléans. En effet, la ville avait pensionné Isabelle de Vouthon, veuve et sans grandes ressources. Jusqu'en 1458, les versements de la pension porteront : « *A Isabelle de Vouthon, mère de la Pucelle* ». A dater de 1459, ils mentionneront : « *A Isabelle de Vouthon, mère de **feue** la Pucelle* ». Au-delà du calembour sinistre en forme de pléonasme, la date est claire.

La seconde : pourquoi tout ceci ? Je pense qu'une bonne approche de la réponse se trouve dans les Mémoires du Pape Pie II, qui dit ceci, en 1458 : « *Fut-ce œuvre divine ou humaine ? J'aurais peine à le dire... Il en est qui pensent que les grands du royaume s'étant divisés en présence du succès des Anglais, et ne voulant ni les uns ni les autres accepter un chef, l'un d'entre eux, le plus sage, aurait imaginé cet expédient d'alléguer que cette Pucelle était envoyée de Dieu pour prendre le commandement. Nul homme n'oserait se refuser à l'ordre de Dieu. Ainsi la conduite de la guerre aurait été confiée à la Pucelle avec le commandement des armées* ».

Je pense, pour ma part, que c'est bien la solution : un enfant bâtard naît, pourvu d'une ambiguïté sexuelle. Dans le doute, on choisit une solution ménageant la chèvre et le chou : on le confie à une famille sûre en attendant de savoir. Et l'enfant devint fille, ou presque : garçon manqué, dirons-nous. Elle devint une jeune femme dotée d'un caractère autoritaire[16] et batailleur, pleine de fougue, mais également d'intelligence et de hardiesse[17] ; elle devint aussi... fort jolie, comme en témoignent ses trop rares portraits d'époque. Les grands barons français, par bêtise ou par intérêt, ne parviennent pas à s'entendre pour chasser les Anglais hors de France, alors qu'ils leurs sont nettement supérieurs dans ce qui n'est jamais qu'une guerre familiale, la guerre de Cent Ans. Or, parmi ces grands du royaume, il en est un plus futé, plus adroit, plus fier aussi. Et certainement plus noble, bien que bâtard : Jean Dunois. Et il se sent terriblement proche de cette enfant exilée en Lorraine, dont il est le demi-frère : Jeanne. Alors, il conçoit[18] le projet de ce qui deviendra probablement la plus extraordinaire manipulation de masse que l'Histoire ait connue à ce jour.

---

15. Il s'agit de Puligny-sur-Madon, 20 km au sud de Nancy.
16. ... Et même d'un sale caractère ! Ne caressera-t-elle pas un jour le bâton qui lui servait de canne sur le dos de Jean Dunois en le traitant de « vilain bâtard » ?...
17. C'est Jeanne d'Arc qui a introduit l'usage de l'artillerie dans les combats en France...
18. Avec l'aide de Yolande d'Anjou, qui meurt d'envie de voir sa fille Marie sur le trône de France. La Reine des Deux-Siciles a le bras long, et c'est une femme d'une intelligence exceptionnelle ; elle sait que Charles VII est bâtard, lui aussi, donc qu'il suffit de peu de chose pour que le royaume lui échappe. Elle appuiera de toute sa puissance, de son or et de son génie, cette aventure qui fera sacrer Charles à Reims, lui conférera la royauté de droit divin, et assurera le règne de sa fille.

Il va faire de Jeanne, dont il connaît le tempérament et les aptitudes, il va en faire le personnage charismatique devant lequel tous, le Roi y compris, devront ployer le genou, le personnage qui va effacer les dissensions et regrouper tout le royaume derrière une seule et même bannière[19]. Jeanne *dite d'Arc* est en train de naître. La réussite fut fabuleuse.

Imagination que tout ceci ? Alors pourquoi, au procès en réhabilitation, Cauchon lui-même dira-t-il : « *Tout ceci fut forgerie de Jean Dunois, et c'est à lui qu'elle profita* »... ?

Ah oui ! Une chose encore. Jeanne d'Arc sans les voix, ce n'est pas vraiment Jeanne d'Arc, celle qui *bouta le dragon anglois hors de France sans aller jusqu'à le détruire*, celle qui *tint vaillamment et intelligemment tête aux docteurs de la Sorbonne qui l'interrogèrent durant son procès avant de l'envoyer au bûcher parce que c'était plus facile*, celle qui, finalement, *échappa au feu que les Anglois lui avaient préparé*. Quelles étaient-elles donc, ces voix ?

Il y avait celle de Saint Michel, l'archange qui *terrasse le dragon sans toutefois le tuer*. Puis il y avait celle de Sainte Catherine d'Alexandrie, qui *tint tête durant trois jours aux docteurs de la loi, qui finirent par la mener au supplice faute de pouvoir en venir à bout*. Et enfin, il y avait celle de Sainte Marguerite d'Antioche, vous savez, cette sainte que la statuaire nous montre *sortant intacte du ventre enflammé du dragon qui vient de l'avaler*...

A bon entendeur, salut, n'est-ce pas ?

Mais que tout ceci n'empêche pas Jeanne de rester pour toujours... la sainte patronne de la femme au foyer.

Paul ROUELLE.
30 août 1991.

---

19. Le personnage qui va *créer* la notion et le sentiment de patrie, jusque là inconnu, c'est-à-dire d'une nation constituée d'un peuple, et non plus d'un état identifié à la noblesse. Avec tout ce que cela impliquera en 1793 et encore de nos jours... Pour notre malheur, diront certains.

LES CATHARES À LIÈGE

> Ils étaient venus trop tôt,
> dans un monde trop jeune qui n'était
> pas fait pour les comprendre.
> *Marcel Florkin.*

> Al cap de set cens ans verdejó lo laurel[20].
> *Proverbe Occitan.*

****

Il y a quelques années, passant Place Saint-Jacques, mon attention fut attirée par une inscription faite à la craie sur un des murs de l'église, et qui disait :
Le monde périra avant que ne surgisse un nouveau Wazon[21].
Il s'agissait de la traduction de l'épitaphe d'un de nos Princes-Évêques. La citation m'intrigua : elle était trop érudite, trop bien calligraphiée aussi, pour être le fait d'un taggeur. Mais j'eus beau chercher, me renseigner, rien n'y fit : pas moyen d'en découvrir l'auteur.

Quelques mois plus tard, en vacances avec mon Épouse à Carcassonne, un de nos amis – Monsieur Edmond Larade – nous proposa d'aller rendre visite à une de ses connaissance, la Comtesse Fanita de Pierrefeu, « la dernière Cathare », selon ses propres termes. Je vous passe sur les détails, et notamment sur l'accueil chaleureux de cette respectable vieille dame qui avait décidé de vivre à la manière des Purs, dans sa splendide villa au pied du château de Montségur. Toujours est-il que, nous ayant pris en sympathie, elle nous demanda de signer son livre d'or, un nouveau et luxueux cahier que deux jeunes Liégeois lui avaient offert quelques semaines auparavant. Vous pensez si nous avons accepté... et si j'ai eu soin de noter l'adresse qui figurait au revers de la couverture. Ils habitaient Place Saint Jacques.

Dès notre retour, je me suis empressé de prendre contact avec eux. C'était un couple de jeunes gens charmants, et c'étaient bien eux qui avaient rédigé l'inscription qui m'avait intrigué. Bienheureuse coïncidence, qui m'avait permis d'aller apprendre, à treize cents kilomètres d'ici, ce qui se passait chez moi !

Et si ce n'était pas une coïncidence ? Et s'il y avait quelque part dans le temps ou dans l'espace, voire les deux, une bonne raison pour que des gens de chez nous s'intéressent de près au Catharisme ?

Je me suis donc mis à chercher, guidé par ma curiosité et aussi, soyons franc, par une réelle

---
20. « *Au détour de sept cents ans verdit le laurier.* »
21. « *Ante ruet mundus quam surget Wazo secundus.* »

sympathie pour ces Cathares qui eurent le redoutable privilège de voir Don Domingo Alvarez de Guzman – Saint Dominique pour les intimes – créer la Sainte Inquisition à leur intention.

Je me suis mis à dévorer les œuvres de Dominique Paladilhe, de Michel Roquebert, de Jean Duvernoy, de René Nelli, de Fernand Niel, de Gérard de Sède et de beaucoup d'autres. Je me suis même mis à l'étude de l'occitan, afin de pouvoir lire par moi-même et dans le texte certains ouvrages comme *la Canço de la Crosada*[22].

Petit à petit sont apparues des choses bizarres, curieuses, de ces choses que l'on ne nous apprend pas à l'école, de ces choses dont les gens sérieux ne parlent que brièvement, en haussant les épaules. Des questions se sont posées, aussi, peu à peu. Par exemple : pourquoi l'Hôtel de Ville de Liège s'appelle-t-il *La Violette* ? Pourquoi plusieurs de nos villages ont-ils une rue ou un chemin du *Djèrin Patård* ? Quelle est l'étymologie du village de Xhignesse, près de Hamoir ? Et, tout aussi progressivement, des réponses sont venues, des réponses capables d'émerveiller ceux qui ont gardé un cœur ouvert et des yeux d'enfant, mais tout aussi capables de paraître sacrilège à ceux qui ont décidé une bonne fois pour toutes que la Belgique – et surtout la Wallonie – n'ont pas d'histoire.

Mais commençons par le commencement, et tout d'abord, qu'est-ce que le Catharisme ? Pour beaucoup, les Cathares étaient des espèces de fous hérétiques vaguement chrétiens qui adoraient le soleil. Pour d'autres, déjà moins nombreux, c'était une secte de Manichéens. Pour tous, c'est une histoire enterrée. Moi, je dirais plutôt que, comme pour Jeanne d'Arc, le feu couve sous la cendre... Si l'on confond à plus ou moins bon droit le Catharisme avec une religion, je suis pour ma part persuadé que, à l'instar du Bouddhisme, il s'agit beaucoup plus d'un mode de vie basé sur une philosophie, en l'occurrence, une philosophie qui tentait de résoudre l'éternel problème de la coexistence du Bien et du Mal dans un monde prétendant avoir été créé par un Dieu infiniment bon.

En effet, si Dieu est infiniment bon, il ne peut y avoir de place pour le Mal ; or le Mal existe... Donc, de trois choses l'une : ou bien Dieu n'est pas infini, ou bien il n'est pas bon... ou bien il n'est pas Dieu. C'est un très ancien problème que d'autres, très longtemps avant les Cathares, avaient essayé de résoudre à leur manière, et – il faut bien le dire – sans grand succès.

Dès le VIIe siècle AC, Zarathoustra expliquait la création du monde par deux jumeaux primordiaux, l'un bon : Ahura Mazda, plus connu sous le nom d'Ormuzd, et l'autre mauvais, Angra Mainyu, Ahriman pour ses proches. Soit dit en passant, la religion issue de cette conception et basée sur les Vêdas, le Mazdéisme, est toujours pratiquée aujourd'hui.

Au troisième siècle, un certain Manès – ou Mani – avait tenté de trouver une solution à cette coexistence des deux principes opposés, et son nom est resté dans le langage courant où le manichéisme désigne une conception strictement dualiste des choses. Sa conception philosophique était d'ailleurs fort simple, malgré la sophistication de ses développements : les royaumes du Bien et du Mal sont incréés, ils coexistent de toute éternité ; malheureusement, ils se sont mélangés et des parcelles d'âme-lumière ont été emprisonnées dans la matière-chair, mais elles s'en dégageront un jour et tout rentrera dans l'ordre.

L'Église Catholique, d'ailleurs, ne s'en est pas tellement mieux sortie que ses prédécesseurs ; en effet, si elle prêche le caractère unique et bon d'un Dieu infini, elle n'explique pas comment le péché d'orgueil de Lucifer a pu apparaître au sein d'une création qui, par définition, ne pouvait

---

22. Prononcer « La Can'çou dè la Crousado », la Chanson de la Croisade.

être que parfaite puisque issue d'un Dieu parfait.

Quant aux Cathares, sans nous engager trop avant dans l'étude de leur philosophie et de leur doctrine, disons qu'ils avaient une vision des choses qui, au delà de la poésie de son expression, ne manque singulièrement pas de profondeur quand on y regarde à deux fois. « L'ombre, disaient-ils, c'est l'absence de lumière. Le Mal, c'est l'ombre de Dieu »...

Sophisme ? Astuce de langage ? Ou bien approche d'une des faces de la Vérité ? En tout cas, cette façon de voir, qui lie le Mal à l'existence de Dieu sans toutefois l'en rendre responsable, cette façon de voir fera – *mutatis mutandis* – la fortune de Jacob Bœhme à Prague au début du XVIIe siècle, et par la suite de toute une série de théologiens jusqu'à nos jours.

Ce serait risquer de vous induire en erreur que de tenter de vous expliquer les conceptions cathares dans le temps qui m'est imparti. Sans même aller jusqu'au fond des choses, vous exposer la différence et les nuances entre le Dualisme Absolu et le Dualisme Mitigé prendrait au moins trois fois la durée de cet exposé. En quelques mots, le Dualisme Absolu énonce l'existence éternelle du Mal, aussi bien passée que présente et à venir, tandis que le Dualisme Mitigé lui donne, soit un commencement, soit une fin, soit les deux. Soit dit en passant, les dualistes pauliciens liaient l'existence du Mal à celle du temps et l'opposaient à l'éternité en pensant que celle-ci finirait par l'abolir. Dans cette optique, je ne saurais trop vous conseiller la lecture particulièrement passionnante[23] de certaines œuvres *de très haute tenue scientifique* de notre Prix Nobel de chimie, le Professeur Ilya Prigogine.

Le mot « Cathare » vient du grec Καθαροσ, qui signifie « Pur », et ne fait que traduire l'idéal des gens qui le portaient : vivre de manière tellement pure que le Mal n'ait aucune prise sur eux, tellement pure que leur âme se dissocie peu à peu de la matière, qui n'est que l'expression concrète du mal. Pour eux, la vraie vie ne pouvait être que lumière dans la lumière, et c'est pourquoi – de manière très symbolique – ils considéraient le Soleil comme un lieu de passage, la fenêtre ouverte sur la lumière absolue de l'au-delà. C'est en ce sens qu'ils le *vénéraient*, et non pas l'adoraient, comme certains ânes bâtés se plaisent à le prétendre, un peu comme si les Chrétiens adoraient le solstice d'hiver en célébrant Noël !

Par ailleurs, ils croyaient à la réincarnation, ou plus exactement à la métempsycose, par laquelle les âmes insuffisamment purifiées transmigraient dans un autre corps, plus ou moins évolué selon le degré de perfection atteint par le candidat au Paradis. Cette doctrine les a évidemment amenés à pratiquer le végétarisme, de crainte, en tuant un animal, de priver l'âme qui l'habitait de l'entièreté de son temps de probation. Elle les amenait également à refuser la procréation, qui contraignait une âme à subir un cycle de vie terrestre supplémentaire[24].

Leur refus de la matière les a également conduits à repousser toute forme de propriété personnelle, et, de fil en aiguille, comme beaucoup de dissidents religieux de l'époque, à s'opposer à la fastueuse opulence du clergé catholique, ce qui, comme vous pouvez l'imaginer, ne leur attira guère la sympathie de ceux qui profitaient de cette richesse...

Est-ce à dire que les Cathares vivaient une vie parfaite, comme le nom de leurs clercs pourrait le laisser entendre ? Certainement pas. S'il s'est trouvé plusieurs personnages dont la vie fut réellement exemplaire, il faut bien reconnaître que, pour la majorité d'entre eux, la vie de tous

---

23. « *La Nouvelle Alliance* », « *Entre Temps et Éternité* » et « *La Fin des Certitudes* ». A condition de disposer d'une solide réserve d'aspirine, vu l'aridité des textes.
24. Ce qui était finalement une curieuse façon de mettre Dieu en face de ses responsabilités dans l'hypothèse où, l'espèce humaine ayant fini par disparaître, toutes les âmes n'auraient pas été intégralement purifiées...

les jours se traduisait par des accommodements que d'aucun qualifieraient aujourd'hui de jésuitiques. Par exemple, s'il refusaient pour la plupart les liens du mariage, qui n'avait d'autre but à leurs yeux que de permettre la fabrication d'enfants, ils admettaient le concubinage... Sophisme pervers ? Peut-être. Tolérance et générosité face à la faiblesse de la chair ? A vous de juger. En tout cas, ils n'allèrent guère aussi loin que certains hérétiques de leur époque qui recommandaient et prônaient la totale liberté des mœurs en disant que cela n'avait aucune importance puisque, de toute façon, l'étincelle divine qui vivait dans leur chair était immortelle...

Personnellement, je crois plutôt à leur réelle mansuétude pour la fragilité de l'être humain. Tolérance ne veut pas dire permissivité, et, à l'inverse de l'Inquisition, les Parfaits pensaient qu'il vaut mieux amener quelqu'un à s'améliorer sincèrement, petit à petit, en lui montrant l'exemple, plutôt que de l'y contraindre par la violence.

En fait, il y avait deux sortes de Cathares : les Parfaits, des deux sexes, que leurs pairs jugeaient dignes de prononcer des vœux définitifs de pauvreté, d'humilité et de chasteté, et les croyants, à qui l'on demandait seulement de faire de leur mieux, et à qui l'on pardonnait certaines incartades, notamment celles justifiées par la dureté du temps.

Il n'y avait également que trois sacrements : le Consolamentum, le Melhorament et la Convenenza, et encore le terme de sacrement n'a-t-il que de lointains rapports avec le sens que lui donne la religion chrétienne. En quelques mots, et sans tenir compte de variantes locales, le Consolamentum établissait de manière irrévocable et définitive l'adhésion du récipiendaire à la doctrine et aux préceptes cathares. Il se conférait essentiellement par l'imposition des mains des officiants et la récitation du Pater par le nouveau Parfait. Aussi souvent que possible, il s'accompagnait du Benedicite, de l'Adoremus et de la lecture du début de l'Évangile de Jean.

Avant cette cérémonie, le postulant devait accomplir son Melhorament, c'est-à-dire s'accuser publiquement de ses fautes pour en demander le pardon. Cette confession publique n'était cependant pas réservée à la seule préparation du Consolamentum ; elle avait également lieu à la fin des assemblées de prière réunissant des croyants sous l'égide d'un Parfait. Et quoi qu'en disent les ânes bâtés cités plus haut, ces deux cérémonies étaient d'une haute tenue religieuse et spirituelle.

Il y avait enfin la Convenenza, qui a fait de tout temps les choux gras des adversaires du Catharisme. Pour ceux-ci, il ne s'agit de rien d'autre que d'une entourloupette permettant à chacun de mener une vie de patachon en sachant que de toute façon, il sera automatiquement et intégralement absous à l'heure de sa mort. Pour ces gens, qui ne connaissent pas l'occitan et ne lisent que les textes qui leur conviennent, il ne s'agissait que d'une précaution de convenance... En fait, il s'agit bien de tout autre chose : en occitan, « Convenenza » signifie « Pacte », et même « Contrat ». Exactement, c'était la démarche par laquelle un chevalier ou un simple roturier susceptible de mourir au combat demandait que, s'il était mortellement blessé, on lui conférât le Consolamentum *même s'il était incapable de réciter le Pater*, et par laquelle il promettait de respecter son engagement s'il survivait.

Pour être complet, il faudrait également citer l'Endura, qui était plus une démarche qu'un véritable sacrement. En effet, leur mépris de la chair était parfois tel que certains Cathares refusaient de s'alimenter et se laissaient mourir de faim, n'absorbant rien d'autre qu'un peu d'eau... Nous verrons tout à l'heure pourquoi j'ai tenu à vous citer ce phénomène finalement exceptionnel. A titre anecdotique, et pour ceux qui le connaissent, je vous signale que celui que la SS fit passer pour Otto Rahn s'est, dit-on, suicidé par Endura en 1939 à Kitzbuehl.

Quoi qu'il en soit, avec le temps, les notions dualistes issues des recherches philosophiques et théologiques de la Perse et de l'Inde ont essaimé vers l'Europe, et la branche qui nous intéresse a connu un essor important au Xe siècle en Bulgarie avec la prédication d'un prêtre appelé Bogomil, que l'Église s'empressa de dénoncer comme hérésiarque majeur. De là, elle se propagea vers nos contrées et l'on estime à environ 200.000 le nombre de sympathisants et de croyants à la fin du XIe siècle. Quant au Catharisme proprement dit, les bons dictionnaires vous diront qu'il est mentionné pour la première fois à Cologne, dans un texte daté de 1163...

Ces bons dictionnaires à propos desquels il y aurait tant à dire, et qui ne craignent pas de vous affirmer que le Catharisme était inconnu en Europe Occidentale avant 1163, pour vous affirmer sans état d'âme, quelques pages plus loin, que le premier concile *cathare* se tint à Saint Félix de Caraman en 1167, soit quatre ans plus tard... Quatre ans qui auraient suffi pour que cette secte – comme ils disent – se développe et se structure suffisamment pour permettre la réunion dans ce trou perdu des Pyrénées, d'un « Pape Cathare », Nicétas, venu tout exprès de Bulgarie, et d'une bonne vingtaine « de Prélats et d'Évêques » venus de France et d'Italie !

Faut-il dès lors s'étonner que ces ouvrages, avec un ensemble touchant, passent sous silence la lettre que Gérard, évêque de Cambrai et d'Arras adressa en 1025 à son confrère de Liège pour le mettre en garde contre « la feinte religion et les paroles trompeuses » des Manichéens ?

On ne connaît pas la réponse que lui fit Réginard. Par contre, on a conservé celle que fit Wazon à l'évêque de Châlons qui le consultait sur la conduite à tenir face aux hérétiques. Cette réponse date de 1048, l'année de la mort de celui qui fut un des plus grands Princes-Évêques de Liège, et elle citait les Cathares, 115 ans avant que les dictionnaires ne les découvrent à Cologne. Je ne résiste pas à la tentation de vous en citer deux extraits qui me paraissent significatifs. A son correspondant qui lui demandait s'il fallait user du « glaive matériel » contre les hérétiques, Wazon cite longuement la parabole du bon grain et de l'ivraie, et la commente en ces termes :

> « Qu'a voulu enseigner Dieu par ces paroles, si ce n'est la patience dont Il désirait que l'on fît preuve à l'égard des pécheurs ? Qu'a-t-Il voulu dire, sinon que ceux qui hier étaient de l'ivraie, pourraient être demain du bon grain, une fois convertis ? Le Dieu de miséricorde ne juge pas tout de suite les pécheurs ; dans sa bonté, Il les attend à la pénitence ».

La seule mesure que prône Wazon est d'ordre spirituel : c'est l'excommunication, à l'exclusion de toute coercition, et surtout de la peine de mort. Et il le dit clairement :

> « Nous ne devons jamais oublier, nous les évêques, que nous n'avons pas reçu le glaive en ce qui concerne la puissance séculière. C'est pourquoi notre devoir n'est pas de donner la mort, mais plutôt, avec l'aide de Dieu, de donner la vie ».

Et il termine sa réponse en rappelant simplement le commandement :

> « Tu ne tueras point ».

J'ose espérer que vous êtes sensibles à la remarquable qualité humaine de ce Prince-Évêque de Liège, qui, alors que les bûchers s'allumaient un peu partout, alors que la violence laïque et religieuse ensanglantait l'Europe, alors que l'on se préparait aux charniers de Hastings et à la boucherie de la Première Croisade, la qualité exceptionnelle de cet homme qui osait prêcher – et pratiquer – la paix, la tolérance et la charité. Quand je pense qu'il a suffi d'un Léonard Defrance pour faire détruire la tombe et l'épitaphe de cet homme de bien !...

Toujours est-il que les textes sont là, et bien là : le Catharisme existait en tant que mouvement structuré à Liège plus de cent ans avant que l'on n'en parle ailleurs comme mouvement bien défini. Et ces textes issus de Wazon ne sont pas les seules preuves, même si les autres sont plus subtiles à découvrir. A moins de rendre élastique le temps de cet exposé, je ne pourrai vous en citer que deux, mais je les trouve significatives.

La première est fournie par l'abbé de l'Abbaye Saint-Jacques, qui fut pendant quelques années en quelque sorte le secrétaire de Wazon. Pris de ce que nous appellerions aujourd'hui une crise mystique et décidant de mortifier sa chair, création du Diable, il refusa de s'alimenter et se laissa mourir de faim... Voilà pourquoi je vous parlais d'Endura tout à l'heure.

La seconde est également curieuse. Vous êtes-vous déjà demandé ce que pouvait bien signifier cette appellation de « Djèrin Patård » que l'on trouve parfois dans nos villages, et qui désigne le plus souvent une ruelle ou un chemin qui s'écarte franchement de l'agglomération, quand ce n'est pas une impasse ? Et qu'est-ce qu'un *patård* ? On n'a rien sans rien et il faut savoir prendre des risques. Ouvrons donc un dictionnaire, le *Petit Robert* en l'occurrence...

> « Patard : n. m., espagnol : pataca (pièce d'argent), de l'arabe bâ-tâqa ; provençal : pastar. Ancienne monnaie flamande de peu de valeur ».

Il y aurait déjà moyen de gloser pas mal sur cette définition pour le moins ambiguë... Que l'espagnol *pataca* ait donné le très peu usité *patacon* ne me dérange pas du tout, et que l'ensemble désigne une monnaie flamande ne m'intrigue pas non plus, connaissant les relations entre la Flandre et la Cour d'Espagne. Mais que, pour justifier l'appellation d'une monnaie flamande, le *Petit Robert* fasse intervenir un terme provençal sans donner la moindre explication me laisse plutôt rêveur. D'autant plus que nous sommes en Wallonie... Alors, tant qu'à faire, allons voir ce qu'en dit un dictionnaire provençal, *Lou Tresor dou Felibrige*, qui, avec *Mirèió*, valut le Prix Nobel à Frédéric Mistral.

Eh bien, vous allez rire : le mot « pastar » n'existe pas en provençal ! Par contre, le mot « patar » existe bel et bien, et Mistral le définit comme

> « ...une grosse monnaie dauphinoise, dont le nom semble venir de l'allemand *Peter* parce que la monnaie flamande portait l'effigie de Saint Pierre »...

Même si la définition donnée par le dictionnaire provençal est un tantinet plus cohérente que celle du Robert, on n'en reste pas moins passablement stupéfait quand on tente de comprendre comment et pourquoi un terme arabe serait passé en Flandre via l'Espagne pour redescendre en Provence, soit quasiment à son point de départ ! D'autant plus que le fait dont nous parlons se situe, j'insiste, en Wallonie, soit dans une région qui n'a rien à voir avec les spéculations ci-dessus...

Il faudra donc bien s'intéresser à des termes proches, des termes dont on pourrait relier la phonétique et la signification au mot qui nous intrigue. Le mot *Patarin*, par exemple. Reprenons donc nos ouvrages de référence.

Pour le *Petit Robert*, c'est très simple : le mot *Patarin* n'existe pas. Point.

Pour Mistral, le Patarin désigne un...

> « sectaire vaudois du XIIe siècle qui ne récitait d'autre prière que le Pater et croyait que l'homme et le monde visibles avaient été créés par le démon. Il se disait également des Albigeois »

... qui, comme chacun sait, étaient des Cathares. Bon, il y a progrès, nous commençons à nous trouver entre gens sérieux.

Pour le *Littré* en quatre volumes, il existe plusieurs sens, dont les plus intéressants sont les suivants :

> « 1.- Sobriquet donné par mépris à une société formée dans le sein du peuple, en Italie, au XIe siècle, pour lutter contre le concubinage des prêtres et la simonie.

2.- Membre d'une secte vaudoise, du XIIe siècle, qui ne récitait d'autre prière que l'oraison dominicale et croyait que l'homme et le monde visible avaient été créés par le démon.

3.- Nom donné en général à tous les Albigeois ».

Outre le fait que *Littré* reprend quasiment mot à mot, aux points 2 et 3, la définition de Mistral, nous constatons que nous commençons à tourner réellement autour de notre problème, qui est celui de l'hérésie manichéenne. Et si nous consultions un dictionnaire étymologique, par curiosité ? Ne lésinons pas et adressons-nous à l'autorité, le *Dictionnaire Etymologique de la Langue Française* de Bloch & Wartburg. Nous constaterons que cet excellent ouvrage donne très exactement la même définition du *Patard* que le *Petit Robert*, mais que pour lui, le *Patarin* n'existe pas !

Que conclure de tout ceci ? Premièrement, qu'une chatte n'y retrouverait pas ses jeunes. Deuxièmement, que le terme *Patard* désigne une monnaie flamande qui ne nous intéresse pas directement. Troisièmement, qu'il y a un rapport sous entendu avec la Provence. Quatrièmement, que le terme phonétiquement voisin de *Patarin* désigne principalement un hérétique manichéen de la bonne époque. Cinquièmement, que le *Pater* était la seule prière que récitait le *Patarin*.

Mais, encore une fois, le « Djèrin Patård » est un terme wallon. Alors, si nous allions tout simplement voir ce qui se passe dans un dictionnaire wallon ? Le Haust, par exemple... Eh bien là, ça devient franchement amusant !

Haust connaît l'existence du *Patacon*, ce terme qu'il fait provenir directement de l'espagnol *Patac*, et qu'il assimile tardivement au *Patård*. Car Haust connaît aussi le *Patård*, lui, qu'il définit comme un ancien sou de Liège valant 1/10e d'escalin, soit 4 liards... Déjà, il ne s'agit plus exclusivement d'une monnaie flamande, à moins – et c'est bien de cela qu'il s'agit – à moins que les dictionnaires français ne considèrent Liège comme flamande !

Mais il y a mieux : pour Haust, le *Patård* est également la rougeur qui apparaît sur la peau quand on s'approche trop du feu. « *Dji m'a tél'mint tchâfé qu' d'j'a l'tchår tote a patård* »... « *Si fé on patård* » veut dire « se brûler » !

Cette fois, sachant quelle fût la fin réservée aux Patarins, je crois que nous sommes au nœud du problème, et que l'appellation « Djèrin Patård » désigne bel et bien le « Dernier Hérétique », démontrant par là l'existence chez nous de communautés manichéennes suffisamment importantes pour avoir laissé des traces dans la mémoire populaire. Mais, me direz-vous avec énormément de finesse, pourquoi le « Djèrin Patård » ne désigne-t-il pas tout simplement le dernier sou ?

Pour deux raisons. La première tient simplement au bon sens et à l'observation. Pourquoi donner une telle appellation, identique dans plusieurs communes et villages, à une ruelle ou un chemin situé, à l'instar de plusieurs « Rues des Juifs », en dehors des voies de la communauté ? S'il s'agit du dernier sou, cela n'a guère de sens ; par contre s'il s'agit de gens que l'on tenait à l'écart, du fait de leurs mœurs et de leurs croyances, cela se justifie beaucoup plus.

La deuxième, à mes yeux nettement plus péremptoire, est que le terme *Patård* désignant une monnaie n'apparaît que vers la fin du quatorzième siècle, alors que, au moins en deux endroits, l'appellation « Djèrin Patård » est connue dès la seconde moitié du treizième, soit en pleine efflorescence des bûchers allumés pour les hérétiques.

Bien sûr, tout ceci n'est pas parole d'évangile et une certitude complète ne pourrait provenir que d'études nettement plus approfondies dont je n'ai ni le temps ni les moyens. J'estime cependant qu'il y a là un faisceau de présomptions cohérentes qui mériterait que l'on s'attache à mon hypothèse.

Mais, me direz-vous encore avec la même finesse, si le Catharisme a existé chez nous avant que d'apparaître ailleurs, pourquoi ne s'y est-il pas implanté alors qu'il a fait florès en Occitanie et en Lombardie, notamment ?

Si je vous réponds que c'est précisément une question de soleil, cela risque de vous paraître ambigu : n'y avait-il point assez de soleil chez nous pour que les Cathares pussent le révérer à leur aise ? Non, ce n'est pas cela, et pourtant la réponse est correcte. Il faut bien admettre que le pays où nous vivons n'a jamais rien eu d'un pays de cocagne, et que la vie que l'on y mène est passablement plus rude que celle que l'on coule dans les régions qui bordent la Méditerranée... Nous vivons sur un sol qu'il faut savoir conquérir pour mériter qu'il nous donne de quoi vivre, et nous savons concrètement ce que veut dire l'expression « gagner son pain à la sueur de son front ». En d'autres termes, nous vivons dans une contrée dont la terre et le climat se prêtent bien plus à la foi du charbonnier qu'à la spéculation philosophique.

Par contre, il existe de ces terres qui, sans être vraiment paradisiaques, n'en fournissent pas moins en abondance la subsistance quotidienne. Il suffit, pour s'en convaincre, d'écouter la chanson de Bécaud : *Les Marchés de Provence*. Il existe des régions où l'on a le temps de rêver, et même, parfois, où il est impossible de rien faire d'autre quand le soleil cogne suffisamment...

Cela veut-il dire que notre région est exclusivement celle des damnés de la terre, des forçats de la faim, attachés à la glèbe, taillables et corvéables à merci ? Que non pas ! S'il est vrai que la dureté de la vie quotidienne n'est pas le substrat idéal pour permettre le développement d'une philosophie sophistiquée, il n'en est pas moins vrai que la qualité de cette vie et des gens qui la mènent, et surtout leur exceptionnelle tolérance, a permis à Liège de voir naître, ou d'accueillir la toute première, trois des grands phénomènes spirituels du Moyen-Age et de la Renaissance. Le Catharisme, dont je viens de vous parler, les Bégards, dont il y aurait beaucoup à dire, et la Rose-Croix, quoi qu'en pensent les beaux esprits qui font autorité dans nos manuels.

Quelques mots sur les Bégards, dont nous ne connaissons généralement que les Remparts et la Place du même nom. Et précisément, pourquoi Liège est-elle la seule ville au monde qui ait conservé comme toponyme le nom de ce mouvement religieux ? Eh bien, pour une fois, c'est un dictionnaire qui va nous répondre ; un dictionnaire d'autant plus insoupçonnable qu'il est... français : le *Dictionnaire des Hérésies Méridionales* de René Nelli. A l'article « Béguins » ou « Beghards », cet auteur n'hésite pas à dire que

> « Si l'on croit parfois que leur nom provient de Sainte Begge, fille de Pépin de Landen et sœur de Sainte Gertrude de Nivelles, ou du flamand beginnen (commencer), il est certain que la première communauté de béguines naquit à Liège dans la seconde moitié du XIIe siècle, sous la direction du prêtre Lambert le Bègue, qui leur a très certainement donné son nom ».

De Liège, le mouvement essaima vers la Flandre, dans les Pays-Bas, sur les bords du Rhin – notamment à Strasbourg – et mit une petite centaine d'années pour parvenir en Provence, où il s'épanouit avant de se faire également condamner par l'Église, et d'ailleurs à peu près à la même époque.

Quant à la Rose-Croix, c'est là – vraiment – une tout autre histoire, qui sort largement du cadre de cet exposé. Sachez seulement qu'il existe en la Collégiale Sainte-Croix un monument qui montre clairement que cette philosophie existait à Liège en 1558, alors que les premiers manifestes ne paraîtront à Vienne qu'en 1624.

En conclusion, que ressort-il de tout ceci ?

Premièrement, que la Principauté de Liège a très probablement accueilli ce qui fut la première Église cathare occidentale, au sens étymologique du terme *Ecclesia*, c'est-à-dire « assemblée », et non pas monument religieux.

Deuxièmement, que cette Principauté était en relations assez étroites avec l'autre région florissante de l'époque, le Comté de Toulouse. Ce n'est pas une assertion en l'air : les indices abondent, notamment dans la langue et dans les toponymes.

Wallon et occitan sont deux langues sœurs, la distinction entre langue d'oc et langue d'oïl étant bien plus techno-politique que concrète. Qui connaît bien le dialecte liégeois lira sans grande difficulté les textes occitans, la réciproque étant vraie également. Quant aux toponymes, deux exemples connus suffiront.

Quelle est l'origine étymologique du nom de Xhignesse, village proche de Hamoir[25] ? Je n'en connais pas d'autre que l'occitan *Ginèsse* (ou Genèsse, Ginestó, Genest), le genêt, qui fait de notre localité liégeoise la sœur jumelle de Ginestas, dans l'Aude[26].

Et quelle est l'origine de ce nom de *Violette* que l'on donne encore couramment à notre Hôtel de Ville ? Le nom du cabaret qui précédait l'actuel bâtiment ? Ben voyons ! Cela ne fait que reculer la question d'un cran : quelle est l'origine du nom de *Violette* donné à cet établissement ? Ah ! Bien sûr : l'enseigne qu'il portait en façade à cette époque où la numérotation des immeubles n'existait pas. Fort bien, mais cette enseigne ? Pourquoi pas une chopine ? Pourquoi pas un anneau d'or, comme en Féronstrée, ou un croissant d'or, comme Sur-la-Fontaine ?

C'est le Perron qui va nous donner la réponse en formulant une nouvelle question : pourquoi le Perron – le liégeois comme les autres – est-il le symbole de la liberté de la commune qui en possède le privilège ? Parce que l'on y attachait les condamnés au pilori, répondront en cœur les bons historiens. Ouais. J'ai beau être très attaché à ma liberté, je ne vois pas en quoi un ustensile patibulaire constitue un symbole de liberté !... La réponse est beaucoup plus simple : parce que la liberté communale s'exprimait par le droit pour cette commune de déterminer souverainement ses propres mesures de poids, de longueur, de temps et de monnaie, et que le fût du perron constituait l'étalon de longueur, alors que la pomme de pin traditionnelle qui le surmonte était l'étalon de poids[27].

J'ai eu la chance de connaître une famille de Béziers dont les ancêtres étaient marchands drapiers et montaient régulièrement vendre leur production chez nous, en compagnie de marchands toulousains. C'est dans leurs archives, pieusement conservées, que j'ai trouvé plusieurs textes expliquant ceci, et décrivant comment ces gens allaient comparer, au fût du perron érigé sur la place principale[28], leur propre aune à celle de la commune visitée. Or, vu sa taille monumentale, notre Perron était d'accès malaisé, et l'on avait établi dans un cabaret donnant sur le marché, un étalon de longueur en chêne ainsi qu'un étalon de poids en plomb constitué d'une pomme de pin, réplique réduite de celle que portent aujourd'hui les Trois Grâces de Jean del Cour (né à Xhignesse...).

Comme c'est encore le cas aujourd'hui, les commerçants provenant d'une même région se

---

25. Curieusement, l'excellent *Dictionnaire Historique et Géographique des Communes Belges* d'Eugène De Seyn évite soigneusement le sujet...
26. Ah si j'avais le temps d'étudier à mon aise l'évolution du terme celtique « Fir Bolg » et des populations qui l'ont vécue ! Ce terme dont nous retrouvons le premier mot dans notre wallon *Fîr*, et dont le deuxième a donné Volk, Folk, mais aussi Volsque, Welsche, Walsch et... Belge. Ces Belges qui n'ont pas d'histoire !...
27. Il existe même deux cas de perrons qui servaient de cadran solaire et déterminaient l'heure locale.
28. En l'occurrence, chez nous, la Place du Marché, précisément.

rassemblaient au même endroit dans les étapes de leurs voyages. C'est dans le cabaret en question que se réunissaient les marchands et les drapiers venus de Toulouse, pour établir les conversions entre les mesures locales et les mesures d'origine afin d'établir leurs prix. Or, quel est le symbole de Toulouse, toujours vivant dans les jeux floraux, dans les bonbons et les parfums, spécialités de la ville ? Ne cherchez pas, c'est la *violette*.

Une dernière conclusion, enfin : Liège est une ville extraordinaire, à propos de laquelle il y aurait encore tant de choses à dire, une ville dont certains – et non des moindres – n'ont pas hésité à dire qu'elle avait un supplément d'âme...

Une ville dont je n'arrive pas à comprendre pourquoi certains s'acharnent à la tuer.

Paul ROUELLE,
26.12.1995.

LE TROBAR CLUS DANS L'ŒUVRE DE
GERARD DE NERVAL

> Rose au cœur violet, fleur de Sainte Gudule :
> As-tu trouvé ta Croix dans le désert des Cieux ?
> *Artémis - Les Chimères.*

> Canta per m'amiga
> Qu'ès à l'lenh de io.
> *Se canta.*

****

Cher Président, chers Amis,

Quand je me suis mis en tête de prolonger mon exposé sur les Cathares à Liège par une étude des liaisons éventuelles entre la poésie courtoise et les sonnets de Nerval, liaisons que je soupçonnais depuis quelques années déjà, je ne me rendais pas compte du trésor extraordinaire sur lequel j'allais tomber. Je pensais candidement en avoir pour un bon quart d'heure à vous expliquer quelques curiosités amusantes... J'imaginais bien peu découvrir au fur et à mesure de mes recherches une véritable méthode originale d'analyse des œuvres de Nerval, une méthode féconde dont je n'ai pas connaissance que quelqu'un l'ait employée avant moi. Une méthode qui mériterait, non pas un exposé de quelques minutes, mais un ouvrage de quelques centaines de pages pour le moins.

Une méthode tellement riche que j'ai même pensé me désister, et plutôt que de vous soumettre une conférence quelque peu obscure, rédiger un travail plus fouillé. Mais voilà, c'était compter sans l'enthousiasme ! Un enthousiasme qui m'a finalement poussé à solliciter votre amicale indulgence pour ce texte forcément incomplet et qui risque bien, par moment, de vous paraître nébuleux.

Avant toute chose, je crois qu'il convient de vous donner quelques explications sur ce que l'on appelle le Trobar, avec ses deux variantes, le Trobar Plan et le Trobar Clus.

Ce mot, par sa simple prononciation, évoque clairement le mot *troubadour*, soit la transcription française d'un terme occitan qui se prononce à peu près de la même manière : le *Trobador*, celui qui trouve, ou qui compose, le trouvère, c'est-à-dire, le trouveur.

Qu'était un Troubadour, en quoi consistait le Trobar ?

Le Troubadour, que l'on appelle plus volontiers Trouvère au nord de la Loire, le Troubadour se définit comme un poète courtois du XIIe et du XIIIe siècle, que l'imagerie d'Épinal représente portant sa vielle sur le dos pour aller de château en château chanter comptines et pastourelles, et surtout conter fleurette aux gentes dames esseulées par les croisades. Que n'existe-t-il pas comme légendes sur ce sujet !

Bien sûr, tout comme il n'y a pas de fumée sans feu, il n'y a pas de légende sans fond de vérité, mais la réalité n'est pas exactement celle de la légende, encore que celle-ci, à mots couverts, la décrive très bien.

Pour bien comprendre le rôle et la fonction du Troubadour, il faut tenter de s'imaginer l'époque et le contexte dans lequel ils sont apparus.

L'époque, c'est celle de la féodalité, celle des châteaux farouchement isolés dans des coins peu accessibles ; mais aussi celle des villes qui se forment et acquièrent des privilèges bourgeois. Le contexte, c'est celui d'une réelle éclosion intellectuelle, que le sens donné à « Moyen-Age » rend mal, mais qui justifie un véritable besoin de communication entre les sites habités.

C'est ainsi que, peu à peu, les Troubadours sont nés : du besoin de distraction, bien sûr, mais aussi du besoin de savoir ce qui se passait ailleurs. Au départ, les Troubadours étaient surtout des jongleurs et amuseurs qui colportaient les dernières nouvelles entre châteaux et villes, et réciproquement. Nous n'avons rien inventé, et nos gazettes comportent toujours aujourd'hui des jeux et des bandes dessinées...

Par ailleurs, il faut savoir que, si la plupart des seigneurs féodaux étaient bien des rustres batailleurs à l'image du sire de la Marck, le Sanglier des Ardennes, leurs épouses recevaient souvent, et pas seulement en Occitanie, elles recevaient une éducation fort soignée pour l'époque. De sorte que la loi de l'offre et de la demande, qui elle aussi est éternelle, cette loi joua pour déterminer les Troubadours à plaire à l'épouse et à ne pas déplaire au seigneur, ce qui les amena assez rapidement à composer leurs textes en fonction de leur auditoire, et non plus seulement à les raconter.

Et c'est ainsi que naquirent les cours d'amour. Bien évidemment, je grossis le trait et les choses furent un tantinet plus complexes. Il faut, par exemple, tenir compte des croisades qui sévirent à l'époque, aussi bien en Terre Sainte qu'en Albigeois, et qui éloignèrent les seigneurs féodaux de leurs terres, de sorte que les gentes dames n'eurent bientôt plus que les Troubadours pour meubler leur solitude...

N'allez cependant pas en conclure que les cours d'amour étaient en quelque sorte les orgies de l'époque, où les esseulées s'en donnaient à corps et à cœur joie avec les beaux damoiseaux qui fréquentaient leurs donjons. Que nenni ! L'amour courtois était on ne peut plus codifié, régi par des règles extrêmement rigoureuses qui ne menaient que tout à fait exceptionnellement au déduit.

Mais il faut également tenir compte de deux autres phénomènes qui virent le jour à cette époque : le Catharisme et la Sainte Inquisition.

Il ne faisait pas bon être Cathare, en cette fin de XIIIe siècle, ni même seulement sympathisant. Pour les uns, les bûchers s'allumaient avec une atroce facilité... Pour les autres, chevaliers aussi bien chrétiens qu'hérétiques, qui eurent le tort de vouloir défendre la liberté de leurs terres et de leurs gens, ce fut la déchéance, celle des chevaliers faydits.

Qu'est-ce qu'un chevalier faydit ? Je parie que tous, vous en connaissez au moins un... C'était un noble dont la déchéance était établie par la rupture d'une pièce noble de son blason, à qui il était interdit de pénétrer dans les villes, et qui ne pouvait posséder, en tout et pour tout, qu'un cheval, un écuyer, une armure, un bouclier, une lance et une dague... Vous ne voyez pas ? Don

Quichotte de la Mancha.

Retenez bien ce qui va suivre, puis allez relire l'œuvre de Cervantès...

Et surtout, écoutez attentivement la prodigieuse adaptation qu'en a faite Jacques Brel. Peut-être découvrirez-vous alors un autre de ces magiciens qui, de nos jours encore, savaient manier le Trobar Clus...

Mais revenons-en aux origines des deux formes du Trobar. Le Trobar, vous devez vous en douter, c'est l'œuvre du Troubadour. Une œuvre, dans un premier temps, qui répond très précisément aux exigences de l'amour courtois, et qui est exclusivement destinée à séduire – platoniquement – les nobles dames seules dont les Troubadours vivaient.

Ce sont des textes souvent alambiqués, parfois même nébuleux, mais qui ne comportent jamais aucun sens second autre que les allusions dues au jeu du Fin Amor, au jeu de la séduction dans un amour purement intellectuel. Pour cette raison, cette forme de poésie fut appelée Trobar Plan, c'est-à-dire, œuvre poétique « ouverte ».

Mais il y avait la Croisade Albigeoise, Simon de Montfort et ses sbires, Domingo Alvarez de Guzman et ses Chiens de Dieu[29], comme on disait à l'époque. Face à une occupation qui, pour toute moyenâgeuse qu'elle fût, n'avait rien à envier à celle que nous avons connue récemment, il y avait le besoin de communication, le besoin de savoir ce que devenaient les proches, tous plus ou moins Cathares, le besoin de savoir ce que manigançaient les Croisés du Nord, ce que mijotaient les Curés... Il fallait aussi savoir prévenir tel ou tel château de l'assaut qu'on lui projetait, savoir avertir telle ou telle communauté de Bonshommes de ce que l'Église leur préparait... Et tout cela, au nez et à la barbe d'une censure implacable.

Or, où cache-t-on mieux une lettre que dans le courrier ? Où cache-t-on mieux un livre que dans une bibliothèque ? Demandez à Edgar Poe.

De même, où mieux cacher un message discret que dans un texte banal ?

Et c'est ainsi qu'est née cette autre forme de poésie que l'on appellera Trobar Clus – œuvre close – ou parfois Trobar Ric – œuvre riche – par laquelle les gens de l'époque, en changeant un vers ou même seulement un mot d'un texte bien connu, se transmettaient discrètement des informations et des indications sous le couvert de poèmes et de chansons d'amour parfaitement anodins. Un vers, un mot différent, et celui qui connaissait le texte original comprenait. Parfois aussi ne fallait-il même rien changer au texte : l'original contenait une *anomalie* que ne pouvaient analyser que ceux qui connaissaient bien le Catharisme.

Permettez-moi de vous donner deux exemples, et premièrement ce fameux *Se canta*, dont beaucoup d'entre vous connaissent la mélodie tant elle a eu du succès depuis le XIIIe siècle.

Dejoust ma finestra, y a un' auselo,
Tota la neyt canta, canta pas per io.

Se canta que canta, canta pas per io,
Canta per m'amiga, qu'es a l'lenh de io.

Aqueras montanhas, que tan nautas son,
M'espachon de beyre, mas amors on son.

Se sabi on làs beyre, on làs rencontrar
Passarey l'aigueta sens po de m'negar

---

29. Les « *Domini canes* », les Dominicains...

> *Nautas, bé son nautas, mès s'abaïssaran,*
> *E mas amoretas d'io s'aprocharan.*

> Sous ma fenêtre, il y a un oiselet,
> Il chante toute la nuit, il ne chante pas pour moi.

> Il chante ce que je chante, il ne chante pas pour moi,
> Il chante pour ma mie, qui est loin de moi.

> Ces montagnes, qui sont si hautes,
> M'empêchent de voir où sont mes amours.

> Il sait où les voir, où je [peux] les rencontre[r]
> Je passerai l'eau sans peur de me noyer

> Hautes, elles sont bien hautes, mais elles s'abaisseront
> Et mes amours de moi s'approcheront.

Cette chansonnette, qui est un peu pour les Occitans ce que le « *Lèyîz-m' plorer* » est pour nous, cette chansonnette bien anodine et presque naïve comporte pourtant un sens qu'il faut savoir analyser.

En fait, pour mieux faire passer discrètement leurs messages, les Troubadours eurent un jour l'idée géniale de confondre l'Église cathare avec une Dame idéale qu'ils appelèrent Jeanne en l'honneur de Saint Jean, dont on lisait le début de l'évangile lors du Consolamentum[30]. Et, parce que éminemment platoniques, les Inquisiteurs n'eurent rien de plus empressé que d'encourager les déclarations d'amour – à leurs yeux ridicules – que les poètes courtois faisaient... à la Dame de leurs pensées.

Combien de messages délicats et discrets leur sont alors passés sous le nez, chantés par ces beaux jeunes gens énamourés languissant aux pieds de belles dames qui, si elles se refusaient très chrétiennement, n'en écoutaient pas moins attentivement ce qu'aucun moine ne parvint jamais à considérer comme autre chose qu'un jeu parfaitement inepte...

Dans cette optique, que veut dire exactement le texte de *Se canta* ? Il ne faut pas être bien grand clerc pour comprendre dès le moment où l'on sait que le rossignol, l'oiseau qui chante la sérénade, est par excellence le messager du cœur dans les amours impossibles. Et que chante-t-il, ce doux oiseau ? Il ne chante pas pour moi, il chante pour cette Dame irréelle que j'aime, qui est inaccessible et loin de moi, réfugiée au-delà de ces montagnes qui m'empêchent de la voir... Cette Dame qui, à l'instar de plusieurs chevaliers faydits, a passé les Pyrénées pour aller se réfugier en Aragon...

A toutes fins utiles, je vous signale que cette chanson est traditionnellement attribuée au Comte de Foix, Gaston Phœbus, et que si on admet mon interprétation, elle devient... un conte de foi !

Voici un autre exemple, encore plus curieux, et un peu plus long si vous le permettez. La *Canço de lo Boyé*, le Chant du Bouvier. Il s'agit de la plus ancienne chanson dont, non seulement le texte, mais surtout la mélodie nous soient parvenus ; une chanson qui restera jusqu'en 1947 l'indicatif officiel de Radio Toulouse.

Par pur plaisir, je vais vous en donner le texte complet ainsi que sa traduction, dont je ne vous

---

30. Un des trois seuls « sacrements » du rite cathare, célébré notamment lors de la réception d'un nouveau Parfait.

commenterai que quelques passages seulement. Libre à vous de chercher si vous voulez en savoir plus...

1	*Quan lo boyé ben de Laurà³¹ (bis)* *Planta son agulhada (bis)*	Quand le bouvier revient de Laurac (bis) Il plante son aiguillon (bis)
2	*Troba sa fenna al pé del' fióc* *Triste desconsolada*	Il trouve sa femme au pied de l'âtre Triste et *inconsolée*
3	*Si n'es malauta digatz óc* *Te faren un potatge*	Si tu es malade dis-moi oui Je te ferai un *potage*
4	*Amb'una rabó amb'un caulet* *Una lauzetta magra*	Avec une rave avec un chou Une *alouette maigre*
5	*Quan serai morta entératz-me* *Al' pus fons de la caba³²*	Quand je serai morte enterre-moi Au plus profond de la cave
6	*Lo pes viratz à la parét* *Lo cap jos la canela*	Les pieds tout contre la paroi La tête sous la chantepleure
7	*Los pelerins que passaran* *Prendran d'aiga segnada*	Les pèlerins qui passeront Prendront de l'eau *signée*
8	*Es diran qual es morta aici* *Acòs la paura Jana*	Et diront qui est morte ici Oui-da c'est la pauvre *Jeanne*
9	*S'en es anada al Paradis* *Ambe totas sas crabas*	Elle s'en est allée au Paradis Avec toutes ses *chèvres*
	A, E, I, O, U, *Ambe totas sas crabas*	A, E, I, O, U, Avec toutes ses chèvres

Apparemment, rien de bien extraordinaire dans cette ballade dans laquelle nous pourrions facilement reconnaître certaines de ces chansons délicieuses et parfois incompréhensibles que nous chantaient nos grand-mères. Peut-être seulement, certains auront-ils remarqués que les couplets 4 et 5 pourraient aisément – et presque mot à mot – se traduire par une autre chanson archaïque qu'ils connaissent bien :

> *Si je meurs, je veux qu'on m'enterre,*
> *Dans une cave où il y a du bon vin...*
> *Les deux pieds contre la muraille,*
> *Et la gueule sous le robinet.*

Ce serait trop long à expliquer en détail ici, et pourtant, cette brave vieille chanson à boire des « Chevaliers de la Table Ronde » a bel et bien un rapport avec le sujet qui nous occupe, et en particulier avec l'épopée cathare. Analysons plutôt ce que nous pouvons apprendre au départ des quelques mots mis en italique dans la traduction ci-dessus.

Voilà donc une pauvre femme appelée Jeanne que son mari découvre mourante et inconsolée

---
31. En occitan, le « a » final se prononce « o » ouvert, ou plus exactement « å », exactement comme en wallon... Quant au « o », il se prononce généralement « ou ». Ces règles sont valables pour les lettres non accentuées.
32. Caba désigne aussi la grotte.

au pied du feu. Et que lui propose-t-il, ce brave homme ? De lui faire un potage avec une alouette maigre. Et que répond-elle, cette pauvre Jeanne ? Que les pèlerins qui passeront par là prendront de l'eau signée, et qu'elle s'en ira au Paradis avec toutes ses chèvres. Ce qui n'a apparemment aucun sens.

Apparemment. Cela commence à en avoir si l'on se souvient que Laurac est le chef-lieu d'une région – le Lauragais – où se tint le premier concile cathare en 1167, à Saint Félix de Caraman précisément, que l'on appelle aujourd'hui Saint-Félix-de-Lauragais.

Cela en prend un peu plus quand on sait le nombre de Cathares qui sont morts, non pas exactement au pied du feu, mais bien dessus, sur les bûchers de l'Inquisition.

Cela devient intéressant quand on constate que la pauvre Jeanne est, non pas inconsolable, mais inconsolée, ce qui veut dire qu'elle ne peut plus recevoir le Consolamentum, le seul vrai sacrement cathare.

Cela devient franchement curieux dès le moment où on lui propose de consommer la *viande* d'une alouette, fut-elle maigre, alors qu'elle est essentiellement végétarienne...

Que dire de cette eau qui n'est pas bénite, mais bien signée, c'est-à-dire qui a la valeur d'un signe, celle qui permet de se reconnaître entre soi ?

Et pour ceux qui conserveraient un doute, la chanson nous confirme bien qu'il s'agit de la Dame par excellence, la Dame Jeanne, celle avec laquelle se confond l'église cathare clandestine, dont les Inquisiteurs, par dérision, appelaient les fidèles, non pas brebis, mais chèvres.

Que conclure de tout ceci ? Que comprendre exactement, quel sens donner à tout cela ?

Eh bien que, à l'époque où cette chanson fut composée[33], l'église cathare est en souffrance, mais que, à l'instar de l'alouette, elle reste capable de se cacher dans un champ de blé pour, parfois, monter bien haut clamer encore la pureté de son chant face au soleil. Et que cette époque est celle qui vit des moines chevaliers, des Templiers, protéger tant bien que mal ce qu'ils considéraient comme une doctrine spirituelle bien plus que comme une hérésie... Ces moines chevaliers dont la tradition nous dit encore aujourd'hui qu'ils étaient buveurs et paillards, et qui ont inspiré la chanson à boire citée plus haut, attribuée erronément à ceux de la cour du roi Arthur.

Mais ces cinq voyelles, me direz-vous ? Que viennent faire là-dedans les initiales de la fière devise de l'Autriche sous les Habsbourg ? A E I O U... *Austriae Est Imperare Orbi Universo*... Demandez-vous simplement quel était le nom de l'Occitanie en bas latin. A une lettre près, tout est juste : *Austri Est Imperare Orbi Universo*, C'est au Midi qu'il appartient de gouverner le monde. Les gens de l'époque, Cathares ou faydits, avaient foi en leur avenir, une foi assez intense pour leur promettre, malgré tout, de s'imposer à l'univers.

Il y aurait encore beaucoup à dire sur cette fameuse alouette, qui est à mes yeux la clef principale de cette ballade, le message important contenu dans le texte et repérable par l'anomalie qu'il constitue. En quelques mots, voici ce qui pourrait bien être la solution.

En 1244, Montségur, haut lieu du catharisme et avant-dernier bastion cathare, Montségur est assiégée par les troupes de Simon de Montfort à la demande de Blanche de Castille qui veut « écraser sous le talon la tête du serpent de l'hérésie ». Les termes sont d'elle et, si vous voyez Celle qui est traditionnellement représentée en train de fouler un serpent au pied, cela vous situe la personnalité de la mère de Saint Louis...

Et Montségur, vaincue par traîtrise, se rend dans des circonstances rocambolesques. Tellement

---

33. Pour autant que l'on sache, entre 1230 et 1250. Pour mémoire, Montségur est tombée en 1244, Quéribus en 1254.

rocambolesques qu'elle obtient, de la part des Inquisiteurs, un sursis de quinze jours afin de célébrer une fête cathare. Or, durant ce répit, à l'encontre de toute prudence et faisant fi de l'étrange mansuétude des vainqueurs, quatre Bonshommes s'évadent de la citadelle, emportant avec eux le « trésor cathare ». Je vous précise tout de suite que ce trésor n'avait strictement rien de sonnant ni de trébuchant : il s'agissait de documents ayant trait à la doctrine cathare, et en particulier au message du Christ.

Les légendes et les traditions de l'endroit vous diront que ces quatre personnages s'enfuirent par les Gorges de la Frau[34] et s'en furent cacher leur trésor au château de Montréal de Sos, dont le propriétaire actuel est un authentique descendant... de Miguel Cervantès. Quel beau hasard, n'est-ce pas !

Mais il n'y a pas que les légendes, il y a aussi les cartes de l'Institut Géographique National, quand on ne va pas soi-même sur le terrain vérifier ses hypothèses. Et ces cartes vous diront qu'il existe d'autres Gorges de la Frau, et que celles-ci se situent très exactement sur la ligne imaginaire qui relie Montségur au Bugarach, le « Rayonnement des Boulgres », dont je vous ai déjà parlé précédemment. Elle vous préciseront que ces gorges se situent à proximité d'un immense plateau appelé Saint Salvayre, le Saint Sauveur, Celui dont la parole était contenue dans les textes mis à l'abri...

Mais il faut se rendre sur le terrain pour constater à quel point un autre plateau tout proche est maigre et décharné... Ce fameux Plateau du Lauzet, où l'abbé Saunière passa tellement de temps à chercher des pierres en compagnie de sa fidèle servante, Marie Denarnaud. Le Plateau du Lauzet, *lo Lauzettò magrò*... Le plateau de l'alouette maigre.

Lo Boyé ne nous dit finalement rien d'autre que ceci : l'église cathare risque de disparaître, et avec elle son enseignement ; mais heureusement, on pourrait bien en retrouver quelque trace soigneusement dissimulée quelque part du côté du Plateau de Lauzet, et alors, l'église de la pure Dame redeviendra triomphante.

A titre anecdotique, je voudrais citer un quatrain de Nostradamus à ceux que l'envie démangerait d'aller chercher dans la région...

> *Dessous le chaine Guyen du Ciel frappé,*
> *Non loing de là est caché le tresor,*
> *Qui par longs siecles avoit esté grappé,*
> *Trouvé mourra, l'œil crevé de ressor.*
>
> Nostradamus, Cent 1 : XXVII.

... et leur signaler qu'une légende prétend que l'abbé Saunière fût devenu borgne.

Et Nerval ? En quoi Gérard Labrunie, dit de Nerval, en quoi a-t-il un rapport avec ces notions étranges ?

Je pense qu'une excellente réponse pourrait se trouver dans ces joyaux de la poésie française que sont les sonnets des *Chimères et Autres Chimères*, et en particulier dans ce pur chef-d'œuvre intitulé *El Desdichado*.

Bien sûr, je n'ai pas l'intention et surtout pas les moyens de contredire les doctes personnages qui ont consacré d'épais volumes à l'analyse des œuvres du poète maudit. Il me souvient cependant d'une conversation avec un ami, qui me disait à peu près ceci, précisément à propos du

---
34. Les Gorges de la Peur.

sonnet en question :

« Cette œuvre de Nerval, comme beaucoup d'autres d'ailleurs, est une sorte d'auberge espagnole dans laquelle chacun trouvera finalement ce qu'il porte en lui. C'est là que l'on reconnaît le chef-d'œuvre, qui n'est nullement la traduction parfaite de l'état d'âme de son auteur, mais plutôt la transcription de cet état de telle manière que chacun y pourra reconnaître le sien propre. Le génie littéraire, ou pictural, ou musical, n'est pas celui qui vous fait partager ce qu'il ressent, mais celui qui vous permet d'exprimer ce que vous ressentez au travers de l'œuvre ; et la perfection n'est atteinte que quand vous croyez avoir perçu "ce que l'auteur voulait dire", et qu'il était peut-être à cent lieues d'imaginer de la sorte ! ».[35]

Il n'entre donc pas le moins du monde dans mes intentions de faire table rase des admirables exégèses existantes, mais seulement de tenter d'apporter un peu de lumière dans certaines zones d'ombre laissées par les érudits ; en d'autres termes, d'apporter peut-être un petit quelque chose en plus. Un petit quelque chose, cependant, dont j'ai toute raison de penser que Nerval n'était pas « à cent lieues de l'imaginer »...

Comme disait un autre de mes amis, le Docteur Adolphe Grad, « qu'il me soit permis d'ajouter mon grain de sel à l'océan ». Dès lors, permettez-moi de vous dire ce que j'ai trouvé dans cette auberge espagnole, et commençons pas nous remémorer le texte.

El Desdichado

Je suis le Ténébreux, – le Veuf, – l'Inconsolé,[36]
Le Prince d'Aquitaine à la Tour abolie :
Ma seule *Étoile* est morte, – et mon luth constellé
Porte le *Soleil noir* de la *Mélancolie*.

Dans la nuit du Tombeau, Toi qui m'as consolé,
Rends-moi le Pausilippe et la mer d'Italie,
La *fleur* qui plaisait tant à mon cœur désolé,
Et la treille ou le Pampre à la Rose s'allie.

Suis-je Amour ou Phœbus ?... Lusignan ou Biron ?
Mon front est rouge encor du baiser de la Reine ;
J'ai rêvé dans la Grotte où nage la Syrène...

Et j'ai deux fois vainqueur traversé l'Achéron :
Modulant tour à tour sur la lyre d'Orphée
Les soupirs de la Sainte et les cris de la Fée.

Et si nous appliquions à ce texte la méthode qui nous a permis d'analyser la *Canço de lo Boyé*, c'est-à-dire la méthode du Trobar Clus ?

Je suis le Ténébreux. Les Parfaits Cathares étaient – sauf exception rarissime – toujours revêtus de noir.

Le Veuf. La dame idéale du poète pourrait bien ne pas être Jenny Colon, laquelle est loin d'être morte à cette époque, à la différence de la pure Dame Jeanne, épouse mystique des poètes courtois.

---

35. Marquis Jacques de B. in *Court-Circuit*.
36. Pour toutes ces citations, j'ai respecté scrupuleusement la graphie reprise par l'édition de la Pléiade, et qui est celle de Nerval lui-même telle qu'elle fut établie par son meilleur spécialiste, Jean Richer. Les mots en italique ont donc bien été soulignés par Nerval lui-même...

L'inconsolé. Et pourquoi pas le « desconsoladò », puisque aussi bien le Consolamentum ne peut plus être donné ?

Le Prince d'Aquitaine à la Tour abolie. Allez, il faudra bien que vous fassiez un effort par vous-mêmes. Quel pouvait bien être ce noble occitan devenu faydit qui vit Montfort marquer sa déchéance en supprimant de son blason la tour que portait à dextre la bande échiquetée posée en chef ? Un tuyau : le dictionnaire héraldique de De Renesse, ou, à la limite, l'Armorial Général de J. B. Rietstap...

En ce qui concerne le reste du quatrain, les termes *Étoile*, *Soleil noir* et *Mélancolie*, que l'auteur a voulus en italiques, ces termes renvoient de manière évidente à la célébrissime gravure de Dürer, *la Mélancolie*. Mais pourquoi y renvoyer ? Nous allons peut-être plonger un peu trop dans les détails, mais ils ont leur importance : non seulement Dürer a introduit dans son œuvre une véritable foison de symboles mystiques ou ésotériques, mais il a jugé bon d'y inclure certaines indications fort claires pour qui sait lire sans à priori, et notamment quelques chardons assez curieux que l'on retrouve dans la région du pic du Cardou[37], soit à un jet de pierre du Plateau du Lauzet...

Je pourrais analyser quasiment tous les termes de cette œuvre de la même manière... Malheureusement, cela nous mènerait bien trop loin dans le temps et transformerait ce court exposé en un épais volume de plus. J'aimerais, en fait, que ce texte reste une approche du problème, une approche destinée, non pas à vous convaincre, mais seulement à vous intriguer suffisamment pour que vous ressentiez qu'il existe peut-être là une piste qu'il conviendrait de suivre attentivement, pour qui en aurait les moyens... Je vous propose donc de survoler les sonnets de Nerval, et d'y relever chaque fois les passages qui m'ont paru clairement en rapport avec mon propos, puis de tenter une sorte de synthèse.

Mais avant de procéder à cet examen forcément superficiel, il convient de revenir sur un élément important auquel, à ma connaissance, bien peu d'auteurs ont accordé leur attention : le titre, *El Desdichado*. D'où vient ce terme étrange ? En quelques mots, voici l'histoire du personnage qui porta ce nom, et vous pourrez constater que le titre même du sonnet nous ramène immanquablement à notre propos.

En 1269, Blanche de France, fille de Louis IX, épouse l'héritier du trône de Castille, Ferdinand, surnommé l'Infant de la Cerda, l'enfant de la truie, à cause d'une pilosité particulière de l'épaule. Malheureusement, en 1275, Ferdinand décède avant que d'hériter, laissant deux garçons : Alphonse et Ferdinand. Leur oncle, Sanche, s'empare d'eux, se fait proclamer roi et exile Blanche qui se réfugie, en 1280, chez Paul de Voisins, seigneur du Razès, et sur les terres duquel se situent... le Cardou et le Lauzet. Elle apporte avec elle des fonds importants destinés à lever une armée pour rétablir son fils Alphonse sur le trône, fonds qui ne serviront jamais puisque, vers 1284 celui-ci, que l'on surnomme désormais « El Desdichado », « le Déchu », renonce à ses droits, non pas contre un plateau de lentilles comme telle autre andouille biblique avant lui, mais bien contre cinq cent mille maravédis d'or, payables par annuités en la ville de Lunel dont il était devenu le seigneur. A titre indicatif, il se trouve que, outre les fonds de Blanche de France, un des convois d'or disparut mystérieusement dans la région du Razès, et que Paul de Voisins fut suspecté...

Ceci dit, venons-en à notre examen des autres sonnets, en nous souvenant – j'insiste encore

---

37. Lo Cardo = le chardon, en occitan ; en particulier le chardon qui permet de carder la trame de laine pour la débarrasser de ses scories. Et je ne parle pas des loges de Saint André d'Écosse...

une fois – de ce qu'une analyse complète nous emmènerait dans des digressions incompatibles avec ce bref exposé. En fait, il faudrait pouvoir nous livrer à une étude systématique des thèmes communs à différents sonnets, comme par exemple cette nouvelle citation du Pausilippe dans le poème intitulé *Myrtho*... Nous pourrions peut-être alors nous rendre compte de ce que plusieurs sonnets sont construits sur la même rythmique et la même musicalité des phrases, comme si Nerval, plus ou moins consciemment, reproduisait au travers d'un souvenir diffus la texture d'une autre œuvre. Nous verrons en tout cas que certains passages encore obscurs du « Desdichado » s'éclairent curieusement.

      Antéros.

      Tu demandes pourquoi j'ai tant de rage au cœur
      Et sur un col flexible une tête indomptée ;
      C'est que je suis issu de la race d'Antée,
      Je retourne les dards contre le dieu vainqueur.

Le reste du poème est à l'avenant et fait allusion à l'épisode mythologique de ces Géants qui se révoltèrent contre les Dieux dont ils étaient issus, certains allant jusqu'à empiler les unes sur les autres les montagnes qu'ils trouvaient pour tenter d'atteindre l'Olympe. En fait, cet épisode est commun à plusieurs traditions, notamment à la judéo-chrétienne. Hénoch n'exprime rien d'autre quand il dit que « les fils d'Elohim virent que les filles des hommes étaient belles ; ils s'en choisirent et leur firent des enfants ». En effet, ces enfants furent des géants, et la rébellion de leurs descendants aboutit à cet entassement de matériaux qui devait rejoindre le ciel et que l'on appelle encore aujourd'hui la Tour de Babel.

Dans un même ordre d'idée, il est curieux de constater que nos ancêtres les Gaulois, non seulement craignaient que le ciel leur tombât sur la tête, mais qu'ils se donnaient des ancêtres de grande taille dont les jambes se terminaient, comme celles de Mélusine, en queue de serpent. Je ne vous invente rien : allez donc au Musée Gaumais voir ces étranges colonnes à l'Anguipède, à propos desquelles il y aurait aussi quelques beaux volumes à rédiger, ne fût-ce que pour les mettre en rapport avec l'imagerie de Saint Martin...

En queue de serpent ? Tiens ! Précisément, le sonnet *Antéros* se termine par ce vers :

      Je ressème à ses pieds les dents du vieux dragon.

Et tiens, curiosité de plus, le sonnet suivant, *Delphica*, comporte ces vers qui devraient évoquer quelque chose du *Desdichado* :

      Et la grotte, fatale aux hôtes imprudents,
      Où du dragon vaincu dort l'antique semence[38]...

Cette grotte étrange, dans laquelle nage une Syrène à la queue écaillée, cette grotte[39] n'est donc pas fatale à tous les imprudents, et certains peuvent même y rêver quand leur front est « rouge encor du baiser de la reine ».

Or, le poème poursuit en ces termes :

---

38. Dans les *Autres Chimères*, ce sonnet est intitulé *A J-Y Colonna*. Bien évidemment, il s'agit de Jenny Colon. Bien sûr. Mais il sera surpris celui qui analysera les oeuvres de Nerval et ses nombreuses citations de bâtiments, en se référant au *Songe de Poliphile*, ou *Hypnérotomachie*, de... Colonna.

39. On pourrait aussi se rappeler utilement cette « caba » où dort, les deux pieds contre la muraille et la tête sous le robinet, le dernier souvenir de cette pure Dame Jeanne que Blanche de Castille assimilait au serpent. On pourrait même aller jeter un coup d'œil du côté de Ouarlat-Ussat, Lombrives et Ornolac, après avoir lu Otto Rahn, bien entendu.

> Ils reviendront, ces Dieux que tu pleures toujours !
> Le temps va ramener l'ordre des anciens jours ;
> La terre a tressailli d'un souffle prophétique...

On pourrait se livrer à de bien belles exégèses à propos de ce tercet, mais qui nous mèneraient trop loin, tellement loin que nous pourrions même mettre ceci en rapport avec telle prière composée par Saint Bernard, et qui ne dit finalement rien d'autre malgré le vernis chrétien : « A Notre-Dame est notre religion ; avec Elle et en Elle sera son début et sa fin, s'il plaît à Dieu »...

Artémis[40].

> La Treizième revient... C'est encor la première ;
> Et c'est toujours la Seule, – ou c'est le seul moment :
> Car es-tu Reine, ô Toi ! La première ou dernière ?
> Es-tu Roi, toi le Seul ou le dernier amant ?...

La Treizième ? Quelle treizième ? La treizième heure, pardi, tous le bons auteurs vous le diront. Mais ils ne vous expliqueront pas pourquoi.

Et s'il s'agissait plutôt de cette treizième figure du zodiaque, que Jean Rignac décrit parfois, et qu'une horloge astronomique autrichienne du XVIIe montre clairement[41] ? Cette figure en forme de dragon, que l'on appelle Serpentaire, et qui apparaît selon la perspective du ciel quand la Balance redevient les pinces du Scorpion, à l'époque où le point vernal se trouve dans le Verseau, zone du ciel que la Tradition voue à la réconciliation de la Foi et de la Science... avant que ne revienne l'ordre des jours anciens, et que nous repartions pour un nouveau tour de cet étrange anneau de Möbius qu'est le cercle du ciel où se situent tous nos dieux... Cet anneau qui fait de la Vierge la Reine du ciel, nécessairement la première et la dernière[42].

> Sainte Napolitaine aux mains pleines de feux,
> Rose au cœur violet, fleur de sainte Gudule :
> As-tu trouvé ta Croix dans le désert des Cieux ?
>
> [....]
>
> – La Sainte de l'Abîme est plus sainte à mes yeux !

L'ensemble du premier tercet fait allusion à deux saintes pour le moins bizarres. La première est peu connue, il s'agit de Sainte Rosalie, sainte palermitaine devenue la patronne de Naples, et dont on a « inventé » les ossements au pied du Pausilippe au début du XVIIe, si je ne me trompe. A moins de bien connaître son hagiographie légendaire, elle serait sans grande importance si Nerval n'avait eu soin d'annoter son manuscrit du sigle « Rose + » en regard du vers concerné. Ce que l'on sait d'elle en fait une vierge recluse au fond d'une grotte...

La seconde est bien connue à Bruxelles, où Nerval séjourna au moins deux fois. Il s'agit de Sainte Gudule, à laquelle est dédiée une fontaine sous le nom de « Source de la Gode », une fontaine d'eau ferrugineuse, de cette eau qui peut fort bien laisser des traces rouges au front, ou ailleurs... Et vous dirai-je où se situe cette fontaine ? A Rennes-les-Bains, le village de la Reine. Exactement à mi-chemin entre le pic du Cardou et le Plateau du Lauzet.

---

40. On pourrait aussi écrire de bien belles choses sur cette chère Artémis et sa belle Arcadie. « Et in Arcadia Ego », disaient Poussin et... la famille de Fleury, dernière propriétaire des terres de Paul de Voisins.
41. Jean Rignac a eu l'amabilité de m'écrire pour me confirmer mon hypothèse et m'envoyer une photo de la pendule en question.
42. A ce propos, je vous signale qu'il existe deux femmes qui peuvent se prévaloir de la qualité d'Immaculée Conception. La première est évidemment la Vierge. Mais quelle est l'autre ? Cherchez bien, c'est amusant... et rigoureusement exact.

Quant au sonnet suivant, tant pis pour la place et le temps, je ne résiste pas au plaisir de vous le livrer en entier.

> A Madame Sand.
>
> Ce roc voûté par art, chef-d'œuvre d'un autre âge,
> Ce roc de Tarascon hébergeait autrefois
> Les géants descendus des montagnes de Foix,
> Dont tant *d'os* excessifs rendent sûr témoignage.
>
> O seigneur Du Bartas ! Je suis de ton lignage,
> Moi qui soude mon vers à ton vers d'autrefois :
> Mais les vrais descendants des vieux *Comtes de Foix*
> Ont besoin de *témoins* pour parler dans notre âge.
>
> J'ai passé près Salzbourg sous des rochers tremblants ;
> La Cigogne d'Autriche y nourrit les Milans.
> Barberousse et Richard ont sacré ce refuge.
>
> La neige règne au front de leurs pics infranchis,
> Et ce sont, m'a-t-on dit, les *ossements* blanchis
> Des anciens monts rongés par la mer du Déluge.

Je pourrais, avec un certain sadisme, vous laisser analyser ce texte par vous-mêmes : tous les éléments y sont, et ce qui précède vous en donne les moyens. Mais je suis dentiste, et – c'est bien connu – les dentistes ne sont pas sadiques ; je vais donc vous mâcher la besogne en vous précisant certaines particularités remarquables.

Le premier quatrain, confirmé par le second, fait référence à l'œuvre d'un poète huguenot du XVIe siècle, Guillaume de Salluste, seigneur du Bartas, qui dédia ses *Odes au Neuf Muses Pyranées* à Henri IV en souvenir d'une opération de police visant à débarrasser le comté de Foix des brigands qui l'infestaient. Ce serait anodin si l'on ne savait que le plus connu des « vieux Comtes de Foix », Gaston Phoebus, était un géant... « Suis-je Amour ou Phœbus ?... »

J'aimerais aussi vous signaler qu'il n'existe pas le moindre rocher tremblant aux alentours de Salzbourg. Par contre, il existe un petit patelin, dans l'Aude, que traverse une rivière appelée la Sals, ce qui en fait le village de la Sals, le Sals-bourg... Et, au flanc d'une colline, on trouve trois énorme rocs de granit pesant chacun dans les quinze tonnes, que l'on pouvait encore naguère faire mouvoir en y appuyant la main. Ils s'appellent les « Roulers » et se situent sur la pente qui mène... au Plateau du Lauzet.

Quant au Déluge, je crois vous avoir entretenu de cette punition infligée aux descendants des géants qui voulurent s'élever jusqu'au ciel via la Tour de Babel...

En fait, ce poème extraordinaire nous amène aux conclusions de cet exposé.

D'un côté, nous avons une mythologie faisant état de Géants issus du croisement des Dieux et des hommes, Géants qui se révoltèrent un jour contre leurs géniteurs, à moins qu'ils ne voulussent simplement les rejoindre... Cette mythologie se retrouve encore aujourd'hui dans pas mal de traditions, dans certain suffixe topographique « -mal » comme dans Omal ou Xhendremal ; et même parfois sous forme d'os de dimensions gigantesques comme à Vaux-sous-Chèvremont.

D'autre part, nous avons cette théorie que les gens de bon sens ne manqueront pas de dire fumeuse, ce dont il ne m'appartient pas de juger, et qui fait état des mutations que doit connaître notre monde à la fin de l'ère des Poissons et durant tout le passage du Verseau. Cette théorie qui voit renaître le pouvoir de la femme, peut-être issue du Serpent, en tout cas née de l'onde et proche du Poisson, comme jadis, chacune à leur manière, Mélusine ou Vénus. Une théorie qui veut voir revenir l'ordre des anciens jours.

Et force nous est de constater que Nerval, que l'on a peut-être un peu vite taxé de démence, Nerval était passionné de symbolisme, de mysticisme, en un mot d'ésotérisme. Les ouvrages sérieux abondent pour le démontrer.

Alors, peut-être me suivrez-vous pour remarquer que, à plusieurs reprises dans son œuvre, Nerval emploie un procédé très proche du Trobar Clus, technique qu'il devait nécessairement connaître en tant que poète, technique surtout qui lui a permis d'insérer dans ses textes des anomalies signifiantes ou des allusions voilées donnant accès aux idées qu'il ne pouvait clairement exprimer sous peine de passer pour encore plus fou.

Peut-être remarquerez-vous par vous-mêmes que ces allusions discrètes se rapportent chaque fois à un ensemble techniquement cohérent, même s'il paraît absurde à nos entendements de gens sensés ; je veux parler de ces théories concernant l'évolution mystique du monde.

Mais « toutes ces histoires de Cathares », me direz-vous ? Quel rapport ?

Eh bien, si mes recherches ne m'ont pas trop fait partager la folie de Nerval, je constate que certains documents concernant un enseignement religieux à consonance eschatologique ont été dissimulés par les Cathares dans une région à laquelle Nerval fait allusion plus souvent que ne le voudraient le hasard et la statistique.

J'irai même jusqu'à constater que cette *Canço de lo Boyé* dont je vous ai abondamment parlé en première partie de ce texte, cette *Canço* amène au même endroit que celui désigné par Nerval.

Il ne fait pas de doute, pour moi, que Nerval s'est cru dépositaire d'un secret mystique dont les éléments matériels étaient cachés dans la région allant de Rennes-les-Bains à Rennes-le-Château, et qu'il a donné des indications à ce sujet en employant la méthode du Trobar Clus dont il avait découvert la technique dans les œuvres des poètes courtois.

Ceci ne modifie évidemment en rien ce que d'autres ont découvert par leur propre analyse dans l'œuvre du poète maudit. Cela ne fait qu'y apporter – peut-être ? – un complément, et si tel était le cas, j'en serais heureux.

« Admettons, me direz-vous encore, mais si c'est vrai, qu'y a-t-il donc à Rennes-les-Bains ? »
Eh bien... Souvenez-vous ! Je vous en ai montré jadis les photos.

Paul ROUELLE.
Liège, le 14.08.96.

DE MADELEINE AU VERSEAU,
IL Y A DU NOUVEAU DANS L'ÈRE

> Ce n'est pas grave de violer l'Histoire,
> pour autant qu'on lui fasse un beau gosse.
> *Alexandre Dumas.*

> Qu'importe que l'on y croie, si c'est vrai,
> et que cela soit vrai, si l'on y croit ?
> *Marquis Jacques de B.*

> Si non è vero, è ben trovato.
> *Anonyme Célèbre.*

****

Ceux qui me connaissent bien – et même quelques autres – n'ignorent pas mon attrait pour l'insolite et pour le dessous des cartes. Vous-mêmes n'ignorez peut-être pas ma passion pour tout ce qui est manipulation de l'opinion : Jeanne d'Arc et l'affaire du Mont-Louis en sont deux illustrations. Sachez donc que ce qui m'intéresse tout particulièrement, c'est la démarche qui consiste à répandre dans le public un message important – mais discret – sous le couvert d'une information banale ou d'un fait anodin.

C'est pourquoi j'aimerais vous entretenir ce soir de ce que je crois bien être une remarquable manipulation[43] qui se fait aujourd'hui à votre insu... Encore cet insu ne dépend-il que de vous, car en réalité, l'information est clairement publiée, manifestée sous vos yeux. Il se trouve seulement qu'elle est faite pour un petit nombre, même si celui-ci n'est pas limitatif : *comprenne qui voudra !*

« Ils ont des yeux pour ne pas voir et des oreilles pour ne pas entendre ! »

Au train où vont les choses, les temps auront beau être venus, au mieux, les aveugles entendront et les sourds marcheront...

Avant de vous parler de l'implication de Rennes dans cette histoire, j'aimerai vous entretenir d'un phénomène distant de 1.300 km. Plus qu'un phénomène, un fait parfaitement vérifiable par n'importe lequel d'entre vous. Il s'agit de l'évolution du sigle des RR.PP. Jésuites tel qu'il est affiché sur un mur des nouveaux bâtiments de leur collège, rue Saint-Gilles, à Liège. Cela nécessite une assez longue explication que je vais tenter de vous donner, étant bien entendu que d'autres exégèses sont parfaitement possibles, voire même plausibles.

Je ne doute pas que certains érudits soient au fait des ces « variantes ». Ils confirmeront cer-

---
43. Je ne donne à ce terme qu'un caractère strictement technique, sans aucune connotation péjorative.

tainement que ces diverses voies du raisonnement convergent vers une même solution... et que le fait de la manipulation reste patent.

Ceci dit, accrochez-vous dans les virages : on y va !

Pour commencer, il faut exposer quelques notions d'héraldique, ou science des blasons. Sachez que l'héraldique est en fait une langue, avec sa grammaire, sa sémantique, son vocabulaire, et que les règles en sont rigoureuses, notamment l'interdiction de superposer deux « couleurs » de même nature dans une même figure. Émail sur émail, couleur sur couleur, fourrure sur fourrure sont des choses proscrites.

Mais la loi est faite pour procurer au citoyen l'exquis plaisir d'y contrevenir, comme disait Alphonse Allais. Il s'est donc trouvé à toute époque des individus – ou des groupes – astucieux, qui ont calmement outrepassé cette loi et ne s'en portent pas plus mal, à ceci près que leur blason se définit alors comme « blason à enquerre », et qu'il faut donc y chercher le sens particulier, la substantifique moelle, que l'on a voulu y introduire.

Ce sens se révèle souvent par le calembour[44] digne de Jean Yanne, ou par l'à-peu-près[45] digne de Guy Montagné, et les exemples n'en sont pas rares. Ceci n'étant pas un cours exhaustif, je me limiterai à l'exemple donné par les armes de SS. Jean-Paul II.

Il est fréquent que, lors de son élévation à une dignité supérieure, un ecclésiastique modifie de manière significative ses armes de fonction ou ses armes personnelles s'il en a. Il en va exactement de même pour le Cardinal qui devient Pape, officiellement pour marquer son accession au trône de Pierre, mais le plus souvent pour des raisons bizarres dont je pourrais vous entretenir un jour si cela vous tente.

Dans notre cas particulier, Karol Wojtila a jugé utile de manifester son attachement particulier à Notre-Dame en chargeant ses armes du *monogramme de la Vierge*, selon les termes de la version officielle.

Ouais ! Regardez attentivement les figures n°1 et 2 et vous constaterez par vous-mêmes que le sigle employé n'a que de très vagues rapports avec le monogramme de Marie. Par contre, il ressemble furieusement au *signe* de la Vierge vu à l'envers, c'est-à-dire dès que l'on a *rectifié le rite*...[46]

C'est le moment de vous rappeler qu'un blason, un écu, est en fait un bouclier vu de face. C'est pourquoi la gauche est appelée « dextre » et que, réciproquement, la droite est appelée « senestre ». Il est donc important de souligner que, pour celui qui porte l'écu, son symbolisme est *dans le bon sens*.

De plus, la « croix »[47] est déplacée vers la gauche de l'observateur et le haut du blason – en fait à dextre vers le chef de l'écu. Ce déplacement à dextre en chef signifie, dans un blason à enquerre, que le signe représenté est « passé ». Qui plus est, sur fond d'azur...[48]

Je ne vous blasonnerai pas les armes du Saint Père dans leur version officielle donnée en son temps par l'*Osservatore Romano*, ce qui ne nous mènerait pas bien loin. Je vous dirai seulement que leur sens second peut très bien et très correctement se lire :

---

44. *Calembour* : technique assez rigide exigeant une très faible approximation dans l'interprétation. Exemple : les armes de la famille Larade, qui sont « A la nef entrant dans la rade ».
45. *A-peu-près* : technique nettement plus lâche permettant une interprétation moins strictement littérale. Exemple : les armes de l'Abbaye d'Orval, qui sont « de si nople or annel paré règne », et doivent se comprendre « de si noble or en elle paraît [le] règne »...
46. Les plus futés d'entre vous se demanderont peut-être pourquoi j'ai fait suivre les mots en italiques de trois points ?
47. Une croix peut aussi parfois se lire « Parti, coupé ».
48. D'aucun iraient-ils jusqu'à dire qu'il est « passé en faisant le bien » ?

Le signe de croix est passé dans le ciel de la Vierge.

Je vois déjà les petits Saint Thomas qui sommeillent en vous en train de me montrer du doigt avec le sourire incrédule et vaguement apitoyé qui signifie partout « il est fou, ce type ». Je me contenterai de leur rappeler que la version précédente du blason de Jean-Paul II, quand il était encore archevêque de Cracovie, portait en lieu et place du monogramme, une *rose au naturel*, ce qui – pour tout bon symboliste – signifie que l'on parle du zodiaque...

C'est donc la bonne occasion de passer à la deuxième tranche d'explications et de nous demander pertinemment de quel signe il pourrait bien être question. Le signe que l'on fait pour attirer l'attention ? Le Cygne ? Le Signe dans le ciel ? Ou encore les deux, voire les trois à la fois ?...

Figure 1. Blason de SS. Jean-Paul II

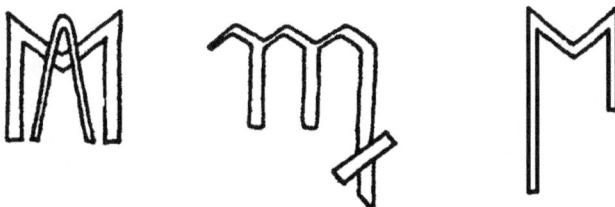

Figure 2. Monogramme, signe et sigle de la Vierge (inversé)

Dois-je rappeler aussi aux Saint Thomas susnommés que la religion chrétienne a bel et bien été fondée par un calembour :

Tu es Pierre, et sur cette pierre, je bâtirai mon Église.

... et que l'Auteur de cette citation n'a pas hésité à dire également :

Quand les temps seront venus, mon signe paraîtra dans le ciel.

Il faut savoir que toutes les grandes religions révélées, en Occident et jusqu'en Mésopotamie, ont toujours été liées dans leur symbolisme au signe du zodiaque en vigueur à leur époque.

J'ose espérer que vous savez, même si on ne vous l'a pas appris à l'école, que le phénomène appelé « précession des équinoxes »⁴⁹ détermine des ères d'environ 2.250 ans durant lesquelles le soleil, au premier matin de printemps, se lève en projection devant la même constellation, *devant le même signe du zodiaque.*

C'est ainsi que durant le règne des Gémeaux, les cultes étaient ceux de Castor et Pollux, des Gémeaux, de Janus Bifrons (le Dieu à deux faces). Durant le signe suivant, celui du Taureau, les religions étaient notamment celles de Mithra, du Bœuf Apis, de Baal sous forme de taureau ailé en Assyrie... Puis vint le Bélier, que la symbolique judéo-chrétienne assimile à Yahweh, et le phénomène fut le même, quoique un tantinet plus discret. Je n'en veux pour preuve que le sacrifice d'Isaac par Abraham, au cours duquel l'Ancien des Jours dépêcha un archange pour remplacer l'enfant par un **bélier**. Et surtout l'épisode du Sinaï, durant l'Exode : pendant que Moïse discutait avec son Patron au sommet de la montagne, les Hébreux étaient revenus au culte précédent en adorant un **veau d'or**, fils du Taureau...

Et puis il y eut le Christ et l'ère des Poissons, avec les Apôtres pêcheurs de poissons, que Jésus fit pêcheurs d'hommes. Avec aussi le symbole par lequel les premiers chrétiens se reconnaissaient et manifestaient leur attachement au Christ.

Ce symbole a beau s'écrire en grec ιχθυσ, et provenir des initiales de ιησου χριστοσ τθειου υιοσ σωτερ, ce qui veut dire « Jésus, de Dieu le Fils Sauveur », il n'en reste pas moins le terme qui désigne un poisson (ιχτυσ = poisson !). Et Jésus ne se disait-Il pas l'Agneau de Dieu, nécessairement le fils du Bélier ?

> *Agnus Dei, qui tollis peccata mundi, miserere nobis.*

Or, depuis **1952**⁵⁰, notre brave vieux soleil ne se contente plus d'alimenter les énergies douces, il est aussi passé, par un beau matin de printemps, dans le signe du Verseau, que la Tradition dit devoir réconcilier la Science et la Foi.

Affabulation fumeuse d'ésotériste en mal de copie, n'est-ce pas ? Faut-il donc considérer comme un ésotériste fumeux notre Prix Nobel, Ilya Prigogine, qui ne craint pas d'affirmer ses convictions quant à « La Nouvelle Alliance » ?... Et faut-il aussi considérer comme une fumisterie le procès en réhabilitation de Galilée, que Jean-Paul II a fait tenir très officiellement par les instances vaticanes, plutôt que comme un certain clin d'œil à tout qui **voudra** comprendre ? Il y a pourtant bel et bien fait officialiser la réconciliation de la Science et de la Foi.

Et faut-il considérer comme de doux dingues passablement allumés ces savants regroupés dans ce que Raymond Ruyer appelle « La Gnose de Princeton », ces gens qui sont à la pointe de la physique et de la mathématique modernes et qui n'hésitent pas à affirmer que :

> *Nos recherches nous amènent à postuler qu'il existe quelque part dans l'Univers un être doué d'une puissance infinie... et du sens de l'humour ?*

Mais quel rapport avec la Vierge, me direz-vous ?

Je crois ne rien vous apprendre en vous disant que la Vierge – la Reine du Ciel – est aussi une constellation du zodiaque. Et pas n'importe laquelle ! Regardez bien les figures n° 3 et 4. En effet, il ne faut pas confondre un zodiaque *astrologique* avec un zodiaque *astronomique*. Dans le premier, les constellations ont toutes la même taille, soit 30° d'ouverture, tandis que dans le second, la Vierge apparaît immédiatement comme la plus grande de toutes, alors que celle du Poisson, *qui*

---
49. A cause duquel nous allons devoir retarder nos horloges et autres tocantes de 1 seconde à la mi-nuit de la prochaine Saint Sylvestre. [1995]

50. 1 + 9 + 5 + 2 = ?... On pourrait aussi s'interroger utilement sur la forme curieuse de la constellation du Cygne et ses rapports avec le plan des grandes cathédrales gothiques dédiées à Notre-Dame.

est juste en face d'elle, en est la plus petite.

Si nous prolongeons les extrémités de la Vierge par deux droites passant par le centre, nous obtiendrons de l'autre côté ce que l'on appelle le « Ciel de la Vierge », et nous nous rendrons compte que cet arc de cercle recouvre la fin du Bélier, l'entièreté des Poissons, et le début du Verseau…

Et nous nous demanderons candidement alors pourquoi on dit que le Fils de l'Homme – l'Agneau de Dieu – est né du sein[51] de la Vierge, la Reine du Ciel, la Rose Mystique qui gouverne la Trinité.

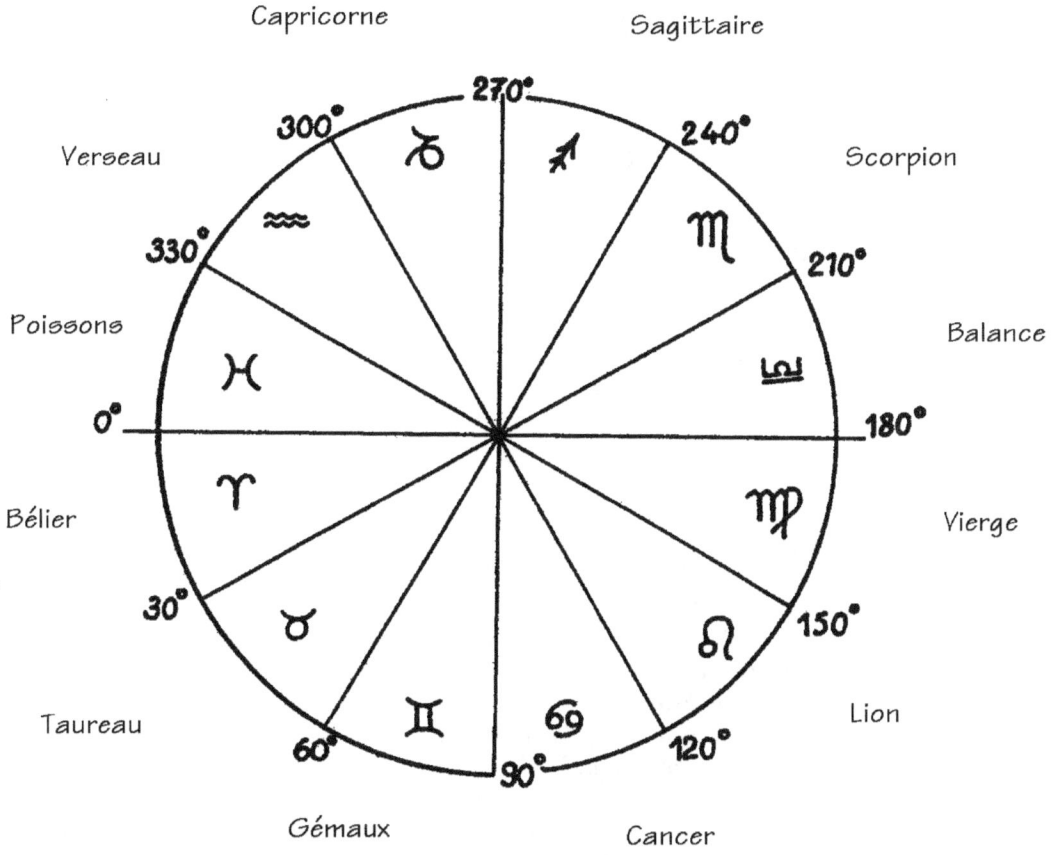

Figure 3. Zodiaque astrologique.

---

51. Il est loisible de jouer sur les étymologies : « sein », du latin « *senum* », ou « seing », du latin « *signum* », la signature, le signe…

232 COURT-CIRCUIT

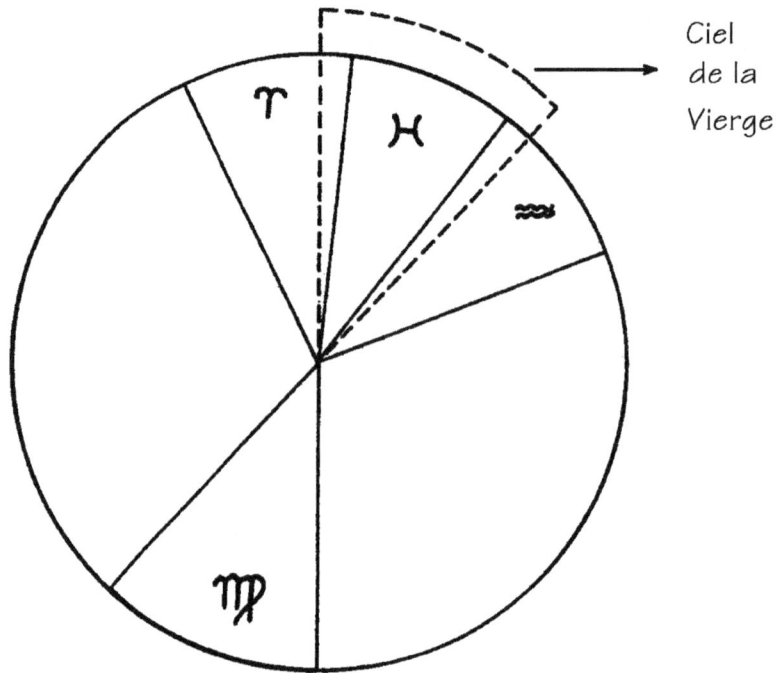

Figure 4. Zodiaque astronomique.

Nous comprendrons peut-être alors pourquoi Saint Bernard, à une époque où la Terre était encore plate, avait jugé utile d'insérer dans la Règle des Templiers, le *retrait* suivant, concernant une prière qui devait être dite tous les jours :

> *Et les hores de Nostre Dame doit on dire tojors premierement a la maison, fors que les complies de Nostre Dame, que l'on doit dire tous jors derrainement en la maison, por ce que **Nostre Dame fu commencement de nostre religion, et en li et a honor de li sera se Dieu plaist, la fin de nos vies et la fin de nostre religion** quand Dieu plaira que ce soit.*[52]
>
> *Et les heures de Notre Dame doivent être toujours dites en premier à la maison, exceptées les complies de Notre Dame, que l'on doit dire en dernier à la maison, parce que **Notre Dame fut au commencement de notre religion, et en elle et en son honneur sera, s'il plaît à Dieu, la fin de notre vie et de notre religion** quand il plaira à Dieu que ce soit.*

Je mets au défi n'importe qui de trouver à ce texte prodigieux une autre explication sensée que celle que je viens d'exposer. Les exégèses que j'en ai lues vont de la mauvaise foi lamentable à la

---

52. Cité textuellement d'après le plus beau des originaux de la Règle encore subsistant aujourd'hui et conservé à Bruges, repris par Laurent Dailliez in *Les Templiers et les Règles de l'Ordre du Temple,* Paris - Belfond, 1972.

falsification pure et simple du texte en passant par l'élucubration hallucinée, et parfois, par le fait de ce qu'il est convenu d'appeler des sommités... Et pourtant, il suffit de lire !

Et nos bons Pères Jésuites, là-dedans ?

Eh bien figurez-vous que, dans des temps déjà assez anciens, ils arboraient un sigle (fig. n°5) qui leur était propre, soit les lettres I, H et S en capitales d'imprimerie, la H traversée d'une croix au pied de laquelle se trouvaient les trois clous de la Passion. Rien que de bien normal, les initiales étant celles – latinisées – de Ιησου Υιοσ Σωτερ, Jésus le Fils Sauveur. Plus tard, les trois clous furent rassemblés pour former une sorte de pointe au bout de la hampe de la croix, censée représenter le fer de la lance du centurion Longin (fig. n°6). A moins que l'on y voie une simple lettre V, auquel cas le sigle doit se lire « *In Hoc Signo Vinces* », « Par ce signe, tu vaincras », devise éminemment chère à Constantin. Toujours rien de bien curieux, sinon que l'on pourrait se demander quel intérêt il y avait à remplacer les clous par la lance, et remarquer que l'on commence à parler de *signe*...

26. Collège des Jésuites à Liège.

234 COURT-CIRCUIT

Depuis quelques années, le graphisme a nettement évolué (fig. n°7). Évidemment, on ne manquera pas de me dire qu'il s'agit tout simplement d'une mise au goût du jour, ma foi très élégante et fort réussie, d'un sigle passablement archaïque, plutôt grandiloquent et même pompeux dans sa graphie antérieure.

Figure 5. Premier sigle.

Figure 6. Deuxième sigle.

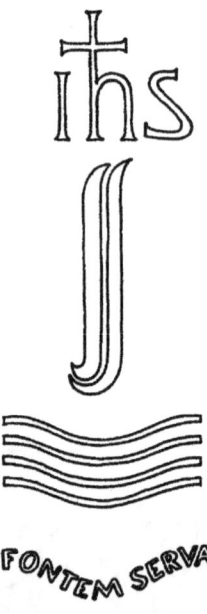

Figure 7. Sigle actuel.

Cela ne m'empêchera pas de remarquer un certain nombre de choses :
1. Les lettres sont maintenant en **minuscules** d'imprimerie. Conviendrait-il d'accorder moins d'importance au Fils Sauveur ?
2. La croix, fort petite, est portée par la hampe de la lettre « h »[53]. Souvenez-vous des règles de l'héraldique : cela ne veut rien dire d'autre que « **Le signe de croix est passé** ». Avec tout ce qu'il représente ?
3. Tout est relatif, et si les lettres de l'ancien sigle apparaissent encore, il faut reconnaître qu'elles sont bien petites par rapport à ces espèces de gigantesques « S » **majuscules** et parallèles, dont les RR.PP. aimeraient tant nous faire admettre qu'elles sont les initiales de Saint Servais, mais qu'il ne faut pas être bien imaginatif pour assimiler à une chute d'eau ou une fontaine, c'est-à-dire un phénomène par lequel **l'eau se déverse**.
4. Pour ceux qui n'auraient pas encore compris, regardez dans quoi se déverse cette eau: quatre lignes ondulantes... Le symbole du **Verseau**... Et de la théorie quantique.
5. Et puis il y a enfin la devise, elle même ondulante : « FONTEM SERVA ». Tous les cancres que j'ai rencontrés[54] m'ont immédiatement affirmé sans rire que cela voulait dire « Sers la fontaine ». Outre que cela n'a pas la moindre ombre du moindre sens, c'est totalement faux. En latin, « servir » se dit « *servire* », et non pas « *servare* ».

Mais alors que peut bien vouloir dire cette devise ? C'est simple : on demande poliment et on ouvre le dictionnaire qui fait autorité chez les latinistes, le Gaffiot, édition 1934 chez Hachette, page 1432 pour être précis. Et on lit :

> – servo, -avi, -atum, -are. 1 - Observer, faire attention à, être attentif. [...] Observer les astres (Virg. En. 6, 336). [...] Observer le ciel (Cic. Phil. 2, 83). [...] 4 - (poétique) Garder un lieu = ne pas le quitter, y séjourner, y demeurer, l'habiter (Hor. Ep. 1, 10).

Il n'est donc pas impossible qu'il se trouve des farfelus pour conclure avec moi que, de même que sa sainteté Jean-Paul II, les RR.PP. Jésuites, rue Saint Gilles à Liège, affirment clairement, au vu et au su de tout le monde, que :

LE SIGNE DE CROIX EST PASSÉ
OBSERVE (HABITE) LE CIEL DU VERSEAU.

Il n'y a pas tellement longtemps, on montait encore sur le bûcher pour moins que cela.

****

Mais, me direz-vous avec énormément d'à-propos, qu'en pensent-ils, de tout cela, ces bons Pères ?

Officiellement, je n'en sais rien. Il se trouve seulement que je termine toujours mes visites de Liège Insolite par l'explication de ce sigle, ce qui m'a conduit à de très nombreuses reprises dans la cour du collège, accompagné de groupes de personnes qui ne passaient évidemment pas inaperçus. C'est une de ces personnes qui m'a un jour téléphoné en me priant de me rendre au plus vite au Collège, accompagné de mon appareil photo, et en précisant : « Il y a quelque chose pour toi ». J'y suis donc allé...

---

53. Très curieusement, la plus ancienne graphie de la lettre h minuscule portant la croix est due à Jacques de Molay, qui l'a gravée dans les murs de la tour du château de Chinon où il était prisonnier en attendant son procès. Se souviendra-t-on que c'est bien aux Templiers que Saint Bernard faisait dire quotidiennement son étrange prière ?
54. Merci, l'enseignement rénové !...

Juste en face du sigle se trouvait à l'époque un panneau publicitaire destiné aux œuvres caritatives, dont les affiches étaient assez souvent réalisées à la main. Cette fois-là, l'affiche représentait un moine encapuchonné dans une robe de bure grise, se dirigeant vers le haut et la gauche du panneau par rapport au spectateur, portant une rose fanée dans la main droite. Au-dessus de la trace de ses pas se trouvait une phrase:

**OSEZ, AU NOM DE LA ROSE,
NOUS SUIVRE DANS NOS DÉDALES...**

La coïncidence voulut que ce fût à l'époque où Umberto Eco sortit son chef d'œuvre...

Bien ! Mais Rennes, dans tout cela ? On y arrive. Ou plutôt, j'ai l'impression que l'on n'en sort pas. N'avez-vous jamais encore eu l'impression que, depuis quelques années – disons une décennie – tout se passe comme si certains avaient entrepris de « faire le ménage ».

Manifestement, on a considéré que l'abbé Saunière n'était plus à sa place dans cette histoire, ni même dans le cimetière. Qui est-il encore pour ceux qui débarquent aujourd'hui dans cette affaire ? Peut-être un important militaire, ou un politicien, vu le tombeau qu'on lui a érigé ? Ah non ? C'était un curé ? Celui que Pierre Bellemare qualifie de vulgaire escroc ? De toute façon, c'est du passé, n'est-ce pas ?

Exit Pierre Plantard ! Dehors Noël Corbu et Henri Buthion ! Philippe de Chérisey ? Un farceur mythomane, bien entendu ! Au large les anciens qui ont connu et vécu les grands débuts publics de cette histoire ! Pendant combien d'années, André, n'es-tu plus « remonté » à Rennes, où tu ne te sentais plus à l'aise ? Et toi, Henry ? Même toi, Jean-Luc, tu n'y es plus...

Jadis, les Castelrennais de souche se moquaient gentiment des touristes qui visitaient le village en brandissant le petit livre rouge. Celui de Gérard de Sède, le Trésor Maudit. Gérard de Sède ? Qui c'est celui-là ? Et des Castelrennais de souche, il y en a encore ?

Aujourd'hui, on voit des hordes multilingues et parfois polyglottes errer dans le village avec des mines de conspirateur et un gros livre en main. Un truc qui s'est vendu à des dizaines de millions d'exemplaires en 64 langues de par le monde. Et qui ne cite même pas Rennes... A Amboise, où il est inhumé dans la chapelle Saint-Hubert, Léonard de Vinci doit se retourner dans sa tombe.

Au fait, il parle de quoi, ce gros bouquin ? De Marie-Madeleine, l'épouse du Christ, et de leur descendance laquelle – tiens c'est curieux ! – n'est plus spécifiquement mérovingienne. Marie-Madeleine, la descendante royale de David, l'épouse prédestinée du Roi Messianique, qui devait avec lui réaliser la hiérogamie parfaite.

Oui mais, laquelle, de Marie-Madeleine ? Car – lisez bien les Évangiles, canoniques ou non – il y a trois Marie-Madeleine distinctes. Mais qu'à cela ne tienne, n'est-ce pas ? C'est même une bonne affaire: cela fera une Trinité parfaite pour la prochaine religion !

Une nouvelle religion ? Hé oui, c'est bien de cela qu'il s'agit ! Mais pas n'importe quelle religion.

Il faut savoir que, chaque fois que l'on a voulu remplacer brusquement une religion par une autre, son promoteur a fini par se casser la figure. Aménophis, plus connu sous le nom d'Akhénaton, a voulu jadis supprimer le « polythéisme hirsute » de l'Egypte. Il mourut dans des circonstances peu claires et son successeur, Toutankhamon, restaura aussitôt le culte des anciens dieux. Plus récemment, Hitler, Himmler et quelques autres voulurent supprimer la religion juive et ses fidèles, quitte à s'accommoder encore momentanément de la chrétienne, afin de restaurer le culte des anciens dieux nordiques. On sait ce qu'il en advint. Tout près de nous encore, et même si l'image vous parait farfelue, l'instauration forcée de « l'Évangile selon Saint Marx » n'a tenu que 75 ans...

Moïse, lui, eut plus de succès avec son monothéisme au milieu des païens polythéistes. Mais il avait eu la prudence de s'enfuir de leur territoire. C'est – en termes un peu vulgaires – Jésus qui a le mieux réussi. Mais Lui n'était pas venu pour supprimer la religion du Père, seulement pour la parfaire. Mahomet aussi, qui instaura une autre religion du Livre... sans supprimer le Livre, mais en s'appuyant dessus pour le compléter à sa manière.

Et c'est bien là l'astuce, si j'ose dire. En tout cas, la démarche de ceux qui manipulent cette histoire. Il ne faut jamais supprimer une religion, mais bien la poursuivre en la transformant. L'Église l'a parfaitement compris, qui a récupéré tant de lieux et de manifestations de cultes païens pour les adapter à son propre dogme. En ces temps de résurgence – je dis bien de résurgence – du féminisme, qu'inventer de mieux qu'une femme – épouse de Jésus qui plus est – pour prolonger la religion du Christ et l'adapter sans la supprimer ? Marie-Madeleine était toute désignée.

Celle dont la religion aujourd'hui vomie par tant d'intellectuels « libérés » a fait une fille publique, alors qu'elle était noble et reine. Celle dont personne ne veut se rendre compte qu'en lui construisant la légende d'une fille de joie – une pute –, l'Église lui a discrètement rendu hommage.

Vous tiquez ? Je suis cinglé ? Le mot « pute » vient du latin *puta*, qui signifie le puits. Et c'est bien dans des puits sacrés appelés « allées couvertes » que les Celtes nos ancêtres attendaient et espéraient la divine hiérogamie, celle du ciel et de la terre. Des puits sacrés qui, parfois, ressemblent étrangement au Saint Sépulchre. Lisez donc l'*Histoire Mythique de Chèvremont* de Claude Nauwelaerts, ou mieux encore, les *Pierres Levées Portes de la Vie* de Henry Bar...

Marie-Madeleine. On ne peut pas espérer mieux qu'elle. Le tout est de l'imposer. Donc, simultanément, on diabolise par tous les moyens le support de la future ancienne religion – l'Église catholique, que l'on rend responsable de tous les maux de la terre – et l'on révèle la figure de proue, prochainement divine, du nouveau culte.

Alors, on suscite des articles, des livres, des pièces de théâtre, voire des films, pour détourner à son profit les personnages marquants de l'Église, ou pour les souiller, à tort ou à raison, là n'est pas mon propos : je ne fais que constater une démarche. Je n'en veux pour exemple que le cas de Pie XII traité par Messieurs Hochhut et Costa-Gavras. Et les braves gens, qui ont toujours été friands de déboulonnage de statues, se pourlèchent les babines sans même imaginer qu'ils pourraient vérifier l'historicité de ce qu'on leur raconte. Si c'est écrit dans le livre, c'est que c'est vrai, hein ?

Ensuite, on introduit de moins en moins discrètement la prochaine image sainte. Et l'on se trouve face à une ahurissante floraison de textes, de livres et même de films qui divinisent Marie-Madeleine par son mariage et l'humanisent par sa descendance. Quarante-quatre millions de livres en soixante-quatre langues pour un bouquin nettement inférieur à ceux du même auteur qui l'ont précédé et qui, jusque là, n'ont pas eu de succès. Vous trouvez cela normal ? Des dizaines, des centaines de milliers de livres vendus en quelques années sur le même thème, dont beaucoup, il faut bien le dire, ne méritent même pas les quais de gare. Et tout cela pour satisfaire l'avidité de ces mêmes braves gens qui vouent aux gémonies une église et une religion qu'ils ne connaissent même pas. Et tout cela sans le moindre problème alors que Salman Rushdie est l'objet d'une fatwa de condamnation à mort parce qu'il a osé parler de l'historicité de Mahomet...

Une nouvelle religion issue de la manipulation du consumérisme par des gens astucieux, c'est joli, non ?

Admettons, mais dans quel but ?

Alors, ici, je vais être prudent, très prudent. Je vais donc vous demander d'imaginer. Imaginez un groupe de personnages disposant du pouvoir économique, du pouvoir politique et du pouvoir militaire, et ce, quelle que soit leur nationalité. A ces personnages, que manque-t-il pour détenir *tous* les pouvoirs ? Le pouvoir religieux. Or, ces gens ont bien le temps. Leur fortune, leur position et leur ambition le leur donne. Ils sont bien trop intelligents pour vouloir créer de toute pièce la religion dont ils seront les maîtres. Alors, ils cherchent ce qui pourrait marcher. Avec le temps, ils finissent par repérer l'histoire curieuse de ce petit curé qui aurait découvert une fortune, ou des documents, ou les deux, et cela dans une région vouée à l'hérésie d'une religion purifiée. Bingo ! Il y a même déjà une société prétendument secrète qui affirme diriger la manœuvre et à qui on peut éventuellement faire porter le chapeau.

Donc, on tâte le terrain. On avance un mélange de révélations fausses et de vraies informations. On prêche le faux pour savoir le vrai. On fait le tri et cela marche. Cela marche même admirablement bien. Car du vrai, il y en a : c'est une histoire dont les bases authentiques, les faits indéniables, collent remarquablement bien au schéma. Car ce petit curé, pourquoi n'aurait-il pas découvert la preuve du mariage de Marie-Madeleine et de Jésus, tant qu'à faire ?

Dès lors, après avoir prudemment évacué les « anciens », il suffit de pratiquer la politique de la carotte et du bâton : quelques livres pour chauffer l'ambiance, et de temps en temps, une « remise à plat », car il ne faut pas perdre les... rênes de l'attelage, bien entendu.

Et cela ne m'étonnerait pas trop si un jour, au lieu de devenir une sorte de « Disneyland Resort Saunière », Rennes-le-Château devenait le but d'un grandiose pèlerinage à Marie-Madeleine. Ce serait encore du profit, non ?

Une magnifique manipulation, je vous disais. Et vous êtes en train de la vivre.

Dois-je vous souhaiter bon amusement, bonne chance, ou bon courage ? En tout cas, je vous remercie d'avoir eu la patience de m'écouter.

Paul Rouelle, 1995-2009.

BIBLIOGRAPHIE SUCCINCTE

****

– **Cherche-Étoiles - Alpha** - Gilles MENARD & Anthony DAVIS - Ed. Marcel Broquet.
– **Astronomie, Méthodes et Calculs** - ACKER & JASCHEK.
– **Le Symbolisme Astrologique** - Oswald WIERTH - Ed. Dervy-Livres.
– **Les Temps Messianiques** - Jean SENDY - Ed. Robert Laffont.
– **L'Ère du Verseau** - Jean SENDY - Ed. Robert Laffont.
– **Les Templiers et Les Règles de l'Ordre du Temple** - Laurent DAILLIEZ - Ed. Pierre Belfond.
– **La Nouvelle Alliance - Métamorphose de la Science** - Ilya PRIGOGINE & Isabelle STENGERS - Ed. NRF.
– **La Gnose de Princeton - Des savants à la recherche d'une religion** - Raymond RUYER - Ed. Arthème Fayard.
– **Court-Circuit** - Paul ROUELLE avec un « Feu d'Artifices » de Philippe de Chérisey - Chez l'auteur, Liège, 1983.
– **Dictionnaire Latin-Français** - Félix GAFFIOT - Ed. Hachette.
– **La Bible** - Emile OSTY & Joseph TRINQUET - Ed. du Seuil.
– **Le Livre de la Splendeur (Sepher ha-Zohar)** - Traduction de Jean de PAULY, présentation Dr. A. GRAD - Ed. Maisonneuve et Larose.
– Etc...

Cette bibliographie extrêmement sommaire ne reprend que les titres qui m'ont paru le mieux aborder ce sujet, ou encore donner les meilleures pistes. L'ensemble des livres consultés, au cours d'une recherche de vingt-cinq ans maintenant (1995), prendrait au moins un exemplaire complet de la revue. En petits caractères.
Et puis, rien ne vous empêche de compléter par vous-même...

LES PROPHÈTES SE METTENT À TABLE

> Nul n'est prophète en son pays.
> (*Sagesse populaire*)

> Ce qui laisse une sacrée marge de manœuvre à l'étranger.
> (*Note de la Rédaction*)

****

Il y a quelques années, j'avais eu la chance – et l'honneur – de me lier d'amitié avec un personnage particulièrement érudit que passionnait le même genre de recherches (farfelues) que moi. Nous eûmes quelques longues conversations que j'avais notées de mon mieux, afin de n'en rien perdre[55].

A titre de préambule à cette petite étude des prophètes et des prophéties, je vous livre le début de l'un de ces entretiens.

Bon amusement !

***

J. de B. : — Au fait, que pensez-vous des prophéties ?
P. R. : — Très douteuses, dis-je. A moins d'envisager un système physico-psychologique qui nous échappe, je ne vois vraiment pas comment, rationnellement, je pourrais les admettre. Mais il est de bon ton d'ajouter, dans ce genre d'affaire, que la science est en perpétuelle évolution et que l'inconnu d'aujourd'hui sera vraisemblablement le « normal » de demain.
Et pourtant, j'ai un faible pour la prophétie dite « de Saint Malachie ».
J. de B. : — Cette fameuse nomenclature des devises attribuées aux Papes ?
P. R. : — Exactement. Qu'en pensez-vous ?
J. de B. : — Rien, si ce n'est que sein mal acquis ne profite jamais.
P. R. : — C'est intéressant.
J. de B. : — N'est-ce pas ?
P. R. : — Mais encore ?

Il prenait parfois un malin plaisir à énoncer sur le ton le plus pénétré les calembours les plus sordides. Cela faisait partie de la préparation rituelle de nos conversations les plus brillantes, tout

---

55. Ceci est une conférence parue dans une revue rotarienne et destinée à des gens n'ayant pas lu ce livre et les pages précédentes, ce qui justifie la reprise d'une bonne partie du texte, mais les commentaires sont originaux.

au moins de sa part.

P. R. : — Malgré tout ce qu'ont pu en dire maints auteurs réputés, voire sérieux, elle n'est pas totalement convaincante, poursuivis-je, encore que, réciproquement, il n'y ait aucun argument permettant de la réfuter définitivement.

J. de B. : — Mieux que cela : il existe de solides arguments, voire des faits, en faveur de sa réalité, peut-être même de sa rigueur ! Des arguments logiques tels que des gens quelque peu astucieux et dotés d'un minimum de culture envisagent de connaître la signification de la devise du prochain Pape, alors qu'il n'est même pas encore élu... Et je ne vous parle même pas de la « statistique sur la durée du règne des Papes » !

Mais il convient de commencer par le début, si l'on veut éviter que le raisonnement ne se perde dans les à-peu-près mystiques. Savez-vous donc qu'il existe à Liège une institution dont le seul rôle est d'énoncer, vingt-quatre heures sur vingt-quatre, des prophéties qui s'avèrent à chaque coup rigoureusement exactes ?

Il mijota soigneusement son effet.

P. R. : — Laquelle, demandais-je, amusé par son œil brillant ?

J. de B. : — Mais l'horloge parlante, bien sûr ! « Au troisième top, il sera exactement... » Vous pouvez vérifier, elle ne se trompe jamais.

P. R. : — Vous êtes fier de vous ?

J. de B. : — Vous-mêmes et vos semblables, médicastres hypocritiques et assimilés, de même que certaines call-girls d'ailleurs, comptez parmi l'élite des prophètes.

P. R. : — C'est joli, ce que vous venez de dire. Et ça signifie quoi ?

J. de B. : — Quand vous dites à un patient : « Nous nous reverrons tel jour à telle heure », avouez que neuf fois sur dix, cela se vérifie.

P. R. : — Et vous appelez cela des prophéties ?

J. de B. : — Parfaitement.

P. R. : — Moi pas. Pour moi, il s'agit seulement de conventions passées entre tiers avertis et concernant uniquement un avenir proche, mesurable et contrôlable par les intéressés. Quand l'adjudant dit au troufion : « Vous me ferez quatre jours », et que cela se vérifie, il s'agit seulement de l'exécution d'un ordre, et rien d'autre.

J. de B. : — Eh bien ! Je n'ai jamais prétendu le contraire...

Il y eut un silence durant lequel il m'observa, les yeux mi-clos derrière la fumée de son cigare.

P. R. : — Je crois deviner où vous voulez en venir. Expliquez-vous donc, vous n'attendez que cela.

J. de B. : — Bon ! Il n'y a pas de prophéties et il n'y en a jamais eu, tout au moins de la part des êtres humains... Comme vous l'avez parfaitement défini, les prophéties ne sont que des conventions entre tiers, concernant une date plus ou moins déterminée de l'avenir, et que des gens pour la plupart inconnus du prophète, mais avertis, se chargent de réaliser en temps utile. Il suffit d'enrober l'ensemble de quelques astuces publicitaires, et le tour est joué.

P. R. : — Qu'entendez-vous par « astuces publicitaires » ?

J. de B. : — Je réponds par l'exemple : une des plus jolies parmi ces astuces est celle qui présente Nostradamus puisant dans le cours des étoiles ses certitudes quant à l'avenir.

P. R. : — Vous ne croyez pas à l'astrologie ?

J. de B. : — C'est une autre histoire, qui sort de mon propos. En fait, les prophéties concernant par définition un certain laps de temps, se doivent de focaliser l'attention de l'auditeur sur l'écoulement de ce temps pour lui faire croire que les choses sont inéluctables, fixées par une puissance supérieure qui ne peut être que divine ; des choses immuables et donc prévisibles pour qui sait se poser en intermédiaire obligé entre Dieu et l'homme. Quelle merveilleuse astuce pour détenir, mine de rien et sans heurts, un réel pouvoir... !

Et quel est le phénomène le plus constamment observable de l'écoulement du temps, sinon le cours inexorable des planètes ? Quoi de plus facile dès lors de faire croire aux âmes simples que les événements d'un destin imparable sont déterminés par les conjonctions, tout aussi imparables, des planètes ? Ou, à un autre niveau, par la volonté de Dieu, dont le cours des planètes n'est que la manifestation tangible, et que seule une élite de privilégiés est à même de traduire ?...

Il suffit donc de rédiger les prophéties dans un langage abscons, voire absurde, mais surtout inaccessible au commun des mortels, de telle sorte que, si la tentative de réalisation réussit, la « vérité » puisse éclater et confirmer les pouvoirs de « l'élite » – vous voyez bien, ils avaient raison ! – et que si elle échoue, on puisse passer tranquillement sous silence, personne n'y entravant que dalle. Et même, à la limite, de manière à pouvoir désavouer le cas échéant les auteurs de la tentative avortée.

Le pouvoir est facile à imposer avec quelques prophéties « réussies » d'emblée, et d'autant plus facile à imposer que les « réussites » suivantes seront éloignées de la date d'émission. Le cas typique est bien celui de Nostradamus.

P. R. : — Mais dans quel but, tout ce cinéma ?

J. de B. : — Pour détourner l'attention des braves gens de la réalité strictement utilitaire, et non pas ésotérique ou mystique, des prophéties.

P. R. : — Clarifions : je prends un exemple et vous me l'analysez.

J. de B. : — Je vous en prie.

P. R. : — Le célèbre quatrain de Nostradamus :

> *Le lion jeune le vieux surmontera*
> *En champ bellique par singulier duelle*
> *En cage d'or les yeux lui crèvera*
> *Deux classes[56] une puis mourir mort cruelle.*
>   *Cent 1 – 35.*

On est historiquement certain de l'antériorité du quatrain (1555) par rapport au fait établi : le duel d'Henri II, Roi de France, et de Montgomery (1559). Vous n'allez quand même pas tenter de me faire croire que cet accident a été organisé pour satisfaire Nostradamus ?

J. de B. : — Montgomery était jeune et portait sur son écu un « lion d'or armé et lampassé d'argent ». Le Roi était plus âgé et avait coutume de porter un casque couvert d'or au cours de ses tournois. Les principales conditions étaient ainsi réunies sans qu'il fût besoin de forcer le destin. Mais d'autres circonstances eussent pu faire l'affaire et le quatrain, sans qu'on y changeât une lettre, eût pu devenir exact en d'autres temps et d'autres lieux, tant il est vrai que si les quatrains ont un « sens », ils n'ont pas de « signification ».

Or ici, l'occasion était vraiment trop belle et il suffisait qu'un homme, un seul, fût au courant, « averti » en quelque sorte, pour au moins en tenter la réalisation avec un raisonnable coefficient de chances de succès. Cet homme était Montgomery, dont la mission consistait seulement à

---

56. Du grec *klasis* = action de rompre, d'où son sens dans le quatrain : action de rompre une lance, passe d'arme.

obtenir « match nul » au premier tour, ou toute autre raison valable de passer au second tour du combat, et lors de celui-ci, de viser le heaume du roi au niveau de l'œil...
Et cela a marché, Nostradamus avait « justement prophétisé », il connaissait l'avenir et venait d'en donner une preuve éclatante... A peu de chose près, car le lieutenant des Gardes Écossais aurait dû crever les deux yeux ; mais l'occasion était probablement trop belle pour courir le risque d'en attendre une autre et de la rater peut-être.
P. R. : — Nostradamus avait donc vu juste à un œil près : celui du Roi... C'est trop beau, et c'est même parfaitement idiot, car je n'en vois toujours par l'utilité.
J. de B. : — Allons donc ! Mais pour conforter au niveau du bon peuple la foi en Michel de Nostredame, l'Homme Sacré en qui les Dieux ont eu confiance au point de l'éclairer sur l'avenir du monde... Dès lors, il suffit de temps en temps de réaliser l'une ou l'autre prophétie pour se rappeler au bon souvenir de « ceux qui y croient », et en particulier d'en réaliser certaines, probablement plus faciles, au moment opportun pour canaliser l'opinion publique dans telle ou telle direction.
C'est un truc absolument génial pour détenir le pouvoir de manière parfaitement occulte par le biais d'un de ces conditionnements de masse contre lesquels s'élèvent si facilement les hurlements d'orfraie des penseurs de gauche quand la manipulation leur échappe. Seulement celui-ci, à l'inverse du conditionnement marxiste couramment appliqué dans les pays où le peuple exerce démocratiquement sa dictature, et contre lequel plus personne ne crie, ce conditionnement-ci est rigoureusement inattaquable. De la belle ouvrage, croyez-moi !
Je connais au moins deux dirigeants de l'Est dont le regret le plus amer est la rareté des prophètes inspirés dans le système communiste. De même, je connais plus d'un dirigeant occidental qui ne se fait pas faute de relire Nostradamus dans le secret de son cabinet, puis de consulter certaine voyante – encore un pouvoir occulte extraordinaire, celui des voyantes – avant de prendre enfin une décision qui scellera l'avenir de plusieurs milliers, voire de plusieurs millions de personnes.

Que répondre ? Il connaissait bien plus de dirigeants politiques que moi... De plus, Elizabeth Teissier ne risquait pas de le contredire, elle qui avait fort bien connu... Dieu.

**

« C'est très bien tout cela, me direz-vous, mais cela nous éloigne drôlement de Saint Malachie... » Pas vraiment. Je tenais simplement à vous donner un exemple concret de ce que je pense des prophéties : un rendez-vous pris dans l'avenir, énoncé dans des termes suffisamment obscurs pour que – seuls – quelque-uns soient censés comprendre... et faire le boulot.
Malachie, c'est exactement le même folklore. Mais, avant d'aller plus loin et d'analyser plus complètement « son » texte, quelques mots sur le personnage.
De son vrai nom, O'Morgair naquit à Armagh (Irlande) vers 1094-1095 dans une famille déjà catholique. Ordonné prêtre à 25 ans, il prend le nom d'un prophète biblique et se fait désormais appeler Malachie. Devenu évêque de Connor, mais évincé de l'archevêché d'Armagh, il s'établit à Bangor d'où il administre en fait, sinon en droit, toute l'église d'Irlande, dont il s'efforce de réformer le recrutement et les mœurs. Vers 1139, au cours d'un voyage à Rome, il est nommé légat par Innocent III. A l'aller comme au retour, il fait étape à Clairvaux et se lié d'amitié avec Saint Bernard.

En 1148, lors d'un nouveau voyage vers Avignon où réside alors le Pape, il s'arrête de nouveau à Clairvaux, où il aurait aimé se retirer. Il y meurt « entre les bras de son ami Bernard » le 2 novembre, et celui-ci en profite pour écrire sa biographie, la *Vita Malachiae*.

J'imagine que si Malachie avait proféré à l'époque une quelconque prophétie – à fortiori si elle s'était avérée exacte – Bernard n'aurait pas manqué d'en faire état dans son texte. Or, il n'en parle pas.

Mieux : *La prophétie des Papes* n'apparaît de manière certaine qu'en 1595, sous la plume d'un moine bénédictin originaire de Douai, qui la publie à Venise dans un livre intitulé *Lignum Vitae*. Avant cela, pas la moindre trace.

Or, qu'est-ce que cette fameuse *prophétie des Papes* ? Une suite de 111 devises en latin laconique censée s'appliquer à une succession de 111 papes et anti-papes depuis Célestin II (1143-1144) jusqu'à l'AVANT-dernier de ceux-ci, suivie d'une formule évoquant le dernier pontificat, la destruction de Rome et la « fin des temps ».

En face des 77 premières devises, Arnold de Wyon a lui-même indiqué le Pape correspondant. Il y ajoutait l'interprétation des 72 premières formules en spécifiant qu'elle n'était ni de lui ni même de Malachie, mais d'un dominicain fort connu à l'époque, un certain Chacon.

Il est évident que ces sentences concernant les pontifes ayant régné entre Malachie et la publication de l'ouvrage ont de fortes chances d'être parfaitement exactes... Je vous cite les quatre premières (traduites en français), rien que pour vous amuser.

    1. « D'un château du Tibre ».

Célestin II (1143-1144), né à Citta di Castello, petite ville toscane sur le Tibre.

    2. « L'ennemi expulsé ».

Lucius II (1144-1145), de la famille Caccianemici, dont le nom vient de *cacciare*, chasser, et de *nemici*, les ennemis.

    3. « De la grandeur de la montagne ».

Eugène III (1145-1153). Originaire de Montemagno (grand mont).

    4. « L'abbé de Suburre ».

Anastase IV (1153-1154), de la famille Suburra avait été abbé d'un monastère.

Etc.

Les devises de 73 à 77 ne doivent pas non plus comporter de gros risque d'erreur, puisqu'elles désignent des Papes antérieurs à la publication du bouquin. Où ça devient plus délicat, c'est pour les souverains pontifes postérieurs.

Or, ça ne marche pas trop mal !

Je vous prends quelques exemples significatifs[57] :

    104. « La religion dépeuplée ».

Benoît XV (1914-1922). Ni Malachie ni Wyon ne pouvaient raisonnablement prévoir la guerre de 14-18 et les massacres qui en résultèrent principalement chez la « Fille aînée de l'Église ». Quoique... Il y a quelques années, un de mes amis qui n'a rien, mais alors là strictement rien d'un prophète, avait établi une très séduisante théorie sur la périodicité des crises et conflits, lesquels éclatent ou non selon les circonstances du moment. Connaissant la dite périodicité, il n'y avait pas grand risque à prévoir un conflit ou une crise majeure dans l'intervalle 1907-1929. D'ailleurs, par

---

57. Les autres marchent fort bien aussi, mais leur explication prendrait une bien trop grande place. Quand vous aurez pigé le système de codage-décodage, libre à vous de vous amuser.

prudence, le Pape précédent (Pie X, 1903-1914) avait pour devise « Le feu ardent »...

    107. « Le pasteur et nautonier » (Pastor et Nauta).
Jean XXIII (1958-1963). Est-il besoin de préciser à quel point ce « bon pasteur » a, par le concile Vatican II, ouvert une nouvelle voie pour ses brebis entassées dans la barque de Pierre ?
D'accord ! D'accord ! Ni Wyon ni Malachie ne pouvaient prévoir Vatican II. OK. MAIS RIEN N'EMPÊCHAIT JEAN XXIII D'AGIR DANS LE SENS DE LA PROPHÉTIE, C'EST-À-DIRE DE LA RÉALISER !

    108. « La fleur des fleurs » (Flos Florum).
Paul VI (1963-1978). Giovanni Battista Montini portait trois fleurs de lys sur ses armes pontificales. Le lys, fleur par excellence, fleur entre les fleurs...

    109. « De la moitié de la lune » (De medietate lunae).
Jean-Paul Ier (26/08/1978-28/09/1978). Albino Luciani, né à Canale d'Agordo, dans la province de Belluno (!), il enseigna la théologie au séminaire grégorien de Bellune... Et je serais curieux de connaître l'état de la lunaison lors de son élection et lors de son décès...

OK, Nos deux compères prophètes ne pouvaient imaginer que le règne de ce Pape ne durerait que 32 jours et demi. Exact : *eux* ne pouvaient pas. Je crois donc que, à ce propos, je vais vous citer in extenso la suite de la conversation avec mon ami Jacques de B. qui a servi d'entrée en matières. Je sais, c'est long, mais c'est bon !...

***

    Il me sembla que ses effets avaient été suffisamment savourés, et je relançai la balle.
P. R : — Je prends les paris, vous allez sans tarder m'affirmer que de tels faits existent encore de nos jours. Je crois cependant que vous allez avoir les plus grandes difficultés à me convaincre, car je n'imagine pas que votre hypothèse puisse être sérieuse sans une puissante société secrète pour coordonner le tout et transmettre le « message ». Or, s'il se trouvait à la Renaissance cet esprit particulier qui permit aux sociétés les plus farfelues, mais aussi parfois les plus dangereuses, de se développer impunément, je vois mal nos braves Francs-Maçons actuels se débrouiller pour prouver la véracité des assertions nébuleuses du Mage de Salon.
J. de B. : — Je vais vous répondre point par point. Premièrement, il n'y a pas que Nostradamus que la fée des vaticinations ait effleuré de sa baguette magique. Deuxièmement, il y a Franc-Maçon et Franc-Maçon ! Pour ne prendre que leur exemple, la multiplicité des obédiences et leur effritement sur leurs bords vers des Maçonneries plus ou moins radicales, voire extrémistes, devrait vous éclairer sur la persistance jusqu'à nos jours de groupuscules fanatisés, plus ou moins manipulés, plus ou moins politisés, parfaitement capables « d'accomplir les prophéties ».
P. R. : — A ce train-là, les Brigades Rouges sont des extrémistes de type maçonnique !
J. de B. : — Parfaitement, de même que la plupart des services secrets ou des partis communistes, cloisonnés en groupes restreints que l'on hésite pudiquement à appeler loges.
P. R. : — Vous ne croyez pas que vous y allez un peu fort ?
J. de B. : — Pas le moins du monde, et je vais vous en donner des preuves, non seulement modernes, mais encore récentes, actuelles ! Mais pour en terminer avec les réponses que je tenais à vous faire, en limitant à l'époque de la Renaissance l'existence de sociétés secrètes passablement

inquiétantes, je m'étonne que vous passiez si facilement sous silence la « *Golden Dawn in the Outer* », la « *Stella Matutina* » et autres associations mystiques dont on perçoit encore aujourd'hui les derniers relents sulfureux.

P. R. : — Minute ! J'ai parlé de la Renaissance pour l'éclosion de ce type de sociétés, je n'y ai pas limité leur existence. Je suis tout aussi convaincu que vous de la puissance redoutable – et je pèse mes mots – de Moon, des Sectateurs de la Conscience de Kršna, et surtout de l'Église de Scientologie. Et ce ne sont que des exemples. Faut-il vous rappeler les liens entre la *Thulegesellschaft* et le nazisme ? N'oubliez pas que l'invasion de la Belgique, initialement prévue pour le 17 janvier 1940, fut reportée au 10 mai par Hitler sur conseil de son astrologue, Karl-Ernst Kraft !

J. de B. : — Exact, je vous rends ce point. Mais revenons-en à nos moutons, comme disait Jeanne d'Arc du temps de sa jeunesse.

Nous parlions donc de sociétés capables de « transmettre le message et d'accomplir les prophéties », pour reprendre vos termes, et j'aimerais vous donner un exemple concret, celui d'une société connue, car elle ne fait rien pour qu'on l'ignore ; une société ancienne, dont il est vraisemblable que celle qui porte son nom aujourd'hui ait de bonne raisons de se prétendre la descendante. Je tiens à préciser immédiatement que je ne prends rien d'autre qu'un exemple admirablement placé pour répondre aux critères que nous exigeons. Je n'accuse personne, je laisse le soin aux bilieux et aux jaloux, à tous ceux qui prétendront avoir tout découvert avant moi et avoir eu de bonnes raisons de différer la publication de leurs découvertes, je laisse à ceux-là le soin de démolir ce texte et de me vouer aux Géhennies que leur déception ne manquera pas de leur faire imaginer à mon intention.

P. R. : — Vous visez quelqu'un, là ?

Il ne répondit rien, mais je vis à un éclair dans ses yeux que son amertume n'était pas feinte.

P. R. : — Vous chassez à l'affût, alors ? redemandais-je.

Il sourit, détendu. Je ne m'étais pas trompé.

J. de B. : — Vous connaissez le Prieuré de Sion ? questionna-t-il comme si de rien n'était.

P. R. : — J'ai entendu parler d'une association religieuse en Terre Sainte, fondée par Godefroid de Bouillon, laquelle aurait eu des ramifications discrètes dans l'Ordre du Temple, lui aurait survécu, puis aurait été récupérée par Victor Hugo, Paul Claudel, et enfin Monseigneur Ducaud-Bourget[58], si je ne me trompe. Jusqu'à présent, cela m'est surtout apparu comme une image destinée à donner corps au Temple secret, et que certains journalistes aimeraient bien arriver à réduire au rang de piège à gogos, à défaut de pouvoir la « récupérer ».

J. de B. : — Quelles sont ses initiales ?

P. R. : — P. S., bien sûr !?

J. de B. : — ... dont la somme guématrique donne ?

P. R. : — « P » égale seize, « S » égale dix-neuf ; un plus six, plus un, plus neuf égalent... dix-sept. Bon, d'accord. Mais les journalistes en question vous rétorqueraient que cela ne prouve rien si les farceurs qui ont monté ce canular en connaissaient un tant soit peu sur l'affaire qui nous occupe.

J. de B. : — Et le décès de Jean-Paul Ier, comme canular, cela vous plaît mieux ?

---

58. Il convient de noter la mise au point que Monsieur Pierre Plantard de Saint-Clair a eu l'amabilité de m'adresser. L'assertion selon laquelle Monseigneur Ducaud-Bourget aurait fait partie du Prieuré de Sion provient d'un article publié par un périodique belge selon une information dénuée de fondement, et qui a d'ailleurs fait l'objet d'un rectificatif dans les pages du journal en question.

Il convient de noter tout autant que le texte ci-dessus reprend cette information *au conditionnel*, donc seulement en tant qu'hypothèse connue.

Dont acte.

Là, évidemment, il venait d'emporter le set ! Il poursuivit.

J. de B. : — Vous m'aviez, à l'époque, fait quelques réflexions qui n'étaient pas dénuées de bon sens.

P. R. : — Votre estime me flatte... Vous voulez parler de cette fameuse fumée annonçant l'élection au bon peuple, et qui resta durant vingt-deux minutes alternativement blanche et noire ?

J. de B. : — Entre autres.

P. R. : — Et du fait qu'à quelques heures près, Jean-Paul Ier n'eût régné que trente-deux jours, nombre aimable s'il en est, et que l'on retrouve avec un égal plaisir en Kabbale, car c'est quatre fois le chiffre de l'horreur... qu'aux échecs, car il y a trente-deux cases blanches et trente-deux cases noires...

J. de B. : — ... Et dans certain rite maçonnique où les trente-deux années blanches et les trente-deux années noires se complètent.

P. R. : — Voulez-vous dire que Sa Sainteté aurait été rectifiée ?

J. de B. : — Votre humour n'est pas de mise. Le Pape a bel et bien été assassiné.

P. R. : — Et pour quelle raison ? Ce ne sont quand même pas les quelques astuces vaguement ésotériques que nous venons de citer qui pourraient justifier un tel meurtre !

J. de B. : — À elles seules, certainement pas, mais elles font partie d'une sorte d'ensemble cohérent, et elles ne sont finalement que la partie émergée de l'iceberg.

Quant aux raisons valables, il y en a plusieurs, qu'un observateur un peu futé découvre sans peine. Je m'étonne d'ailleurs que vous n'ayez pas mieux relevé, entre autre, l'originalité du nom choisi par le Saint-Père.

P. R. : — Un double prénom ?

J. de B. : — Oui, deux prénoms, et pas n'importe lesquels. Il pourrait paraître audacieux, téméraire même, de tenter de réconcilier les Églises de Jean et de Paul sous une même tiare, à une époque où les factions intransigeantes s'affrontent au sein de l'Église avec des sentiments souvent proches de la haine.

P. R. : — Vous n'allez quand même pas plonger Monseigneur Lefèvre dans cette histoire ?

J. de B. : — Bien sûr, encore que le choix de la ville de Sion pour siège des activités intégristes me fasse rêver. Mais il y a pas mal d'autres... disons « groupes de pression », au sein de l'Église, dont les entreprises vous feraient dresser le cheveux sur la tête, et que la suppression d'un Pape ne feraient pas reculer longtemps.

P. R. : — Mais enfin ! Comment êtes-vous tellement certain que le Pape ait été assassiné ?

J. de B. : — Il y a trop de signes, de faits qui parlent...

Cette fameuse fumée blanche et noire, ce n'est pas seulement un symbole manichéen... Élu ? Pas élu ? Élu ? Pas élu ?

Et si, pendant ce temps-là, le Pape avait été pressé de prendre position pour telle ou telle « association » et ce qu'elle représente ? Mieux : et si son élection n'avait été que le résultat d'un vulgaire marchandage entre deux groupes rivaux, s'accordant, parce que ne pouvant pas se vaincre, sur une personnalité relativement effacée, le temps de compter leurs forces ? Sur un Pape de transition, autrement dit ?

Imaginez qu'à ce moment-là, le Pape, loin d'être effacé, ait proclamé sa volonté de se « mettre au-dessus des partis », et de les rassembler tous bon gré mal gré sous sa houlette ! Après tout, maquignonnage ou pas, c'était quand même bien lui, le Pape !

Imaginez une autre version : que le Pape ait été réellement naïf et ignorant de certaines réalités de la gestion de l'Église, et que, mis au courant...
P. R. : — ... De l'obligation de « réaliser » certaines prophéties, par exemple...
J. de B. : — Exactement. Imaginez qu'il se soit rebellé et ait refusé tout net de jouer le jeu, ne fût-ce qu'au nom d'une foi véritable et réellement profonde...
Avez-vous pensé que, durant tout le conclave, la fumée blanche ou noire est le seul moyen de communication avec l'extérieur, et qu'à la limite, c'est la seule façon que le Pape aurait pu trouver pour alerter le monde, sachant qu'il devrait se taire par après ?
P. R. : — C'est inquiétant. Au fait, savez-vous quelles furent les toutes premières paroles de Jean-Paul Ier en tant que Pape, pendant qu'on le revêtait de sa première soutane blanche avant de le présenter à la foule ?
J. de B. : — Non.
P. R. : — « Seigneur, pardonnez-leur ce qu'ils me font »... Et le pire, c'est que c'est authentique !
J. de B. : — Où avez-vous appris cela ?
P. R. : — Je l'ai entendu rapporter par deux journalistes différents, sur deux radios différentes, le même jour, et largement avant le décès du Pape, ce qui élimine la possibilité de dramatisation à posteriori ! J'ai noté les références à toutes fins utiles.

Il resta un moment silencieux puis reprit.

J. de B. : — Quand je vous disais que Jean-Paul Ier avait été assassiné, vous m'avez opposé qu'il était dangereux de déduire des choses aussi graves au départ d'astuces vaguement ésotériques. Il n'y a bien sûr pas que cela, et je ne pense pas que les sommités médicales italiennes qui ont vainement réclamé l'autopsie aient été sujettes à se fier à d'aussi frêles indices. Comme je n'imagine pas non plus que Monseigneur Willot ait fait embaumer le corps du défunt sans raison valable, à l'encontre de toute tradition, dans les quelques heures qui ont suivi le décès...
Or, il y avait peu de chances pour que la décomposition fût déjà en cours !...
P. R. : — Ce qui a amené quelques coupeurs de cheveux en quatre à se demander s'il ne se serait pas agi, tout simplement, d'empêcher une analyse un peu poussée.
J. de B. : — De fait. Et ce sont ces mêmes esprits chagrins qui ont remarqué le peu de distance entre le décès de Jean-Paul Ier et celui... du Cardinal Willot, précisément. C'est de mauvais goût, n'est-ce pas ?
P. R. : — Absolument.
J. de B. : — Eh bien nous allons mettre un comble à cette lamentable tournure d'esprit. Figurez-vous qu'il existe un bouquin qui donne, en clair et en toutes lettres, au moins le nom de l'assassin présumé. Et même probablement la manière dont on s'y est pris pour amener le poison au contact du Souverain Pontife ! Attention, entendons-nous bien, je n'ai jamais dit que ce livre accusait quelqu'un. L'auteur est bien trop habile et prudent. En fait, il procède par omission : de tous ceux qu'il cite, il n'en est qu'un dont il ne justifie pas l'alibi ni... le *manque de mobiles* ! Il ne dit pas : « L'assassin, c'est un tel », mais bien : « Tous les autres ne peuvent pas être l'assassin » !...
P. R. : — Et de quel livre s'agit-il ?
J. de B. : — Je vous laisse le plaisir de la recherche. Et ce n'est guère compliqué, car le titre de l'ouvrage est en lui-même une indication qui ne saurait tromper.
P. R. : — C'est un tantinet jésuite, votre histoire.

Il me lança un regard interloqué.

J. de B. : — Si nous parlions d'autre chose ?

250 COURT-CIRCUIT

P. R. : — Si vous voulez...

***

Voilà... Si vous n'avez pas encore saisi l'astuce, relisez attentivement : la solution est simple.

IL SUFFIT DE CHOISIR UN PAPE QUI CORRESPONDE A LA PROPHÉTIE OU QUI ACCEPTE DE LA « RÉALISER ».

L'exemple le plus évident dans ceux que nous avons examinés jusqu'ici est celui de Paul VI. « Flos Florum »... Le blason était correct par rapport à la devise. Le cas de Léon XIII n'est pas mal non plus, dans le même style. La devise était « La lumière dans le ciel », et sa Sainteté avait une comète sur son blason...

Quant au Pape qui accepte de « réaliser » la prophétie, il en est un que vous connaissez fort bien. Un exemple actuel...

Quand Karol Wojtila était encore archevêque de Cracovie, ses armes se blasonnaient : « Parti coupé d'argent vers le chef dextre sur quatre quartiers d'azur, le 4 portant une rose au naturel ».

Déjà, pour ceux qui savent ce qu'est un blason « à enquerre », ceci doit paraître curieux. La place me manque pour expliquer la méthode du « blason à enquerre », mais la suite va nous montrer comment cela fonctionne.

Donc, Karol Wojtila devient JiPiTwo. Et, comme c'est la tradition chaque fois qu'un ecclésiastique de haut rang accède à une fonction supérieure, il célèbre l'événement en modifiant son blason qui se lit désormais : « Parti coupé d'argent vers le chef dextre sur quatre quartiers d'azur, le 4 portant une « M » formée au quartier ». (Fig. 1)

Ouais. C'est bien beau tout cela, mais quand un journaliste l'interrogea sur la présence de cette curieuse lettre asymétrique, JiPiTwo lui affirma sans rire que c'était pour manifester son attachement à Notre-Dame qu'il avait fait charger son blason du *monogramme de la Vierge*. Or, le dessin en question n'a que de très vagues rapport avec le dit monogramme (Fig. 2) ; par contre, il ressemble beaucoup au *signe* de la Vierge inversé[59], comme si on avait *rectifié le rite*... (Fig. 2).

Dès lors, ce blason à enquerre peut se lire « Le signe de croix est passé dans le ciel de la Vierge »...

La place me manque vraiment trop pour expliquer en long et en large comment trouver la signification de ce texte quelque peu obscur. Il faut en effet comparer la taille des constellations dans un zodiaque *astrologique* et dans un zodiaque *astronomique*. Le « ciel de la Vierge » se construit par projection des extrémités de la constellation via le centre du zodiaque, et l'on se rend compte alors que le ciel de la Vierge recouvre la fin du Bélier, tout le signe des Poissons et le début du Verseau.

Je n'entrerai pas dans les considérations qui tendent à lier l'existence d'une *religion révélée* au signe zodiacal en cours à son époque, et je ne tiens surtout pas à prendre parti sur un tel sujet qui fait intervenir autant la foi que la philosophie et l'astrophysique. Je me contente donc de constater que, depuis 1952, nous sommes entrés dans le signe du Verseau, qui – selon certains – doit correspondre au règne de l'Esprit, après le règne du Christ (les Poissons), succédant à son Père (le Bélier). Je constate dès lors que la Vierge gouverne (recouvre) la Trinité, et qu'elle est bien

---

59. Ne pas oublier que le blason est un écu censé être vu de face, avec la dextre à notre gauche et la senestre à notre droite.

la « Reine du Ciel » telle qu'on l'invoque dans ses oraisons depuis Saint Bernard de Clairvaux.

Mais, qu'est-ce qui m'a permis de dire que nous sommes « entrés » dans le signe du Verseau ? Tout simplement la précession des équinoxe, phénomène astronomique apparemment paradoxal qui fait que, environ tous les 2.250 ans, le premier soleil de printemps se lève en projection sur un nouveau signe zodiacal.

Et quelle est, selon Malachie-Wyon, la devise de JiPiTwo ?

DE LABORE SOLIS ! Du travail du soleil... Ce « travail » qui permet la précession des équinoxes.

Figure 1. Blason de SS. Jean-Paul II

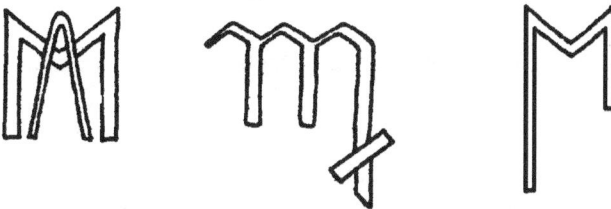

Figure 2. Monogramme, signe et sigle de la Vierge (inversé)

Passons donc à la dernière devise citée dans la prophétie, celle du *prochain* pape, que, par définition, je ne saurais connaître.

La devise est : « DE GLORIA OLIVAE », de la gloire de l'olive.

Or, si la théorie mentionnée ci-dessus est un tant soit peu exacte, qui tend à lier la religion en cours au signe du zodiaque correspondant, et s'il se trouve que nous sommes effectivement entrés dans le Verseau, donc dans une nouvelle « image » de la religion judéo-chrétienne, nous allons nous trouver devant une « nouvelle alliance avec Dieu ».

Et quelle est la plus belle gloire de l'olive sinon d'avoir chaque fois SCELLÉ L'ALLIANCE CONCLUE ENTRE YAHWEH ET SES FIDÈLES ?

Il n'est donc nul besoin de connaître l'identité du futur Pape pour déjà comprendre la signification de sa devise.

En résumé : il n'y a pas de prophéties. Ce ne sont que des « instructions » énoncées de façon nébuleuse pour un avenir plus ou moins défini, que des gens « initiés » se chargent de réaliser.

J'aurais pu écrire ici : CQFD.

C'eût été un peu simple, car il y a un stût, comme dit Marc Hermann. Et même un gros stût !

Il y a, dans Malachie, une devise et une seule que l'on n'avait – jusque récemment – jamais réussi à faire « coller » avec le Pape correspondant. Sixte-Quint (1584-1590), « Axis in medio signi » (L'axe au milieu du signe). Or, un beau jour, un gusse quelque peu plus curieux que les autres a consulté son dictionnaire de latin. Il s'est rendu compte que « Signum », outre ses sens classiques, peut aussi signifier « le signe, le présage, le pronostic ». La prophétie, en quelque sorte.

Du coup, notre bonhomme s'est imaginé que Sixte-Quint était au milieu de la série des Papes cités par Malachie-Wyon. Manque de pot : il y en a 2/3 avant et seulement 1/3 après.

Mais le gars ne s'est pas découragé. Il a passé son temps à mesurer la durée moyenne du règne des Papes avant et après Sixte-Quint en raisonnant comme suit :

Sixte-Quint a régné six ans, de 1584 à 1590. La moitié de son règne se situe donc en 1587. De la date d'élection du Pape auquel correspond la première devise (Célestin II, 1143) jusqu'en 1587, il s'est écoulé 444 ans, couvrant 72,5 règnes pontificaux, soit une moyenne de 6,1 ans par pontificat.

Si *L'axe au milieu du signe* partage bien en deux moitiés égale le temps couvert par l'ensemble de la prophétie, il devrait encore s'écouler 444 ans depuis la moitié du règne de Sixte-Quint, ce qui nous mènerait en 2031 pour les 39,5 règnes restants. Ce qui donne une moyenne de 11,2 ans par règne...

Nous ne sommes guère loin de découvrir que les 2/3 des Papes antérieurs à Sixte-Quint ont durée de pontificat de moitié inférieure à la durée des règnes du 1/3 postérieur. Aux erreurs humaines près, oserais-je dire ?

C'est là – à mon avis – la seule véritable énigme de la « Prophétie des Papes », et j'avoue n'avoir jamais réussi à la « démonter ». Par contre, j'en ai « démonté » une bien belle élaborée par Paul Féval.

Mais je crains de finir par vous lasser avec mes élucubrations, et je vais m'en tenir là.

Paul ROUELLE. (2003)

P.S. : Encore une fois, je tiens à réaffirmer que je ne prends pas parti et que je ne prêche aucune théorie. J'ai seulement essayé de vous amuser avec un ensemble de curiosités que chacun peu analyser à sa guise.

LE PETIT PROPHÈTE ILLUSTRÉ

Je vous en prie, prophète comme chez vous !
(*Manuel de politesse à table*)

****

Dans une courte étude précédente, brièvement et de manière fort peu exhaustive, j'avais examiné deux des prophéties les plus connues : les *Centuries* de Nostradamus et *La Prophétie des Papes* de Saint Malachie.

Bien que n'ayant jamais réussi – je l'avoue – à « démonter » la version chronologique de *La Prophétie des Papes*, je crois avoir assez correctement expliqué le « mécanisme » prophétique. Avant de donner un exemple moderne et facilement vérifiable par chacun d'une prophétie réussie, j'aimerais apporter une précision à mes yeux importante quant à ma position à propos des prophéties.

Je ne traite que des prophéties « laïques » ou, si religieuses, non reconnues canoniquement.

Je respecte profondément les opinions de chacun et le domaine des prédictions – terme, me semble-t-il, plus approprié en l'occurrence – attribuées à des personnages faisant l'objet d'un culte, ce domaine est bien trop sensible pour que je risque de heurter – bien involontairement – la sensibilité de certains.

D'autant plus que, s'il est assez facile d'expliquer le mécanisme des prophéties antiques, même visionnaires, par la mentalité et surtout la linguistique hébraïque ou araméenne, il s'en trouve deux, dues à des personnages du Nouveau Testament, dont je ne peux que constater qu'elles sont impressionnantes, même si elles sont assez curieuses.

Venons-en donc à cet exemple concret d'une prophétie discrète – très discrète même – que l'on peut dater avec une totale certitude de 1856 au plus tard, et qui est due à un bonhomme dont on n'a jamais prétendu qu'il fût le moins du monde inspiré par autre chose qu'une imagination assez extravagante mais bien dans le goût épique et romantique de son époque.

Il s'agit d'un roman de cape et d'épée assez parfaitement nul intitulé *Les Errants de Nuit*, commis par Paul Féval et publié pour la première fois chez Ollendorff (Paris-Bruxelles, 1856).

Je ne vous raconte pas l'histoire, c'est impossible ! Disons seulement qu'il en ressort qu'un jeune maréchal des logis sans le sou amoureux d'une gentille et pauvre petite roturière finit par conquérir le cœur (et le reste) de sa belle après moult événements, embûches et rebondissements feuilletonesques tellement touffus qu'une chatte n'y retrouverai pas ses jeunes. Comme vous vous en doutez, tout se termine bien. Même qu'ils retrouvent leur état de noblesse, qu'ils ignoraient...

Il se trouve que l'aventure se déroule au milieu de vilains méchants pas beaux à la recherche du trésor de Louis XVI, donc dans la région d'Orval, ce qui m'a évidemment amené à me forcer – je dis bien : « me forcer » – à lire ce navet.

Il n'a heureusement pas fallu longtemps pour que je remarque deux ou trois choses qui ont titillé mon attention, ce qui m'a donné le courage d'aller jusqu'au bout. C'est ainsi que j'ai fini par discerner clairement les éléments suivants :

1. L'aventure s'articule autour de deux familles, celle de Soleuvre et celle de Blamont.

2. Pour des tas de très bonnes raisons dont cette analyse est indirectement la conséquence, je m'intéresse depuis longtemps à la famille de Blamont. Raison de plus pour lire attentivement.

3. Pour justifier le nom, finalement retrouvé, de son héros, Féval invente un blason représentant, *sur fond d'argent, une nuée d'où sort un avant-bras vertical portant une croix latine*. Donc, « la seule œuvre du héros sera de porter bien haut la croix et ce qu'elle représente » (!)...

4. Le trésor de Louis XVI, connu par tous ceux qui le cherchent sous le nom de « Trésor d'Orval » parce que ayant été caché dans le domaine de l'Abbaye où devait se réfugier le roi lors de sa fuite et suite à son arrestation à Varennes, le trésor donc est « caché sous la quatrième tombe, celle de Monsieur de Blamont ». Il se fait que je connais très bien l'emplacement de trois des tombes dans les ruines de l'Abbaye.

Ma curiosité étant suffisamment allumée, je me suis donc mis à vérifier tout ce qui pouvait être historique dans cet embrouillamini. Et j'ai la chance de posséder le très réputé *Armorial Général* de J.-B. Rietstap (cinq volumes) qui fait autorité en matière d'héraldique.

Surprise : il existe bien une famille de Soleuvre, et elle est bien luxembourgeoise. Manque de pot, son blason se lit : « D'or au lion de sable armé et lampassé de gueules », ce qui veut dire que le fond de l'écu est jaune et qu'il se trouve sur ce fond un lion noir dont les griffes et la langue sont rouges. Et que ce n'est pas du tout le blason conçu par Féval...

Deuxième surprise : renseignements pris, cette famille pourtant bien authentique et dont on aurait pu croire qu'à l'instar des autres, elle se fût offensée de cette atteinte à ses attributs nobiliaires, cette famille n'a jamais réagi à la publication du roman.

Or, du fait de la disparition du roi et selon le roman, le trésor de Louis XVI devait permettre à qui le retrouverait de restaurer l'Abbaye d'Orval, détruite et incendiée par les révolutionnaires le 23 juin 1793.

Par ailleurs, quand le héros retrouve enfin sa noblesse et son vrai nom, Soleuvre, il récupère automatiquement les armes familiales. Il devient donc, selon les mots de Féval, le *fils de la croix*. Et, toujours selon Féval, c'est lui qui devra restaurer le monastère s'il remet la main sur le trésor, ce qu'il est à deux doigts de faire à la fin du roman. Malheureusement, une maladresse des brigands qui le poursuivent noie la cachette et le trésor est à nouveau perdu...

Il est vrai que l'Abbaye était toujours en ruines en 1856, que personne n'envisageait encore de la reconstruire, et que l'auteur ne pouvait décemment pas faire de sa restauration le happy end de son bouquin.

Troisième surprise : par jeu et poussé par mon insatiable curiosité, j'ai recherché cette quatrième tombe, celle de Monsieur de Blamont. Et l'on connaît ma façon de raisonner le symbolisme...

La tombe existe bel et bien. Elle se trouve « au seul endroit des ruines d'où l'on peut lire l'heure au cadran des étoiles ».

Or, le « cadran des étoiles » se trouve sur la tour d'horloge de l'*Abbaye moderne* ! Il fallait donc supposer que les bâtiments actuels avaient été conçus pour rendre signifiantes les ruines de l'ancienne Orval.

Que l'on se souvienne de mon analyse du mécanisme prophétique : un événement, décrit dans le futur par quelqu'un qui affirme savoir lire le destin dans les astres, et que des gens « avisés » se chargent de réaliser.

L'actuelle Abbaye d'Orval a été construite, de 1926 à 1936, par l'Architecte Henry Vaes sous la houlette de Dom Albert-Marie van der Cruyssen, qui en deviendra le premier « nouvel » abbé.

Dom Albert-Marie van der Cruyssen ! Le fils de la Croix...

Féval avait « vu juste ».

Il convenait donc de creuser sérieusement la question, car – on va le voir – Féval avait vraiment vu *très* juste...

Premier réflexe : examiner l'héraldique de ce Père Abbé.

Le Rietstap ne mentionne aucune famille van der Cruyssen. Or, je l'ai expliqué notamment dans l'article précédent, il est de tradition qu'un religieux, tant régulier que séculier, qui accède à une fonction importante, modifie son blason s'il en a un, ou s'en donne un s'il n'en a pas.

Donc, Dom Albert-Marie s'est composé son blason abbatial, lui-même ou plus probablement avec l'aide de l'un ou l'autre spécialiste. Ce blason se lit : « Parti coupé aux quatre quartiers portant *cinq* croisettes *recroisettées* »[60].

En héraldique conventionnelle, un « parti » (ligne verticale mince ou peu épaisse) signifie qu'il y a eu mariage, union de deux familles. D'où l'expression « faire un beau parti », d'ailleurs. Son équivalent horizontal, le « coupé », signifie qu'il y a interruption. De quoi ? Il est évident qu'il y a eu très peu de mariages parmi les moines, et que bien que mère de quelques abbayes-filles, Orval n'a jamais épousé qui que ce soit. Il n'empêche que la présence de ces deux meubles[61] signifie qu'il y a eu interruption du fait d'un départ, mais peut-être prolongation discrète via un ou des mariage(s), donc par le fait d'une famille.

L'interruption et le départ ne sont pas bien difficiles à identifier : la fuite de la majorité des moines au refuge de Luxembourg suite à l'incendie de l'Abbaye par les troupes du général Loison en 1793, et la suppression officielle du monastère avec confiscation de ses biens par décret de la République en 1796. Mais s'il y a eu prolongation malgré la suppression, encore une fois, de quoi s'agit-il ?

Si l'héraldique est un langage symbolique, le langage symbolique n'est pas uniquement celui de l'héraldique. Parfois, avec ses propres termes et ses propres images, il recouvre celui de la langue du blason telle qu'elle a été codifiée au XVIIe siècle par le R.P. Ménestrier S.J. Quand c'est le cas, « recroisetté » veut dire que « l'on a remis quelque chose », sous-entendu « qui s'y trouvait déjà ». Ce qui confirme un peu le raisonnement ci-dessus mais ne répond toujours pas à la question : quoi ?

L'intuition (et l'habitude de ce genre de recherche) pousse à penser que, si « on y a remis quelque chose qui s'y trouvait déjà », on puisse en trouver la trace avant l'interruption. Donc, je m'en vais jeter un coup d'œil sur le blason du dernier Père Abbé d'Orval avant l'interruption révolutionnaire.

Quatrième surprise ! L'abbé s'appelait Dom Gabriel Siegnitz, ce qui, en letzeburger, veut dire « celui qui fait signe ». Non pas celui qui agite la main pour dire « au revoir », ce qui n'eût déjà

---

60. Peut aussi se dire « Parti coupé cantonné de cinq croisettes recroisettées ».
61. Le mot « meuble » désigne toute figure dessinée sur le fond de l'écu, qu'elle soit géométrique ou figurative.

pas été mal du tout, mais plus précisément « celui qui attire l'attention ». Et, cerise sur le gâteau, son blason confirme que la piste est valable. Il se lit : « parti coupé aux quatre quartiers portant *quatre croisettes* ». Des croisettes simples...

Donc, c'est avec Dom Siegnitz que « la chose » a disparu.

Mais il n'est pas impossible, comme expliqué plus haut, qu'il y ait eu « continuation via une famille »... Et nouvelle question : quelle pourrait bien être cette famille ? La logique voudrait que l'on se mette en quête d'un blason intermédiaire entre les deux pièces citées, soit un écu « parti coupé aux quatre cantons (ou quartiers) portant cinq croisettes ». Des croisettes simples, mais cinq. Ce qui voudrait dire que le propriétaire du blason est dépositaire de ce qui est parti suite à l'interruption...

Brave logique, va ! Et surtout brave Théodore de Renesse dont le *Dictionnaire des Figures Héraldiques* (7 volumes !) donne bien vite la solution quand il se trouve sur la même planche de bibliothèque que le Rietstap.

La famille en question, celle de Mercy-Argenteau, n'en est pas loin, mais... Mais.

Mais elle comporte quelques membres illustres sous Louis XVI et même sous les deux Empires. On y trouve notamment un personnage assez remarquable : Charles-Joseph-Benoît, comte de Mercy-Argenteau pour l'état civil et Archevêque de Tyr en religion[62]. Soucieux de vérifier ce que je soupçonnais sur pièce et non plus dans des livres, si renommés fussent-ils, j'enfourchai mon fier palefroi, et, blasonné de points d'interrogation sur fond de curiosité, je m'en courus voir de mes yeux la tombe du dit Charles de Mercy-Argenteau.

Elle se trouve dans une charmante petite église, très proprement restaurée, dont on peut aisément obtenir la clef – si l'on a bonne mine – dans une ferme voisine afin de la visiter en dehors des offices. La tombe monumentale de l'Archevêque de Tyr se situe dans la nef droite et masque quelque peu celle de son frère, beaucoup plus discrète bien que plus intéressante encore : c'est elle qui porte très exactement le blason recherché !

Il n'y a pas que cette surprise dans l'église. En plus de la décoration du jubé et sous l'escalier qui permet d'y accéder, on découvre en cherchant bien la pierre funéraire d'un curé de la paroisse dissimulée derrière un évier (!)[63]. Cette dalle permet aussi une très amusante analyse héraldique. Mais c'est là une tout autre et bien longue histoire... même si c'est l'affaire que j'étudiais alors qui m'a fait aboutir à ce sujet.

Il y a, dans l'immédiat, beaucoup plus amusant.

Comment appelle-t-on, en héraldique, un avant-bras vertical dont la main soutient une croix ? Ce meuble porte un nom particulier qui provient d'un ordre religieux fondé par Saint Pierre Nolasque et Saint Raymond de Peñafort dans le but de racheter les chevaliers chrétiens tombés aux mains des Infidèles au cours des croisades. Cet ordre était celui des Mercédaires, et ce meuble héraldique qui leur fait allusion, c'est une « main de mercy » !...

Last but not least, elle est émaillée de blanc, ce qui se dit « d'argent ».

Le blason inventé par Féval se lit :
*« ... à la nuée d'**argent** portant une main de **mercy** de même »* !

Et Charles de **Mercy-Argenteau** était contemporain de Féval.

Avez-vous compris, cette fois, pourquoi votre fille est muette ?

---

62. Titre purement honorifique – l'Archevêché de Tyr n'existant plus dans les faits – accordé à un prélat pour valoriser sa fonction ou sa personne.
63. Voir photo 25 page 176. (NDE)

Un dernier point que l'on a quelque peu perdu de vue dans les méandres de cette recherche. Si j'ai pu déterminer la parcours suivi par « la chose » – Orval-Argenteau-Orval – je n'ai toujours pas identifié ce que l'on cherche depuis le départ.

Le « trésor de Louis XVI », je n'y crois pas, mais alors là, pas du tout !

Le roi n'était guère l'andouille que l'on présente trop facilement et n'aurait certainement pas fait suivre à son magot, pour autant qu'il l'ait emporté, le même chemin qu'il suivait pour fuir la France révolutionnaire. On m'objectera que le trésor pouvait très bien déjà se trouver à Orval sous la garde des troupes du marquis de Bouillé. Cela ne tient pas debout : Bouillé l'aurait emporté avec lui lors de son évacuation des lieux...

De plus, le chevalier de Fersen, amant que la légende seule donne à Marie-Antoinette et responsable de l'équipée, Fersen n'aurait jamais pris le risque de faire acheminer – même antérieurement – le trésor royal dans un lieu qui ne devait être qu'une étape. Si des valeurs ont été prudemment évacuées préalablement à la fuite de la famille royale, elles devaient avoir été expédiées dans un lieu suffisamment sûr, parmi des émigrés qui pouvaient s'en servir le cas échant afin de venir en aide au roi et à leur cause. En Autriche, par exemple.

Le « trésor d'Orval », celui que les Sans-Culottes n'auraient pas découvert, je n'y crois pas trop non plus.

Il y a bien trop longtemps qu'on le cherche, et avec d'autres moyens que mes analyses symboliques ! Plusieurs personnes solidement nanties y ont d'ailleurs englouti toute leur fortune...

L'abbaye était riche, pourtant. Lors de la vente des biens confisqués par la République, à eux seuls, deux vases sacerdotaux produisirent *400.000* francs-or de l'époque ! Cela donne une idée de ce que l'on ne retrouva jamais. Jamais...

Et pourtant, quelque chose me chiffonne.

Entre 1920 et 1936 (grosso modo), au moins cinq abbayes belges furent relevées de leurs ruines ou créées *de novo* en même temps qu'Orval. En pleine époque de marasme économique...

Si votre fille retrouve la parole, vous lui demanderez...

Paul ROUELLE
Liège, novembre 2003.

APPARITIONS INSOLITES

>Ave maris stella
>Felix coeli porta
>Funda nos in pace
>Mutans Evae nomen
>...
>Salut étoile de la mer
>Heureuse porte du ciel
>Donne-nous la paix
>En changeant le nom d'Eve.
>*Saint Bernard de Clervaux.*
>(1090-1153)

****

Marie n'est guère la seule personne qui ait jugé utile d'apparaître aux yeux humains. Comme disait Audiard, « La Vierge, c'est comme la police. Faut une apparition de temps en temps, sinon le doute s'installe »...

De tout temps, des êtres mythologiques et parfois dignes de foi se sont manifestés dans diverses conditions que les littératures anciennes, les sagas et l'hagiographie décrivent abondamment. Des dieux, des demi-dieux, des anges, des héros, des humains sanctifiés ont couru les rues, les bosquets et les sanctuaires chacun à leur manière et sous diverses formes. Et tout autant de diables et de démons.

Mais, si certaines apparitions peuvent être mises en relation avec des phénomènes OVNI, d'autres présentent de curieuses particularités communes. Tout se passe comme si certaines conditions étaient nécessaires à leur apparition, quitte à ce que les personnages les créent eux-mêmes pour se manifester.

Quelles sont ces conditions à la fois nécessaires et suffisantes ?

Il faut la présence sur le terrain de :

1. Une grotte, une cavité quelconque. En tout cas, un endroit abrité.
2. Un écoulement d'eau.
3. Un phénomène lumineux.
4. Une plante de la famille des rosacées.

L'Ardenne belge et le nord des Ardennes françaises ont été et sont toujours un véritable nid pour ces phénomènes, en particulier les régions de la Semois et de l'Amblève. *Les Contes du Val d'Amblève* de Marcellin Lagarde et les légendes locales foisonnent d'exemples que l'on se raconte encore aujourd'hui dans les veillées rurales.

De fait, certains soirs d'automne notamment, on peut voir, depuis les hauteurs avoisinantes, de curieuses colonnes brumeuses s'élever des vallons boisés, formations qui peuvent prendre des aspects bizarres évoquant facilement une apparition plus ou moins fantomatique. On les appelle les Dames Blanches. On dit que ce sont des fées…

Bien sûr, il n'y a rien de mystérieux là-dedans : ce sont simplement des colonnes de vapeur que dégagent les feuilles de certaines espèces végétales lorsque baisse la température de la journée, mais… Mais ?

Des images formées par des vapeurs humides au-dessus de certaines espèces végétales alors que le soleil se couche et que la lumière change ?… Tiens donc ! Et s'il y avait une cavité, en plus ?

C'est parfois le cas. En voici un exemple à la fois bien et mal connu : l'histoire de la fée Mélusine, la vraie, pas celle que Jehan d'Arras a construite au départ de la légende belgo-luxembourgeoise, bien plus ancienne.

Même les légendes ont une histoire. « Legenda », les choses qui doivent être lues, sous-entendu : entre les lignes. C'est pourquoi, quand on étudie l'histoire d'une légende, et l'Histoire qui sous-tend cette légende, on trouve parfois des choses bien curieuses.

HISTOIRE DE MÉLUSINE

Donc, il était une fois une fée écossaise nommée Pressine, qui avait épousé un certain Elinas, roi des Highlands, lequel en eut trois filles : Mélusine, Palatine et Mélias.

Or, pour des raisons que la légende ne raconte pas, Pressine avait eu des mots avec son mari et, au lieu de lui flanquer à la tête la vaisselle du ménage, s'était réfugiée dans une petite île pour y bouder à son aise. Il faut dire que le Limoges n'avait pas encore été inventé et que la vaisselle en étain et or, tout aussi coûteuse, était plutôt fatigante à lancer, même pour une magicienne.

Mais voilà-t-y pas que les trois petites fées décident de prendre la défense de leur Maman, et de jouer un vilain tour au méchant mari qui n'avait plus rien d'un prince charmant. Sitôt dit, sitôt fait, elles le kidnappent et l'enferment dans une grotte de la montagne de Brumbeloy.

Le problème, c'est que, entre-temps, Pressine s'était réconciliée avec son monsieur, et qu'elle était bien embêtée. Elle ne pouvait décemment pas vraiment punir ses trois gamines, puisque elles avaient agi pour elle, mais c'était quand même leur Papa, et comme le MLF n'existait pas encore, il fallait bien leur inculquer un minimum de respect. Après avoir mûrement réfléchi, elle crut bon de les remercier en leur conférant immédiatement ses pouvoirs de fée, dont elles n'auraient normalement dû hériter qu'après un long apprentissage, mais aussi de les punir en leur imposant un sort qui transformerait, chaque samedi, leurs jolies jambes en une queue de serpent, avec comme condition supplémentaire que, si jamais leur futur mari les surprenait durant leur métamorphose, elles perdraient immédiatement le bonheur qu'elles auraient construit avec lui.

Bien que le téléphone arabe n'eût pas encore été importé, il ne fallut guère de temps pour que tous les Mac QuelqueChose du coin apprissent la mésaventure des trois jeunes et jolies héritières, en rigolassent et refusassent même l'idée d'un jour les épouser[64]… De sorte que celles-ci durent s'expatrier – oserai-je dire : la queue entre les pattes ?

C'est ici que les avis divergent, ou plutôt, que certains avis s'imposent.

---

64. Les imparfaits du subjonctif sont compris dans le prix.

Les fées, pour imaginaires qu'elles soient, ont parfois des pouvoirs bien réels, comme nous allons le voir. Or, il est contraire au bon sens qu'une personne de la qualité de Mélusine connaisse son aventure ailleurs qu'en France, et j'en connais qui vous toisent du haut de l'évidence qui leur sert de raisonnement quand vous osez – même timidement – envisager une autre version que la leur.

— *Mélusine est française, Monsieur, je vous interdis de penser autrement. D'ailleurs, Angevins, Poitevins et parfois Toulousains se la disputent encore, ce qui est bien une preuve. N'est-ce pas ?*

Et même, en 1392, Jean de Berry alla jusqu'à stipendier un poète, Jehan d'Arras, pour lui rédiger une chronique de la fée en bonne et due forme, tandis que les Lusignan, ressuscités pour la circonstance, payaient un certain Couldrette pour leur en faire autant, mais en vers, cette fois. Si la légende des dictionnaires impose effectivement à la fée la nationalité d'une France qui n'existait pas encore – ou si peu – la réalité des contes de nos grand'mères lui donne une tout autre couleur : Mélusine est bel et bien ardennaise. Mais reprenons la légende et voyons où elle nous mène.

Il existait à cette époque un jeune chevalier, Siegfried de Koerich, probablement beau et preux comme il convient à une légende, mais certainement pas très futé, car il venait d'échanger avec les moines de Saint Maximin de Trèves (12 avril 963), son riche territoire de Feulen contre un sinistre amas de caillasse situé au confluent de la Pétrusse et de l'Alzette, surnommé « Le Bouc » à cause de ruines que l'on disait hantées par le Diable. Et, par une nuit de lune blême, alors qu'il arpentait, morose, le rives de l'Alzette, son cheval se cabra soudain, refusant d'avancer. Intrigué, il voulut mettre pied à terre pour aller voir la raison de l'inquiétude de l'animal quand une véritable apparition surgit des fourrés, une nénette blonde échappée de la page centrale de *Playboy*, équipée de tout ce qu'il faut où il faut, qui vint prendre le licol du canasson et le calma aussitôt en disant simplement : « Je m'appelle Mélusine »...

Le gars aurait pu répondre très spirituellement : « Vous marinez chez vos harengs ? », ou encore « Tu viens en suer une, poupée ? », mais il préféra se présenter très simplement : « Je m'appelle Siegfried, Damoiselle, et je suis très malheureux parce que je suis devenu pauvre et bien indigne de vous. »

En fait, question de pauvreté, ce n'était quand même pas exactement un SDF : il restait propriétaire du comté d'Ardenne... De toute façon, il était écrit que les choses devaient s'arranger, car la jeune beauté lui répondit : « Si vous me jurez solennellement de ne jamais chercher à me voir le samedi, je vous rendrai bonheur et prospérité, faisant de vous le plus riche et le plus puissant de votre lignage ». Le temps de rentrer dans leurs orbites les yeux qui lui sortaient de la tête, et le chevalier balbutia tous les serments que demandait la belle...

... La belle, la superbe Mélusine, qui avait abouti quelques temps auparavant, en compagnie de ses deux sœurs, dans ce trou perdu qui deviendra Luxembourg. Palatine et Mélias étaient parties, et nul ne sait ce qu'elles devinrent. Et pourtant, depuis lors, on les vénère toujours dans le Grand-Duché, où elles sont devenues les « Trois Vierges »...

Quant à Mélusine, elle cachait sa dérogeance hebdomadaire dans une grotte à flanc de colline, que les Teutoniques transformeront un jour en une étrange et magnifique chapelle semi-troglodyte dédiée à Saint Quirin, où le culte a encore parfois lieu de nos jours.

Le mariage eut lieu. Siegfried et Mélusine vécurent heureux et eurent des enfants.

Remarquez : je n'ai pas dit « de beaux enfants ». En fait, la légende – qui ne se décide pas sur leur nombre – les décrit comme des géants contrefaits ou attardés... Des fins de race, en quelque sorte.

27. Photos de la faille de Mélusine, château de Koerich (GD de Luxembourg).

Il n'empêche que Siegfried se retrouva bel et bien riche et puissant, et même très respecté des seigneurs d'alentour, et tout alla pour le mieux dans le meilleur des mondes pendant vingt-cinq ans. Vingt-cinq années durant lesquelles l'époux respecta scrupuleusement la promesse faite à sa femme en se tenant soigneusement à l'écart des appartements de celle-ci durant toute la journée de chaque samedi. Mais hélas, la jalousie d'un perfide veillait. Un méprisable individu qui parvint à susciter le doute dans l'esprit de l'époux comblé. « Dis donc, qu'est-ce qu'elle fait, ta bonne femme, tous les samedis ? Hein ? Ca ne t'a jamais inquiété, toi ? Tu ne t'es jamais demandé avec qui elle passait ses fins de semaine ? Tu n'as jamais eu l'impression d'avoir quelque chose de lourd sur le front ? »… Et cette andouille de Siegfried céda. Il se rendit aux appartements de son épouse, ouvrit la chambre à l'aide de la *clef d'or* dont Mélusine gardait l'autre exemplaire, et la vit : toute nue et baignant dans une bassine de chêne, se mirant dans un miroir pendant qu'elle coiffait son abondante chevelure, en train de faire « floc floc » dans l'eau avec la queue couverte d'écailles qui avait remplacé ses jambes de rêve… Médusé, Siegfried n'eut pas le temps d'esquisser le moindre geste : Mélusine poussa un cri de détresse, tout son corps se couvrit d'écailles et deux ailes membraneuses lui poussèrent sur le champ, qui lui permirent de s'envoler en pleurant par la fissure qui venait de s'ouvrir avec un craquement monstrueux dans la façade du château, pendant que les richesses et les biens du Comte d'Ardenne s'enfonçaient dans le sol.[65]

Et parfois, depuis lors, elle revient voleter autour des murailles en ruine, en poussant des cris lamentables. Elle revient chaque fois qu'un malheur va s'abattre sur ses descendants. Légende que tout cela. Bien sûr. Ce serait trop beau... Mais, n'y a-t-il que la légende, et, le cas échéant, que doit-on en comprendre et en retenir ?

Je l'ai précisé dès le départ : la légende, c'est un ensemble de choses qui doivent être lues. Alors, que faut-il lire entre les lignes de la légende de Mélusine ?

Si nous examinions les faits avérés, historiques, au fur et à mesure qu'ils se présentent ? Et d'abord, le substrat. Il est certain que Mélusine n'a jamais existé, tout au moins en tant que fée. Je pense que personne ne me contredira. Et pourtant, son aventure, dans les faits avérés et vérifiables par chacun d'entre nous, son aventure est plus qu'étrange et pourrait même avoir parfois de quoi faire douter les sceptiques. Car, s'il ne subsiste pas de traces de l'existence de Mélusine elle-même[66], on trouve quand même pas mal de traces de ceux que la légende dit l'avoir connue, des traces concrètes ! Et d'abord, son mari. En 1608, des travaux dans l'église abbatiale de Saint Maximin de Trèves permirent de retrouver la tombe de Siegfried de Koerich. On l'ouvrit et l'on y trouva le squelette, encore garni de sa pilosité rousse, ainsi que divers objets ayant appartenu au défunt, de ces objets qui avaient marqué sa vie et qu'il avait voulu emporter dans la mort. A côté de l'époux que la légende donne à Mélusine, il y avait *deux clefs d'or*...

Mais il y a mieux, ou pire, c'est selon. Nulle famille ne pouvait mieux se prétendre issue de Mélusine que les descendants de Siegfried de Koerich, qui devinrent les premiers Comtes de Luxembourg (rien à voir avec l'actuelle famille Grand Ducale), rois de Bohème et de Pologne. La plupart des enfants mâles de cette famille, parfois après avoir connu la fortune et le pouvoir, ont subi les coups du sort durant le mois de la date anniversaire du jour où Siegfried découvrit la nature particulière de son épouse.

Le petit-fils de Siegfried, Gislebert, meurt *à cette date*, en 1058.

Conrad, son héritier, décède *à cette date* en Italie, en 1086.

Pierre de Luxembourg est cardinal à dix-huit ans. Il vit dans l'entourage papal à Avignon, et d'aucuns le voient monter un jour sur le trône de Pierre. Il meurt mystérieusement en 1387, *à cette date*. Si mystérieusement que les Avignonnais en font un saint et vénèrent... ses sandales.

On pourrait en citer plusieurs autres, mais il faut restreindre et je me limiterai à l'aventure la plus extraordinaire, celle du comte Jean de Luxembourg. Né *à cette date*, en 1296, il connaît d'abord une chance exceptionnelle : il a douze ans quand son père devient empereur du Saint Empire ; il en a treize quand il hérite du comté de Luxembourg, et quinze quand il est sacré roi de Bohème et de Pologne. Malheureusement, cette chance ne dure pas. Il perd un œil au combat et l'autre, peu après, à la suite d'une maladie. Désormais surnommé Jean l'Aveugle, il sait que sa mort approche avec le mois fatidique. Le 26 du mois en question, et malgré son infirmité, il accompagne le roi de France à Crécy. Il se rend compte que la bataille est perdue. Alors, avec un courage un peu fou, il se fait conduire au combat, priant ses compagnons de « le mener assez avant pour qu'il puisse encore férir un bon coup d'épée ». C'est là qu'il mourut, et l'endroit est aujourd'hui encore marqué d'un calvaire.

Or, l'histoire ne fait que commencer ! Le vainqueur, magnanime et portant au roi défunt une

---
65. La fissure qui s'ouvrit dans la muraille pour permettre à Mélusine de s'envoler est toujours visible aujourd'hui dans les ruines du château. L'ennui, c'est que celui-ci date du XVIIe siècle...
66. A part peut-être son étrange tombeau dans l'église de Namêche ?

profonde admiration, fit rechercher son cadavre pour l'embaumer afin de l'inhumer provisoirement à l'abbaye de Valloires avant de le faire rapatrier dans sa capitale luxembourgeoise où l'attendait un mausolée érigé dans l'abbaye du Vieux-Munster... en haut du rocher maudit sous lequel Siegfried avait connu Mélusine.

En 1541, le Vieux-Munster fut incendié sur ordre de Charles-Quint, mais un moine sauva la momie au péril de sa vie.

Vers la fin du siècle, l'archiduc Albert paya très cher, et sur sa cassette personnelle, un nouveau monument au roi que la population vénérait à l'égal d'un saint. Monument qui brûla à son tour un siècle plus tard...

Heureusement préservée, après de multiples déboires, la dépouille fut achetée par une famille de faïenciers établie... au pied du rocher du *Bouc*, famille qui portait elle-même le nom de *Boch* et qui fondera un jour La Louvière, en Belgique après une épopée digne du *Go West* américain[67]. Acquise ensuite par Frédéric-Guillaume de Prusse, et après un séjour au château de Castel, la momie fut enfin rendue aux Luxembourgeois par l'armée française d'occupation en 1946. Presque parfaitement conservée, elle fut inhumée sous la cathédrale de Luxembourg. Le descendant de Siegfried et de Mélusine était retourné dans les entrailles du Bouc, à quelques pas de la grotte où ses aïeux s'étaient connus.

Belle histoire, n'est-ce pas ? Oui, belle légende, mais qui devient quand même passablement inquiétante quand on sait que tous ces événements (à une exception près), se sont déroulés *durant le mois fatidique*, et même certains *à la date anniversaire précise.*

Cette date que j'ai gardée pour la bonne bouche, parce qu'elle m'amuse beaucoup. C'est un samedi 14 août que le drame se déroula dans la chambre de Mélusine à Koerich. Et il se trouve que je suis né un 14 août. Il m'arrive parfois, le samedi, de considérer les papattes de ma Moman et de me mettre à rêver...

Mais les curiosités liées à Mélusine sont loin de s'arrêter là !

Et d'abord, pourquoi certaines familles se mirent-elles en tête de s'approprier la fée ardennaise pour s'en faire une ancêtre, au point de voler froidement les armes héraldiques de la famille des Comtes de Luxembourg ? (Burelé d'argent et d'azur, qui est de Mélusine ; chargé plus tard d'un lion de gueules, qui est... d'Elinas, roi des Highlands ; le tout sommé d'un serpent ailé jaillissant d'une cuve. En français : portant des rayures alternativement blanches et bleues censées représenter les écailles d'un serpent, puis chargé d'un lion rouge, portant au-dessus de l'écu un casque garni de la représentation de Mélusine surprise au bain. Au fait, examinez attentivement l'écusson des Alfa-Roméo. L'histoire de Mélusine n'est pas perdue pour tout le monde.) Cette volonté de compter la fée-serpent parmi ses ascendants provient d'une prophétie d'un moine irlandais, si je ne me trompe, appelé Geoffroy de Monmouth. Attribuée par certains à Merlin l'Enchanteur himself, cette prophétie disait que « ne pourraient s'asseoir sur le trône de Jérusalem que ceux qui descendraient à la fois de Mélusine et... des Mérovingiens ».

Des descendants mérovingiens, on en trouvait encore à l'époque. Il se dit qu'il en existerait toujours aujourd'hui, d'ailleurs : le comte Pierre Plantard de Saint-Clair, en ligne réputée directe, et le défunt Président Gaston Poher, en ligne cadette. Mais des descendants de Mélusine, ça, c'était quand même nettement plus rare ! Qu'à cela ne tienne : il suffisait de s'arranger pour. Et c'est ainsi que les Toulouse, Rethel, Boulogne et quelques autres kidnappèrent notre gentille petite fée, les

---
67. Et qui donnera son nom à la ville de La Louvière, un enfant du convoi ayant été dévoré par une louve.

Berry et les Lusignan allant jusqu'à se faire pondre des récits « authentiques » afin de s'approprier plus sûrement la parenté recherchée. Et effectivement, toutes ces familles s'assirent un jour ou l'autre sur le trône tant convoité. Mais toutes le perdirent.

Par contre, celui qui le conquit, Godefroid de Bouillon, était bien un authentique descendant mérovingien d'une part, et pouvait d'autre part revendiquer l'illustre lignage par sa mère, Ida d'Ardenne. Ce cher Godefroid de Bouillon, que certains s'acharnent à ravaler au rang de Boulogne, mais qui – dit-on – fonda quand même ce fameux Prieuré de Sion dont on parle tant à propos de Rennes-le-Château et du mystérieux trésor de l'abbé Saunière...

HISTOIRES DE QUELQUES AUTRES

Puisque la légende est « quelque chose qui doit être lu », il conviendrait maintenant de se pencher sur ce que l'on peut trouver derrière celle de Mélusine, et – tant qu'à faire – derrière celles de toutes les femmes-serpent. Car il y en a d'autres, des femmes-serpent, de ces femmes dont les jambes, dans certaines conditions, se fusionnent pour donner une queue qui se couvre d'écailles.

Là, on me dira tout de suite : « Halte, ce ne sont plus des femmes-serpent, mais tout simplement des sirènes, et leurs jambes deviennent des queues de poisson ».

Hé bin non ! Ce sont des sirènes dans le sens relativement moderne qu'une certaine imagerie a donné à un être fabuleux constitué d'une buste de jolie fille généralement nue, monté sur une base ichtyoforme, que des esprits pervers disent être une morue. En fait, dans la mythologie grecque qui les a créées, les sirènes sont d'assez vilaines bestioles composées d'un buste de femme et d'un corps d'oiseau, des êtres parfaitement odieux qui attiraient les marins trop sensibles à la beauté de leur chant afin de les noyer au large de l'île de Caprée. On pourrait dire qu'il n'y a de commun entre ces deux versions que le danger représenté par la séduction de la femme, qu'elle provienne de son chant ou de sa beauté...

Nous, nous retiendrons l'idée du poisson, en attendant celle du serpent.

Il existe en effet une légende commune à diverses mythologies, et que l'on retrouve même dans les notions judéo-chrétiennes, légende qui lie la femme primordiale, la femme essentielle, au milieu marin. La mer, la mère toujours recommencée, comme disait à peu près Baudelaire. Deux ou trois exemples seulement, pour ne pas encombrer.

La légende du lac Titicaca, au Pérou, qui dit que l'humanité est née d'une déesse aux longues oreilles, sortie du lac, et que l'on appelait Orejona...

La légende romaine de Vénus, sortant de l'onde...

La légende occidentale de l'origine des Mérovingiens, qui seraient issus du mariage d'un être marin et de la fille du roi Pharamond...

Et même une certaine image de la Vierge très chrétienne, que Saint Bernard, un gars drôlement futé, imposa par un cantique en forme de calembour : « *Ave Maris Stella, mutans Evae nomen* ». Je te salue, étoile de la mer, toi qui changes le nom d'Eve (Ave/Eva). Retenons cette « opposition » des deux noms, elle va nous servir.

Quoi qu'il en soit, les premières représentations de femme-poisson féerique ou divinisée datent – semble-t-il – de l'époque celtique, et la plus connue d'entre elles est certainement Morgane, chère à Merlin et au roi Arthur.

Quant aux légendes sémitiques, elles ont permis de représenter souvent Lilith également sous forme de jolie fille terminée en queue de poisson. Ou en queue de serpent, car c'est à son sujet que la représentation ophidienne apparaît, au point que plusieurs représentations de la tentation du Paradis Terrestre montrent, enroulé autour du tronc du pommier fatidique, non pas un bête serpent tout simple, mais une fille à queue de serpent. Ce genre de représentation est assez commun en Bretagne, mais on la trouve aussi, notamment, au portail des Oeuvriers (le portail gauche) de Notre-Dame de Paris [68].

Si l'idée d'une déesse-mère assimilée à la mer est assez courante et a permis la création du mythe de la sirène, pourquoi cette transformation apparue avec Lilith et sa queue de serpent ? Je n'ai aucune certitude, mais il est très constant, dans la mythologie, d'associer une divinité à un point de repère ou à un événement céleste, et tout porte à croire qu'à l'époque où cette mythologie s'est formée, l'étoile polaire venait de quitter la constellation du Serpentaire (Ophiuchus, jadis aussi appelé Dragon) pour se diriger vers la Petite Ourse, où elle réside encore actuellement.

Il est à remarquer que c'est de cette époque que date aussi l'antique légende celtique du Roi Méhaigné (blessé), qui avait connu avec sa cour une période faste « à l'époque du dragon », puis qui avait « perdu le nord » (sa blessure symbolique), et avait enfin cédé le pouvoir à des successeurs associés à l'Ours (Époque de Callisto et d'Arcturus). Cette légende devint celle d'Arthur et de sa Table Ronde, à laquelle est associée la belle et dangereuse Morgane, avant d'être récupérée par les Bénédictins pour en faire celle du Graal autour du mythe du Roi Perdu.

Et Mélusine, dans tout cela ?

Mélusine s'inscrit dans un archétype très général que l'on retrouve dans toutes les légendes évoquées ci-dessus : celui d'un bonheur lié à l'ignorance, avec en corollaire un drame lié à la connaissance apportée par la femme, et dont la forme la plus connue est celle du Jardin d'Eden. Dans tous les cas, il s'agit d'un interdit outrepassé avec ou sans la complicité de la femme, mais toujours lié à son existence : Eve offrant la pomme à Adam, Mélusine découverte par Siegfried, Morgane séduisant Arthur... Etc. Le cas de Lilith n'est particulier qu'en ce qu'elle crée elle-même son propre interdit en refusant de se soumettre à Adam comme l'exigeait Yahweh, mais il se fond facilement dans l'ensemble au point que celle-ci – par vengeance ? – devient le démon tentateur qui mène le premier couple à sa perte avant de procréer avec un archange déchu les malheurs qui assaillent le monde depuis la vallée de Géhenne.

ANALYSE

En fait, qu'est-ce que tout cela signifie ? Sans être Jésuite, je vais quand même répondre par deux questions, dont la seconde amènera la solution de la première.

Premièrement : Mélusine est-elle une bonne femme qui se termine en serpent, ou un serpent qui se termine en bonne femme ?

Deuxièmement : quelles sont les deux femmes qui peuvent porter valablement le titre de « Immaculée Conception » ?

La Vierge, bien entendu. Mais aussi notre mère à tous, la Fille de la Côte : Eve. En effet, ayant été conçue avant le péché originel, elle est nécessairement immaculée conception. Or, ces deux dames ont un point commun : le serpent.

On peut lire la Bible, le Nouveau Testament et même tous les textes sacrés des religions révé-

---

68. Et dans une magnifique taque de cheminée heureusement sauvée de la destruction par Madame Anne-Marie Lizin, qui l'a fait placer dans le pignon de l'immeuble du Syndicat d'Initiative de Huy. A elle seule, cette représentation de Mélusine vaut un long article...

lées, le serpent n'est maléfique qu'une – et une seule – fois : quand il séduit Eve au Paradis Terrestre pour lui faire croquer sa pomme et la partager avec Adam. Dans tous les autres cas, il représente seulement la connaissance, et même mieux : la connaissance essentielle et intime de la Terre-Mère. Point. On peut donc dire sans risque de se tromper qu'Eve est la seule victime du Serpent. Quant à la pomme, elle est le fruit de la Connaissance. A preuve Newton, qui raconta avoir découvert les lois de la gravitation universelle en s'en prenant une sur la tête.

Mais la Vierge ? Eh bien, il suffit de regarder ses représentations picturales ou statuaires, et il ne faudra pas bien longtemps pour se rendre compte que, *quand il ne s'agit pas d'une de ses apparitions*, la Vierge est le plus souvent représentée « écrasant sous le pied le serpent qui cherche à la mordre au talon ». Ce qui veut dire – (presque) tous les curés vous le confirmeront – que la Sainte Mère de Jésus détruit le Mal qui a failli avoir raison de son Fils.

Ouais. Mais amenez-moi donc le curé qui m'expliquera pourquoi elle l'écrase sur un croissant de lune ! A mon avis, il n'est pas né. Ou alors, il a déjà lu mes explications, ce qui n'est pas impossible. Ou bien il est vraiment futé (j'en connais au moins deux).

Reprenons : Eve, la première femme, est la seule victime du Serpent, tandis que le Serpent est la seule victime de la Femme par excellence, Marie. Il y aurait là comme une sorte de cycle un peu déguisé, que ça ne m'étonnerait pas outre mesure. A moins que, la partie féminine en moins, on ne se retrouve devant un duo de personnages formant un serpent qui se mord la queue, un Ouroboros, chargé de nous faire comprendre que tout, un jour, finira bien par recommencer ?

« *Ave Maris Stella, mutans Hevae*[69] *nomen* », n'est-ce pas, Saint Bernard ? Dieu que cette phrase est belle et significative, quand on y pense bien ! Bernard était un sacré grand bonhomme, et ce n'est guère sa seule astuce dans le même contexte.

Cela ne nous dit toujours pas le pourquoi du croissant de lune.

Reprenons donc notre rôle de Jésuite et posons-nous une bonne question : et si, au lieu d'écraser le Serpent, la Vierge posait seulement le pied dessus pour s'appuyer via lui sur le croissant de lune ? Et pourquoi le ferait-elle ? Si mes souvenirs sont exacts, Yahweh, un beau jour, décida d'imposer la marque de son Alliance au sexe de l'homme, et il inventa la circoncision, que son confrère Allah reprendra quelques millénaires plus tard. Or, l'aventure de Lilith démontre que, premièrement, elle n'a pas été créée par Yahweh, et que deuxièmement, si celui-ci dispose bien de pouvoirs de création, ou plutôt d'animation, il n'est pas Dieu. Ou tout au moins, il n'est pas « le » Dieu, tout au plus un thaumaturge chargé de certaines besognes par son Patron Ineffable.

Si Lilith n'a pas été créée par Yahweh, elle l'a forcément été par un autre. Serait-il donc tellement déraisonnable d'admettre que cet Autre, lui aussi, aurait décidé d'imposer la marque de son Alliance au sexe de sa « création » personnelle, la femme ? Or la lune a bien un cycle de vingt-huit jours, non ? Il suffirait dès lors de chercher qui se cache sous l'image de ce serpent que Marie domine du bout du pied.

HISTOIRE DU SERPENT

Pour tout le monde judéo-chrétien, le Serpent, c'est le Diable. Admettons. Il convient cependant de remarquer deux ou trois choses à ce sujet.

---
69. Dans bon nombre de cas, en latin, le nom d'Eve s'écrit *Heva*, et l'on voit curieusement ressurgir cette fameuse lettre H, dont j'ai ailleurs expliqué le sens maléfique.

Premièrement, il est acquis qu'un dieu vaincu et remplacé par un autre devient toujours le diable de celui-ci. Un exemple frappant est celui de Bel (ou Baal), que Yahweh replaça dans la foi locale pour en faire un démon tellement représentatif que, dans la Bible, tous les faux dieux sont désignés par son nom, devenu terme générique. Et aujourd'hui encore, dans nos campagnes, ne craint-on pas un vilain cornu appelé Bel... zébuth ? Or cette idée d'un « dieu » devenu « diable » apporte une bien belle eau à mon moulin quand j'imagine que Yahweh a succédé dans le temps au créateur de Lilith.

Deuxièmement, le Diable n'existe pas. Même s'il fut préfiguré par divers démons plus ou moins sérieux qui hantèrent l'humanité depuis l'antiquité jusqu'au moyen-âge, il n'existe sous la forme que nous lui connaissons aujourd'hui que depuis le treizième siècle, quand les Dominicains de l'Inquisition lui donnèrent forme maléfique afin de trouver un « gendarme » capable d'inspirer une sainte terreur aux populations hérétiques et pécheresses. Le mot « Diable » vient du grec διαβολος (diabolos), celui qui se met en travers, qui cherche des crosses aux autres. Et en cela, il rejoint le personnage auquel on l'associera sous le nom de Satan, mot qui vient de l'araméen « ha-Shaïtan », et qui veut dire « le témoin », ou « l'accusateur ». En fait, Shaïtan est l'archange chargé de se faire... l'avocat du Diable lors de la comparution des défunts devant la justice divine, celui qui cherche toutes les mauvaises raisons qui pourraient empêcher le récipiendaire de pénétrer au Paradis, alors que Saint Michel, lui, cherche toutes les bonnes raisons de l'y accueillir, allant même jusqu'à jeter son épée dans la balance pour la faire pencher du bon côté quand il estime que son adversaire en rajoute un peu trop. Shaïtan n'est jamais que le Fouquier-Tinville du tribunal de Dieu. Il est même un passage de la Bible ou l'on explique que Shaïtan vient régulièrement faire un petit tour sur terre pour voir ce qui s'y passe, et parfois même sans demander la permission de Yahweh, ce qui prouve encore une fois que celui-ci n'est pas exactement le Dieu Tout-Puissant qu'il a voulu faire croire[70].

Mais alors ? Qui se cache sous l'aspect du Serpent ?

Il est un personnage que toutes le mythologies décrivent à leur manière sans vraiment le travestir, car il conserve toujours la même aventure et les mêmes prérogatives. Un personnage proche de(s) dieu(x) qui décida un jour de prendre la créature humaine sous sa houlette et de la faire évoluer vers l'Humanité d'abord, et peut-être bien l'humanisme ensuite. C'est pourquoi, exprimé sous une forme très symbolique, il lui apporta la Lumière de la Connaissance.

Chez les Grecs, il s'appelle Prométhée. Un bien curieux demi-dieu qui décida un jour de façonner l'homme au départ d'une masse de limon pétrie de ses mains. On a déjà vu cela quelque part. Mais il y a mieux : désireux de donner à sa créature une forme d'intelligence qui lui permettrait d'embrasser le monde visible, de l'étudier et de le connaître, il lui apporta le feu nécessaire à son développement, et ce, avec la complicité plus ou moins volontaire de la déesse Minerve.

La première femme s'appelait Pandore, Πανδωρα, ce qui signifie « tous les dons ». Elle avait été créée par Héphaïstos – le dieu des Enfers – avec de l'argile et de l'eau sur l'ordre de Zeus, qui voulait par elle punir Prométhée de lui avoir volé le feu divin afin de le confier à l'homme. Aphrodite lui donna la beauté pour se faire désirer de tous les mâles. Hermès la dota de ruse, de mensonge, de fourberie... et de la voix. Athéna l'éveilla à la vie, lui enseigna les arts féminins et l'habilla, ce qui est peut-être dommage. Finalement, Zeus l'envoya sur la Terre, munie d'une cassette qu'il lui interdit de jamais ouvrir. Il l'offrit à Epiméthée, qui la prit, ébloui par sa beauté,

---

70. Il existe même dans la Bible un passage où des archanges prennent la responsabilité de détourner sciemment les ordres de Yahweh. Relisez l'épisode de Sodome et Gomorrhe.

malgré les mises en garde de son frère Prométhée.

Et la curiosité de Pandore fut la plus forte : elle ouvrit la cassette et laissa s'en échapper la vieillesse, la maladie, le travail, le vice, la passion, la folie. Seul subsista l'espoir.

Même s'ils ne sont pas disposés dans le même ordre chronologique, on retrouve donc tous les éléments postulés ci-dessus : la créature issue de la terre, la lumière de la connaissance suivie du malheur, et la femme pour en permettre la distribution.

Qu'en est-il dans le monde judéo-chrétien ? Pas besoin de faire un petit dessin, tout le monde a compris. La « révolte de l'Archange qui se voulait l'égal de Dieu », comme on l'apprend au catéchisme, ça dit quelque chose à tout le monde, même aux non-croyants. L'Archange si beau qui fut un jour précipité sur terre et y fut enchaîné pour avoir osé tenir tête à Dieu[71].

Une remarque en passant : ce Dieu qui fit chuter l'Archange est celui qui est décrit dans la Bible. Il s'agit donc de Yahweh, et non du Dieu Ineffable que je postule dans mon raisonnement... avec la complicité de la Bible elle-même, quand on prend le temps de la lire sérieusement. Et cela aussi apporte une bien belle eau à mon moulin.

Revenons-en quand même à notre personnage. Quel put bien être la forme exacte prise par sa « rébellion » contre Yahweh ? Une véritable rébellion, avec des cohortes d'emplumés en train de se cogner mutuellement sur la figure pour avoir raison envers et contre tout ? Ca ne tient pas debout. C'est tout juste une allégorie. Par contre, une lutte d'influence entre deux thaumaturges, ça tient drôlement bien la route. Imaginons un personnage qui, à l'instar de Prométhée, a décidé de permettre à l'être humain d'évoluer, et qui lui a apporté la Lumière de la Connaissance. « Porter la lumière », en latin, ça se dit « lucem ferre »... Et on découvre enfin l'identité de notre personnage : Lucifer, qui n'a strictement rien à voir avec le « Diable » dont on nous a imposé l'image.

Malheureusement, Yahweh ne l'entendit pas de cette oreille, lui qui aurait préféré régner sur un troupeau bêlant de moutons imbéciles et dociles. Et il le fit valoir vertement à son adversaire, qu'il envoya... au Diable. Après quoi, il se fabriqua, pour son usage personnel, deux créatures parfaitement idiotes et obéissantes, qu'il chargea de « croître et se multiplier ». La sinécure, quoi !

Lucifer non plus ne vit pas les choses de la même manière. Conscient d'avoir été injustement humilié, et probablement avec un louable souci de générosité, il vint en catimini proposer son matériel à la créature qu'il reconnaissait le mieux pour en avoir précédemment fabriqué une semblable lui-même, la femme. Manque de pot, Eve était vraiment une andouille, car non seulement elle croqua la pomme et la partagea avec son benêt de mari, mais elle s'en vanta, ce qui était inadmissible et mit Yahweh dans une colère noire, avec la suite que l'on sait.[72]

Et l'on en revient à l'archétype du bonheur dans l'ignorance, avec le corollaire de la connaissance défendue liée à la femme.

DIEU, OU THAUMATURGE ?

Tout ça, c'est peut-être bien, mais si cela éclaire quelque peu les mythologies auxquelles nous nous intéressons, cela n'explique finalement rien du tout ! Qu'est-ce que cette histoire de deux

---

71. Ou pour avoir su lui obéir. Il existe une bien belle légende qui raconte qu'un jour ce personnage, en proie à une terrible crise de cafard, se confie à une religieuse : « Quand je pense que j'ai fait tout cela *par amour pour Lui* ! »... Et le pire, c'est que c'est cohérent ! Ca aussi, ça vaudrait un long article.

72. Notre premier père était un imbécile, notre première mère une menteuse et une voleuse, leur premier fils un assassin. Et l'on voudrait que tout aille bien ?

thaumaturges, Yahweh et Lucifer, d'un Dieu Ineffable, et de créatures tiraillées entre la connaissance et la connerie ? On va tenter de s'expliquer. Et on va même le faire en racontant une belle histoire. Celle de la Genèse.

Donc, « dans les temps du début », comme dit la Bible, « l'esprit d'Adonaï Elohim flottait sur les eaux ». Ne me demandez pas quelles eaux, cela nous entraînerait beaucoup trop loin et ne changerait pas grand chose au résultat. Quant à la divinité, comme il ne s'agit pas encore des « frères ennemis », je la désigne selon la tradition hébraïque qui s'interdit de prononcer le nom divin et remplace יהוה par « Adonaï Elohim ». Et un beau jour, du fond de son infinitude planante, Adonaï Elohim se dit : « Je suis Celui-qui-est, mais au fond, qui suis-je ? »

Or, il n'y avait qu'un seul moyen de se connaître : se voir, s'examiner. Mais voilà, l'introspection ne le satisfaisait pas, qui ne lui faisait découvrir que sa perfection, et il aurait bien aimé se voir de l'extérieur. Il eut alors une idée géniale, ce qui était bien la moindre des choses dans son cas. Il décida de déléguer un petit bout de lui-même en dehors de lui, histoire de se jeter un coup d'œil, puis de le récupérer et de se poser les bonnes questions. Et ainsi fut fait. Adonaï Elohim se prit un petit morceau quelque part et le lança ailleurs, le temps de bien se laisser voir sous toutes les coutures, puis il le rappela.

– Voilà, maintenant que tu m'as bien regardé, tu peux rentrer.

Ouais. Mais l'autre ne voulut rien entendre, exposant un raisonnement passablement marqué au coin du bon sens quand on y regarde à deux fois.

– Pas question ! C'est toi qui es sorti de moi, c'est donc à toi de rentrer !

– Holà ! Pas du tout ! Je me souviens très bien t'avoir envoyé dehors pour voir si j'y étais aussi.

– Tu vois bien, tu dis la même chose.

– Mais...

– Écoute plutôt mon raisonnement, tu vas être surpris. Quand on ajoute l'infini à l'infini, qu'est-ce qu'on obtient ?

– Ben... L'infini !

– Exact. Donc le tout est égal à ses parties. Donc je suis ton égal, et c'est à toi de rentrer, moi je ne bouge pas. Na !

– Mais... Mais... Je te somme de rentrer immédiatement ! Ici ! Au pied !

– Zut ! Tu n'as strictement aucun ordre à me donner. Tu n'es même plus Adonaï Elohim, puisque tu n'es plus complet. Il n'y a donc aucune raison que je t'obéisse.

– D'accord, je ne suis plus ce que j'étais. Mais toi non plus !

– Damned ! C'est vrai, ça...

La situation devenait assez délicate, il fallait trouver une solution. Soit dit en passant, il convient de remarquer que l'une des deux entités est plutôt raisonneuse alors que l'autre se montre déjà autoritaire. Serait-ce une sorte de présage ?

Bref, devant l'impossibilité d'arriver à une solution de bon sens qu'un enfant d'école primaire eût suggérée, aucun des deux ne voulant faire le premier pas, nos deux compères imaginèrent un procédé qui ne léserait aucune susceptibilité. Ils décidèrent de fabriquer ensemble une créature commune, pourvue à parts égales d'un peu de chacune des deux entités, c'est-à-dire des qualités et défauts de l'un et de l'autre, et de la mettre en circulation en la dotant d'une durée de vie limitée durant laquelle elle pourrait choisir librement lequel de ses créateurs elle rejoindrait au bout de son existence. De sorte que, après un certain temps, par la force des choses et à moins d'un hasard monumental et hautement improbable, toutes les créatures auraient intégralement réintégré l'un

des deux créateurs, lui ramenant ainsi peu à peu la substance de l'autre, pour enfin reconstituer l'Immanent Primordial au terme de ce qui aurait été le monde.
ET LES APPARITIONS, DANS TOUT CELA ?

Bonne question ! Pourquoi vous ai-je parlé au début des quatre critères nécessaires aux apparitions de fées ?

Toutes les Dames Blanches, sans exception, ne se manifestent que quand les quatre conditions sont réunies. *Une cavité, une rosacée, de l'eau et un phénomène lumineux.*

La *grotte* qui accueillit Mélusine dans le rocher du Bouc est située près d'un ancien *puits* celtique au milieu d'un verger garni de *pommiers*. Via une petite lucarne percée dans la partie non troglodyte de la chapelle due aux chevaliers Teutoniques, la *lumière* parvient à l'autel des Trois Vierges – *Spes*, *Fides* et *Caritas*, c'est leur nom quand on en fait les filles de Sainte Sophie, la sagesse au patronyme grec.

A Comblain-au-Pont, près de Liège, les Dames Blanches apparaissaient dans un *halo lumineux* au lieu-dit Tibié-ri, le *ruisseau* de Tibié (rien à voir avec le Maire de Paris !), près de l'entrée d'une *grotte* entre des *aubépines*.

L'endroit n'est guère éloigné de Namêche, dont l'église paroissiale abrite la tombe de... Mélusine ! Mais si ! D'accord, c'est encore une autre histoire, mais allez voir quand même. Cherchez bien ce que cache le gisant dressé dans la muraille du porche. C'est amusant.

Je pourrais sans chercher citer une bonne quinzaine d'exemples similaires rien qu'en Ardenne ; je vais plutôt examiner quelques cas d'une autre Dame Blanche mieux connue de tous et systématiquement caractérisée par au moins un des critères cités : la Vierge Marie, Notre-Dame.

A Lourdes, Marie apparaît à Bernadette Soubirous en 1858 dans la *grotte* de Massabielle, vêtue d'une robe blanche, une *rose* sur chaque pied, nimbée d'une *auréole lumineuse*. Et elle fait elle-même jaillir l'*eau* d'entre les rocs...

A Banneux, que l'on appelait déjà Banneux-Notre-Dame depuis la guerre de 1914, toujours en blanc et portant un *rosaire*, elle se présente dans un *halo de lumière* à Mariette Beco en 1933, et conduit la gamine jusqu'à une petite *source* qu'elle demande de réserver aux malades. Elle demande aussi l'*abri* d'une petite chapelle.

A Montichiari, près de Brescia, elle apparaît en 1947 dans une chambre d'hôpital, porteuse de trois *roses*, une blanche, une rouge et une dorée[73]. En 1966, elle apparaît de nouveau à la même voyante, Pierina Gili, pour lui annoncer qu'elle reviendra prochainement à Fontanelle (la petite *fontaine*) située dans une *grotte*. Elle revint se faire appeler la *Rose* Mystique et réserver la *source* aux malades.

A Beauraing (Belgique), elle se manifeste en 1932, lumineuse, près de la *grotte* déjà dédiée à Notre-Dame de Lourdes, sous une *aubépine rose*. Le phénomène a lieu au lever ou coucher du *soleil*.

A Bohan, (37 km de Beauraing), c'est dans une *grotte* blanche d'où coule une *source*, ou appuyée contre un *pommier* solitaire dans un champs.

A Chaîneux (près de Verviers), c'est devant une haie d'*aubépines*, à l'endroit d'une *source*. Les pèlerins aménagent aussitôt deux *grottes* artificielles...

Les phénomènes lumineux qui accompagnèrent les apparitions de Fatima ont été abondam-

---
73. Quel bel article on pourrait faire sur ces trois fleurs en présence de la Vierge ! Trois fleurs dont – presque toujours – la première est fanée, la seconde est éclose et la dernière encore en bouton...

ment décrits et commentés. Elle s'y fait appeler Notre-Dame du *Rosaire*.

On continue ?

Ce serait peut-être plus constructif de se demander pourquoi Saint Bernard mena l'art gothique à l'apogée de son expression la plus pure dans les cathédrales dédiées à Notre-Dame, qui comportent toutes une **crypte**, un baptistère contenant l'**eau** lustrale, et une **rosace**, monumentale dentelle de pierre par où passe la **lumière** dans un bâtiment dont l'équilibre dynamique agit comme une véritable caisse de résonance sur les cantiques des fidèles... Tout ce qu'il faut pour appeler Marie.

Quand je vous disais que Saint Bernard était un type astucieux !

ALORS, PAS D'OVNI ? ON EST DÉÇUS...

Il suffit pourtant de comparer les légendes exposées ci-dessus avec ce qui est en train de devenir un archétype moderne : une société d'extraterrestres dans laquelle des factions se disputent le pouvoir et dont les grands vizirs voudraient l'un et l'autre devenir calife à la place du Calife.

Des grands vizirs qui surveillent l'évolution des créations du Calife en vacances. Et qui se trouvent une planète prometteuse dont les singes sont en train de devenir lentement des Hommes comme l'a voulu la Sainte Patience du Calife. Trop lentement. Ce serait amusant et peut-être intéressant d'accélérer les choses ? Et de prendre le pouvoir sur la dite planète afin de s'en faire une base ? Mais cela n'arrange rien à la rivalité entre les vizirs...

Intervient donc entre eux un *modus vivendi* : chacun se partagera la guidance d'une variété du grand singe pour s'en faire son allié, et que le meilleur gagne ! Il y a des ratés dans la manœuvre. Les Pitécanthropes, les « *Homo Erectus* » et autres Néanderthaliens disparaissent, jetés à la poubelle de la paléontologie scientifique : trop peu malléables.

Puis survient l'*Homo Sapiens*, nettement plus fiable. Et docile.

Seulement voilà : son espèce prédomine sur toutes les autres, sans rivale. Donc on décide de se la partager : les mâles pour l'un, les femelles pour l'autre. Et le combat continue. Tous les coups y sont permis, y compris sous la ceinture.

L'ennui, c'est que le Calife en train de planer sur d'autres eaux apprend la chose et ne l'entend pas de cette ouïe. Et qu'il décide de venir – au jour de son choix – tirer les oreilles des deux mal élevés afin de les remettre au pas...

Relisez attentivement certains articles parus précédemment dans *Top Secret*. Et trouvez donc les analogies frappantes avec ce qui précède !

Car, après tout, les anges, les archanges, les saints, les dieux, les demi-dieux, Lucifer, ha-Shaïtan, Zeus, Artémis, Apollon et tous les autres, y compris le Calife, ce sont bien par définition des « extra-terrestres », non ?

Et, si elle a lu cet article, voilà pourquoi votre fille est redevenue muette.

Paul ROUELLE.
Avril 2005.

SOMMAIRE

Avertissement..V

COURT-CIRCUIT..IX

Avant-Propos...3

Lever de rideau, par Philippe de Chérisey..9
Histoire du fils prodig(u)e...13
Dis-moi qui tu hantes..19
Histoire du Masque de Fer..25
Le village aux deux églises...31
Il était une bergère, et rond et rond, petit patapon.....................................53
En la maison de l'apôtre des gentils...77
De fil en aiguille..95
L'alliance du Verseau..121
Miscellaneous gamble...149

Annexe : lettre du Marquis de B. 179
Bibliographie...187

CONFÉRENCES...189

Jeanne d'Arc : cessez le feu ! 191
Les Cathares à Liège...203
Le Trobar Clus dans l'œuvre de Gérard de Nerval...................................213
De Madeleine au Verseau, il y a du nouveau dans l'ère..........................227
Les prophètes se mettent à table...241
Le petit prophète illustré...253
Apparitions insolites...259

Retrouvez nos publications sur :
boutique.oeildusphinx.com

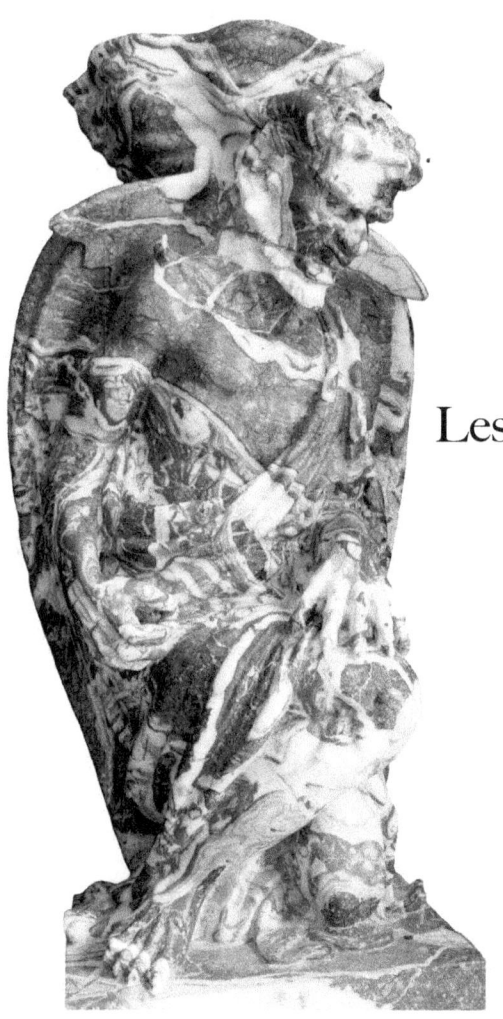

Les Éditions de l'Œil du Sphinx
36-42 rue de la Villette
75019 Paris

Tel : 09 75 32 33 55
Fax : 01 42 01 05 38
http://boutique.oeildusphinx.com
ods@oeildusphinx.com

www.ingramcontent.com/pod-product-compliance
Lightning Source LLC
Chambersburg PA
CBHW081211230426
43666CB00015B/2710